Selbstwirksamkeit und Unterrichtsqualität

Waxmann Verlag GmbH
Steinfurter Straße 555, 48159 Münster
info@waxmann.com

Empirische Erziehungswissenschaft

herausgegeben von

Rolf Becker, Sigrid Blömeke, Wilfried Bos,
Hartmut Ditton, Cornelia Gräsel, Eckhard Klieme,
Rainer Lehmann, Thomas Rauschenbach,
Hans-Günther Roßbach, Knut Schwippert,
Ludwig Stecher, Christian Tarnai, Rudolf Tippelt,
Rainer Watermann, Horst Weishaupt

Band 51

Waxmann 2014
Münster • New York

Mirjam Kocher

Selbstwirksamkeit und Unterrichtsqualität

Unterricht und Persönlichkeitsaspekte
von Lehrpersonen im Berufsübergang

Waxmann 2014
Münster • New York

Die vorliegende Arbeit wurde von der Philosophischen Fakultät
der Universität Zürich im Herbstsemester 2011 von
Prof. Dr. Matthias Baer und Prof. Dr. Kurt Reusser
als Dissertation angenommen.

Bibliografische Informationen der Deutschen Nationalbibliothek
Die Deutsche Nationalbibliothek verzeichnet diese Publikation in
der Deutschen Nationalbibliografie; detaillierte bibliografische
Daten sind im Internet über http://dnb.d-nb.de abrufbar.

Empirische Erziehungswissenschaft, Band 51

ISSN 1862-2127
Print-ISBN   978-3-8309-3110-2
E-Book-ISBN 978-3-8309-8110-7

© Waxmann Verlag GmbH, 2014
www.waxmann.com
info@waxmann.com

Umschlaggestaltung: Pleßmann Design, Ascheberg
Satz: Stoddart Satz & Layout, Münster
Druck: Books on Demand, Noderstedt

Gedruckt auf alterungsbeständigem Papier,
säurefrei gemäß ISO 9706

Printed in Germany

Abstract

The dissertation is embedded within the framework of the research project "Acquiring Teaching Competencies during Teacher Training and First Year in Profession", which is supported by the Swiss National Science Foundation (SNSF). The main goal of the study is to research the quality and the development of teaching competencies in the phase of transition from teacher education to teaching career and to compare the teaching competencies of student teachers (measurement point t1) who become novice teachers (measurement points t2 and t3) – the professional newcomers – with those of experienced teachers. For these purposes, future teachers are surveyed (a) at their last semester in teacher education (measurement point t1), (b) at the beginning of their teaching career after finishing teacher education (measurement t2), and (c) at the end of the first year in their career (measurement point t3). In addition to this, at each of the three measurement points also a lesson taught by the subjects is videographed. Furthermore, experienced teachers are surveyed and videographed while teaching a lesson.

Within this setting, the dissertation focuses on personality aspects (self-efficacy, five factors of personality, coping-strategies) as well as teaching quality of students respectively novice teachers and experienced teachers. A special focus is placed on the self-efficacy beliefs. Although self-efficacy beliefs are regarded as important for action and the quality of action, the relation between self-efficacy and teaching is still barely examined.

In the theoretical part of the dissertation, research on the professionalization of teachers, which begins with the especially sensitive career entry phase, is summarized. Crucial areas of the teachers' professionalization are their knowledge, their subjective theories respectively value commitments, as well as fundamental aspects of their personality. Especially the self-efficacy beliefs are described and related to the professionalization process of teachers. Developing these areas successfully leads to a high quality with regard to teaching. Aiming at describing teaching quality, current criteria of good teaching are presented and substantiated.

For data collection in the empirical section of this study, instruments, which are based on self-assessment as well as on assessments by experts, are applied. To evaluate the self-efficacy beliefs, a questionnaire based on self-assessment is used. The videographed lessons are analysed by a coding system and a rater-inventory developed according to theory and data. This approach enables statements to be made about the scope, content and the quality of teaching. Another instrument, which is based on the assessment of experts, is the vignette test. This test assesses the teachers' lesson planning knowledge. Additionally, the personality traits, the coping-strategies, the students' assessment of the videographed lessons, the subjective theories of the teachers, the aims of the teachers and their well-being, motivation and the support they receive in the job are surveyed. With the questionnaire „subjective theories", the constructivist or behavioristic learning orientation of the teachers are examined.

The explorative analyses of the collected data is aimed at three different but related goals: (1) Longitudinal comparisons of data from measurement points t1, t2, and t3 reveal whether teaching competencies develop in the transition phase from teacher education to the first year in profession. Additionally, cross-sectional comparisons of both teacher students at t1, respectively novice teachers at t2 and t3 with the group of experienced teachers are conducted to discover whether these groups differ from each other. (2) Calculations of correlations between self-efficacy and teaching, as well as aspects of teachers' personality reveal whether interactions between teachers' self-efficacy and their teaching, respectively their self-efficacy and aspects of their personality can be detected. (3) Finally, the goal is to discover which aspects of teachers' professionalization explain teaching quality best.

The results show that on average self-efficacy beliefs and teaching quality of teacher students, respectively novice teachers barely change from the end of teacher education (t1) to the end of their first year in profession (t3). Differences are found between novice and experienced teachers with regard to teachers' self-efficacy beliefs, but not regarding teaching quality. The correlations between self-efficacy beliefs and teaching quality at measurement points t1, t2 and t3 are weak. However, regression analyses over time (for example between self-efficacy beliefs at measurement point t1 and teaching quality at measurement point t2) show stronger interactions between self-efficacy and teaching quality.

Whereas the lesson planning knowledge is the best predictor for teaching quality at the end of teacher education (t1), the self-efficacy beliefs best predict teaching quality at the end of first year in profession.

Concluding this study, the results of the empirical section are summarized and discussed. Furthermore, conclusions for further research questions, methods of data collection and teacher education are drawn. The integration of personality aspects in teacher education constitute new challenges and can be solved only within individualized learning settings.

Zusammenfassung

Die vorliegende Dissertation entstand im Rahmen des vom Schweizerischen Nationalfonds geförderten Forschungsprojektes „Standarderreichung beim Erwerb von Unterrichtskompetenz im Lehrerstudium und im Übergang zur Berufstätigkeit" (SNF-Projekt Nr. 100013-112467/1). Das übergreifende Ziel des Projekts besteht darin, die Entwicklung von unterrichtsrelevanten Kompetenzen im Übergang vom Lehrerinnen- und Lehrerstudium in den Beruf und Kompetenzunterschiede zwischen Studierenden am Ende der Ausbildung, die zu Berufseinsteigenden werden, und erfahrenen Lehrpersonen zu untersuchen. Zu diesem Zweck wurden angehende Lehrpersonen im letzten Semester der Lehrerinnen- und Lehrerausbildung (Messzeitpunkt t1), am Anfang (Messzeitpunkt t2) und am Ende des ersten Berufsjahres (Messzeitpunkt t3) sowie Praxislehrpersonen, das heisst erfahrene Lehrpersonen, die bei der berufspraktischen Ausbildung von angehenden Lehrpersonen mitwirken, befragt und jeweils während einer Unterrichtsstunde videografiert.

Diese Dissertation legt den Fokus auf die Persönlichkeitsaspekte (Selbstwirksamkeit, Persönlichkeitsmerkmale, Stressverarbeitungsstrategien) und die Qualität des Unterrichts von Studierenden bzw. Berufseinsteigenden und im Vergleich dazu von erfahrenen Praxislehrpersonen. Besonders betrachtet werden dabei die Selbstwirksamkeitsüberzeugungen der angehenden, der jungen und der erfahrenen Lehrpersonen. Obwohl der Selbstwirksamkeit ein entscheidender Einfluss auf Handlungen und die Qualität von Handlungen zugesprochen wird, ist über diesen Zusammenhang bei angehenden, bei jungen und bei erfahrenen Lehrerinnen und Lehrern noch wenig bekannt.

Im theoretischen Teil der Arbeit wird die Professionalisierung von Lehrpersonen beleuchtet, die nach dem Studium mit der besonders sensiblen Phase des Berufseinstiegs fortgesetzt wird. Entscheidende Bereiche für die Professionalität von Lehrpersonen sind das Wissen der Lehrpersonen, ihre subjektiven Theorien bzw. Wertvorstellungen sowie verschiedene Aspekte ihrer Persönlichkeit. Den Selbstwirksamkeitsüberzeugungen, die zu den Persönlichkeitsaspekten zählen, kommt für die Professionalität von Lehrpersonen eine besondere Bedeutung zu. Die erfolgreiche professionelle Entwicklung einer Lehrperson zeigt sich in deren qualitativ hochstehendem Unterrichten. Zur Beschreibung der Unterrichtsqualität werden aktuelle Kriterien guten Unterrichts beschrieben und begründet.

Zur Datengewinnung für die eigene Untersuchung, die im empirischen Teil dieser Arbeit dargestellt wird, wurden Instrumente, die auf Selbst- und Fremdeinschätzung beruhen, eingesetzt. Die Selbstwirksamkeit beispielsweise wurde von den Berufseinsteigenden und Praxislehrpersonen selbst anhand eines Fragebogens eingeschätzt. Die videobasierte Analyse der aufgezeichneten Unterrichtsstunden erfolgte durch Fremdeinschätzung mittels eines theorie- und datengeleitet erarbeiteten Kodiersystems und eines auf gleiche Weise erarbeiteten Rating-Inventars. Dieses Verfahren erlaubt Aussagen über Umfang, Inhalt und Qualität der Unterrichtsstunden. Ein weiteres Instrument, das auf einer Fremdeinschätzung beruht, ist der Vignettentest. Dieser misst das Unterrichtsplanungswissen der Lehrpersonen und wird ebenfalls mittels Kodiersystem ausgewertet. Neben diesen Instrumenten wurden bei den Studierenden bzw. den Berufseinsteigenden und den Praxislehrpersonen die Persönlichkeitsmerkmale, die Stressverarbeitungsstrategien, die Schülerbewertungen der Unterrichtsstunden, das subjektive Lernverständnis, die persönlichen und beruflichen Ziele, das Wohlbefinden, die Motivation sowie der Support im Beruf erhoben. Mit dem Fragebogen zum subjektiven Lernverständnis der Lehrperson wurde das eher konstruktivistische oder behavioristische Lernverständnis der Versuchspersonen ermittelt.

Die explorative Datenauswertung erfolgt in vier Schritten, indem (1) der Längsschnitt über die drei Messzeitpunkte und die Unterschiede zwischen den Berufseinsteigenden und Praxislehrpersonen untersucht werden, (2) die Zusammenhänge zwischen den Selbstwirksamkeitsüberzeugungen der Lehrpersonen und Aspekte, die den Unterricht und die Persönlichkeit der Lehrpersonen betreffen, ermittelt werden, (3) beschrieben wird, anhand welcher Aspekte der Professionalität von Lehrpersonen die Qualität von Unterricht am besten aufgeklärt werden kann und (4) die Unterschiede zwischen drei Gruppen mit hoher, mittlerer und niedrigerer Unterrichtsqualität untersucht werden.

Die Ergebnisse zeigen, dass sich im Durchschnitt die Selbstwirksamkeit und die Qualität des Unterrichts der Studierenden bzw. Berufseinsteigenden am Ende der Ausbildung (t1), am Anfang (t2) und am Ende des ersten Berufsjahres (t3) kaum verändern. Im Vergleich zu den erfahrenen Praxislehrpersonen unterscheiden sich die Berufseinsteigenden am Anfang und am Ende ihres ersten Berufsjahres bezüglich der lehrpersonenbezogenen Selbstwirksamkeitsüberzeugungen, jedoch nicht in Bezug auf die Qualität ihres Unterrichts. Die Zusammenhänge zwischen den Selbstwirksamkeitsüberzeugungen und der Unterrichtsqualität fallen zum gleichen Zeitpunkt (z.B. Korrelation der Selbstwirksamkeit und Unterrichtsqualität zum Messzeitpunkt t1) schwach aus. Bei einer zeitverschobenen Betrachtung (z.B. von Selbstwirksamkeit zum Messzeitpunkt t1 und Unterrichtsqualität zum Messzeitpunkt t2) zeigen sich stärkere Zusammenhänge zwischen der Selbstwirksamkeit und der Unterrichtsqualität.

Während am Ende der Ausbildung (t1) das Unterrichtsplanungswissen der stärkste Prädiktor für die Qualität des Unterrichts ist, sind es am Ende des ersten Berufsjahr (t3) die Selbstwirksamkeitsüberzeugungen der Lehrperson.

Die Arbeit abschliessend werden die Ergebnisse zusammengefasst und diskutiert, und es werden Schlussfolgerungen für weiterführende Forschungsfragen, für die Methoden der Datengewinnung und für die Aus- und Weiterbildung von Lehrpersonen gezogen. Die Berücksichtigung von Persönlichkeitsaspekten stellt neue Herausforderungen für die Aus- und Weiterbildung von Lehrpersonen dar, die nur mit individuellen Angeboten angegangen werden können.

Inhalt

Vorwort

Die vorliegende Arbeit entstand im Rahmen des Nationalfondsprojektes „Standarderreichung beim Erwerb von Unterrichtskompetenz im Lehrerstudium und im Übergang zur Berufstätigkeit"[1], welches in Zusammenarbeit der Pädagogischen Hochschule des Kantons St. Gallen und der Pädagogischen Hochschule Zürich erarbeitet und durchgeführt wurde. In diesem Zusammenhang war ich für die Datenerhebung und die Videoanalyse auf zahlreiche Personen angewiesen. Ich möchte mich an dieser Stelle dafür bedanken, dass mir die weitere Verarbeitung der Daten des Projektes ermöglicht wurde. Ein grosses Dankeschön geht an alle, die zur Datenerhebung und Datenaufbereitung beigetragen haben: dem Projektteam der Pädagogischen Hochschule des Kantons St. Gallen unter der Leitung von Titus Guldimann, dem Projektteam der Pädagogischen Hochschule Zürich unter der Leitung von Matthias Baer sowie den Lehrpersonen, den Schülerinnen und Schülern, die sich zur Teilnahme an der aufwendigen Studie bereit erklärt und damit die vorliegende Arbeit ermöglicht haben.

Besonderer Dank gilt Matthias Baer für die Ermutigung, Unterstützung und Begleitung der Arbeit. Mit konstruktiven und anregenden Hinweisen hat er wesentlich zum Gelingen dieser Arbeit beigetragen. Ohne seine Unterstützung wäre diese Arbeit nicht möglich gewesen. Ausserdem gilt auch grosser Dank Kurt Reusser, dessen Unterstützung die Arbeit bereichert und ermöglicht hat.

Die vorliegende Arbeit wurde finanziell von der Aebli Näf Stiftung unterstützt. Sie hat mir einen mehrmonatigen Forschungsaufenthalt an der Stanford University in Palo Alto ermöglicht. Dafür möchte ich mich bei der Aebli Näf Stiftung herzlich bedanken. Besonderer Dank gilt Pam Grossman und ihrem Team, die mir einen tiefen Einblick in ihre Arbeit gewährt und mit anregenden und weiterführenden Gedanken meine Arbeit beeinflusst haben. Dieser Forschungsaufenthalt hat mich nicht nur inhaltlich, sondern auch menschlich bereichert. Für die unkomplizierte und herzliche Aufnahme möchte ich allen Beteiligten herzlich danken.

Für die Beratung bei statistischen Fragen bedanke ich mich bei Alex Buff, Jürg Schwarz und Urs Grob. Ein grosses Dankeschön geht auch an Renate Bortis, Daniel Keel und Christa Kappler für das sorgfältige Korrekturlesen des Textes. Zusätzlich möchte ich mich bei Corinne Wyss und Mireille Audeoud bedanken. Durch den gegenseitigen Austausch über unsere Arbeiten erfuhr ich von ihnen im Entstehungsprozess der Dissertation

---

1 SNF-Projekt Nr. 100013-112467 / 1

viel Unterstützung. Schliesslich bedanke ich mich bei meiner Familie sowie Freundinnen und Freunden für die moralische Unterstützung und Geduld in einer teilweise anspruchsvollen Lebensphase.

1. Einleitung und Fragestellung

1.1 Ausgangslage

Seit der Veröffentlichung der vergleichenden PISA-Ergebnisse ist die Professionalisierung von Lehrpersonen in den Mittelpunkt des öffentlichen und wissenschaftlichen Interesses gerückt (Zlatkin-Troitschanskaia, Beck, Sembill, Nickolaus & Mulder, 2009). Die Professionalisierung von Lehrpersonen beschäftigt sich mit dem berufsbezogenen Aufbau von Wissen und Können. Den Handlungen von Lehrpersonen werden entscheidende und nachhaltige Einflüsse auf individuelle Entwicklungen in der Schule zugesprochen. Dafür liefert die empirische Bildungsforschung belastbare Hinweise. Nach Zlatkin-Troitschanskaia et al. (2009) haben Bildungsverläufe stets starke Rückkoppelungseffekte auf Berufsverläufe und haben damit nicht nur Auswirkungen auf den Berufserfolg von Individuen, sondern auch auf die Gesamtgesellschaft und auf Wirtschafts- und Beschäftigungssysteme.

Von den Lehrpersonen wird somit zu Recht professionelles Handeln verlangt, das verantwortlich mit den einzelnen Individuen umgeht. Aus heutiger Sicht ist aber immer noch nicht klar, wie professionelles Handeln von Lehrpersonen aufgebaut und weiterentwickelt wird, da die Lehrpersonenaus- und -weiterbildungen oft nicht die gewünschten Effekte erzielen und kaum die Handlungen der Lehrpersonen beim Unterrichten verändern (Wahl, 1991). Nach den verschiedenen Paradigmen, Prozess-Produkt-Paradigma und Experten[2]-Novizen-Paradigma, wird dem Wissen der Lehrperson eine entscheidende Rolle für die Handlungskompetenz zugeschrieben. Neuere Studien insbesondere im deutschen Sprachraum sprechen sich zusätzlich für die Wichtigkeit psychologischer Faktoren aus (Mayr & Neuweg, 2006; Mayr, 2010, 2011; Baumert & Kunter, 2006). Diese sind nicht nur entscheidend, wenn es um gesundheitliche Aspekte wie das stressbedingte Burnout geht, sondern es wird ihnen auch eine Handlungsrelevanz zugeschrieben (Bandura, 1997, 2008; Schwarzer & Schmitz, 1999; Schmitz, 2000; Schmitz & Schwarzer, 2000; Schmitz, 2001; Chwalisz, Altmaier & Russell, 1992; Friedman & Farber, 1992; Skaalvik & Skaalvik, 2007, 2008).

Der Berufseinstieg stellt eine besondere Phase der Professionalisierung dar, der krisenbehaftet und sensibel ist. Zur positiven Bewältigung dieser Phase sind personale und situationale Aspekte hilfreich (Schwarzer, 1993, Hurrelmann 1990, Semmer 1997, Frese 1989). Das Gelingen des Berufseinstiegs ist entscheidend für den weiteren Aufbau von Wissen und Können im

---

2   Die männliche Form „Experte" bezieht sich in der vorliegenden Arbeit auf beide Geschlechter.

Beruf. Der Berufseinstieg wurde aus berufsbiografischer, aus sozialisationsorientierter und aus kognitionspsychologischer Sicht untersucht.

Die Lehrpersonenkognitionsforschung wurde erstmals von Shulman (1986) angestossen und die Bedeutung des Wissens von Lehrpersonen für das Handeln im Unterricht von Berliner (1987), Leinhardt und Greeno (1986) sowie Bromme (1992) aufgezeigt. Der Aufbau des Lehrerwissens vom Novizen zum Experten wird in Modellen beschrieben (Dreyfus & Dreyfus, 1986; Berliner, 2001; Neuweg, 2001). Dabei erreichen die Studierenden am Ende der Lehrerinnen- und Lehrerausbildung den Status des Fortgeschrittenen (Blömeke, Kaiser & Lehmann, 2008). Die Professionalisierung ist somit noch nicht abgeschlossen und muss im Beruf weiterentwickelt werden. Diese Untersuchungen werden deutlich kritisiert, da sie voraussetzen, dass den unmittelbaren Handlungen der Lehrperson kognitiv gesteuerte Entscheidungsprozesse vorausgehen (Neuweg, 2001, 2002). Zunehmend wird die Frage gestellt, ob neben dem Wissen der Lehrpersonen nicht noch andere Faktoren entscheidend für die Handlungen von Lehrpersonen sind (Reinisch, 2009). Hierzu werden insbesondere subjektive Theorien, Selbstwirksamkeitsüberzeugungen, Interessen und Persönlichkeitsmerkmale genannt (Dann, 2000; Baumert & Kunter, 2006; Lipowsky, 2006; Mayr & Neuweg, 2006; Mayr, 2010, 2011).

Besonders den Selbstwirksamkeitsüberzeugungen wird in der Phase des Berufseinstiegs und für die weitere Professionalisierung eine wichtige Rolle zugesprochen. So gelingt Lehrpersonen mit hohen Selbstwirksamkeitsüberzeugungen der Berufseinstieg besser (Lipowsky, 2003; Larcher Klee, 2005), sie verbleiben länger im Beruf und zeigen stärkeren Enthusiasmus für den Unterricht (Allinder, 1994; Guskey, 1984). Insgesamt weisen empirische Befunde darauf hin, dass Selbstwirksamkeitsüberzeugungen eine wichtige Komponente in der Regulation von Handlungen im Unterricht sind (Tschannen-Moran & Woolfolk Hoy, 2001). Für stichhaltige Aussagen zu den Selbstwirksamkeitsüberzeugungen im Kontext der Professionalisierung und Professionalität von Lehrpersonen ist die Forschungslage unbefriedigend, da noch wenige Studien vorliegen und diese oft auf kleinen Stichproben beruhen.

Die Professionalität von Lehrpersonen ist letztlich anhand der Qualität der Handlungen im Unterricht zu bemessen. Erstaunlicherweise beschäftigen sich Studien zur Professionalität vornehmlich mit dem Aufbau von berufsrelevantem Wissen und nicht mit der Unterrichtsqualität. Darauf weisen auch Grossman und McDonald (2008) hin, indem sie monieren, dass bislang die Unterrichtsforschung und die Forschung zur Professionalität von Lehrpersonen meist getrennte Wege gingen. Somit gibt es kaum Studien, die im

Zusammenhang mit der Professionalität von Lehrpersonen die Unterrichtsqualität betrachten.

Genau auf diesen entscheidenden Punkt möchte die vorliegende Arbeit eingehen. Im Kontext des Berufsüberganges von Lehrpersonen werden insbesondere die Selbstwirksamkeitsüberzeugungen und die Unterrichtsqualität betrachtet. Dazu wird eine Stichprobe von insgesamt 42 Berufseinsteigenden im letzten Semester ihrer Ausbildung sowie am Anfang und am Ende des ersten Berufsjahres untersucht. Im nächsten Kapitel wird auf die Fragestellung dieser Arbeit genauer eingegangen.

1.2 Übergreifende Fragestellung

In der vorliegenden Arbeit wird mit dem Berufseinstieg eine besondere Phase der Professionalisierung von Lehrpersonen untersucht. Über den *längsschnittlichen Verlauf* von Wissen, Können und Persönlichkeitsaspekten (Selbstwirksamkeitsüberzeugungen, Persönlichkeitsmerkmale und Stressverarbeitungsstrategien) in dieser Phase ist noch wenig bekannt. Bei den Persönlichkeitsaspekten ist ein konstanter Verlauf zu erwarten, da sich Persönlichkeitsaspekte durch Stabilität auszeichnen (Mayr, 2010). Im Studium zeigten sich bedeutsame Veränderungen der Unterrichtsqualität und des Unterrichtsplanungswissens (Baer, Dörr, Fraefel, Kocher, Küster, Larcher, Müller, Sempert & Wyss, 2007; Baer, Guldimann, Kocher, Larcher, Wyss, Dörr, Müller & Smit, 2009; Baer, Kocher, Wyss, Guldimann, Larcher & Dörr, 2011). Eine weitere Entwicklung in diesen Bereichen ist im Sinne des lebenslangen Lernens zu erwarten. Zusätzlich werden die verschiedenen Bereiche zwischen den Berufseinsteigenden und den erfahrenen Praxislehrpersonen verglichen (*querschnittliche Untersuchung*).

Die *Selbstwirksamkeitsüberzeugungen* als einer der Persönlichkeitsaspekte werden im Zusammenhang mit Handlungen und mit der Handlungsqualität diskutiert, da ihnen Handlungsrelevanz zugesprochen wird. Die vorliegende Arbeit fokussiert die Zusammenhänge zwischen den Selbstwirksamkeitsüberzeugungen der Berufseinsteigenden, ihrem Können im Unterricht und auch ihrem Wissen. Neben dem beruflichen Können sollen auch Zusammenhänge zwischen den Selbstwirksamkeitsüberzeugungen und anderen Persönlichkeitsaspekten aufgezeigt werden.

Professionelle Handlungen von Lehrpersonen ergeben letztlich guten Unterricht. Die vorliegende Arbeit fokussiert zusätzlich die *Unterrichtsqualität* der Berufseinsteigenden. Wie oben erwähnt scheinen Aus- und Weiterbildungen die Unterrichtsqualität der Lehrpersonen oft nicht zu verändern (Wahl, 1991). Interessant ist daher herauszufinden, was die Unterrichtsqualität einer Lehrperson beeinflusst. In der Theorie zur Professionalität von Lehrpersonen wird vor allem dem fachspezifisch-pädagogischen Wissen eine hohe Wichtigkeit für die Handlungen von Lehrpersonen zugeschrieben (Baumert & Kunter, 2006). Anderen Faktoren, wie zum Beispiel die Selbstwirksamkeitsüberzeugungen, wird ebenfalls Handlungsrelevanz zugesprochen, sie sind aber bezüglich der Unterrichtsqualität noch wenig untersucht worden. Die vorliegende Arbeit möchte vor dem dargestellten Hintergrund die Unterrichtsqualität genauer betrachten und aufzeigen, welche Aspekte die Unterrichtsqualität besonders beeinflussen. Sind es die Selbstwirksamkeitsüberzeugungen einer Lehrperson, andere Persönlichkeitsaspekte oder unterrichtsbezogene Wissensstrukturen?

Auf diesem Hintergrund geht es um folgende Fragestellungen:
- Welches Wissen besteht bis zum heutigen Zeitpunkt über die Professionalisierung und die Professionalität von Lehrpersonen? Welche Persönlichkeitsaspekte spielen dabei eine besondere Rolle?
- Welche Entwicklung von Wissen, subjektiven Theorien, Unterricht und Persönlichkeitsaspekten erfahren Lehrpersonen im Übergang von der Ausbildung in den Beruf?
- Welche Unterschiede bezüglich Wissen, subjektiven Theorien, Unterricht und Persönlichkeitsaspekten bestehen zwischen den Studierenden bzw. Berufseinsteigenden und den erfahrenen Praxislehrpersonen?
- In welchem Zusammenhang stehen die Selbstwirksamkeitsüberzeugungen mit Wissen, subjektiven Theorien, Unterricht und anderen Persönlichkeitsaspekten?
- Mit welchen Aspekten der Professionalität (Wissen, subjektive Theorien, Persönlichkeitsaspekte) kann die Qualität von Unterricht am besten erklärt werden?
- Unterscheiden sich Berufseinsteigende mit hoher, mittlerer und niedrigerer Qualität von Unterricht beim Wissen, bei den subjektiven Theorien und bei den Persönlichkeitsaspekten?

Diese übergreifenden Fragestellungen werden im empirischen Teil unter den Problemstellungen (Kapitel 6) konkretisiert.

1.3 Aufbau der Arbeit

Der theoretische Teil der Arbeit gliedert sich in vier Kapitel zum Berufseinstieg, zur Professionalität von Lehrpersonen und zu den Selbstwirksamkeitsüberzeugungen und schliesst mit einem zusammenfassenden Fazit.

Kapitel 2 beschreibt den Berufseinstieg als besondere, sensible Phase der Professionalisierung. Die Professionalisierung in dieser Phase wird aus berufsbiografischer, sozialisationsorientierter und kognitionspsychologischer Perspektive diskutiert. Anschliessend werden ihre besonderen Schwierigkeiten beleuchtet und protektive Faktoren erläutert.

Kapitel 3 geht überblicksartig auf die Professionalität einer Lehrperson ein. Bislang gingen Studien zur Unterrichtsforschung und zur Professionalität von Lehrpersonen meist getrennte Wege, obwohl alle Professionalisierungsversuche von Lehrpersonen letztendlich in guten Unterricht münden sollten. In diesem Kapitel wird zuerst auf die Unterrichtsqualität eingegangen, die in dieser Arbeit als Gütekriterium für alle Professionalisierungsversuche angesehen wird. Im Anschluss daran wird der bisherige Wissensstand zur Professionalitätsforschung aufgezeigt. Dieser Teil stützt sich auf das Modell zur Professionalität von Baumert und Kunter (2006). Es zeigt, dass professionelles Handeln von Lehrpersonen aus dem Zusammenspiel von Wissen, professionellen Werten bzw. subjektiven Theorien und Persönlichkeitsaspekten entsteht.

Kapitel 4 setzt die Selbstwirksamkeitsüberzeugungen als spezifische Facette der Professionalität in den Mittelpunkt. Einleitend wird in diesem Kapitel auf die verschiedenen Prozesse des Selbsts eingegangen, um anschliessend die Selbstwirksamkeit von dem Selbstkonzept abzugrenzen. Danach wird die Bedeutung der Selbstwirksamkeitsüberzeugungen im Zusammenhang mit der Handlungsregulation aufgezeigt. Zum Schluss dieses Kapitels wird der aktuelle Forschungsstand zu den Selbstwirksamkeitsüberzeugungen beschrieben. Insbesondere wird dabei auf die Selbstwirksamkeitsüberzeugungen der Lehrpersonen eingegangen.

Den Theorieteil abschliessend werden im *Kapitel 5* die Erkenntnisse zur Professionalität von Lehrpersonen zusammengefasst und überleitend zum empirischen Teil offene Fragen diskutiert.

Die im theoretischen Teil erarbeiteten Ausführungen und Erkenntnisse zur Professionalität von Lehrpersonen bilden die Grundlage für die Untersuchung im empirischen Teil.

Als erstes werden in *Kapitel 6* die Problemstellungen der eigenen Untersuchung vorgestellt. Die Problemstellungen beziehen sich (a) auf den längsschnittlichen Verlauf im Übergang vom Studium in den Beruf (Berufsübergang), (b) auf Unterschiede zwischen erfahrenen Praxislehrpersonen und Berufseinsteigenden, (c) auf die Selbstwirksamkeitsüberzeugungen und (d) auf die Unterrichtsqualität der Lehrpersonen.

Kapitel 7 beschreibt das methodische Vorgehen der Untersuchung. Zuerst werden der Kontext der Untersuchung, die Stichprobe und anschliessend die verwendeten Instrumente und die statistischen Auswertungen aufgezeigt.

Die Darstellung der Ergebnisse in *Kapitel 8* gliedert sich entlang der Problemstellungen. In einem ersten Schritt werden die deskriptiven und längsschnittlichen Befunde des Berufsübergangs beschrieben und Unterschiede zu erfahrenen Praxislehrpersonen aufgezeigt. Daran anschliessend wird über Zusammenhänge zwischen den Selbstwirksamkeitsüberzeugungen und der Unterrichtqualität, dem Unterrichtsgeschehen und anderen Persönlichkeitsaspekten berichtet. Abschliessend werden Ergebnisse zur Untersuchung der Unterrichtsqualität dargelegt. Zuerst wird mittels Modell nach Baumert und Kunter (2006) die Unterrichtsqualität aufgeklärt. Hier geht es darum, den Einfluss des Wissens der Lehrpersonen, der subjektiven Theorien und der Persönlichkeitsaspekte auf die Unterrichtsqualität aufzuzeigen. Anschliessend werden Berufseinsteigende mit hoher Unterrichtsqualität und Berufseinsteigende mit niedriger Unterrichtsqualität miteinander verglichen.

Diskussion: In *Kapitel 9* werden die zentralen Ergebnisse zusammengeführt und diskutiert. Zudem werden das methodische Vorgehen der Arbeit diskutiert und dessen Grenzen aufgezeigt. Anschliessend wird ein Ausblick auf weiterführende Fragestellungen gegeben. Die Arbeit abschliessend wird auf die Aus- und Weiterbildung der Lehrpersonen eingegangen.

2. Berufseinstieg: eine besondere Phase der Professionalisierung von Lehrpersonen

Der Berufseinstieg[3] stellt einen besonderen Abschnitt der Professionalisierung von Lehrpersonen dar, der von verschiedenen Anforderungen geprägt ist. Im folgenden Kapitel werden diese Professionalisierungsphase und die besonderen Schwierigkeiten, die der Berufseinstieg mit sich bringt, beschrieben.

2.1 Berufseinstieg als berufsbiografische Phase

Der Einstieg in den Beruf stellt für Lehrpersonen eine wichtige berufsbiografische Phase dar. In Studien, die sich mit berufsbiografischen Phasen auseinandersetzen, werden besondere Merkmale des Berufseinstiegs im Zusammenhang zur gesamten Berufsbiografie beschrieben. Die Phasen, welche Berufseinsteigende und erfahrene Lehrpersonen durchlaufen, werden dabei chronologisch aufgeführt. Solche Studien (Adams & Martray, 1981; Adams, Hutchinson & Martray, 1980; Conway & Clark, 2003; Kazelskis & Reeves, 1987; Reeves & Kazelskis, 1988; Watzke, 2003) rücken die Anliegen sowie das Interesse der jeweiligen Phasen ins Zentrum („concerns theory") und beschreiben drei entwicklungsbedingte Phasen, welche auf der „concerns theory" von Fuller (1969) beruhen. Die „concerns theory" weist vor allem darauf hin, was die Lehrpersonen in einer bestimmten beruflichen Phase beschäftigt und ihnen Sorgen bereitet.

In der ersten Phase legen die Berufseinsteigenden das Interesse auf sich selbst. Wichtig ist es herauszufinden, ob man den Anforderungen genügt, die Bewertungen der berufsbezogenen Leistung durch andere gut ausfallen und ob man von Kolleginnen und Kollegen sowie Schülerinnen und Schüler akzeptiert wird.

Die zweite Phase wird einerseits durch die Sorge über die Aufgabe des Unterrichtens wie methodische, curriculare und didaktische Anforderungen sowie andererseits durch die Sorge über die kontextuellen Grenzen wie beispielsweise grosse Klassen, die einen qualitativ guten Unterricht erschweren, bestimmt.

Die dritte Phase betrifft den Einfluss, den die Lehrperson auf ihre Schülerinnen und Schüler hat. Damit ist das Eingehen auf die individuellen Bedürfnisse der Schülerinnen und Schüler gemeint.

---

3   Eine ausführliche theoretische Übersicht zum Berufseinstieg findet sich in Keller-Schneider (2008)

Die Entwicklung in diesen Phasen verläuft somit von einem Fokus auf sich selbst zum Fokus auf die Schülerinnen und Schüler.

Solche berufsbiografisch ausgerichteten Studien sehen den Berufseinstieg als besonders problematisch an (Watzke, 2007). Die Herausforderungen, Themen und Prozesse, welche Berufseinsteigende erfahren, werden dabei oft als Prozess des „Überlebens" bezeichnet, da er den Umgang mit disziplinarischen Anforderungen, der Klassenführung, der Unterrichtsvorbereitung, der Entwicklung von effektiven Unterrichtstechniken, der Berücksichtigung der Interessen der Schülerinnen und Schüler sowie das Bewältigen oft starker Gefühle der Unzulänglichkeit beinhaltet (Ammon & Lidstone, 2002; Berliner, 1988; Burden, 1981; Carter, 1990; Kagan, 1990; Katz, 1972; Nemser, 1983; Odell, 1986; Veenman, 1984).

Die dritte Phase, die durch das Anliegen der Lehrperson, individuell auf Schülerinnen und Schüler einzugehen, gekennzeichnet ist, zeigt die Entwicklung einer fortgeschritteneren Phase an und ist durch auf den Kontext bezogenem, intuitivem und adaptivem Unterrichten gekennzeichnet. Der Prozess der professionellen Entwicklung ist dabei auf das Lernen der Schülerinnen und Schüler ausgerichtet, das verstehend, individuell und aktiv sowie vorzugsweise in kooperativitätsfördernder Lernumgebung geschehen soll.

Solche Phasenmodelle sind nicht unproblematisch, da Langzeitstudien das chronologische Durchlaufen der einzelnen Phasen widerlegen konnten (Reeves & Kazelskis, 1988; Smith & Sanche, 1992; Watzke, 2003, 2007).

2.2 Sozialisationsorientierte Studien

Veränderungen in Einstellungen oder Handeln beim Berufseinstieg werden in sozialisationsorientierten Studien der Sozialisation zugeschrieben. Die Berufseinsteigenden finden sich in einem neuen sozialen Umfeld wieder, welches unter Umständen ihre Einstellungen beeinflusst, wie Studien von Müller-Fohrbrodt, Cloetta und Dann (1978) und Dann, Müller-Fohrbrodt und Cloetta (1978) zeigen. Die liberalen Einstellungen, die in der Lehrerinnen- und Lehrerausbildung erworben wurden, werden mit dem Berufseinstieg durch konservativere Einstellungen abgelöst. Diese Veränderung zu konservativeren Einstellungen wird auch als Praxisschock bezeichnet und ist unter der Bezeichnung der „Konstanzer Wanne" bekannt (Müller-Fohrbrodt et al., 1978; Dann et al., 1978).

Auch Brouwer und ten Brinke (1995a, 1995b) konnten die Veränderung der innovativen Einstellungen bei Berufseintritt nachweisen. Für diese Einstellungsveränderungen wird in dieser Studie der Sozialisationseffekt von konservativen Teams verantwortlich gemacht. Die Berufseinsteigenden müssen die vorherrschenden Handlungsroutinen des Lehrerteams übernehmen, auch wenn diese den eigenen Einstellungen widersprechen. Die eigenen Werte werden zugunsten der vorherrschenden Werte im Team unterdrückt. Die Schulkultur des Arbeitsortes hat somit einen wesentlichen Einfluss auf die Einstellungen der Berufseinsteigenden.

2.3 Kognitionspsychologisch orientierte Sicht

Kognitionspsychologisch orientierte Studien zur Professionalisierung beschäftigen sich mit dem Aufbau von Wissen im Lehrberuf und beruhen auf Experten-Novizen-Vergleichen. Nach Messner und Reusser (2000b) wird mit zunehmender Expertise explizites theoretisches Wissen implizit. Expertise zeichnet sich durch eine hohe Vernetzung und viele relationale Verbindungen aus (Berliner, 2001). Die zunehmende Professionalisierung der Lehrpersonen ist dadurch gekennzeichnet, dass sich die kategoriale Wahrnehmung der Unterrichtssituationen verändert und die Interpretation der Situation im Hinblick auf mögliche Reaktionen beziehungsweise Handlungen geschieht und nicht mehr einfach nur aus der Beschreibung der momentanen Situation besteht, wie dies bei Berufsanfängerinnen und -anfängern beobachtet werden konnte (Bromme, 1992). Dieser Weg zur Expertise ist personen- und situationsspezifisch und dauert im Lehrberuf ungefähr zehn Jahre (Blömeke, Kaiser & Lehmann, 2008; Terhart, 1996). Wie auch bei den berufsbiografischen Studien ist die Entwicklung mit grosser Wahrscheinlichkeit nicht linear (Bromme & Haag, 2004). Neuweg (2001) entwickelte ein Modell, das die Entwicklung von Novizen zu Experten beschreibt (die zu durchlaufenden Stadien heissen: Novize, Fortgeschrittener, Kompetenzstadium, Könner und Experte). Zu Beginn des Berufseinstiegs erreichen die Lehrpersonen nach Blömeke et al. (2008) das Stadium des Fortgeschrittenen, das vor allem durch den Erwerb von professionellem Wissen gekennzeichnet ist. Dieses Wissen wird nach dem Berufseinstieg durch Handlungserfahrungen erweitert und routinisiert, so dass Unterrichtssituationen als Ganzes wahrgenommen werden und das Wesentliche einer Lektion ohne tiefere Analyse offensichtlich ist, und nicht mehr jedes Detail einer Lektion vorbereitet werden muss (Blömeke et al., 2008).

2.4 Besondere Schwierigkeiten während der Berufseinstiegsphase

Die Phase des Berufseinstiegs stellt einen wichtigen Teil der Berufsbiographie dar, da in dieser Zeit geformte Haltungen und Handlungsmuster die weitere Berufskarriere beeinflussen (Terhart, 2000; Dick, 1996; Herrmann & Hertramph, 2000; Bauer, 2000; Hericks & Kunze, 2002). Die Grundzüge einer beruflichen Identität werden in dieser Phase entwickelt, und die gemachten Erfahrungen in dieser sensiblen Phase sind wegleitend für die Berufsbiografie und die weitere Professionalisierung einer Lehrperson.

Der Beginn an einer Schule nach der Ausbildung ist oft von Extremsituationen gekennzeichnet, welche durch Wechselbäder von Überleben in unerwarteten Situationen und Entdecken von neuen, berufsbezogenen Bereichen gekennzeichnet ist. Die Anforderungen, die die Berufseinsteigenden in dieser Phase erleben, konnten sie bis anhin in dieser Tragweite nicht erproben (Veenman, 1984). Dabei sind die Berufseinsteigenden beispielsweise durch die Elternarbeit, Unterrichtsprojekte, Schulentwicklungen und auch durch die hohen Erwartungen an das eigene Wirken gefordert. Studien von Terhart et al. (1994), Dick (1996), Hirsch, Ganguillet und Trier (1990) und Veenman (1984) haben die Anfangsschwierigkeiten erforscht. Keller-Schneider (2006) fasst sie zusammen und nennt die Klassenführung, die Arbeitsorganisation und die umfassenden Anforderungen des Unterrichtens als besondere Problemfelder der Anfangsphase. Bei der Bewältigung dieser Anforderungen können die Berufseinsteigenden das Ausbildungswissen nicht direkt anwenden, sondern müssen es der entsprechenden Situation anpassen (Keller-Schneider, 2008). So müssen vom ersten Tag an neue Anforderungen bewältigt und der Umgang mit ihnen erlernt werden. Dies setzt voraus, dass der Lernprozess nach der Ausbildung nahtlos weitergeführt wird. Die Ausbildung der Lehrerinnen und Lehrer sollte die Voraussetzung für einen gelingenden Berufseinstieg und das Weiterlernen legen (Messner & Reusser, 2000b).

Erschwerend kommt hinzu, dass im Lehrberuf vom ersten Tag an alle Tätigkeiten ausgeführt werden müssen. Die jungen Lehrpersonen können sich somit nicht schrittweise neue Felder des Berufes und entsprechende Spezialisierungen erarbeiten, wie dies in anderen Berufen der Fall ist. Die Erarbeitung von Professionswissen und -handeln zeichnet sich zwar durch Phasen aus wie im vorherigen Kapitel beschrieben, aber nicht durch das Erarbeiten neuer Berufsbereiche.

In der Berufseinstiegsphase kollidieren hohe Anforderungen an das eigene Wirken und unerwartete Situationen im Schulalltag als auch eine grosse Quantität an Arbeit. Idealvorstellungen mit der Schulrealität in Einklang zu bringen, ist eine Aufgabe, die zu Belastungen führen kann (Albisser & Kirchoff, 2007; Schaarschmidt & Fischer, 2001; Keller-Schneider, 2008). Zusätzlich kommt erschwerend hinzu, dass Berufseinsteigende über keine Vergleichsgrössen verfügen. Die Peervergleichsgruppe der Ausbildung fällt in dieser Phase weg, eine Referenz, die auf Erfahrungen beruht, ist noch nicht entwickelt und ein klar definierter Berufsauftrag ist ebenfalls nicht vorhanden (Rothland & Terhart, 2007). Den Referenzrahmen müssen sich die Berufseinsteigenden weitgehend selbst erarbeiten, da Rückmeldungen von aussen meist fehlen. Dies sind Gründe, welche die Ungewissheit und die Unsicherheit in dieser Phase verstärken können (Herrmann & Hertramph, 2000).

Das Rollenspektrum der Berufseinsteigenden wird sprunghaft erweitert und führt zur Entwicklung einer beruflichen Identität (Grob & Jaschinski, 2003; Hurrelmann & Ulich, 2001; Wyrsch, 2000; Pallasch, 1993). Im Studium ist die Berufsrolleneinnahme zeitlich beschränkt, während mit dem Berufseinstieg die Rolle als Lehrperson permanent eingenommen wird. Diese neue Rolle muss integriert und internalisiert werden. Neben der Rolle als Privatperson muss die Rolle als Lehrperson in einem Kollegium, als Vertreterin einer Institution und als öffentliche Person eingenommen werden.

Messner und Reusser (2000a) bezeichnen die berufliche Professionalisierung als Entwicklung, die je nach individuellen sowie institutionellen Voraussetzungen unterschiedlich verläuft. Die Schule, in der sich die Berufseinsteigenden wiederfinden, spielt damit eine wesentliche Rolle. Die Berufseinsteigenden müssen sich in ein bestehendes Team einfügen und dort aufgenommen werden (Sikes, Measor & Woods, 1991). Die Schulkultur, in die die Berufseinsteigenden hineinwachsen müssen, ist dabei für die weitere Professionalisierung entscheidend. So konnten Brouwer und ten Brinke (1995b) und Mayr, Eder und Fartacek (1988) zeigen, dass innovative Vorstellungen von den Berufseinsteigenden unter dem Druck des bestehenden Teams wieder aufgegeben wurden. Die fehlende Kooperation in vielen Lehrerteams kommt für Berufseinsteigende erschwerend hinzu.[4] Somit verläuft für die Anfängerinnen und Anfänger die Integration in das bestehende Team und ihre Kultur oft sehr schleppend, was eher zu einer Förderung des „Einzelkämpfers" führt. Vor allem fehlen den Berufseinsteigenden in dieser Phase verlässliche und kompetente Ansprechpartnerinnen oder -partner. Oftmals ist die Aufnahme der neuen Kolleginnen und Kollegen in den einzelnen Schulen weder geregelt noch geplant und verläuft unstrukturiert. Entstehen Probleme, sind die Hilfestellungen eher zufällig. Hinzu kommt, dass die Neueingestellten oft Klassen übernehmen müssen, die an der Schule als schwierig gelten, und zudem werden sie mit diesen Schwierigkeiten oft alleine gelassen.

Der Berufseinstieg ist gleichzeitig durch belastende und erfüllende Situationen geprägt, also zwei gegensätzlichen Tendenzen (Hericks, 2006). Die Überforderung, welche von Selbstzweifeln begleitet ist, wirkt auf der einen Seite und auf der anderen Seite sind die befriedigenden Momente, wenn

---

4   Vgl. Gewerkschaft für Erziehung und Wissenschaft unter http://www.gew-bw.de/ Konzept_JULE_Berufseinstieg.html

schwierige Situationen bewältigt werden konnten. Solche positive Erfahrungen sind grundlegend für die weitere berufliche Entwicklung (Deci & Ryan, 1993).

Personale und soziale Aspekte helfen, die Berufseinstiegsphase positiv zu meistern (Schwarzer, 1993, Hurrelmann 1990, Semmer 1997, Frese 1989). Lipowsky (2003) beispielsweise weist darauf hin, dass beim Übergang in den Beruf Persönlichkeitsaspekte, wie eine optimistische Haltung, Selbstsicherheit und Selbstbewusstsein als protektive Faktoren im Umgang mit Nicht-Vorhersehbarem wichtig sind. Nach Larcher Klee (2005) sind die Selbstwerte und die Selbstwirksamkeitsüberzeugungen der Berufseinsteigenden bereits hoch ausgeprägt und steigern sich im ersten Berufsjahr signifikant. Dies sind personale Vorrausetzungen, die die Identitätsentwicklung und das Bewältigen der Herausforderungen begünstigen. Die Selbstwirksamkeitsüberzeugungen der Berufseinsteigenden und die Wahrnehmung der eigenen Kompetenzentwicklung stellen nach Lipowsky (2003) die bedeutendsten Prädiktoren für eine berufliche Zufriedenheit dar. Darüber hinaus nennt Lipowsky (2003) die Selbstwirksamkeitsüberzeugungen als Prädiktor für die weitere Professionalisierung einer Lehrperson. Lipowsky (2003) zeigt, dass Extraversion eine günstige Voraussetzung für hohe berufliche Zufriedenheit und hohe Selbstwirksamkeitsüberzeugungen das Erkennen der eigenen professionellen Weiterentwicklung begünstigt, was schliesslich ebenfalls die Berufszufriedenheit steigert.

2.5 Schlussfolgerung

Der Berufseinstieg ist eine besondere und sensible Phase der Professionalisierung von Lehrpersonen. Diese Phase ist ein komplexer, krisenhafter und individueller Entwicklungsprozess, welcher aus der Interaktion zwischen situationsbedingten und personspezifischen Faktoren entsteht (Terhart, 2001). Die individuelle Erarbeitung des Rollenwechsels spielt dabei eine entscheidende Rolle (Hericks, 2006). Dies hängt auch davon ab, wie gut die Berufseinsteigenden das im Studium gelernte Wissen und Können in der spezifischen Schulsituation anwenden und gegebenenfalls anpassen können.

Persönlichkeitsaspekte und Sozialisationseffekte beeinflussen das Gelingen dieses Rollenwechsels und des Berufseinstiegs und setzen die Voraussetzung für die weitere Professionalisierung der in den Beruf eintretenden Lehrperson. Die Professionalisierung, das Erarbeiten von Wissen und Können und das (lebenslange) Weiterlernen von Lehrpersonen soll in den nächsten Kapiteln aufgezeigt werden. Dabei wird wiederum auch auf Persönlichkeitsaspekte eingegangen.

3. Professionalität von Lehrpersonen

Studien zur Professionalität von Lehrpersonen aus kognitionspsychologischer Sicht wurden bislang von zwei Paradigmen, dem Prozess-Produkt-Paradigma und dem Experten-Novizen-Paradigma, bestimmt. Diese Studien brachten vor allem Handlungen von Lehrpersonen mit den Leistungen der Schülerinnen und Schüler in Zusammenhang. In neueren Studien werden zunehmend qualitative Aspekte von Unterricht in Zusammenhang mit der Professionalität von Lehrpersonen diskutiert. Dabei werden Konzepte aus der Unterrichtsforschung zur Erforschung der Lehrerprofessionalität verwendet.

Im Folgenden wird zuerst die bisherige Forschung zur Unterrichtsqualität diskutiert und im Anschluss daran die Forschung zur Professionalität von Lehrpersonen; zwei Forschungsrichtungen, die bislang meist getrennt verliefen.

3.1 Unterrichtsqualität

Grossman und McDonald (2008) weisen darauf hin, dass die Unterrichtsforschung und die Forschung zur Professionalität meist getrennte Wege gingen. Zunehmend werden aber Konzepte aus der Erforschung von Unterrichtsqualität übernommen, um Aussagen zur Professionalität von Lehrpersonen zu generieren. Diese Arbeit verwendet ebenfalls Instrumente zur Erforschung der Qualität von Unterricht, um die Professionalität von Lehrpersonen aufzuzeigen. Aus diesem Grund wird in diesem Kapitel der momentane Diskussionsstand zur Unterrichtsqualität aufgeführt.

Der Suche nach den effektiven Prinzipien für guten Unterricht geht eine lange Tradition voraus. So sind schon vor über dreissig Jahren Modelle zur Unterrichtsqualität entwickelt worden (Carroll, 1963; Bloom, 1971). Im englischen Sprachraum wird Unterrichtsqualität vor allem unter dem Stichwort „teaching effectivness" diskutiert, was die starke Ausrichtung auf das Prozess-Produkt-Paradigma signalisiert.

Momentan gibt es verschiedene Versuche, Unterrichtsqualität nach Prinzipien zu ordnen und Klassifikationen sowie Schlüsselmerkmale zu bilden. Nach Helmke (2009) sind bei der Klassifikation von Unterrichtsqualität insbesondere die Arbeiten von Brophy (1999), Walberg und Paik (2000), Borich (2007a, 2007b), Slavin (1997) und im deutschsprachigen Raum Meyer (2004, 2007) einflussreich.

Eine einheitliche theoretische Basis gibt es momentan in diesem Feld nicht, und es wird sie auch in der nächsten Zeit nicht geben (Helmke & Schrader, 2008).

Die Kriterien von gutem Unterricht unterscheiden je nach Detailliertheit stark. Hinzu kommt, dass keine einheitlichen Begriffe für bestimmte Bereiche verwendet werden, was die Orientierung und Vergleichbarkeit beim Konzept der Unterrichtsqualität zusätzlich schwierig macht (Grossman & McDonald, 2008).

Nach Helmke (2009) bietet die Beschreibung von Merkmalen der Unterrichtsqualität eine Vielzahl von Möglichkeiten für die Diagnose von Unterricht, birgt aber auch bei unreflektiertem Umgang die Gefahr von Über- und Missinterpretationen. Darum soll hier gleich zu Beginn darauf hingewiesen werden, was eine solche Merkmalsliste leisten kann (Helmke, 2009):

- Die Beschreibung von Unterrichtsmerkmalen ist jedes Mal eine persönliche, individuelle Konstruktion und bis zu einem gewissen Grad willkürlich.
- Einen wesentlichen Teil der Qualität macht der fachspezifische Bereich aus, der bei den folgenden Kriterien zu einem grossen Teil ausgeschlossen wird.
- Die Merkmale von Unterrichtsqualität werden nicht von einer einheitlichen didaktischen Theorie abgeleitet, sondern stellen in pragmatischer Weise Aspekte der Lernwirksamkeit zusammen.
- Die einzelnen Merkmale der Unterrichtsqualität bilden ihrerseits keine homogenen Konstrukte ab, sondern beschreiben Bereiche, die nicht klar voneinander abgegrenzt werden können.
- Einige Merkmale sind empirisch ungenügend fundiert.
- Eine hohe Unterrichtsqualität ist nicht gleichzusetzen mit einer maximalen Ausprägung aller Merkmale. Es gibt ganz verschiedene Muster von gutem Unterricht, und einige Defizite in gewissen Bereichen können in anderen Bereichen wieder aufgeholt werden.

Eine empirische Basis für Merkmale guten Unterrichts können aus verschiedenen Studien, welche die Wirkungsweise thematisieren, wie TIMSS, PISA, DESI, Münchner Studie, SCHOLASTIK oder VERA, gezogen werden (Helmke, 2009). Zusätzlich gibt es Metaanalysen, welche die unterschiedlichen empirischen Studien zur Wirkungsweise von Unterricht zusammenfassen. In diesem Zusammenhang zu nennen sind beispielsweise Haertel, Walberg, und Weinstein (1983), Walberg (1986), Fraser, Walberg, Welch und Hattie (1987), Scheerens und Bosker (1997) sowie Seidel und Shavelson (2007).

Seidel und Shavelson (2007) haben im Rahmen des Prozess-Produkt-Paradigmas eine Metaanalyse durchgeführt, welche durchwegs schwache Effekte zwischen Unterrichtsmerkmalen und Schülerinnen- und Schülerlernen zeigt. Die stärksten Effekte auf die Schülerinnen- und Schüler-Outcomes erzielten die domänenspezifischen Lernaktivitäten. Zusätzlich stellten sie fest, dass die Effektgrössen mit der Datenquelle (Beobachtung, Lehrpersonenbefragung oder Schülerinnen- und Schülerbefragung) stark variierten. Daher empfehlen Seidel und Shavelson (2007) für zukünftige Studien einen Mix an Forschungsmethoden.

Die Forschung der Unterrichtsqualität wurde im letzten Jahrzehnt vor allem von zwei Stossrichtungen beeinflusst: die Konzentration auf globale Aspekte des Unterrichtens und anschliessend die Analyse von Unterrichtsmustern anstatt einzelnen Unterrichtshandlungen (Borko, 2004). Methodisch gesehen sind im letzten Jahrzehnt entweder grosse „large-scale surveys" durchgeführt worden, um Lehrpersoneninstruktionen mit den Schülerinnen- und Schülerleistungen zu vergleichen, oder es standen die Lernprozesse der Schülerinnen und Schüler in bestimmten Fächern im Fokus.

Für die Forschung zur Professionalität von Lehrpersonen ist es entscheidend, dass sie auf empirisch fundierte Instrumente zur Erfassung von Unterrichtsqualität, die meistens auf der Beobachtung und Bewertung von Qualitätsmerkmalen des guten Unterrichts beruhen, zurückgreifen kann. Hierfür ist die empirische Fundiertheit solcher Kriterien unerlässlich und ein übereinstimmendes Vokabular der Bereiche wünschenswert. Helmke (2009) hat aufgrund der Empirie, die im vorhergehenden Abschnitt geschildert wurde, ebenfalls eine Liste von Merkmalen guter Unterrichtsqualität beschrieben. Sie sollen im Folgenden genauer aufgeführt werden, da das Instrumentarium des empirischen Teils dieser Arbeit auf sie zurückgreift.

Helmke (2009) nennt als Kriterien der Unterrichtsqualität:

1. Klassenführung
2. Klarheit und Strukturiertheit
3. Konsolidierung und Sicherung
4. Aktivierung
5. Motivierung
6. Lernförderliches Klima
7. Schülerorientierung[5]
8. Kompetenzorientierung
9. Umgang mit Heterogenität
10. Angebotsvariation

1. Klassenführung: In der Literatur wird Klassenführung übereinstimmend als ein Schlüsselmerkmal der Unterrichtsqualität angesehen (Helmke, 2009), auch wenn sie bei gewissen Autoren als Teilaspekt angesehen wird, wie zum Beispiel bei Meyer als „klare Strukturierung" oder bei Brophy (1999) als „opportunity to learn". Brophy (1999) beschreibt Klassenführung als optimale Zeitnutzung. Effektive Lehrpersonen fangen pünktlich mit der Lektion an, Übergänge zu anderen Arbeitsformen werden kurz gehalten und sie schauen, dass die Schülerinnen und Schüler während Arbeitsphasen fokussiert arbeiten. Eine gute Vorbereitung erlaubt ihnen die reibungslose Durchführung

---

5   Schülerorientierung bezieht sich auf Schülerinnen und Schüler.

der Lektion ohne Unterbrechungen, um Unterlagen zu konsultieren oder um Unterrichtsmaterial hervorzusuchen. Die Aktivitäten während der Lektion fordern die Schülerinnen und Schüler optimal, sie sind abwechslungsreich und minimieren Störungen, Langeweile und Ablenkungen. Die Anweisungen und Erwartungen sind klar und konsistent. Am Anfang des Schuljahres werden wichtige Abläufe und Regeln durch direkte Instruktion oder „Modeling" mit den Schülerinnen und Schülern eingeübt, und während des Jahres werden die Schülerinnen und Schüler wenn nötig daran erinnert. Die Klasse wird ständig überblickt, was ein sofortiges Erkennen von auftauchenden Problemen erlaubt, so dass diese gelöst werden können, bevor sie störend werden. Bei Störungen intervenieren effektive Lehrpersonen wenn möglich so, dass die anderen Schülerinnen und Schüler in ihrer Arbeit nicht gestört werden.

Nach Helmke (2009) ist die Klassenführung eine unabdingbare Voraussetzung für die Sicherung eines anspruchsvollen Unterrichts, indem dadurch ein ordnender Rahmen für die eigentliche Lehr- und Lernzeit geschaffen und besonders die aktive Lernzeit gesteuert wird. Neben der diagnostischen, fachlichen und didaktischen Kompetenz wird sie als Basiskompetenz des Lehrberufs angesehen (Helmke, 2009).

Auch hängt gemäss internationalem Forschungsstand kein anderes Merkmal so eng mit Schülerinnen- und Schülerleistungen zusammen wie die Klassenführung (Walberg & Paik, 2000; Anderson, Ryan & Shapiro, 1989; Emmer & Stough, 2001; Brophy, 2006; Einsiedler, 1997). Wang, Haertel und Walberg (1993) stellen die Klassenführung in einer Metaanalyse zu den Bedingungsfaktoren schulischer Leistungen hinter den kognitiven Kompetenzen der Schülerinnen und Schüler an zweiter Stelle. Bei PISA 2003 konnte ebenfalls neben dem kognitiven Potenzial der Schülerinnen und Schüler zwischen der Klassenführung und den Schülerinnen- und Schülerleistungen ein signifikanter Einfluss festgestellt werden. Der Einfluss der konstruktiven Unterstützung ist demgegenüber wesentlich geringer (Kunter, Dubberke, Baumert, Blum, Brunner, Jordan, Klusmann, Krauss, Löwen, Neubrand & Tsai, 2006). Helmke, Helmke, Schrader, Wagner, Klieme, Nold und Schröder (2008b) erhielten in der DESI-Studie[6] ein ähnliches Ergebnis. Dabei hing die Klassenführung signifikant mit dem Leistungszuwachs und dem Zuwachs des Lerninteresses im Fach Englisch zusammen.

---

6   DESI (Deutsch Englisch Schülerleistungen International): Ziel der Studie ist es, den aktiven und passiven Gebrauch des Deutschen und Englischen von Schülerinnen und Schülern der neunten Klasse zu erheben, zu dokumentieren, Erklärungsmodelle unter Einschluss personaler, unterrichtlicher und schulischer Faktoren abzuleiten und Optimierungsansätze für den Unterricht aufzuzeigen. Sie stellt eine Ergänzung zu PISA 2000 dar.

Ebenso zeigt die Gegenüberstellung von wenig erfolgreichen und sehr erfolgreichen Klassen die Bedeutung der Klassenführung; sie unterscheiden sich diesbezüglich am stärksten voneinander (Helmke, Hosenfeld, Schrader & Wagner, 2002).

Zusätzlich zeigen Untersuchungen zur Gesundheit von Lehrpersonen (Schaarschmidt, 2006a, 2006b; Schaarschmidt & Kieschke, 2007), zum Burnout (Barth, 2006) und zu Belastungen im Berufsalltag (Helmke, Hosenfeld, Schrader & Wagner, 2002a), dass Probleme mit der Klassenführung ein entscheidender Grund für Burnout und Frühpensionierungen sind.

2. *Klarheit und Strukturiertheit:* Nach Helmke (2009) gehören zur Gestaltung eines lernförderlichen Unterrichts die Vermittlung von Inhalten in Form von Präsentationen, Aufgaben oder Lerntexten. Die Inhalte müssen korrekt sein, klar und verständlich präsentiert werden, das heisst gut strukturiert sein, damit sie schülerseitiges Lernen anregen können.

Für Slavin (1994) sind Klarheit, Strukturiertheit und Verständlichkeit die Leitkonzepte der Qualität des Unterrichts. Bei Meyer (2004) steht die „klare Strukturierung" an erster Stelle von zehn Merkmalen guten Unterrichts. Dabei umfasst die „klare Strukturierung" die Stimmigkeit von Zielen, Inhalten und Methoden, die Folgerichtigkeit des methodischen Gangs, die Angemessenheit des methodischen Rhythmus sowie Regel- und Rollenklarheit.

Nach Helmke (2009) ist es erforderlich, dass „Klarheit", „Verständlichkeit" und „Strukturierung" besser abgegrenzt werden. Für „Klarheit" unterscheidet er vier Komponenten: die akustische Verstehbarkeit, die sprachliche Prägnanz, die inhaltliche Kohärenz und die fachliche Korrektheit. „Klarheit" wird dabei eher sender-, die „Verständlichkeit" eher empfängerbezogen gesehen. „Strukturierung" bezieht sich auf zwei Gesichtspunkte, einen didaktischen und einen gedächtnispsychologischen. Das inhaltliche Angebot muss aus gedächtnispsychologischer Sicht so präsentiert sein, dass es den Aufbau einer guten Wissensbasis unterstützt. Aus didaktischer Sicht heisst Strukturierung, dass der Unterricht so vorbereitet und sequenziert wird, dass das Ziel des Wissensaufbaus erreicht wird.

Folgende Merkmale schränken die akustische Verständlichkeit und die sprachliche Klarheit ein und damit auch die Schülerinnen- und Schülerleistungen (Helmke, 2009): Unsicherheits- und Vagheitsausdrücke wie „vielleicht", „gewissermassen" oder „irgendwie", inkorrekte Grammatik oder Lexik, Bruch der Kontinuität wie Unterbrechungen durch irrelevante Kommentare und Manierismen bzw. Sprechverzögerungen wie „ähmm", „gell" oder „okay".

Wie sich zeigt, ist die Strukturierung ein sehr wesentliches Merkmal der Unterrichtsqualität (vgl. zusammenfassend Helmke, 2009). Wissensstruk-

turierung und zusätzliche Lernhilfen haben sich als lern- und leistungsför-
derlich herausgestellt. Das Ziel der Strukturierung ist, eine möglichst gute
Wissensbasis herzustellen, was eine gute Passung zwischen Vorwissen und
Vorerfahrungen der Schülerinnen und Schüler und dem neuen Stoff erfordert,
um so einen möglichst flüssigen Erwerb der neuen Inhalte zu ermöglichen.
Schwierig wird es besonders dort, wo das Verständnis von gewissen Begrif-
fen zu Unrecht vorausgesetzt wird. In der Lehr-Lern-Forschung umfasst das
Konzept der Strukturierung folgende Punkte (Helmke, 2009, S. 197):

- Mitteilung der Unterrichts- und Lernziele
- Transparente Leistungserwartungen
- Ausdrückliche Verknüpfung der neu vermittelten Informationen mit Vor-
  wissen und Aufgreifen eventueller Missverständnisse
- Fragen stellen, um Lernenden zu einer intensiveren Auseinandersetzung
  mit dem Inhalt anzuregen
- Das Angebot eines Gerüstes in Form übergreifender Ideen, Begriffen und
  Begriffsnetzen, um so die Integration neuen Wissens zu erleichtern
- Lernhilfen (advance organizer) an strategisch wichtigen Stellen,
  Zwischenzusammenfassungen, Vorausschau. Dies sind Informationsan-
  gebote für den Lernenden, die über den eigentlichen Lerninhalt hinaus-
  gehen und den Lernprozess unterstützen (Schnotz, 2006). Eine Vorausschau ist vor allem dann effektiv, wenn sie mit Begriffen geschieht, die
  den Schülerinnen und Schülern bereits bekannt sind (Hasselhorn & Gold,
  2006).

In Fächern mit hierarchisch strukturierter Wissensbasis wie Mathematik ist
die Strukturierung besonders wichtig. So konnten Helmke und Schrader
(1998) zeigen, dass erfolgreiche Lehrpersonen bezüglich Motivations- und
Leistungszuwachs der Schülerinnen und Schüler im Fach Mathematik eine
hohe Ausprägung in der Klassenführung und eine klare Strukturierung aufweisen. In den Fächern Englisch und Deutsch konnten Helmke et al. (2008b)
diese Ergebnisse jedoch nicht bestätigen. Dort zeigten sich weder positive
noch negative Effekte der Strukturierung.

Campbell, Kyriakides, Mujis und Robinson (2004) weisen vor allem darauf hin, dass ein unstrukturierter und unklarer Unterricht für Schülerinnen
und Schüler mit ungünstigen Lernvoraussetzungen eine gravierende Lernbar-
riere darstellt. Klare Strukturen werden umso wichtiger, je geringer die Vorkenntnisse der Schülerinnen und Schüler sind (Wellenreuther, 2005). Um zu
verhindern, dass sich die Schere zwischen privilegierten und benachteiligten
Schülerinnen und Schülern weiter öffnet, ist nach Helmke (2009) eine klare
Strukturierung eine unabdingbare Voraussetzung.

3. Konsolidierung und Sicherung: Damit Informationen behalten und nicht vergessen werden, müssen die Informationen wiederholt bewusst gemacht, und es müssen Verbindungen mit anderen Informationen hergestellt werden (Heymann, 1998; Helmke, Schrader & Weinert, 1987).

Nicht nur die Gedächtnispsychologie, sondern auch die Unterrichtspraxis zeigt, dass der Weg von der Informationsaufnahme zum nachhaltigen Lernen lang und schwierig sein kann, da Üben und Wiederholen im Unterricht eine grosse Rolle spielen (Helmke, 2009). Arnold und Schreiner (2006) definieren Üben als alle unterrichtlichen Aktivitäten, die der Festigung, Konsolidierung, Automatisierung, Vertiefung und dem Transfer des Gelernten dienen. In der Literatur werden für Üben verschiedene Termini verwendet wie beispielsweise „intelligentes Üben" (Meyer, 2004), Übungsintensität (Ditton, 2000) und aus der angloamerikanischen Literatur „Practice and Application Activities" (Brophy, 1999). Aebli (1998) unterscheidet zwischen Durcharbeiten und Üben. Das Durcharbeiten verschafft dabei Klarheit über die Begriffe und Operationen sowie Beweglichkeit in deren Anwendung auf neue Situationen. Das Üben dient der Automatisierung und Konsolidierung.

Nach Helmke (2009) wird das Üben und Wiederholen von vielen mit Zwang, sturem Drill und fehlender Selbstbestimmung gleichgesetzt und als mechanisch, passiv, altmodisch, für den Lernprozess überflüssig und dem aktiven Lernen zuwiderlaufend betrachtet. Ein solches mechanisches Üben könnte nicht weiter von einer auf konstruktivistisch basierten Lernkultur entfernt sein. Elaboriertes Üben ist hingegen dadurch gekennzeichnet, dass Strategien aufgebaut werden, die dem Transfer auf andere Anwendungsbeispiele dienen und die Verknüpfung mit dem Vorwissen antreiben. Dies erinnert an Aeblis (1998) Durcharbeiten.

Aber ohne ein quantitativ ausreichendes Üben, ohne vielfältige Wiederholungen ist keine flüssige Beherrschung grundlegender Fertigkeiten erreichbar. Dies ist jedoch unerlässlich, um anspruchsvollere Kompetenzen zu erlangen. So konnte beispielsweise PISA zeigen, dass ein Lernender, der noch nicht flüssig lesen kann, chancenlos ist, wenn es darum geht, sich auf den Sinn des Textes zu konzentrieren.

Zusammenfassend muss guter Unterricht grundlegende lern- und gedächtnispsychologische Erkenntnisse erfüllen (Gudjons, 2005; Renkl, 2005; Arnold & Schreiner, 2006; Heymann, 2007):

- Quantität: Ausreichendes Üben muss selbstverständliches Element des Unterrichts sein.
- Motivierung: Eine motivationale Grundlage muss für das oft ungeliebte Üben geschaffen werden.

- Passung: Inhalt, Länge und Gestaltung der Übungsphase müssen dem Unterrichtsgegenstand und den Schülerinnen und Schülern angepasst sein, und die Schwierigkeit sollte Erfolgserlebnisse erlauben.
- Vorkenntnisse: Das Üben neuer Inhalte sollte auf den Vorkenntnissen aufbauen.
- Zeitliche Verteilung: Empirische Untersuchungen belegen, dass verteiltes Üben effektiver ist als massiertes Üben.
- Einzel- vs. Gruppenunterricht: Aus traditioneller Sichtweise erfolgt das Üben in Einzelarbeit, aber als Ergänzung können auch kooperative Formen des Übens in Frage kommen.
- Variation: Mit einem variantenreichen Angebot an Übungssequenzen kann auf unterschiedliche Lernvoraussetzungen und -präferenzen eingegangen werden.
- Erfolgskontrolle: Um erfolgreiches Üben zu erlangen, braucht es Kontrollen des Übungserfolges der Schülerinnen und Schüler. (vgl. zusammenfassend Helmke, 2009)

4. Aktivierung: Das Konzept der Aktivierung ist ein unscharfer Begriff, der ganz unterschiedliche Aspekte anspricht (Helmke, 2009). Kognitive Aktivierung meint:
- das durch den Einsatz verschiedener Methoden und Lernstrategien geförderte eigenverantwortliche und selbstgesteuerte Lernen,
- die soziale Aktivierung durch kooperative Formen des Lernens,
- eine aktive Beteiligung der Schülerinnen und Schüler an der Planung und Durchführung des Unterrichts,
- und die körperliche Aktivierung durch handelndes Lernen. (Helmke, 2009)

Das selbstgesteuerte (eigenständige, autonome, selbstregulierte) Lernen ist ein wichtiges Mittel, um Leistungsziele zu erreichen (Weinert, 1982). Zum selbstgesteuerten Lernen gibt es eine grosse Anzahl an theoretischen Ansätzen, Klassifikationsversuchen und Messinstrumenten (z.B. McCaslin, Rabidue Bozack, Napoleon, Thomas, Vasquez, Wayman & Zhang, 2006; Pressley & Harris, 2006; Weinstein & Mayer, 1986; Baumert, 1993; Artelt, Demmrich & Baumert, 2001; Artelt, 2000; Schrader & Helmke, 2006; Levin & Arnold, 2006, Boekaerts, Pintrich & Zeidner, 2000, Schunk & Zimmermann, 1998).

Ein besonders förderndes Lehr-Lern-Arrangement für das selbstgesteuerte Lernen[7] ist der Ansatz des Lehrlingslernens („cognitive apprenticeship"). Diese Lehr-Lern-Situation greift Elemente des Modelllernens auf und betont den sozial-kommunikativen Austausch zwischen Lehrenden und Lernenden

---

7   Eine Übersicht über Lehr-Lern-Arrangements zur Förderung des selbstgesteuerten Lernens findet sich in Klauer und Leutner (2007).

sowie zwischen Lernenden untereinander (Collins, Brown & Newman, 1989; De Jager, 2002; Rogoff, 1990; Friedrich, 2006). Die Instruktionsprinzipien von „Cognitive Apprenticeship" sind nach Reinmann und Mandl (2006): „Modelling", „Coaching", „Scaffolding", „Fading", „Articulation", „Reflection" und „Exploration".

Ein weiterer Ansatz ist der narrative Anker („Anchored Instruction"), der zu verständnisvollem, kooperativem Lernen führen soll (Bransford, 1990) und sich durch komplexe Ausgangsprobleme, Authentizität des Problems, multiple Perspektiven, Artikulation und Reflexion sowie Lernen im sozialen Austausch auszeichnet. Ein Beispiel hierfür ist die Videoserie „Abenteuer des Jasper Woodbury", die 20minütige Videofilme, welche mit einer zu bewältigen Herausforderung enden, umfasst (The Cognition & Technology Group at Vanderbilt, 1997).

Lernen durch Lehren und das „reciprocal teaching" sind weitere Lehr-Lern-Arrangements, die das selbstgesteuerte Lernen fördern. Für die Förderung des eigenständigen Lernens in der Praxis heutiger Schulen sind auch Beck, Guldimann und Zutavern (1995) und Baer (1998) interessant.

Kooperatives Lernen darf nicht einfach mit Gruppen- oder Partnerarbeit gleichgesetzt werden. Damit kooperatives Lernen stattfindet, müssen folgende Aspekte berücksichtigt werden (Slavin, 1995; Johnson & Johnson, 1994):

• positive Interdependenz: Alle Beteiligten sind verantwortlich für den Erfolg des Lernens. Solche Aufgaben, welche eine koordinierte Zusammenarbeit (wie Rollenzuteilungen, Arbeitsteilung) erfordern, sind daher besonders günstig.

• individuelle Verantwortlichkeit: Der individuelle Beitrag soll erkennbar bleiben, damit nicht Nebeneffekte wie „Trittbrettfahrer" oder das „Sich-ausgenutzt-Fühlen der engagierten Schülerinnen und Schüler" entsteht.

• förderliche Interaktionen: Die Vorteile des Gruppenlernens werden dort besonders deutlich, wenn die Aufgabe eine soziale Interaktion fördert wie wechselseitiges Erklären, Erproben, Fragen und Verändern.

• kooperative Arbeitstechniken: Neben einem vertrauensvollen Arbeitsklima setzt kooperatives Lernen kommunikative Fertigkeiten und die Fähigkeit, persönliche und sachliche Konflikte zu lösen, voraus.

• reflexive Prozesse: Damit sind metakognitive Prozesse, das Monitoring der Teilprozesse einer Gruppenarbeit und der Austausch über förderliche oder beeinträchtigende Bedingungen der Gruppenarbeit gemeint. (vgl. zusammenfassend Helmke, 2009)

Im Rahmen von Meta- und Megaanalysen ist die Wirksamkeit unterschiedlicher Formen des kooperativen Lernens sehr gut erforscht (beispielsweise Rohrbeck, Ginsburg-Block, Fantuzzo & Miller, 2003). Palincsar und Brown (1984) und Rosenshine und Meister (1994) konnten nachweisen, dass das

„reciprocal teaching" zur Verbesserung des Leseverstehens für Schülerinnen und Schüler verschiedenen Alters, unterschiedlichen Lernvoraussetzungen und verschiedenen Inhalten sehr wirksam ist. Zusätzlich zeigt sich, dass besonders benachteiligte Schülerinnen und Schüler von kooperativen Lernformen profitieren (Rohrbeck et al., 2003).

5. *Motivierung:* Ditton (2006) nennt Motivierung einen der vier zentralen Faktoren (neben Qualität, Angemessenheit und Unterrichtszeit) des guten Unterrichts. Nach Klauer und Leutner (2007) ist die Motivierung eine unabdingbare Voraussetzung, um Lernprozesse zu initiieren und aufrechtzuerhalten. Damit spielt die Motivation während des ganzen Lernprozesses eine Rolle (Helmke, 2009). Die Lehrperson sollte dabei darauf achten, dass die fremdgesteuerte Motivation möglichst mit der motivationalen Selbststeuerung durch die Schülerinnen und Schülern ersetzt wird. Dies bedeutet, dass Schülerinnen und Schüler zunehmend sich selbst motivieren sollen.

Rheinberg und Vollmeyer (2008) beschreiben verschiedene Motive (Leistungs-, Macht- und Anschlussmotiv) zur Aufrechterhaltung der Motivation, die individuell unterschiedlich stark ausgeprägt sind. In der Schule können alle Motive beteiligt sein, weshalb die Lernmotivation ein heterogenes Konstrukt ist, welches sich aus verschiedenen Quellen speist.

Urhahne (2008) zählt sieben Lernmotivationstheorien auf, die in der Schule zum Tragen kommen: klassische Leistungsmotivationstheorien, erweiterte Erwartungs-Wert-Theorien, Attributionstheorien, Zielorientierungskonzepte, Theorien intrinsischer Motivation, Volitionsmodelle und Theorien sozialer Motivation. Um eine überdauernde Lernmotivation zu erreichen, unterscheidet Schiefele (2008) extrinsische (materielle Lernmotivation) und intrinsische (Lernen aus Interesse) Facetten der Lernmotivation.

In der Schule sind beide Facetten der Lernmotivation von Bedeutung (Cameron & Pierce, 1994; Deci & Ryan, 1985). Weinert (1997) meint hierzu, dass vor allem intrinsische Beweggründe zum Lernen, also Interesse am Lerninhalt, die Lust am Lernen selbst und die Freude am Erreichen selbst gesetzter Ziele positiv zu bewerten sind, dass dies aber gleichzeitig nicht ausreicht. Vor allem dann, wenn die spontane Motivation zum Erwerb nützlicher Kompetenzen ausbleibt, sind extrinsische Anreize und Bekräftigungen wirksame Mittel der Lernmotivation.

Nach systematischer Sichtung der schulischen Motivierungsförderungsprogramme kommen Rheinberg und Krug (1993) sowie Rheinberg und Vollmeyer (2008) zum Schluss, dass insbesondere die individuelle Bezugsnorm, welche die Aufmerksamkeit auf die individuellen Fortschritte und nicht auf den sozialen Vergleich legt, für die schulische Lernmotivation vorteilhaft ist (vgl. auch Schunk, Pintrich & Meece, 2010).

6. Lernförderliches Klima: Nach Helmke (2009) ist mit einem lernförder-lichen Klima eine Lernumgebung gemeint, welche das Lernen der Schü-lerinnen und Schüler erleichtert, begünstigt oder auf andere Weise positiv beeinflusst. Die Aspekte Umgang mit Fehlern, angemessene Wartezeiten, entspannte Lernatmosphäre und Abbau von Angst werden darunter zusam-mengefasst (Helmke, 2009).

Arbeiten zum Thema der Fehlerkultur weisen darauf hin, wie gross das Potential von Fehlern als Lernchance ist (Reusser, 1999; Weinert, 1999; Ha-scher & Hagenauer, 2010). Einerseits können Fehler Fenster zu den Lern- und Denkprozessen von Schülerinnen und Schülern sein, andererseits kön-nen sie auch massive Lernbarrieren darstellen. Auf jeden Fall sollten Fehler als selbstverständlichen Teil des Lernprozesses angesehen werden und nicht mit Tadel oder negativen Konsequenzen verbunden sein.

Eine entspannte Lernatmosphäre wirkt sich nach Helmke (2009) günstig auf die Lernfreude, das Lerninteresse und die Lernmotivation aus. Die Zu-sammenhänge sind aber zwischen entspannter Lernatmosphäre und der Leis-tungsentwicklung nicht sehr ausgeprägt. Nach Helmke (2009) könnte dies daran liegen, dass die linearen Zusammenhänge zwischen zwei Variablen be-rechnet wurden und beim Qualitätsmerkmal „entspannte Atmosphäre" ver-mutlich nicht eine maximale, sondern eine mittlere Ausprägung günstig ist (also weder „humorfrei, dehydriert" noch „ausgelassen, exzessiv humor-voll").

Leistungsangst kann sich sowohl auf das Lernen als auch auf die Leis-tung im positiven oder negativen Sinne auswirken. Angst kann eine an-treibende Wirkung auf die Informationsaufnahme haben, weil sie zur Mo-bilisierung aller Ressourcen und zu maximaler Anstrengung führt. Aus der Gedächtnisforschung hingegen ist bekannt, dass Stoff, der unter starkem Stress gelernt wird, oberflächlicher verarbeitet wird. Auch beim Abruf von Informationen kann Angst sowohl hemmend als auch stimulierend wirken. Nach Helmke (2009) dominieren im schulischen Kontext die leistungsbe-einträchtigenden Wirkungen klar die leistungsförderlichen Effekte. Dies be-deutet, dass für ein lernförderliches Klima im Unterricht die leistungsbeein-trächtigende Angst abgebaut werden muss, oder es muss dafür gesorgt werden, dass sie gar nicht erst entsteht (Strittmatter, 1997; Helmke, 1983; Rost & Schermer, 2006).

Ein weiterer entscheidender Faktor für eine angenehme Lernatmosphäre ist der Umgang mit der Unterrichtszeit, insbesondere der Wartezeiten. Nach Borich (2007b) gibt es zwei kritische Wartezeiten bei Lehrerfragen: die War-tezeit nach einer Lehrerfrage und die Zeit zwischen einer verbesserbaren Schülerantwort und der Lehrerreaktion. Nach einer Lehrerfrage beträgt die Wartezeit einer Lehrperson im Durchschnitt unter einer Sekunde (Bromme,

1997), was zu wenig ist. Bei einfachen Fragen empfehlen Gage und Berliner (1998) eine Wartezeit von 3 bis 4 Sekunden, bei schwierigen Fragen eine Wartezeit von 15 Sekunden. Nach einer ungenügenden Antwort sollte die Lehrperson nicht einfach das Gespräch fortführen, sondern der Schülerin oder dem Schüler noch einmal Zeit lassen, damit sie oder er die Antwort verbessern kann. Dabei sollte eine Kombination von anspruchsvollen Erwartungen (try harder!) und Ermutigungen (you can!) zum Tragen kommen. Dies zeigt ein Klima an, das für die Förderung der Anstrengungsbereitschaft und Lernengagements günstig ist (Helmke, 2009).

7. Schülerorientierung: Bei der Schülerorientierung geht es einerseits darum, dass Schülerinnen und Schüler unabhängig von ihrer Leistung und ihrem Lernen als Person ernst genommen und wertgeschätzt werden (Helmke, 2009). Andererseits heisst Schülerorientierung aus didaktischer Sicht, sich in der Planung und Durchführung des Unterrichts an den Interessen, dem Vorwissen und der Aktivierung der Schülerinnen und Schüler zu orientieren (Mindt, 2002).

Aus der Sicht Helmkes (2009) geht ein schülerinnen- und schülerorientierter Unterricht einher mit einer positiven Einstellung zur Schule, zur Lehrperson und zum Lernen sowie mit Wohlbefinden, grösserem Selbstvertrauen und Lernmotivation.

Die Schülerorientierung schliesst auch die Förderung der Fähigkeit zum demokratischen Zusammenleben mit der Beteiligung von Schülerinnen und Schülern am Schulleben in Klassenräten und Schulversammlungen ein (Helmke, 2009).

Die Methode des Schülerfeedbacks ist ein wichtiger Aspekt der Schülerorientierung, indem sich die Lehrperson Rückmeldungen zum Unterricht, den Präferenzen, Wünschen und Kritikpunkten von ihren Schülerinnen und Schülern holt. Somit werden die Schülerinnen und Schüler wahr- und ernst genommen. In der Schulpraxis werden die damit verbundenen Möglichkeiten kaum genutzt, obwohl inzwischen zahlreiche erprobte und aussagekräftige Werkzeuge zur Verfügung stehen (Helmke, 2009; Helmke, Helmke, Schrader, Wagner, Nold & Schröder, 2008c).

Ein weiterer Aspekt der Schülerorientierung nach Helmke (2009) ist die Unterrichtsbeteiligung. Damit ist die Mitentscheidung über Fragen des Unterrichts, Mitgestaltung des Unterrichts und aktive Beteiligung am Unterricht gemeint. Fend (1976) konnte zeigen, dass Mitgestaltung am Unterricht und altersangemessene Beteiligung an unterrichtsrelevanten Entscheidungen die Lernmotivation der Schülerinnen und Schüler fördert.

8. *Kompetenzorientierung:* Der kompetenzorientierte Unterricht richtet sich an messbaren Ergebnissen aus. Dabei legen Bildungsstandards fest, welche Kompetenzen gelernt werden sollen (Helmke, 2009). Bildungsstandards sind nicht wie bislang in den herkömmlichen Curricula festgelegte Inhalte, sondern Zielkompetenzen, die die Schülerinnen und Schüler erreichen sollen. Der Unterricht muss demzufolge auf solche Endziele ausgerichtet sein, welche durch entsprechende Aufgaben, Beispiele und Evaluationen eingeführt und überprüft werden. Das Problem dabei ist, dass die Standards auf die entsprechende Stufe „heruntergebrochen" und von dem Endziel her geplant werden müssen (Lersch, 2007). Nach Lersch (2007) ist dafür die Entwicklung von Kompetenzrastern hilfreich, welche präzise Angaben über Auswahl und Abfolge in der Vermittlung des notwendigen systematischen Wissens und klare Vorstellungen über mögliche Situierungen für die sukzessive Kultivierung fachlichen und überfachlichen Könnens enthalten (Lersch, 2007).

Beim nach Standards ausgerichteten Unterricht spielt die Kontrolle, also die Leistungsmessung oder Lernstandserhebungen, eine grosse Rolle (Ditton, 2007). Nach Helmke (2009) gehört zu einer entwickelten Evaluationskultur im Klassenzimmer eine Vielfalt von Methoden und Techniken zur Leistungsmessung, da allen Methoden Schwächen innewohnen, die durch Kombination mit anderen Verfahren entschärft werden können. Das können zum Beispiel standardbasierte Tests, Tests mit Mehrfachwahl-Antworten, Portfolio oder die Selbstbewertung der Leistungen durch die Schülerinnen und Schüler sein.

9. *Umgang mit Heterogenität:* Unter den Begriffen „adaptiver Unterricht", „Individualisierung" und „Binnendifferenzierung" werden verschiedene Varianten des Umgangs mit Heterogenität diskutiert (Helmke, 2009; Beck et al., 2008).

Im Unterricht werden Differenzierungen und Individualisierungen wenig eingesetzt. Dies zeigen verschiedene empirische Studien (Übersicht bei Wischer, 2007). So unterrichteten beispielsweise Lehramtsstudierende und ihre Praxislehrpersonen ungefähr 70 Prozent ihres Unterrichts frontal, wobei mit allen Schülerinnen und Schülern zu den gleichen Inhalten gearbeitet wird (Kocher & Wyss, 2008; Baer et al., 2009; 2011; Kocher, Wyss, Baer & Edelmann, 2010).

Helmke et al. (2008c) konnten zeigen, dass sich im Deutsch- als auch im Englischunterricht die Differenzierungen vor allem auf die leistungsstarken Schülerinnen und Schüler beziehen, welche zusätzliche Aufgaben, eine schnellere Taktung und ein erhöhtes Erwartungsniveau erfahren.

Die wenigen empirischen Studien zur Individualisierung und Differenzierung bezogen auf die Leistungswirksamkeit zeigen ein sehr ungünstiges Bild. Leichte Vorteile beziehen sich auf das soziale Lernen und klare Nachteile auf die Leistung (Lüders & Rauin, 2004; Gruehn, 2000). Auch die angloamerikanische Diskussion weist auf solche negative Ergebnisse hin (Stevenson & Stigler, 1992; Chall, 2002).

Schrader und Helmke (2008) zeigen bei einem Vergleich von besonders erfolgreichen mit erfolglosen Klassen, dass die Leistungsdifferenzierung weder für den Leistungszuwachs beim Leseverstehen noch im Bereich Mathematik eine Rolle spielt. Leistungsdifferenzierung alleine scheint anscheinend weder zu nutzen noch zu schaden. Rossbach und Wellenreuther (2002) schlussfolgern bei der Sichtung des internationalen Forschungsstandes, dass die Leistungsdifferenzierung lediglich einen Rahmen für die wirksamen pädagogischen Massnahmen darstellen. Dabei sei entscheidend, wie lernförderlich die dabei eingesetzten Methoden sind. Helmke (2009) fasst den bisherigen Stand zum adaptiven Unterricht folgendermassen zusammen: Das Stattfinden einer Individualisierung bzw. Differenzierung im Unterricht an sich ist weder positiv noch negativ zu bewerten. Die Qualität der Durchführung ist dabei entscheidend. Der momentane pädagogische Diskurs malt oft zu schwarz-weiss entweder radikale Individualisierung oder gar keine, dabei kann Individualisierung auch schrittweise eingeführt werden. Das Ziel der Individualisierung bzw. Differenzierung ist ein selbstständiges Lernen aller Schülerinnen und Schüler. Um eine Individualisierung bzw. eine Differenzierung im Unterricht zu erreichen, muss ein Umdenken zu einer differenzierten Sichtweise erfolgen (vgl. auch Beck et al., 2008).

10. Angebotsvielfalt: Die Unterrichtsformen lassen sich nach Wiechmann (2000a) auf der Dimension des Vermittlungsstils (lehrend vs. entdecken lassend) und der Dimension (lehrergelenkt vs. selbstbestimmt) abbilden. Zusätzlich macht er darauf aufmerksam, dass der effektive Unterricht zwischen den vier Eckpunkten des Methodenrepertoires liegt und dabei die didaktisch begründete Auswahl der jeweils besten Unterrichtsmethode entscheidend ist. Es kommt also auf die Balance der gewählten Methoden an. Wiechmann (2000b) unterscheidet die Methoden Frontalunterricht, Gruppenpuzzle, Stationenarbeit, Wochenplanarbeit, Lernen mit Inszenierungen, Lehrstückunterricht, Entdeckendes Lernen, Fallstudie, Werkstattarbeit und Projektmethode.

Niggli (2000) spricht von Lernarrangements, die eher offenem oder traditionellem Unterricht zugeordnet werden können. Dabei weist er darauf hin, dass die innovativen Lernarrangements nicht von vornherein besserer Unterricht sind als die traditionellen Lernarrangements, sondern auch sie müssen sich an den Leitfragen und Bewährungskriterien orientieren, die für guten Unterricht gelten.

Eine eintönige Lehrkultur ist wegen der vorfindbaren Vielfalt an Persön-
lichkeits-, Lernstil-, Fähigkeits-, Motivations-, Verhaltens- und Leistungsun-
terschieden der Schülerinnen und Schüler unangemessen (Helmke, 2009).
Zudem erfordern auch unterschiedliche Lernziele verschiedene Methoden.
Die Lehrpersonen müssen also zwei Entscheidungen treffen, wann (welche
Inhalte eignen sich für welche Methode) und für wen (welche Schülergrup-
pe profitiert von welcher Methode) die Methoden eingesetzt werden sollen.

Brophy (1999) weist ebenfalls darauf hin, dass die Methoden genügend
variiert werden und genügend Herausforderung bieten müssen, um die Schülerinnen und Schüler zu motivieren und für den Inhalt zu engagieren. Die
Variation kann dabei die Methoden (Meyer, 2004) oder die Sinnesmodalitä-
ten (Marzano, Pickering & Pollock, 2005) betreffen. Letzteres wird derzeit
noch unzureichend genutzt.

Helmke (2009) weist darauf hin, dass der erfolgreichste Unterricht nicht
derjenige mit einem Maximum an Methodenvielfalt ist, sondern derjenige
mit einem Optimum. Die Studie MARKUS zeigte, dass die Klassen mit einer überschaubaren Anzahl an Lehr-Lern-Szenarien am erfolgreichsten waren gegenüber denjenigen Klassen, welche ausschliesslich Frontalunterricht
oder exzessiv viele Unterrichtsformen erfuhren (Helmke et al., 2002a; Helmke & Jäger, 2002; Helmke, Jäger, Balzer, Hosenfeld, Ridder & Schrader,
2002b). Schülerinnen und Schüler beschrieben ihre Lehrpersonen, die alles
Mögliche an Lehrtechniken anboten, als eher „hysterisch" und „hektisch".
Nach Helmke (2009) scheint demnach eine grosse Anzahl von Methoden auf
Kosten der Qualität der einzelnen Methoden zu gehen.

3.2 Schlussfolgerung

Helmke (2009) stellt eine mögliche Kriterienliste vor, die sehr umfassend
erscheint. Die Bildung solcher Kriterienlisten für Unterrichtsqualität wird
jedoch kritisiert, beispielsweise von Gruschka (2007) wegen mangelnder
Stringenz der Modellbildung und von Schilmöller (2006) wegen fehlender
Fachlichkeit und des Fehlens von schulischen Kontextfaktoren. Mühlhausen
(2007) weist darauf hin, dass Merkmale eines guten Unterrichts unerfüllbare
Machbarkeitsillusionen nähren und die realistische Auseinandersetzung mit
den eigenen Stärken und Schwächen verhindern.

Wie zu Beginn des Kapitels erwähnt sind bislang die Forschungstraditionen der Unterrichtsqualität und die der Professionalität von Lehrpersonen
getrennt verlaufen, obwohl sie stark verknüpft sind. Grossman und McDonald (2008) fordern in diesem Zusammenhang, dass Forschende in Zukunft
diese zwei Felder als einheitlich betrachten sollten, und dass eine einheit-

liche Reihe von Fragen oder Anliegen formuliert werden sollte, um das bisherige Wissen zu organisieren und zu aggregieren und sich auf neue Wege zur Vertiefung des bereits bestehenden Wissens zu einigen. Hierfür sollte ein effektives Instrumentarium entwickelt werden, das auf einer gemeinsamen Sprache beruht (Cochran-Smith & Zeichner, 2005; Grossman, 2008).

In den folgenden Kapiteln soll der bisherige Wissensstand zur Professionalität von Lehrpersonen aufgezeigt werden. Im empirischen Teil wird dann ein Instrumentarium, das in der Forschungstradition der Unterrichtsqualität entwickelt wurde, auf die Professionalität von Lehrpersonen bezogen.

3.3 Lehrprofessionalität

Die Diskussion um die professionellen Kompetenzen einer Lehrperson laufen momentan hinsichtlich Dimensionen, Struktur und Genese in verschiedene Richtungen (Baumert & Kunter, 2006). Die Ergebnisse sind somit unterschiedlich, ebenso die Schlussfolgerungen, welche für die Aus- und Weiterbildung von Lehrpersonen gezogen werden. Einerseits besteht die Diskussion, in welcher das Lehrpersonenhandeln als quasi-therapeutische Aufgabe aufgefasst wird und auf den Arbeiten Oevermanns beruht. Danach beinhaltet der Lehrberuf unauflösliche Dilemmata und Widersprüche, die das Scheitern zur Normalität machen (Oevermann, 1996; Helsper, 1996, 2002, 2004; Radtke, 2004; Kolbe, 2004). Andererseits besteht die Diskussion im Anschluss an professionelle Standards im Lehrberuf, bei der es vor allem um die Sicherung einer qualitativ hochstehenden Lehrerinnen- und Lehrerausbildung geht (Baumert & Kunter, 2006). Die Kompetenzmodelle, die in dieser Diskussion aufgeführt werden, sind oft schwer zu vergleichen, da die theoretische Grundlage fehlt. Die Bandbreite reicht von rein stoff- und inhaltsbezogenen Standards (Terhart, 2000, 2002) bis zu pädagogisch-psychologisch begründeten Kompetenzprofilen und ausbildungsübergreifenden Standards (Oser, 2001a, 2001b; Städeli, 2003; PHZH, 2009[8]). Beide Diskussionen zeigen einen erheblichen Mangel auf, da die empirische Evidenz hinsichtlich der Bedeutung für die Unterrichtsqualität fehlt (Baumert & Kunter, 2006).

---

8 Ausbildungsmodell „NOVA 09" der Pädagogischen Hochschule Zürich (PHZH) unter http://www.phzh.ch/content-n1151-sD.html und unter Informationen zum Studium http://www.phzh.ch/webautor-data/507/Brosch_InformationenStudium_2010.pdf

3.3.1 Lehrerhandeln aus der Sicht des strukturtheoretischen Diskurses

Die strukturtheoretische Sichtweise professioneller Kompetenz beruht auf einer orthodoxen psychoanalytischen Sichtweise und beschreibt die Interaktionen zwischen Akteuren (Oevermann, 1996). Das Geschehen im Unterricht kann auch auf diese Weise betrachtet werden. So steht die Interaktion zwischen Lehrperson und Schülerin oder Schüler im Zentrum, bei der die Schülerin oder der Schüler als ganze Persönlichkeit anerkannt wird und die Lehrperson durch emotionale Zuwendung diese Sozialbeziehung aufrechterhält. Diese Sozialbeziehung wird in der strukturtheoretischen Sichtweise analog zu einer Therapeuten-Patienten-Beziehung gesehen. Auf der anderen Seite stellt die Schule Anforderungen, denen eine Schülerin oder ein Schüler gerecht werden muss. Aus dieser Gegensätzlichkeit heraus entsteht für die Lehrperson ein Dilemma: Einerseits muss sie dem System Schule gerecht werden und andererseits dem einzelnen Individuum.

Helsper (2004) versuchte die Widersprüchlichkeiten des Lehrerhandelns herauszukristallisieren. Dabei entstanden Antinomien, wie beispielsweise Spannung zwischen Nähe und Distanz, also zwischen Anerkennung der individuellen Person und der Anforderung der Schule, die sich seines Erachtens nicht aufheben lassen.

Lehrpersonen müssen in diesem Spannungsfeld Entscheidungen treffen und können somit nie den entgegengesetzten Ansprüchen gerecht werden. Dieser Widerspruch kann nach Helsper (2004) nur ertragen werden, wenn die Autonomie der Lehrperson und ihre Entwicklung beziehungsweise ihr Lernen anerkannt werden.

Mit der strukturtheoretischen Sichtweise ist das Technologiedefizit der Pädagogik eng verbunden (Luhmann & Schorr, 1979, 1982). Es besagt, dass keine Rationalisierung des pädagogischen Handelns möglich ist, und dass sich die individuellen Fälle nicht ins theoretische Wissen integrieren lassen. Demnach lässt sich das professionelle Wissen höchstens auf „das nicht wissen können" reduzieren (Wimmer, 1996).

Nach Tenorth (2006) erzeugt der Fokus auf die ganze Person in einer diffusen Sozialbeziehung nach der strukturtheoretischen Sichtweise erst die theoretischen Antinomien. Damit werden die wichtigen Grundprobleme des professionellen Lehrpersonenhandelns, wie systematischer Unterricht aufgebaut und durchgeführt sowie Lernen initiiert und aufrecht erhalten wird, wie sich daraus kognitive und motivationale Voraussetzungen beruflicher, politischer, kultureller und gesellschaftlicher Teilhabe ergeben, nicht erklärt (Baumert & Kunter, 2006).

Nach Bromme (1997) setzt eine Analyse der Handlungskompetenzen einer Lehrperson bei der Vorbereitung, Inszenierung und Durchführung von

Unterricht an. Die Volksschulen sind staatlich vorstrukturiert und stehen somit im Kontext sozialer Organisationen (Baumert & Kunter, 2006). Diese bereits getroffenen, politischen und institutionellen Vorentscheidungen stecken den Rahmen der Unterrichtshandlungen ab und definieren ebenso die Beziehungen zwischen Lehrpersonen und den Schülerinnen und Schülern. Diese Beziehung ist spezifisch, sachlich und universalistisch orientiert, und nicht psychotherapeutisch, bei der der Leidensdruck des Patienten oder, im Falle der Schülerinnen und Schüler, das epistemische Interesse des Kindes die Grundlage für das Arbeitsbündnis bildet (Baumert & Kunter, 2006). Mit dieser Sichtweise können auch die Erziehungsfunktion der Lehrpersonen und die Situationen, in denen die Lernmotivation der Schülerinnen und Schüler nicht intrinsisch geprägt ist, als weniger dramatisch eingeschätzt werden.[9]

3.3.2 Professionalität und Standardsdiskussion: eine Modellbildung?

Im amerikanischen und deutschsprachigen Raum sind schon verschiedene Versuche, ein Modell für die Professionalität von Lehrpersonen zu entwerfen, unternommen worden. Sie können nicht ohne Weiteres verglichen werden, da ein theoretisches Rahmenmodell fehlt (Baumert & Kunter, 2006).

Oser (2001a, 2001b) legt ein Modell vor, das im deutschsprachigen Raum eine besondere Stellung einnimmt. Es basiert auf pädagogisch-psychologisch begründeten Kompetenzprofilen. Diese müssen vier Kriterien als Gütemassstab genügen, um als Kompetenzprofil einer Lehrperson anerkannt zu sein: theoretische Fundierung, empirische Bewährung, Graduierbarkeit und praktische Relevanz.

Zur Formulierung von Standards für die Lehrerinnen- und Lehrerausbildung ist die Lehr- und Lernbarkeit in die vier Gütekriterien ebenfalls eingeschlossen.

Oser (2001b) erstellte induktiv durch Expertenbefragungen einen Katalog von Kompetenzprofilen, die er anschliessend in mehreren Verfahrensschritten reduzierte. Daraus entstand schliesslich ein Katalog von 88 Standards, die in 12 Standardgruppen unterteilt sind. Drei Standardgruppen behandeln Kompetenzprofile zum entwicklungspsychologischen und sozial-kognitiven Unterstützungsverhalten, eine Standardgruppe das Klassenmanagement, vier Standardgruppen allgemeine unterrichtsbezogene Kompetenzen (Methoden, Medien, Strategien und Bewertung), und jeweils eine Standardgruppe bezieht sich auf die professionelle Selbstregulation, die berufsbezogene Kooperation, die Kommunikation mit Laien und die fachdidaktische Kompetenz.

---

9   Eine kritische Auseinandersetzung mit dieser Argumentation ist in Helsper (2007) zu finden.

Diese wird aber ebenfalls allgemein formuliert, so dass sie bei der Verwendung für ein bestimmtes Fach spezifiziert werden müssen.

Das Kompetenzmodell von Oser tritt dadurch hervor, dass es sich mit pädagogisch-psychologischen Theorien, die sich empirisch bewährt haben, begründen lässt und eine grosse praktische Relevanz besitzt. Kritisiert wurde es hinsichtlich der Beliebigkeit der Auswahl der Kriterien, die induktiv erarbeitet wurden, da der Rahmen eines professionellen Handlungsmodells von Lehrpersonen, der die Auswahl begründen lässt, fehlt (Herzog, 2005).

Terhart (2002) entwickelte ein mehrdimensionales Modell der Bildungsstandards für Lehrerinnen und Lehrer. Die erste Dimension betrifft den Inhalt. Bezogen auf sie entwirft er eine Topologie eines Kerncurriculums für die Lehrerinnen- und Lehrerausbildung. Als weitere Dimension beschreibt er eine Taxonomie von Kompetenzfacetten. Dazu gehören Wissen, Reflektieren, Kommunizieren, Beurteilen und Können. Die dritte Dimension betrifft eine zeitliche, berufsbiografische Perspektive der Kompetenzgenese. Nach Baumert und Kunter (2006) verfügt Terharts Modell über zwei Vorzüge: Es schliesst an die curricularen Komponenten der Lehrerinnen- und Lehrerausbildung an, die in den meisten Ländern ähnlich unterschieden werden wie Unterrichtsfächer, Didaktik der Fächer, Pädagogik, praktische Schulübungen sowie Schul- und Unterrichtsentwicklung, und es führt eine berufsbiografische Perspektive der Kompetenzentwicklung ein. Nach dieser Perspektive wird „Können" nicht (nur) in der Ausbildung gelernt, sondern in der Praxis. „Können" ist demnach ein Entwicklungsziel und somit nicht nach der Ausbildung abgeschlossen. Das Defizit des Modells ist der fehlende theoretische Rahmen der Handlungskompetenz von Lehrpersonen, wie dies auch an Osers Modell kritisiert wurde.

Nach Baumert und Kunter (2006) ist die Zurückhaltung bezüglich der Bildung eines theoretischen Modells vor dem Hintergrund einer langen und lebhaften englischsprachigen Diskussion über Wissen und Kompetenzen von Lehrpersonen verwunderlich. Diese begann mit Shulman (1986, 1987). Er argumentiert gegen eine nur psychologisch ausgerichtete Forschung, in der die Inhalte des Unterrichts keine Rolle mehr spielen. Shulman entwickelte daraufhin eine Topologie und eine Typologie professionellen Wissens im Lehrberuf. Diese lösten eine intensive Diskussion über Struktur und Genese von Handlungswissen von Lehrpersonen aus (Schön, 1987; Clandinn & Connelly, 1987, 1995; Fenstermacher, 1994; Cochran-Smith & Lytle, 1993; Calderhead, 1996; Richardson, 1996; Borko & Putnam, 1996; Putman & Borko, 2000; Berliner, 2001; Hiebert, Gallimore & Stigler, 2002; Munby, Russell & Martin, 2001; Hammerness, Darling-Hammond & Bransford, 2005). Auf Shulman (1986, 1987) aufbauend entwickelte Bromme (1992, 1997) ebenso eine theoretisch begründete Topologie des professionellen Wissens. Er weist wie Grossman und Stodolsky (1995) darauf hin, dass der Inhalt des Faches für das Wissen und Handeln der Lehrperson bedeutungsvoll ist.

Die Verbindung von inhaltspezifischen und allgemeinen Aussagen bildet die theoretische Grundlage des Professionsmodells, auf dem die Standards des „National Board for Professional Teaching Standards" (NBPTS) aufgebaut sind. Hier wird von fünf allgemeinen für alle Fächer geltenden Grundstandards ausgegangen (NBPTS, zitiert nach Baumert & Kunter, 2006, S. 481):

- Teachers are committed to students and their learning.
- Teachers know the subjects they teach and how to teach those subjects to students.
- Teachers are responsible for managing and monitoring student learning.
- Teachers think systematically about their practice and learn from experience.
- Teachers are members of learning communities.

Ebenfalls sind solche Standards an gewissen Pädagogischen Hochschulen, zum Beispiel an der Pädagogischen Hochschule Zürich,[10] beschrieben. Nach Baumert und Kunter (2006, vgl. auch 2011a) lassen sich diese Kernaussagen des NBPTS in ein psychologisch gehaltvolles Modell der Lehrpersonenprofessionalität einteilen. Professionelle Handlungen entstehen im Zusammenspiel von:

- spezifischem, erfahrungsgesättigtem, deklarativem und prozeduralem Wissen (Wissen und Können im eigentliche Sinne),
- professionellen Werten, Überzeugungen, subjektiven Theorien, normativen Präferenzen und Zielen,
- und Persönlichkeitsaspekten wie motivationalen Orientierungen, metakognitiven Fähigkeiten und Fähigkeiten professioneller Sebstregulation. (Baumert & Kunter, 2006)

Dieses allgemeine Modell soll in den folgenden Kapiteln für den Lehrberuf spezifiziert und genutzt werden.

Neben dem strukturtheoretischen und kompetenztheoretischen Ansatz nennt Terhart (2011, S. 208) den berufsbiografischen Ansatz, der Professionalität als Entwicklungsproblem betrachtet. Zusätzlich sieht er die Einführung des „New Public Management" (ebd., 2011, S. 210) als wichtige Entwicklung für die Professionalität. Auf diesen Aspekt der neuen Steuerung (mit Lernstandserhebungen, Wirkungskontrollen usw.) geht die vorliegende Arbeit nicht ein.

---

10 Für interessierte Leserinnen und Leser finden sich die 12 Standards der Pädagogischen Hochschule Zürich unter http://www.phzh.ch/webautor-data/509/Broschuere_Kompe tenzstrukturmodell.pdf

Insgesamt sind die grundlagentheoretischen Positionen zur Professionalität von Lehrpersonen nicht abschliessend geklärt; Gemeinsamkeiten und Differenzen sind noch zu wenig differenziert herausgearbeitet worden (Helsper & Tippelt, 2011). Hier bestünde noch weiterer Entwicklungsbedarf.

3.3.2.1 Wissen und Können der Lehrpersonen

Das professionelle Wissen von Lehrpersonen ist als Erstes in inhaltliche Bereiche beziehungsweise in eine Topologie des professionellen Wissens aufgegliedert worden, wie im vorherigen Kapitel bereits erwähnt wurde. Dabei wird davon ausgegangen, dass Lehrpersonen über verschiedene Arten von Wissen verfügen. Die bekannteste diesbezügliche Unterscheidung ist diejenige von Shulman (1986, 1987). Er unterscheidet: Fachwissen, allgemeines pädagogisches Wissen, curriculares Wissen, pädagogisches Handlungswissen, entwicklungspsychologisches Wissen, Wissen über erzieherisch und unterrichtlich relevante Kontexte und normatives Wissen über Bildungsziele.

Darauf aufbauend haben verschiedene Autorinnen und Autoren die einzelnen Domänen spezifiziert (Grossman, 1990, 1995; Bromme, 1992, 1997; Sherin, 1996). Durchgesetzt hat sich dabei die Unterscheidung zwischen allgemein-pädagogischem Wissen, Fachwissen und fachdidaktischem Wissen (Borko & Putman, 1996; Munby, Russell & Martin, 2001; Blömeke, 2003; Helmke, 2003; Lipowsky, 2006). Im Folgenden wird zuerst die Organisation des Wissens von Lehrpersonen dargelegt. Anschliessend werden das allgemein-pädagogische Wissen und das diagnostische Wissen (als Facette des allgemein-pädagogischen Wissens), das Fachwissen sowie das fachdidaktische Wissen näher erläutert.

3.3.2.1.1 Organisation des Wissens von Lehrpersonen

Um herauszufinden, wie das Wissen von Lehrpersonen organisiert ist, wird die Expertiseforschung hinzugezogen. Als Experten werden Lehrpersonen bezeichnet, die über professionelles Wissen verfügen. Dieses Wissen unterscheidet sich von Novizen in diesem Beruf.

Bromme (1992) fand heraus, dass Experten Konzepte über typische Unterrichtsereignisse und über die ganze Klasse haben, während Novizen die einzelnen Schülerinnen oder Schüler unabhängig voneinander im Blick haben. Berliner (1994) konnte diesen Befund empirisch bestätigen. Die Experten interpretierten die Ereignisse im Unterricht bereits, während Novizen diese lediglich beschrieben. Die reichhaltigere Verknüpfung der Informationen ist dabei das Spezifische des Expertenwissens (Berliner, 1987).

Zusammenfassend können die Ergebnisse zur Expertenforschung im Lehrberuf folgendermassen beschrieben werden (Berliner, 1994, 2001; Bromme, 1997, 2001, 2004; Gruber, 2001; Palmer, Stough, Burdenski & Gonzales, 2005):

- Professionelles Wissen ist domänenspezifisch und ausbildungs- bzw. trainingsabhängig.
- Expertenwissen ist sehr gut vernetzt und hierarchisch organisiert.
- In professionellen Domänen ist Expertenwissen um Schlüsselkonzepte und eine begrenzte Zahl von Ereignisschemata arrangiert, an die Einzelfälle, episodische Einheiten oder Sequenzen von Episoden (Skripts) angedockt sind.
- Professionelles Expertenwissen integriert Kontexte und erlaubt variantenreicheres „opportunistisches Verhalten".
- Basisprozeduren sind automatisiert (Routinen), aber gleichwohl flexibel an die spezifischen Bedingungen des Einzelfalles und des Kontextes adaptierbar.

(Baumert & Kunter, 2006, S. 483)

Nach Fenstermacher (1994) ist das Expertenwissen in theoretisch-formales Wissen und praktisches Wissen unterteilt. Der grössere Bereich des Expertenwissens lässt sich dem theoretisch-formalen Wissen zuordnen. Vor allem das Fachwissen der Lehrpersonen kann hier dazu gezählt werden. Aber auch das fachdidaktische und das allgemein-pädagogische Wissen gehören zum theoretisch-formalen Wissen. Dieses Wissen ist mental propositional repräsentiert und in semantischen Netzwerken organisiert.

Das Handeln im Unterricht basiert in weiten Bereichen auf praktischem Wissen, welches erfahrungsbasiert, in spezifischen Kontexten eingebettet und auf konkrete Problemstellungen bezogen ist. Es zeigt sich im Können der Expertenlehrperson. So konnten Leinhardt und Greeno (1986) zeigen, dass das Ergebnis des Expertenwissens die Flüssigkeit des unterrichtlichen Handelns und die Klarheit der Stoffdarbietung ist. Novizen können darüber Auskunft geben, wie sie unterrichten sollen, aber es bereitet ihnen Schwierigkeiten, dies im Unterricht umzusetzen. Bei den Expertenlehrpersonen bleibt dieses Wissen nach Fenstermacher (1994) in der Regel implizit.

Ein Teil des praktischen Wissens und Könnens, wie beispielsweise die Unterrichtsvorbereitung oder die kategoriale Wahrnehmung von Unterrichtssituationen, ist möglicherweise propositional organisiert (Hackl, 2004; Bromme, 1997; Neuweg, 2001). Der andere Teil beinhaltet praktisches Wissen und Können über einzelne Fälle und Episoden sowie Routinen. Es ist aber trotzdem so flexibel, dass es im Handlungsablauf jeweils auf die Situation abgestimmt werden kann. In dieser Feinabstimmung zeigt sich das Expertenwissen in einer intuitiven Interpretation der Situation und dem scheinbar intuitiv richtigen Handeln. Bis heute ist die Wirkungsweise und Struktur des Expertenwissens nur im Ansatz erforscht (Bromme, 1997).

3.3.2.1.2 Allgemein-pädagogisches Wissen

Es besteht in der Fachliteratur im Grossen und Ganzen Einigkeit darüber, was die Inhalte des allgemein-pädagogischen Wissens sind (Shulman, 1987; Darling-Hammond & Bransford, 2005; Terhart, 2002). Baumert und Kunter (2006, S. 485) haben die Vorstellungen in diese Punkte des allgemein-pädagogischen Wissens zusammengefasst:

1. Konzeptuelles bildungswissenschaftliches Grundlagenwissen
   - Erziehungsphilosophische, bildungstheoretische und historische Grundlagen von Schule und Unterricht
   - Theorie der Institution
   - Psychologie der menschlichen Entwicklung, des Lernens und der Motivation
2. Allgemeindidaktisches Konzeptions- und Planungswissen
   - Metatheoretische Modelle der Unterrichtsplanung
   - Fachübergreifende Prinzipien der Unterrichtsplanung
   - Unterrichtsmethoden im weiten Sinne
3. Unterrichtsführung und Orchestrierung von Lerngelegenheiten
   - Inszenierungsmuster von Unterricht
   - Effektive Klassenführung (classroom management)
   - Sicherung einer konstruktiv-unterstützenden Lernumgebung
4. Fachübergreifende Prinzipien des Diagnostizierens, Prüfen und Bewerten

Auch wenn die Generalisierbarkeit der aufgeführten Punkte für alle Fächer hinterfragt wurden, gehen Voss und Kunter (2011) davon aus, „dass sich das fachübergreifende Wissen zwar in verschiedenen Fächer unterschiedlich manifestiert, die dahinter stehenden Wissensaspekte aber generisch sind" (ebd., 2011, S. 210).

Nach Baumert und Kunter (2006) gehört das allgemein-pädagogische Wissen eindeutig zur Lehrprofessionalität. Daher ist es sehr erstaunlich, dass relativ wenig Forschung dazu vorhanden ist.

Ergebnisse und systematische Versuche, das allgemein-pädagogische Wissen standardisiert zu erfassen, finden sich in den TEDS-Studien („Teacher

Education and Development Study) wie auch in darauf aufbauenden (LEK, EMW) Studien (Blömeke, Kaiser & Lehmann, 2010a, 2010b; König & Blömeke, 2010; Blömeke et al., 2011, 2013; König & Seifert, 2012; König & Rothland, 2013).

3.3.2.1.3 Diagnostisches Wissen und Können

Das diagnostische Wissen stellt nach Baumert und Kunter (2006) einen Teil des allgemein-pädagogischen Wissens dar. Helmke (2009) weist auf die Wichtigkeit dieser Wissensstrukturen und auf deren stiefmütterliche Behandlung in Aus- und Weiterbildung von Lehrpersonen als auch in der Forschung hin.

Die diagnostische Expertise wird als Fähigkeit definiert, Personen oder Personengruppen wie beispielsweise die Schulklasse zutreffend zu beurteilen bzw. genaue diagnostische Urteile abzugeben (Helmke, 2009). Sie beinhaltet methodisches, prozedurales und konzeptionelles Wissen, also die Verfügbarkeit von Methoden zur Einschätzung von Schülerinnen- und Schülerleistungen und zur Selbstdiagnose, sowie die Kenntnis von Urteilstendenzen und Urteilsfehlern.

Bei einer Diagnose wird anhand vorgegebener Kategorien, Begriffe oder Konzepte geurteilt. Das diagnostische Wissen bezeichnet demnach die Fähigkeit einer Lehrperson, die Schülerinnen und Schüler oder die Schulklasse zutreffend, jeweils an einem vorgegebenen Massstab oder Kriterium beurteilen zu können (Helmke, 2009). Dies setzt ein fundiertes Wissen über Grundlagen, Grundbegriffe und Grundprobleme sowie Instrumente der pädagogisch-psychologischen Diagnostik voraus (Leutner, 2006; Lukesch, 1998). Zusammengefasst gehört zu diesem Wissen: das Kennen der Gütekriterien diagnostischer Leistungen; das Wissen um typische Fehler und Verzerrungen bei Urteilen von Lehrpersonen; die Fähigkeit, einen Test für den Unterricht zu entwickeln, durchzuführen und auszuwerten; die Kenntnis über ausgewählte Test- und Fragebogenverfahren für die Schule und deren Quellen.

Um ein möglichst genaues Urteil abzugeben, bedarf es eines Kriteriums beziehungsweise eines Standards. Im Bereich der Schule gilt aber nicht unbedingt die Regel „je genauer das Urteil, desto besser". So konnten Weinert und Schrader (1986) zeigen, dass sich massvoll optimistische Fehleinschätzungen pädagogisch günstiger auswirken als völlig realistische Einschätzungen. Vorsicht ist auch beim Umgang mit Testleistungen geboten, da andere Personenaspekte wie beispielsweise Leistungsängstlichkeit oder Cleverness im Umgang mit Tests eine Rolle spielen können.

Nach Ingenkamp (1988) können zwei grundlegende Aufgaben bezogen auf die pädagogische Diagnose in der Schule formuliert werden: die Diagnostik zur Erteilung von Qualifikationen und die Diagnostik zur Verbesserung des Lernens. Diese zwei Aufgaben setzen verschiedene Qualitäten der Diagnose voraus. Wenn es um Qualifikation wie beispielsweise Übertrittsentscheidungen geht, muss die Diagnose fair und genau sein, das heisst den Gütekriterien der Reliabilität, Objektivität und Validität genügen.

Bei der Diagnose zur Verbesserung des Lernens sind die Anforderungen oft bescheidener, da sie mehrheitlich punktuelle Diagnosen darstellen und den Unterricht zunächst nur kurzfristig beeinflussen. Hier ist es meist wichtiger, eine schnelle, für den Unterricht nutzbare Orientierung zu bekommen, als die Güte der Diagnose durch einen unverhältnismässigen Aufwand zu optimieren (Helmke, 2009).

In der Studie PISA 2000 (Baumert, Klieme, Neubrand, Prenzel, Schiefele, Schneider, Stanat, Tillmann & Weiss, 2001) wurden die Lehrpersonen auch dazu angehalten, die schwachen Leserinnen und Leser in ihrer Klasse zu nennen. Dabei zeigte sich, dass die meisten schwachen Leserinnen und Leser von ihren Lehrpersonen nicht erkannt wurden. 75% der schwachen Leserinnen und Leser wurden überschätzt und 2.6% der guten Leserinnen und Lesern unterschätzt, so dass der Schluss zu ziehen ist, dass die Lehrpersonen defizitäre diagnostische Kompetenzen aufweisen. Defizitäre diagnostische Kompetenzen bei Mathematiklehrpersonen aus PISA 2003 konnten auch Brunner et al. (2011) feststellen: Leistungsbereitschaft, -niveau und -heterogenität der Schülerinnen und Schüler wurden von ihnen relativ schwach vorhergesagt. Zudem konnten Brunner et al. (2011) einen positiven Zusammenhang zwischen der Diagnosefähigkeit der Lehrpersonen und der Schülerleistungen aufzeigen.

Ansonsten haben sich nur wenige empirische Untersuchungen mit dem diagnostischen Wissen und Können von Lehrpersonen beschäftigt. Neben der Diagnose von hochbegabten Schülerinnen und Schülern (Wild, 1992; Hany, 1992) haben sich amerikanische Untersuchungen (Coladarci, 1986; Hoge, 1983; Hoge & Cudmore,1986), Studien von Weinert (Weinert & Schrader, 1986; Schrader & Helmke, 1987; Schrader, 1989; Weinert & Lingelbach, 1995), die Landauer Forschungsgruppe SALVE (Hosenfeld, Helmke & Schrader, 2002), das Projekt VERA (Helmke, Hosenfeld & Schrader, 2003, 2004; Schrader, Helmke, Hosenfeld, Halt & Hochweber, 2006) und die Autoren Arnold (1999) sowie Spinath (2005) mit Fragen der Diagnoseleistungen von Lehrpersonen auseinandergesetzt.

Schrader und Helmke (1987) konnten zeigen, dass die leistungssteigernde Wirkung der Strukturierungshilfen von der Diagnose der Leistungsunterschiede zwischen Schülerinnen und Schülern abhängt. Für die

Leistung in Mathematik ist die Kombination von häufigen Strukturierungshilfen und einer guten Diagnose optimal. Hingegen wirken sich eine unterdurchschnittliche Diagnose und viele Strukturierungshilfen ungünstig auf die Leistung der Schülerinnen und Schülern aus. Nach Helmke (2009) scheint die Diagnosefähigkeit einer Lehrperson so etwas wie eine Katalysatorvariable zu sein, da es keine einfache lineare Beziehung zwischen diagnostischen Fähigkeiten und dem Lernerfolg der Schülerinnen und Schülern gibt. Angesprochen ist damit auch die Frage der individuellen Lernbegleitung, die mit einer ungenügenden Diagnose nicht adäquat erfolgen kann (Krammer, 2009).

Hosenfeld, Helmke und Schrader (2002) weisen darauf hin, dass die Mehrheit der Lehrpersonen das Vorkommen von subjektiver Unterforderung der Schülerinnen und Schüler als erheblich geringer einschätzt, als die Schülerinnen und Schüler es selber tun.

Das Projekt VERA (Helmke et al., 2003, 2004; Schrader et al., 2006) verglich die geschätzte Aufgabenschwierigkeit von Lehrpersonen in den Bereichen Leseverstehen und Mathematik mit der empirisch nachgewiesenen Aufgabenschwierigkeit. Dabei zeigte sich, dass der überwiegende Teil der Lehrpersonen akzeptable Ergebnisse erreichte (Korrelationskoeffizient gleich oder höher .5). Die Zusammenhänge sind bei etwa zehn Prozent der Lehrpersonen jedoch so tief oder sogar negativ, so dass der Eindruck entsteht, das Ergebnis sei durch blosses Raten entstanden (Helmke, 2009).

3.3.2.1.4 Fachwissen und fachdidaktisches Wissen

Fachwissen und fachdidaktisches Wissen spielen eine wesentliche Rolle für die Unterrichtsqualität, da das Schulfach der eigentliche Rahmen der Lehrpersonenhandlungen darstellt (Goodson, Hopmann & Riquarts, 1999). Trotzdem wird das Fachwissen in der Diskussion um das praktische Handlungswissen gering geschätzt oder übersehen (Helsper, 2002; Wagner, 1998; Koring, 1989; Wimmer, 1996; Kolbe, 2004). Empirische Forschung fehlt fast ausschliesslich. Nach Baumert und Kunter (2006) sind die Indikatoren, die für das Fachwissen verwendet werden, wie beispielsweise die staatliche Zertifizierung, Abschlüsse oder die Anzahl der besuchten Fachkurse, ungenügend, da sie keine Auskunft über den Inhalt, die Struktur und die Qualität des Fachwissens liefern. In der Literatur sind die Begriffe Fachwissen und fachdidaktisches Wissen allgemein akzeptiert, aber empirische Studien dazu und eine separate Indikatorisierung der beiden Wissensbereiche fehlen. Zudem sind die Untersuchungen mehrheitlich auf Mathematik und Naturwissenschaften beschränkt. Qualitative Studien, auch wenn sie vorwiegend im Fach Mathematik durchgeführt wurden, legen ein differenzierteres Bild vor, welches ein gutes Fundament für die Hypothesenentwicklung darstellt (Baumert & Kunter, 2006).

Quantitative Studien:

Quantitative Studien von Goldhaber und Brewer (1997, 2000) und Darling-Hammond (2000) untersuchten, ob die staatliche Zertifizierung ein Qualitätsnachweis darstellt, der sich beim Lernfortschritt der Schülerinnen und Schüler nachweisen lässt. Die fachbezogene Zertifizierung hing dabei tendenziell positiv mit den Schülerinnen- und Schülerleistungen zusammen. Dies zeigte sich im Fach Mathematik am deutlichsten.

Die Ergebnisse bezüglich verschiedener Abschlüsse von Lehrpersonen (Haupt-, Nebenfach oder BA, MA) zeigen, dass die Leistungen von Schülerinnen und Schülern von Lehrpersonen mit höheren Abschlüssen in der Sekundarstufe tendenziell besser sind (Monk, 1994; Monk & King, 1994; Goldhaber & Brewer, 1997, 2000; Hawkins, Stancavage & Dossey, 1998; Rowan, Chang & Miller, 1997; Wenglinsky, 2002). Dieser Zusammenhang wurde wiederum vor allem im Fach Mathematik festgestellt (vgl. hierzu Baumert et al., 2010).

Im Fach Mathematik wurden auch tendenziell positive Zusammenhänge zwischen den Leistungen der Schülerinnen und Schüler und der Anzahl der belegten fachwissenschaftlichen Kurse der Lehrpersonen festgestellt. In anderen Fächern sind die Befunde dazu inkonsistent. Höhere Beschäftigung mit dem Fach Mathematik während des Studiums scheint einen positiven Effekt auf das Leistungsniveau der Schülerinnen und Schüler auf der Sekundarstufe zu haben (Monk, 1994; Monk & King, 1994).

In den meisten Staaten der USA werden Berufseingangstests (Praxis II-Test) durchgeführt, welche die sprachliche Fähigkeiten, das Fachwissen und das berufliche Wissen der Lehrpersonen erfassen. Alle einschlägigen Validierungsstudien zu diesen Leistungstests wurden von Wayne und Youngs (2003) und Wilson und Youngs (2005) durchgesehen. Als Kriterien wurden die Leistungen der Schülerinnen und Schülern, die Beurteilungen der Vorgesetzten oder Merkmale der Unterrichtsführung hinzugenommen. Die Autoren kamen zum Schluss, dass es keine prädiktive Validität dieser Tests gibt.

Rowan, Chiang und Miller (1997) berichten von einem positiven Zusammenhang zwischen mathematischem Fachwissen und dem Leistungsfortschritt der Schülerinnen und Schüler. Das Fachwissen der Lehrpersonen wurde in dieser Studie aber nur mit einer Aufgabe erfasst, welche zum Unterrichtsstoff der High School gehört (Baumert & Kunter, 2006).

Qualitative Studien:
Qualitative Studien zum Fachwissen zeigen ein umfassenderes Bild als die quantitativen Studien. Hier zeigen fächerübergreifende Studien, dass das Schulfach den Rahmen für die Lehrpersonenhandlungen darstellt. Bis in Einzelheiten hinein bestimmt das Fach die Textur des Unterrichts, dies reicht von der Sequenzialität und Anordnung der Inhalte bis zum Modus der Repräsentationen und Erklärungen (Baumert & Kunter, 2006).

Grundlegende Arbeiten hierzu liefern Stodolsky (1988), Stodolsky und Grossman (1995), Grossman (1990), Grossman, Wilson und Shulman (1989), Shulman (1987), Ball (1991, 2003), Gudmundsdottir (1991), Wilson und Weinburg (1988) und Leinhardt (2002). Insgesamt liefern diese Studien starke Argumente dafür, domänenspezifische Untersuchungen zur Lehrpersonenkompetenz durchzuführen (Shulman & Sherin, 2004).

Das fachdidaktische Wissen und das Fachwissen von Lehrpersonen sind bis heute nicht genau definiert. Es ist auch nicht bekannt, um welchen Wissenstyp es sich handelt und über welches Wissen die Lehrpersonen verschiedener Schulstufen verfügen müssen (Bromme, 1995).

Meistens gilt die sichere Beherrschung des Schulstoffes als ausreichende Wissensbasis. Qualitative Studien zeigen, dass die Wissensgrundlage der Lehrpersonen stark variieren, sobald mehr als nur der Schulstoff abgefragt wird (Baumert et al., 2010). Mehrheitlich wurden diese Untersuchungen im Fach Mathematik durchgeführt (Ball, 1990, 2003; Borko, Eisenhart, Brown, Underhill, Jones & Agard, 1992; Even, 1993; Lampert, 1986; Leinhardt & Smith, 1985).

Eines der wichtigsten Ergebnisse qualitativer Studien ist, dass das fachdidaktische Handlungsrepertoire im Unterricht vom Fachwissen abhängt (Baumert & Kunter, 2006; Baumert et al., 2010). Auch hier beziehen sich die meisten Befunde auf das Fach Mathematik. So konnten Studien aufzeigen, dass die fachdidaktischen Erklärungs- und Repräsentationsmöglichkeiten von Lehrpersonen an unüberwindbare Grenzen stossen, wenn die Lehrperson über mathematische Verständnisprobleme verfügt (Eisenhart, Borko, Underhill, Brown, Jones & Agard, 1993; Leinhardt & Greeno, 1986; Leinhardt, Putman, Stein & Baxter, 1991; Leinhardt, 2002).

Ma (1999) verglich amerikanische und chinesische Lehrpersonen miteinander. Sie konnte dabei für einen breiten mathematischen Themenbereich zeigen, dass ein tiefes Verständnis der Mathematik sich als fachdidaktisches Handlungsrepertoire im Unterricht widerspiegelt. Die chinesischen Lehrpersonen verfügten über ein tiefes, breites und flexibles mathematisches Verständnis und waren in diesem Punkt den amerikanischen Lehrpersonen überlegen. Dies führte dazu, dass die chinesischen Lehrpersonen ein breiteres und variantenreicheres Repräsentations- und Erklärungsrepertoire aufwiesen.

Daraus darf aber nicht geschlossen werden, dass ein solides Fachwissen für einen guten Unterricht ausreicht, wie dies Fallstudien aufzeigen, in welchen Lehrpersonen untersucht wurden, die über gleiches Fachwissensniveau verfügten, sich aber trotzdem abhängig von ihrer beruflichen Erfahrung bezüglich des fachdidaktischen Handlungsrepertoires voneinander unterschieden. Das fachdidaktische Wissen kann also bei gleichem Fachwissen variieren und scheint somit eine eigenständige Wissenskomponente zu sein (Thompson & Thompson, 1994; Sherin, Sherin & Madanes, 2000; Schoenfeld, Minstrell & Van Zee, 2000; Baumert et al., 2010).

Studien mit kleineren Stichproben, die ein qualitatives und quantitatives Vorgehen verbinden, unterstützen die Annahme, dass sich das fachdidaktische Wissen positiv auf die Qualität des Unterrichts und die Lernfortschritte der Schülerinnen und Schüler auswirkt (Carpenter, Fennema, Petersen & Carey, 1988; Carpenter, Fennema, Petersen, Chiang & Loef, 1989; Fennema, Carpenter, Franke, Levi, Jacobs & Empson, 1996; Carpenter & Fennema, 1992).

Baumert, Kunter, Brunner, Krauss, Blum und Neubrand (2006) stellten fest, dass das Fachwissen und das fachdidaktische Wissen zwei theoretisch und empirisch trennbare Wissensfacetten sind, welche mit zunehmender Expertise stärker vernetzt werden. Je nach Lehrerinnen- und Lehrerausbildung können die Ausprägungen der beiden Wissenskomponenten sehr unterschiedlich ausfallen (Baumert et al., 2010; Krauss et al., 2011). Zudem zeigte sich, dass das Fachwissen und das fachdidaktische Wissen wichtige Prädiktoren für die kognitiv herausfordernde und gleichzeitig konstruktiv unterstützende Unterrichtsführung sind. In Kombination mit der Unterrichtsgestaltung sind das Fachwissen und das fachdidaktische Wissen für die Schülerinnen- und Schülerleistungen substantiell bedeutsam (Baumert et al., 2006). Für qualitativ hochstehenden Unterricht ist das Fachwissen eine notwendige, jedoch nicht hinreichende Bedingung (Baumert & Kunter, 2006; Baumert et al., 2010, Baumert & Kunter, 2011b). Das Fachwissen bildet die Grundlage, worauf das fachdidaktische Wissen aufbaut (Baumert & Kunter, 2006; Baumert et al., 2010). Es lässt sich somit der Schluss ziehen, dass der Ausbildung des Fachwissens als auch des fachdidaktischen Wissens von Lehrpersonen grosse Aufmerksamkeit geschenkt werden muss. Ein anderes Forschungsfeld betrifft das Zusammenspiel zwischen dem allgemein-pädagogischen Wissen und dem domänenspezifischen Wissen. Hierüber ist bislang fast nichts bekannt (Baumert & Kunter, 2006).

3.3.2.2 Überzeugungen und Werthaltungen

Pajares (1992) versuchte erstmals eine Ordnung innerhalb des komplexen Systems von Überzeugungen und Werthaltungen vorzunehmen, um das Konstrukt für die pädagogische Forschung handhabbar zu machen. Op't Eynde, De Corte und Verschaffel (2002) definierten zehn Jahre später pädagogische Überzeugungen als subjektiv für wahr gehaltene Konzeptionen, die das Handeln und die Wahrnehmung beeinflussen. Dabei genügt der individuelle Richtigkeitsglaube. Somit unterscheiden sich die pädagogischen Überzeugungen vom theoretischen Wissen, das den Anforderungen der argumentativen Rechtfertigung und der diskursiven Validierung genügen muss. Op't Eynde et al. (2002) unterscheiden am Beispiel der Mathematik folgende Aspekte der Werthaltungen und Überzeugungen: epistemologische Überzeugungen, die sich auf bestimmte Wissensbestände beziehen; subjektive Lerntheorien, welche sich auf das Lernen der Schülerinnen und Schüler in einem gewissen Bereich beziehen; subjektive Theorien über das Lehren eines Gegenstandes; selbstbezogene Überzeugungen bezüglich des Lehrens und Lernens.

Nach Baumert und Kunter (2006) bietet diese Unterscheidung ein brauchbares konzeptuelles Ordnungssystem, wenn zusätzlich die Berufsethik, Wertbindungen und Zielvorstellungen, welche sich auf die Unterrichtsplanung und das Unterrichtshandeln beziehen, hinzugefügt werden.

Die selbstbezogenen Kognitionen wie die Selbstwirksamkeitsüberzeugungen nehmen einen Sonderstatus ein, da sie normalerweise im Rahmen von Theorien der Handlungsmotivation diskutiert und untersucht werden. Dies wird auch im Folgenden auf diese Weise vorgenommen.

3.3.2.2.1 Berufsethik: Wertbindungen und Berufsmoral

Im Bereich der Berufsethik von Lehrpersonen gibt es nur wenige Arbeiten, obwohl dieser Aspekt bezüglich des professionellen Handelns bedeutungsvoll ist. Eine Theorie der Berufsmoral von Lehrpersonen, welche die Verpflichtung auf Fürsorge, Gerechtigkeit und Wahrhaftigkeit ins Zentrum rückt, legt Oser (1998) vor. Die Verpflichtung auf Fürsorge und Gerechtigkeit ist wiederum jeweils mehrdimensional. Das Konzept der Fürsorge beinhaltet Nachsicht (Fördern) und Voraussicht (Fordern), und die Gerechtigkeit betrifft vor allem den Aspekt der Verteilungsgerechtigkeit. Diese Verpflichtungsaspekte müssen im Unterricht ausgeglichen und begründet werden (Oser, 1998; Reichenbach, 1994). Welchen Einfluss solche Werthaltungen auf die Qualität des Unterrichts haben, ist bis heute unklar. Angenommen wird, dass sich die Ausprägungen der Berufsmoral auf den Umgang mit Heterogenität, auf die Unterstützungsqualität und auf die Referenznormen bei der Leistungsbewertung auswirken.

3.3.2.2.2 Weltbilder oder epistemologische Überzeugungen

Mit epistemologischen Überzeugungen oder Weltbildern sind die Vorstellungen und subjektiven Theorien gemeint, über die eine Person über das Wissen und den Wissenserwerb generell oder in spezifischen Bereichen verfügt (Hofer & Pintrich, 1997; Duell & Schommer-Aikins, 2001).

Die Grundannahme aller Arbeiten zu epistemologischen Überzeugungen ist, dass diese intuitiven Theorien die Art der Begegnung mit der Welt vorstrukturieren (Baumert & Kunter, 2006). Epistemologische Überzeugungen beeinflussen Denken, Schlussfolgern, Informationsverarbeitung, Lernen und Motivation (Köller, Baumert & Neubrand, 2000). Wilkinson und Schwartz (1987) bezeichnen die epistemologischen Überzeugungen als einen mentalen Prozess höherer Ordnung, der die kognitiven Vorgänge steuert.

Bisherige Studien zu epistemologischen Überzeugungen bezogen sich ausschliesslich auf die Fächer Mathematik und Naturwissenschaften und untersuchten vorwiegend die Vorstellungen von Schülerinnen und Schülern. Dabei wurde vor allem der Zusammenhang der epistemologischen Überzeugungen mit der Tiefenstruktur von Unterrichtsprozessen untersucht (Schoenfeld, 1992). Auf den Arbeiten von Schoenfeld aufbauend haben Törner und Grigutsch (1994) und anschliessend Köller et al. (2000) ein Analyseinstrument für die Erfassung von epistemologischen Überzeugungen von Schülerinnen und Schülern entwickelt. Köller et al. (2000) konnten damit aufzeigen, dass die epistemologischen Überzeugungen von Schülerinnen und Schülern mit der Verarbeitungstiefe von Informationen als auch mit den Leistungen kovariieren.

Anhand von Fallstudien versuchte Schoenfeld (1998, 2000) zu belegen, dass sich Unterrichtsprozesse im Zusammenspiel der epistemologischen Überzeugungen, den subjektiven Theorien, den Zielen und dem spezifischen Wissen von Lehrpersonen entwickeln und konkretisieren. Aguirre und Speer (2000) konnten anhand zweier Fälle aufzeigen, dass die epistemologischen Überzeugungen von Lehrpersonen über die Struktur mathematischen Wissens mit ihren subjektiven Theorien über Lehren und Lernen und den konkreten Zielsetzungen zusammenhängen. Stipek, Givvin, Salmon und MacGyvers (2001) konnten bei einer kleinen Stichprobe von Grundschullehrerinnen herausarbeiten, dass die epistemologischen Überzeugungen in Bezug auf die Mathematik mit der Ergebnisorientierung, Geschwindigkeit,

Bedrohlichkeit, Autonomie und Verständnisorientierung des Unterrichts korrelieren. Je stärker die Schemaorientierung und je geringer die Anerkennung der Mathematik als dynamischer Prozess, desto stärker ist die Ergebnisorientierung, Durchnahmegeschwindigkeit und Bedrohlichkeit im Unterricht und desto geringer sind die Spielräume für Selbstständigkeit. Für die Berücksichtigung einer höheren Selbstständigkeit im Unterricht sind die Anerkennung der Mathematik als dynamischer Prozess und eine geringere Schemaorientierung wichtig.

Diedrich, Thussbas und Klieme (2002) berichten über einen Zusammenhang zwischen einer dynamischen Konzeption von Mathematik als Prozess und den subjektiven Theorien über Lehren und Lernen von Mathematik der Lehrpersonen. Sie konnten jedoch keinen Zusammenhang zwischen den epistemologischen Überzeugungen bezüglich Mathematik und den selbstberichteten Unterrichtsmerkmalen feststellen.

Wenn die allgemeine Überzeugung aus der Darstellung in der Fachliteratur, dass die epistemologischen Überzeugungen von Lehrpersonen mit der Unterrichtsqualität zusammenhängen (Thompson, 1992; Richardson, 1996; Calderhead, 1996; Schoenfeld, 1998; Leder & Forgasz, 2002), mit den tatsächlichen empirischen Ergebnissen in Beziehung gesetzt wird, ist die Forschungslage indessen noch unbefriedigend (Baumert & Kunter, 2006). Die empirischen Ergebnisse liefern noch nicht genügende Beweise, dass die epistemologischen Überzeugungen von Lehrpersonen mit der Unterrichtsqualität in Zusammenhang stehen.

3.3.2.2.3 Subjektive Theorien

Die Annahme, dass subjektive Theorien von Lehrpersonen (über das Lehren und Lernen) die Zielvorstellungen des Unterrichts, die Wahrnehmung und Deutung von Unterrichtssituationen, die an Schülerinnen und Schüler gerichteten Erwartungen und das professionelle Handeln beeinflussen, lässt sich in theoretischen Arbeiten (Schoenfeld, 1998, 2000; Groeben & Scheele, 1988; Wahl, 1991) und auch in Interventionsstudien (Franke, Carpenter, Levi & Fennema, 2001; Fennema et al. 1996; Carpenter et al. 1989; Borko & Putman, 1996; Calderhead, 1996; Richardson, 1996; Torff & Warburton, 2005) finden.

Einige qualitative Studien weisen auf das Zusammenspiel von subjektiven Theorien, Zielvorstellungen und Unterrichtsführung hin (Borko et al. 1992; Carpenter & Fennema, 1992; Wilson & Wineburg, 1988; Aguirre & Speer, 2000). Hingegen gibt es kaum quantitative Studien, die diesen Zusammenhang bestätigen. Eine Querschnittuntersuchung (Peterson, Fennema,

Carpenter & Loef, 1989), in welcher 39 Lehrpersonen und ihre Klassen bezüglich konstruktivistischer Lerntheorien in Mathematik befragt wurden, zeigt, dass die konstruktivistische Orientierung mit dem fachdidaktischen Wissen der Lehrpersonen und der mathematischen Leistung der Schülerinnen und Schüler bei Textaufgaben, nicht jedoch bei technischen Aufgaben, zusammenhängt. Stipek et al. (2001) führten mit amerikanischen Mathematiklehrpersonen einen Stimulated Recall unter den Aspekten Engführung, Selbstständigkeit und Verständnisorientierung durch, die sie dann mit Fragebogendaten zu den subjektiven Lerntheorien zu Korrektheit versus Verstehen, zu Lehrperson- versus Schülerinnen und Schülerkontrolle und zur Plastizität der Intelligenz in Zusammenhang brachten. Dabei stellte sich heraus, dass die subjektiven Theorien, insbesondere die subjektiven Theorien über die Plastizität der Intelligenz, die Unterrichtsführung voraussagen (Stipek et al., 2001; Mangels, Butterfield, Lamb, Good & Dweck, 2006).

Staub und Stern (2002) konnten nachweisen, dass Mathematiklehrpersonen, die über konstruktivistische subjektive Theorien verfügen, häufiger Aufgaben im Unterricht verwenden, die strukturorientiert und verstehensorientiert sind. Diedrich et al. (2002) übernahmen den verwendeten Fragebogen von Staub und Stern (2002) und konnten einen Zusammenhang zwischen den lerntheoretischen subjektiven Überzeugungen und der Wahl anspruchsvoller Ziele im Mathematikunterricht erkennen. Korrelationen zwischen den selbstberichteten Unterrichtsmerkmalen und den subjektiven Lerntheorien fallen hingegen schwach aus.

Leuchter, Pauli, Reusser und Lipowsky (2006) untersuchten innerhalb derselben Studie den Zusammenhang zwischen den konstruktivistischen bzw. rezeptiven subjektiven Lehr-Lern-Theorien und den handlungsleitenden unterrichtsbezogenen Kognitionen. Diese wurden durch Kommentierung der Videoaufzeichnung des eigenen Unterrichts aufgenommen und bezüglich verschiedener Dimensionen (problembasierter Unterricht, Routineaufbau, Unterstützung der Selbstregulation, Unterstützung des Verstehens, direkte Instruktion und adaptive Lernbegleitung) ausgewertet. Dabei zeigten sich keine Zusammenhänge zwischen subjektiven Lerntheorien und handlungsleitenden Kognitionen.

Baumert, Kunter, Brunner, Krauss, Blum und Neubrand (2004) entwickelten aufbauend auf Peterson et al. (1989) ein neues Instrument zur Erfassung der subjektiven Theorien von Mathematiklehrpersonen. Dieses erfasst die Dimensionen selbstständiges und diskursives Lernen, Vertrauen auf mathematische Selbstständigkeit, Lernen durch Beispiele und Vormachen, Lernen durch Einschleifen und Lernen durch Reduktion auf Eindeutigkeit. Diese Dimensionen kombinierten Dubberke und Kunter (2006, zitiert nach Baumert & Kunter, 2006, S. 501) mit den epistemologischen Überzeugungen und den allgemeinen Unterrichtszielen der Lehrpersonen zu zwei negativ korrelierten Überzeugungssyndromen („construction view", eher konstruktivistische Überzeugungen über Lernen und „transmission view", eher behavioristische Überzeugungen über Lernen). Die „construction view" korreliert positiv und die „transmission view" negativ mit den eingesetzten Sozialformen wie Gruppen- und Partnerarbeit sowie individuelle Arbeitspläne. Zudem konnten sie die Unterrichtsführung in basalen Qualitätsmerkmalen voraussagen. Auch Voss et al. (2011) konnten zeigen, dass die konstruktivistischen Überzeugungen positiv mit der Unterrichtsqualität und der Leistung der Schülerinnen und Schüler in Zusammenhang stehen, während die transmissiven Überzeugungen einen negativen Einfluss auf die Unterrichtsqualität und Schülerinnen- und Schülerleistung haben.

Diese Befunde unterstützen die theoretische Annahme Schoenfelds (1998), dass Ziele, subjektive Lehr-Lern-Theorien, epistemologische Überzeugungen und Handlungspläne im Unterricht zusammenspielen.

Zusätzlich konnte im Rahmen der TIMSS-Videostudie[11] herausgearbeitet werden, dass Zielpräferenzen auf überindividueller Ebene in der Kultur von Fächern und Lehrerinnen- und Lehrerbildungstraditionen institutionalisiert zu sein scheinen (Baumert, Lehmann, Lehrke, Schmitz, Clausen, Hosenfeld, Köller & Neubrand, 1997; Stigler, Gonzales, Kawanaka, Knoll & Serrano, 1999; Pauli & Reusser, 2003). So konnten Diskrepanzen zwischen den Hauptzielen japanischer, US-amerikanischer und deutscher Mathematiklektionen offen gelegt werden. Diese weisen auf unterschiedliche mathematikdidaktische, theoretische Kulturen mit grösserem Gewicht auf verständnis- oder fertigkeitsorientierten Zielen hin.

3.3.2.3 Persönlichkeitsaspekte der Professionalität von Lehrpersonen

Um Leistungsunterschiede bei Schülerinnen und Schülern zu erklären, haben frühe Studien versucht, Charaktermerkmale einer guten Lehrperson wie beispielsweise „Geduld" herauszuarbeiten. Es wurden Merkmale der „positiven Lehrerpersönlichkeit" gesucht. Diese Versuche, welche heute unter dem Persönlichkeitsparadigma beschrieben werden (Bromme, 1997), gelten als gescheitert, da die Vielfältigkeit der Aufgaben einer Lehrperson zu gross, und der Zusammenhang zwischen Persönlichkeitsmerkmalen einer Lehrperson und dem individuellen Lernen der Schülerinnen und Schüler zu indirekt ist.[12]

---

11 Überblick zur TIMSS-Videostudie in Stigler und Hiebert (1997)
12 Eine gute Zusammenfassung zu Persönlichkeitsmerkmalen und zur Forschung zur Professionalisierung von Lehrpersonen findet sich in Leopold (2008).

Nur wenige Zusammenhänge wurden zwischen Lehrerpersönlichkeit und Schulleistungsunterschieden gefunden und diese erschienen als relativ trivial. Hinzu kommt, dass diese Untersuchungen mehrheitlich Temperamentsaspekte untersuchten, bei denen ein systematisches Training ohnehin wenig aussichtsreich erscheint (Helmke, 2009). Bohnsack (2004) und Bromme und Haag (2004) liefern einen guten Überblick über die frühe Forschung zu Merkmalen der Lehrerpersönlichkeit.

Heute wird im Zusammenhang mit Persönlichkeitsaspekten der Lehrperson deren psychologische Funktionsfähigkeit (Baumert & Kunter, 2006) diskutiert. Unter psychologischer Funktionsfähigkeit sind vor allem motivationale und selbstregulative Aspekte einer Person zu verstehen. Für die psychische Dynamik des Handelns, die Aufrechterhaltung der Intention und die Überwachung und Regulation des beruflichen Handelns über einen längeren Zeitraum sind motivationale und selbstregulative Aspekte von grosser Bedeutung. Diese Aspekte sind zentrale Merkmale der psychologischen Funktionsfähigkeit einer Person. Arbeiten, die sich mit der psychologischen Funktionsfähigkeit der Lehrpersonen beschäftigen, setzen sich mit selbstbezogenen Kognitionen von Lehrpersonen, insbesondere den Selbstwirksamkeitsüberzeugungen und der intrinsischen Motivation, sowie der Selbstregulation, dem Belastungserleben und den Resilienzfaktoren im Lehrberuf auseinander.

Zunehmend werden in diesem Zusammenhang wieder Persönlichkeitsmerkmale diskutiert. Im nächsten Kapitel wird genauer darauf eingegangen.

3.3.2.3.1 Persönlichkeit und Lehrerhandeln

Aus der Einleitung dieses Kapitels geht hervor, dass während des Zeitalters des Persönlichkeitsparadigmas in den 1950er- und 60er-Jahren kein allgemeingültiges Persönlichkeitsprofil der guten Lehrperson erstellt werden konnte. In der Folge wurde dieses Paradigma zunehmend vom Prozess-Produkt-Paradigma abgelöst (Rheinberg & Bromme, 2001). Das Prozess-Produkt-Paradigma wurde vornehmlich hinsichtlich des Fokus auf einzelne Bedingungsfaktoren des Lehrpersonenverhaltens kritisiert. Untersuchungen, die dem Expertenparadigma zugeordnet werden, betrachten die Lehrperson als Expertin, die sich bestimmter Verhaltensweisen wohlüberlegt, kreativ und situationsangemessen bedient (Berliner, 1992). Hier wurden, im Gegensatz zum Persönlichkeitsparadigma, nicht Persönlichkeitseigenschaften einer guten Lehrperson, sondern das Zusammenspiel von Fertigkeiten und Wissen ermittelt.

Heute wird auch dieser Ansatz vor dem Hintergrund der zeitgenössischen Professionalitätsdebatte kritisiert (Mayr & Neuweg, 2006). Dabei wird vor allem darauf hingewiesen, dass der ausschliessliche Fokus auf das Zusammenspiel von Denken und Handeln zu einer eingeschränkten Sichtweise auf die Kognition führe und das emotionale Erleben einer Lehrperson vernachlässige (Datler, 2004). Somit lasse das Expertenparadigma die Lehrperson als eine Person erscheinen, die über viel Wissen und breite Erfahrungen verfüge, die sich aber beispielsweise nie als ängstlich, beleidigt, wütend oder froh fühle. Nach Mayr und Neuweg (2006) birgt der Ansatz des Expertenparadigmas zusätzlich die Gefahr einer Lernbarkeitsillusion, womit die Beeinflussbarkeit von berufszentralen Bereichen überschätzt werde. Diesem Machbarkeitsglauben unterliegt beispielsweise auch das Standardkonzept, obwohl die Effektivität der Standardorientierung auf das professionelle Handeln von Lehrpersonen nicht gesichert ist. Darum fordern Mayr und Neuweg (2006) die verstärkte Berücksichtigung von Persönlichkeitsmerkmalen in der Lehrerinnen- und Lehrerforschung, damit die Lehrerinnen- und Lehrerbildung auch zunehmend persönlichkeitsbildend werden kann. Zusätzlich weisen die Autoren darauf hin, dass im Gegensatz zu Forschungen des Persönlichkeitsparadigmas der 1950er- und -60er Jahre die Persönlichkeitsforschung heute breiter angelegt werden sollte. So könne der Nachweis erbracht werden, dass es für den Lehrberuf bedeutsame Persönlichkeitsmerkmale gibt, die über lange Zeit stabil bleiben (Relevanz- und Stabilitätsthese).

Die Bedeutsamkeit von Persönlichkeitsdispositionen zeigte sich in Interviews mit Lehrpersonen zur Lehrerprofessionalität (Herrmann & Hertramph, 1997, 1999). Dabei stellte sich heraus, dass Lehrpersonen überdurchschnittlich oft ihren Berufserfolg nicht mit ihrer Professionalität, sondern mit ihrer Persönlichkeit assoziierten.

Mayr und Neuweg (2006) versuchten die Relevanz- und Stabilitätsthese, welche von bedeutsamen und Zeit überdauernden Persönlichkeitsmerkmalen ausgeht, empirisch nachzuweisen. Dazu zogen sie Persönlichkeitsfaktoren hinzu, die in der Persönlichkeitspsychologie als in hohem Masse zeitlich stabil gelten. Diese Faktoren werden als „Big Five" bezeichnet und umfassen die Dimensionen „Neurotizismus", „Extraversion", „Verträglichkeit", „Offenheit für Neues" und „Gewissenhaftigkeit". Auf die Relevanzthese bezogen zeigten sich Korrelationen zwischen Persönlichkeitsmerkmalen, den unterrichtsbezogenen Einstellungen und dem konkreten Lehrpersonenverhalten. Zum Beispiel fanden die Autoren einen positiven Zusammenhang zwischen der Schülerinnen und Schülereinschätzung, der schülerinnen- und schülerorientierten Kommunikation der Lehrperson und der Extraversion und Offenheit einer Lehrperson. Nach Mayr und Neuweg (2006) sollten angehende Lehrpersonen darüber informiert werden, wie sich bestimmte

Persönlichkeitsmerkmale auf das Handeln im Unterricht auswirken. Zudem sollten die angehenden Lehrpersonen die Gelegenheit zur Persönlichkeitsbildung und eine angeleitete Praxisreflexion erhalten.

In der Arbeits- und Organisationspsychologie werden persönlichkeitsbezogene Dispositionen vor allem für diagnostische Anwendung im Rahmen von Personalgewinnung, Personalauswahl und Personalbeurteilung untersucht (Hossiep, 2007). In diesem Bereich sind sie als Determinanten für Berufserfolg weithin anerkannt (Schuler & Höft, 2006). Dabei zeigte sich vor allem, dass sich bestimmte Persönlichkeitsmerkmale nicht nur auf die Berufswahl und die Ausbildung von Interessen auswirken, sondern auch auf das Gesundheitsverhalten sowie auf die Art und Weise, wie sich Personen ihre beruflichen Positionen und Beschäftigungsmöglichkeiten suchen (Schaper, 2007; Stegmaier, 2007). Eine Längsschnittstudie von Roberts, Caspi und Moffitt (2003) zeigt, dass Personen in Abhängigkeit von ihrer Persönlichkeit gezielt nach jenen beruflichen Positionen suchen, welche ihre Persönlichkeitsmerkmale verstärken und ihre eigene Kompetenzentwicklung begünstigen.

Gegensätzliche Befunde liefern Kauffeld und Grote (2001), die in ihrer Studie zeitlich stabil geltende Persönlichkeitsmerkmale und die beruflichen Handlungskompetenzen untersuchten. Dabei zeigten sich geringe Korrelationskoeffizienten zwischen den Persönlichkeitsvariablen und den beruflichen Handlungskompetenzen.

Die Beziehungen zwischen Handlungen der Lehrpersonen und Persönlichkeitsmerkmalen werden somit kontrovers diskutiert. Einige Studien weisen darauf hin, dass Persönlichkeitsmerkmale und Handlungen einer Person einander bedingen, wobei die Persönlichkeit den Rahmen für die Professionalität stellt und gleichsam regulative Funktionen aufweist (Staudt & Kriegesmann, 1999). Demgegenüber gibt es Studien, die die Annäherung zwischen gelernten Handlungen und Persönlichkeit in Frage stellen (Kauffeld & Grote, 2001).

3.3.2.3.2 Enthusiasmus von Lehrpersonen

Enthusiasmus oder Engagement von Lehrpersonen gilt als wichtiger Punkt für die Frage nach dem Unterrichtserfolg von Lehrpersonen (Brophy & Good, 1986; Gage & Berliner, 1998). Um konkretere Beispiele zu nennen, umfasst Enthusiasmus verschiedene Aspekte wie ausgeprägte Gestik, wechselnde Intonation, ständiger Blickkontakt, häufiger Standortwechsel sowie Humor. Enthusiasmus in einem weiteren Sinne bedeutet einfach lebendige und überzeugende Kommunikation mit den Schülerinnen und Schülern (Gage & Berliner, 1996).

Die Messung von Enthusiasmus bringt einige Schwierigkeiten mit sich, weil es sich teils um ein Oberflächenmerkmal und teils um ein affektives Verhalten handelt und weil es nicht ein Maximum an Enthusiasmus, sondern ein Optimum zu erreichen gilt (Helmke, 2009). So kann das Fehlen von jeglichem Enthusiasmus zu einem eintönigen und langweiligen Unterricht führen. Dagegen könnte ein Höchstmass an Enthusiasmus von den Schülerinnen und Schülern als unangenehm überdreht und beschämend wahrgenommen werden (McKinney, Larkins, Kazelskis, Ford, Allen & Davis, 1983).

Ein „gesundes" Mass an Enthusiasmus wird als Modellwirkung für das Verhalten der Schülerinnen und Schülern als günstig angenommen. Dies lässt sich auch begrenzt empirisch belegen (Patrick, Turner, Meyer & Midgley, 2003; Parick, Hisley & Kempler, 2000; Brigham, Scruggs & Mastropieri, 1992).

Kunter, Tsai, Klusmann, Brunner, Krauss und Baumert (2008) konzeptualisierten Lehrerenthusiasmus theoretisch als Personenmerkmal. Sie bestimmten aufbauend auf der Erwartungs-Wert-Theorie von Wigfield und Eccles (2000), der Theorie des individuellen Interesses von Krapp (2000) und der Selbstbestimmungstheorie von Deci und Ryan (2000) Lehrerenthusiasmus als die Komponente einer intrinsischen, motivationalen Orientierung. Beschrieben wird dieser als Grad positiven emotionalen Erlebens während der Lehrtätigkeit. Zudem unterscheiden Kunter et al. (2008) eine gegenstands- und tätigkeitsbezogene Facette des Lehrerenthusiasmus, die sich entweder auf den Inhalt oder die Durchführung der Lehrtätigkeit beziehen. Anhand einer Untersuchung mit Mathematiklehrpersonen können sie zeigen, dass der Enthusiasmus für das Durchführen des Unterrichts einer Lehrperson in einem positiven Zusammenhang mit der Qualität der Klassenführung, der von den Schülerinnen und Schülern erlebten konstruktiven Unterstützung und der kognitiven Herausforderung im Unterricht steht, während die Begeisterung für die blosse Beschäftigung mit dem Inhalt der Lektion unabhängig von Unterrichtsmerkmalen ist. Zudem konnte Kunter (2011) einen positiven Zusammenhang zwischen dem Enthusiasmus und der Durchführung der Lehrtätigkeit, der Leistung sowie der Motivation der Schülerinnen und Schüler feststellen.

3.3.2.3.3 Humor

Das Persönlichkeitsmerkmal „Humor" spielt in der Forschung wahrscheinlich deshalb keine grosse Rolle, weil es schwer operationalisierbar ist. Wenn Humor als Gegensatz von Ironie betrachtet wird, war die Wirkung von Humor auf das Lernen verschiedentlich Gegenstand empirischer Untersuchungen, besonders bezogen auf den Fremdsprachenunterricht (Schulze, 1995; Rissland, 2002; Raaf, 2005; Nöth, 1995; Darling & Civikly, 1987).

Angenommen wird, dass das Forschungsinteresse auch deshalb gering ist, weil Humor ein stabiles Persönlichkeitsmerkmal ist, das sich scheinbar nicht beeinflussen lässt. Dies ist aber nach Helmke (2009) eine falsche Annahme, wenn man die aktuellen Humor-Trainingsprogramme betrachtet, die in der Wissenschaft unter „positiver Psychologie" aufgeführt werden.

Nach einem Interview mit Willibald Ruch, Professor für Persönlichkeitspsychologie, schafft Humor eine gewisse geistige Flexibilität, fördert die Kreativität und hilft Spannungen und Stress abzubauen (Helmke, 2009, S. 121). Aus diesem Grunde wären weitere Untersuchungen in diesem Bereich bezogen auf die Lehrtätigkeit und im Rahmen der psychologischen Funktionsfähigkeit einer Lehrperson wünschenswert.

3.3.2.3.4 Selbstregulation und Selbstreflexion

Ein weiterer wichtiger Punkt bezogen auf die psychologische Funktionsfähigkeit einer Lehrperson ist die Selbstregulationsfähigkeit, insbesondere der verantwortungsvolle Umgang mit den eigenen Ressourcen (Baumert & Kunter, 2006).

Untersuchungen zum Belastungserleben und zum effektiven Umgang mit den eigenen Ressourcen im Beruf sind eindeutig (Maslach, Schaufeli & Leiter, 2001). So ist das subjektive Belastungserleben ein Prädiktor für die Verweildauer im Lehrberuf (Rudow, 1999). Zusätzlich hat dieses auch Auswirkungen auf die Qualität der Berufsausübung und des Unterrichts (Maslach & Leiter, 1999).

Ein adaptiver Selbstregulationsstil ist durch gleichzeitiges hohes Berufsengagement und Distanzierungsfähigkeit gekennzeichnet (Hallsten, 1993).

Ein Instrument zur Erfassung von Beanspruchungsmustern haben Schaarschmidt und Fischer (1997) entwickelt. Es umfasst drei Faktoren psychischer Regulation: Arbeitsengagement, Widerstandsfähigkeit und berufsbegleitende Emotionen.

Klusmann, Kunter, Trautwein und Baumert (2006) konnten nachweisen, dass die Kombination von hohem Engagement mit guter Distanzierungsfähigkeit eine persönliche Ressource darstellt, die einhergeht mit hoher Berufszufriedenheit, geringer emotionaler Erschöpfung, persönlichem Wohlbefinden und mit einer Unterrichtsführung, bei der Schülerinnen und Schüler in ihrer kognitiven Selbstständigkeit gestärkt werden und gleichzeitig konstruktive Unterstützung erhalten. Auch Klusmann (2011) konnte zeigen, dass Lehrpersonen, welche mit ihren Ressourcen effizient umgehen und über hohe selbstregulative Fähigkeiten verfügen, weniger emotional erschöpft und im Beruf zufriedener sind.

Nach Helmke (2009) ist die regelmässige und selbstkritische Selbstdiagnose und Selbstverbesserung ein unabdingbares Merkmal einer Lehrperson. Nach dem Konzept des „reflective practitioner" (Schön, 1983) sollen Lehrpersonen gezielte und kontinuierliche Anstrengungen unternehmen, über den eigenen Unterricht und seine Wirkungen zu reflektieren, um den Unterricht zu verbessern. Dem Merkmal der Selbstreflexion wird in angloamerikanischen Studien ein hoher Stellenwert eingeräumt (Borich, 2007b). Auch hier gibt es Versuche, die Selbstreflexion systematisch mit einem Fragebogen zu messen (Helmke, Helmke, Heyne, Hosenfeld, Schrader & Wagner, 2008a; Helmke, 2009, S. 119). Mit der Reflexion des eigenen Unterrichts hat sich in jüngster Zeit Wyss (2013) empirisch eingehend befasst.

3.4 Schlussfolgerung

Wie schon zu Beginn dieses Kapitels dargestellt, ist die Diskussion und Erforschung der Lehrerprofessionalität ein Konglomerat aus verschiedenen Aspekten und dadurch immens komplex. Die Modellbildung von Baumert und Kunter (2006), welche auf amerikanischen Studien beruht, bezieht Wissensstrukturen wie Fachwissen, fachdidaktisches Wissen und allgemein-pädagogisches Wissen und Überzeugungen wie Werthaltungen und subjektive Theorien sowie psychologische Aspekte wie Selbstwirksamkeitsüberzeugungen mit ein.

Diese Bereiche tragen letztlich zur Qualität des Unterrichts bei. Darüber, in welchem Verhältnis diese Aspekte guten Unterricht beeinflussen, ist noch wenig bis gar nichts bekannt. Besonders für die Aus- und Weiterbildung von Lehrpersonen wären gesicherte Erkenntnisse hierzu jedoch entscheidend.

Die vorliegende Arbeit möchte die Qualität des Unterrichts spezifisch unter dem Aspekt der Selbstwirksamkeitsüberzeugungen einer Lehrperson betrachten, welche Baumert und Kunter (2006) als wichtigen Gesichtspunkt der psychologischen Funktionsfähigkeit sehen und denen aus theoretischer und empirischer Sicht Handlungsrelevanz zugesprochen wird.

Das folgende Kapitel beschäftigt sich deshalb mit den Selbstwirksamkeitsüberzeugungen im Allgemeinen und den spezifisch auf den Lehrberuf bezogenen Selbstwirksamkeitsüberzeugungen im Besonderen.

4. Selbstwirksamkeit

Die Wirksamkeitsüberzeugung einer Person umfasst einerseits gesundheitliche, andererseits handlungsrelevante Aspekte. Auf beide Aspekte soll im folgenden Kapitel genauer eingegangen werden. Zunächst wird das Konstrukt „Selbstwirksamkeit"[13] im Allgemeinen umschrieben und in den grösseren Zusammenhang der Selbstprozesse gestellt. Danach wird die Bedeutung der Selbstwirksamkeitsüberzeugungen bezüglich der Handlungsregulation diskutiert. Anschliessend wird der aktuelle Forschungsstand zu den Selbstwirksamkeitsüberzeugungen von Lehrpersonen umrissen. Da Resultate von Studien zur Selbstwirksamkeit und beruflichen Belastungen starke Hinweise auf einen Zusammenhang zwischen dem stressbedingten Burnout und den Selbstwirksamkeitsüberzeugungen liefern, wird zum Schluss dieses Kapitels auf die Selbstwirksamkeitsüberzeugungen und die Stressverarbeitung eingegangen.

4.1 Prozesse des Selbst

Marsh, Craven und McInerney (2008) zählen zu den Prozessen des Selbst das Selbstkonzept, die Selbstregulation, die Selbstbestimmung, die Selbstwirksamkeitsüberzeugungen, das Wohlbefinden, die Resilienz sowie die Motivation, welche alle das Engagement für das Lernen beeinflussen und zur Entwicklung des persönlichen Potentials beitragen. Nach den genannten Autoren ist es schwierig diese Konzepte so zu konzipieren, dass sie unabhängig voneinander das Selbst einer Person beschreiben. Sie alle tragen jedoch dazu bei, den Komplex „Selbst" aus verschiedenen Gesichtspunkten zu beleuchten.

Die Unterscheidung zwischen Selbstwirksamkeit und Selbstkonzept ist vor allem zur Untersuchung der Motivation relevant. Die konzeptuelle und empirische Unterscheidung zwischen Selbstwirksamkeit und Selbstkonzept ist nicht immer eindeutig. Einige Forscher/innen verwenden die Begriffe synonym, andere beschreiben das Selbstkonzept als verallgemeinerte Form der Selbstwirksamkeit, wiederum andere führen die Selbstwirksamkeit einfach als einen Teil des Selbstkonzeptes auf. Pajares und Schunk (2001) grenzen die beiden Konzepte folgendermassen ab: Die Selbstwirksamkeit ist die Beurteilung der eigenen Fähigkeiten, das Selbstkonzept dagegen ist die Beschreibung des eigenen wahrgenommenen Selbsts und der zusätzlichen Be-

---

13 Selbstwirksamkeit und Selbstwirksamkeitsüberzeugungen werden im Folgenden synonym verwendet.

urteilung des eigenen Selbstwertes. Weil das Selbstkonzept die Evaluation des Selbstwertes beinhaltet, hängt das Selbstkonzept von den Werten der kulturellen und sozialen Strukturen ab, in denen ein Individuum eingebettet ist und die eigenen Gefühle darauf aufbaut. Nach Pajares und Schunk (2001) sind hingegen Selbstwirksamkeitsüberzeugungen nicht in diesem Ausmass vom kulturellen Hintergrund abhängig.

Selbstwirksamkeit und Selbstkonzept stellen zwei verschiedene Sichtweisen auf sich selbst dar. Ob jemand seine Selbstwirksamkeit oder sein Selbstkonzept reflektiert, zieht unterschiedliche Fragen nach sich. Selbstwirksamkeitsüberzeugungen werden mit Fragen zu „Können" eruiert, beispielsweise „Kann ich dieses Problem lösen?" oder „Kann ich dieses Auto fahren?". Hingegen beziehen sich Fragen wie „Wer bin ich?", „Mag ich mich?" oder „Wie fühle ich mich beim Schreiben eines Textes?" auf das Selbstkonzept. Die Antworten zu den Fragen zur Selbstwirksamkeit decken die Selbstsicherheit eines Individuums bezüglich der Lösung einer Aufgabe auf. Die Antworten zum Selbstkonzept zeigen wie positiv oder negativ die Selbstsicht ist, wobei die betreffende Person zusätzlich eine Aussage zum eigenen Wohlbefinden macht (Pajares & Schunk, 2001).

Das Selbstkonzept und die Selbstwirksamkeitsüberzeugungen einer Person müssen nicht notwendigerweise miteinander zusammenhängen. So kann zum Beispiel eine Schülerin davon überzeugt sein, eine Mathematikaufgabe richtig zu lösen, ohne dabei positive Gefühle zu entwickeln. Auch gibt es sehr viele Aktivitäten, welche die Individuen schlecht ausführen und die dennoch keinen Einfluss auf den eigenen Selbstwert haben (Pajares & Schunk, 2001).

4.2 Wirksamkeitsüberzeugungen, Selbstkonzept und Umgang mit Herausforderungen

Auch Lazarus und Folkman (1987) unterscheiden zwischen Selbstkonzept und Selbstwirksamkeitsüberzeugungen. Neben dem Selbstkonzept und den Selbstwirksamkeitsüberzeugungen nennen sie zusätzlich das Commitment als personale Ressourcen zum Umgang mit Herausforderungen und zur Stressbewältigung. Diese Variablen stehen mit einer effizienten Selbstregulation in Zusammenhang. Wie Bandura (1997) zeigt, moderieren positive Erwartungshaltungen und ein positives Selbstkonzept durch kognitive, affektive, motivationale und selektive Reaktionen den Prozess der Bewältigung von Herausforderungen und der Stressverarbeitung. Nach Schwarzer und Jerusalem (2002) bestehen dabei unter anderem folgende Annahmen:

Positive Erwartungshaltungen wirken einer pessimistischen, resignativen Einschätzung anforderungsreicher Situationen entgegen; sie puffern gegen die durch Bedrohung oder Verlust ausgelösten negativen emotionalen Reaktionen ab und reduzieren die physiologische Erregung, die langfristig die körperliche und seelische Widerstandskraft der Person beeinträchtigt. So gehen beispielsweise Schüler mit positiven Leistungserwartungen im Vergleich zu solchen mit negativen Leistungserwartungen zuversichtlicher an Klassenarbeiten heran. Sie sind angesichts von Schwierigkeiten und Misserfolgen nicht so leicht enttäuscht und niedergeschlagen, sondern fühlen sich eher herausgefordert, und sie sind weniger aufgeregt sowie stärker aufgabenorientiert. Ein anderes Beispiel ist ein erkrankter Mensch, dessen positive Erwartungshaltung im Hinblick auf seine Genesung dazu beiträgt, dass er einer Operation optimistisch entgegensieht, seine Gedanken und Gefühle nicht allein von Ängsten, Risiken und Zweifeln bestimmen lässt und damit das Ausmass seiner körperlichen Erregung in Grenzen hält (Schwarzer & Jerusalem, 2002, S. 29).

Positive Wirksamkeitsüberzeugungen können auch adaptive, Stress reduzierende und präventive Verhaltensweisen unterstützen, da Personen mit positiven Selbstwirksamkeitsüberzeugungen die eigenen Bewältigungsstrategien als gut bewerten und aktiv an die Problembewältigung herangehen. Schülerinnen und Schüler beispielsweise mit einer hohen Selbstwirksamkeitsüberzeugung gehen gezielter an die Vorbereitung auf Leistungsziele heran und zeigen eine erfolgsorientierte Motivation, strengen sich an und sind ausdauernd. Patienten mit positiven Kontrollerwartungen verhalten sich kooperativ, bereiten sich gezielt und gefasst auf die Operation vor und setzen sich bereits Ziele für die postoperative Phase. Letztlich führen positive Kontrollüberzeugungen zu selbstwertdienlichen und motivationsförderlichen Attributionen. Der Schüler oder die Schülerin schreibt in diesem Fall Erfolgserlebnisse der eigenen Kompetenz, Misserfolgserlebnisse dagegen äusseren Umständen zu. Solches Attribuierungsverhalten hat langfristig eine motivationserhaltende Wirkung und fördert ein dauerhaftes, aktiv-problemorientiertes Umgehen mit Anforderungen im Leistungsbereich wie auch mit gesundheitlichen Problemen (Jerusalem, 1990; Jerusalem & Schwarzer, 1989).

Die Bedeutsamkeit von bestimmten Lebensbereichen und Zielen hat eine verstärkende motivationale Wirkung. Wenn den Leistungszielen eine persönliche Bedeutung zugeschrieben wird, sind beispielsweise Schülerinnen und Schüler zu mehr Motivation, Anstrengung und Ausdauer bereit und zeigen eher einen konstruktiven Umgang mit persönlichen Rückschlägen. Solche so genannte Commitments beschleunigen auch die Wiederaufnahme von sozialen Rollen bei Krankheit und damit die Rückkehr in ein aktives und erfülltes Alltagsleben (Baltes & Lang, 1997).

Neben positiven Kontrollüberzeugungen wird auch der dispositionale Optimismus als Ressource für den Umgang mit Herausforderungen und für Stressbewältigungen gezählt (Scheier & Carver, 1987, 1992). Andere Konstrukte wie „Hardiness" (Kobasa, 1979) und „Kohärenzsinn" (Antonovsky, 1990) integrieren ebenfalls generalisierte Erwartungshaltungen. Alle diese Persönlichkeitsvariablen gelten als Grundlage einer dauerhaften effizienten Selbstregulation. Sie gehen nicht mit einer Neigung zu depressiven Verstimmungen einher und fördern die aktive Auseinandersetzung mit einer stressreichen Situation (Carver & Scheier, 1998; Schulz & Heckhausen, 1996).

4.3 Optimismus versus Neurotizismus als Disposition

Die Interpretation von kritischen Ereignissen ist nach Schwarzer und Jerusalem (2002) entscheidend, um wirksam und besser handeln zu können. Das Verhalten wird von unseren Gedanken und Emotionen geleitet. Dabei geht es vor allem darum, positive Seiten einer Situation in den Vordergrund zu rücken.

Depressive Menschen neigen dazu, negative Ereignisse sich selbst und positive dagegen äusseren Umständen zuzuschreiben (Seligman, 1991). Erfolgreiche Menschen zeigen genau das gegenteilige Denkmuster. Seligman (1991) zeigte, dass Optimisten in Beruf und Schule erfolgreicher sind und ihr Wohlbefinden als besser einschätzen. Ebenso untersuchte Seligmann (1991), ob das optimistische Denkmuster über die Lebensspanne bestehen bleibt. Es stellte sich heraus, dass die Attributionsmuster, die in der Jugend erworben wurden, auch noch im hohen Alter vorhanden sind. Zusätzlich zeigte sich, dass der optimistische Interpretationsstil negativ mit Depressivität korreliert.

Das Persönlichkeitsmerkmal zum dispositionalen Optimismus wird von Scheier und Carver (1985, 1987, 1992) beschrieben. Zur Vorhersage der Bewältigung schwieriger Situationen und gesundheitlicher Problemen sind die Forschungsergebnisse uneinheitlich. Erwähnt seien zwei bedeutsame Studien, die sich mit der Genesung von herzkranken Männern und Patientinnen, welche wegen Brustkrebs behandelt wurden, befassten. Die Genesung verlief in beiden Fällen bei den Optimisten besser.

Die Skala des dispositionalen Optimismus[14] wurde trotz der beeindruckenden Ergebnisse kritisiert (Smith, Pope, Rhodewalt & Poulton, 1989; Marshall, Wortman, Kusulas, Hervig & Vickers, 1992, Williams, 1992). Es stellte sich heraus, dass sich die dispositionelle Ängstlichkeit bzw. der Neurotizismus besser zur Vorhersage der Bewältigung von schwierigen Situationen nutzen lässt. Die Autoren schlagen darum vor, das Optimismuskonzept grundlegend zu revidieren. Eine Alternative zum Optimismuskonzept ist das Konzept der Selbstwirksamkeitsüberzeugungen (Schwarzer & Jerusalem, 2002).

4.4 Selbstwirksamkeit: Wahl und Ausführung von Aktivitäten

Die Selbstwirksamkeitsüberzeugung bezeichnet die Überzeugung einer Person, ein Ziel zu erlangen, auch wenn dabei Schwierigkeiten auftreten (Bandura, 1997; Schwarzer & Jerusalem, 2002; Baumert & Kunter, 2006). Eine wichtige Komponente der Selbstwirksamkeit ist die Überzeugung, Einfluss auf das Geschehen in der Welt nehmen zu können. Die Person behält die Kontrolle über die Situation und ihr Handeln. Im Gegensatz dazu könnte sie auch Zufall oder andere Personen als Gründe für bestimmte Situationen in Betracht ziehen (Bandura, 1997; Schwarzer & Jerusalem, 2002).

Die Selbstwirksamkeitsüberzeugung einer Person beeinflusst die Tätigkeiten, welche diese in Angriff nimmt. Gleichzeitig regelt sie ihre Zielsetzungen (Baumert & Kunter, 2006). Beispielsweise setzt sich jemand mit geringerer Selbstwirksamkeitsüberzeugung eher Ziele mit geringerem Anspruchsniveau. Auch die Anstrengung und Ausdauer, mit der ein Ziel verfolgt wird, ist weitgehend von der Einschätzung der eigenen Fähigkeit, erfolgreich zu sein, abhängig. Ebenso beeinflusst die Selbstwirksamkeitsüberzeugung die Abschirmung gegenüber konkurrierenden Tätigkeiten (Bandura, 1997). Die Selbstwirksamkeitsüberzeugungen werden vor allem dann wichtig, wenn Schwierigkeiten auftreten, da sie wesentlich dazu beitragen, ob eine Person ihre Ziele aufgibt oder sie beharrlich weiterverfolgt.

---

14 Die deutsche Version der Skala „dispositionaler Optimismus" von Wieland-Eckelmann und Carver (1990) umfasst acht Items. Beispielitems sind „Ich blicke stets optimistisch in die Zukunft" und „Ich sehe stets die guten Seiten der Dinge". Neben vier positiv gepolten Items enthält die Skala vier negativ gepolte Items wie „Ich beachte selten das Gute, das mir geschieht" und „Wenn etwas schlecht für mich ausgehen kann, so geschieht das auch".

Bandura (1997, 2008) hat sich vertieft mit der Handlungsregulation eines Agenten in den jeweils spezifischen „ökologischen Nischen"[15] auseinandergesetzt und das Ergebnis seiner Arbeit in seine sozialkognitive Theorie integriert. Nachfolgend wird genauer darauf eingegangen.

4.4.1 Selbstwirksamkeit nach Bandura: Begründung der Handlungswirksamkeit

Das Konstrukt der Selbstwirksamkeit stellt ein Teilkonstrukt der sozialkognitiven Theorie Banduras (1977, 1986, 1997) dar. Nach der sozialkognitiven Theorie verfügen Individuen über ein Selbst-System. Dieses überprüft und kontrolliert die Gedanken, die Gefühle, die Motivation und die Handlungen. Zusätzlich umfasst dieses System auch einige Subfunktionen, welche die Handlung eines Individuums reguliert und evaluiert. Durch Selbstreflexion beurteilen Individuen ihre Handlungen. Die Wahrnehmung der Selbstwirksamkeit wird durch selbstreflexive Gedanken moderiert. Bandura definiert die individuellen Selbstwirksamkeitsüberzeugungen in einem bestimmten Bereich als die subjektive Einschätzung der eigenen Kompetenzen, um eine bestimmte Aufgabe zu meistern oder ein bestimmtes Verhalten auszuüben (Bandura, 1997). Die Selbstwirksamkeit beschreibt somit die Überzeugung eines Individuums, zu etwas fähig zu sein. Diese Überzeugung beeinflusst nach Bandura (1997) die Handlungen und Leistung einer Person in erheblichem Masse. Das heisst, dass die Leistung oder Handlung einer Person oft besser durch die Selbstwirksamkeitsüberzeugungen vorausgesagt werden kann als durch die tatsächlichen Fähigkeiten. Dies heisst aber nicht, dass Personen rein durch „Gedankenkraft" die eigenen Fähigkeiten übersteigen können. Gute Leistungen benötigen Selbstwirksamkeitsüberzeugungen sowie Fähigkeiten und Wissen. Die Selbstwirksamkeitsüberzeugungen bestimmen wie Personen ihre Fähigkeiten und ihr Wissen einsetzen. Zusätzlich ist die Selbstwirksamkeitsüberzeugung einer Person eine gute Determinante dafür, wie gut Wissen und Können zu Beginn des Lernprozesses angeeignet wird.

Der Prozess der Aneignung und des Einsatzes von Selbstwirksamkeitsüberzeugungen ist einfach und intuitiv: Individuen führen Handlungen aus, interpretieren die „Outcomes" der Handlung, entwickeln durch die Interpretationen neue Selbstwirksamkeitsüberzeugungen der eigenen Handlungsfähigkeit in dieser Domäne und handeln darauffolgend in Übereinstimmung mit diesen Selbstwirksamkeitsüberzeugungen. Die Interpretation der Hand-

---

15 Unter „ökologischer Nische" im Sinne Banduras (1997, 2008) sind spezifische Umweltfaktoren sowie die Wechselwirkungen zwischen dem Individuum und diesen Umweltfaktoren zu verstehen.

lung, die Selbstbewertung und die Wahrnehmung der eigenen Selbstwirksamkeit bilden die wesentlichen Voraussetzungen für die Veränderung des eigenen Denkens und der zukünftigen Handlungen (Bandura, 1986). Selbstwirksamkeitsüberzeugungen operieren nach Bandura (1997) als Schlüsselfaktor in einem sich entwickelndem System von Fähigkeiten. So können verschiedene Leute mit ähnlichen Fähigkeiten oder die gleiche Person unter verschiedenen Umständen schlechte, adäquate oder herausragende Leistungen zeigen, abhängig von den momentanen Selbstwirksamkeitsüberzeugungen.

Diese Annahmen bilden die Grundlage für den triadischen reziproken Determinismus (Bandura, 1986, 1997). Dieser beschreibt die Interaktion zwischen persönlichen Faktoren, dem Verhalten einer Person und der Umwelt. Die Selbstwirksamkeitsüberzeugungen werden den persönlichen Faktoren zugeordnet.

Daraus kann geschlossen werden, dass die Selbstwirksamkeitsüberzeugungen für das menschliche Verhalten eine entscheidende Rolle spielen, und dass die Individuen sowohl Produkte als auch Gestalter der eigenen Umwelt und Sozialsysteme sind (Bandura, 1997, Pajares, 2008).

Die Selbstwirksamkeitsüberzeugungen wirken auf das Verhalten auf verschiedene Weise ein. Sie beeinflussen: die Entscheidungen, die getroffen werden, die Anstrengung, die ein Individuum bereit ist aufzubringen, um das Ziel zu erreichen, die Ausdauer mit der das Ziel verfolgt wird, wenn Schwierigkeiten auftauchen, und das Wohlbefinden.

Personen, die ihre Fähigkeiten in einer bestimmten Domäne anzweifeln, scheuen vor schwierigen Aufgaben in diesem Gebiet zurück. Sie empfinden es als schwierig, sich zu motivieren und geben schneller auf, wenn Hindernisse auftauchen. Sie verfügen über einen niedrigeren Anspruch und Einsatz, Ziele in diesem Gebiet zu erreichen.

Bei der Lösung von anstrengenden Aufgaben konzentrieren sie sich auf ihre persönlichen Defizite und auf die negativen Konsequenzen, wenn die Lösung der Aufgabe nicht gelingt. Solches störende Denken schwächt ihre Kräfte und das analytische Denken. Dies führt dazu, dass sich die Lösungsfähigkeit verschlechtert und sich die Zeit verringert, welche für die Lösung der Aufgabe eingesetzt wird. Die negativen Selbstwirksamkeitsüberzeugungen, die in einer Domäne bereits gefestigt sind, erholen sich nur langsam von Fehl- und Rückschlägen. Dies weil fehlgeschlagene, ungenügende Handlungen als ungenügende Fähigkeit diagnostiziert werden.

Im Gegensatz dazu treiben belastbare Selbstwirksamkeitsüberzeugungen das soziokognitive Funktionieren in den relevanten Domänen auf verschiedene Weisen an. Personen, die starke Selbstwirksamkeitsüberzeugungen haben, nehmen schwierige Aufgaben als Herausforderung wahr. Eine solche bejahende Orientierung steigert das Interesse und steigert das Engagement für Aktivitäten. Personen mit hohen Selbstwirksamkeitsüberzeugungen setzen sich selber herausfordernde Ziele und verfolgen die Aufgabenbearbeitung mit grosser Hingabe. Sie investieren viel Anstrengung in das, was sie anpacken, und erhöhen den Aufwand, wenn sie Fehl- oder Rückschläge erleben. Dabei bleiben sie aufgabenorientiert und denken auch dann strategisch, wenn Schwierigkeiten auftauchen. Fehlschläge attribuieren sie auf ungenügendem Einsatz und von Fehl- oder Rückschlägen erholen sie sich schnell. Mit Schwierigkeiten wissen sie kontrolliert umzugehen.

Somit sind Selbstwirksamkeitsüberzeugungen starke Determinanten und Prädiktoren für das Verhalten und die Leistung eines Individuums. Nach Bandura (1997) sind die Selbstwirksamkeitsüberzeugungen einer Person der Schlüsselfaktor für ihre Handlungskompetenz.

Selbstwirksamkeitsüberzeugungen sind nach Bandura (1997) domänenspezifisch. Die menschlichen Fähigkeiten und Fertigkeiten werden in sehr verschiedenen Bereichen entwickelt. Domänen verlangen unterschiedliches Wissen und Können, das nicht in jedem Bereich von allen Individuen erworben wird und Spezialisierungen verlangt. Die Selbstwirksamkeitsüberzeugungen einer Person sind mit den individuellen Fähigkeiten gekoppelt und ebenfalls unterschiedlich stark ausgeprägt. Die individuellen Fähigkeits- und Selbstwirksamkeitsprofile werden durch natürliche Begabungen, soziokulturelle Erfahrungen und zufällige Umstände beeinflusst und so in neue Entwicklungsrichtungen gestossen (Bandura, 1986). Personen verfügen demnach über ein Set von Selbstwirksamkeitsüberzeugungen, die mit verschiedenen Fähigkeitsbereichen verbunden sind.

Die Selbstwirksamkeitsüberzeugung entsteht nicht aus der Summe der verschiedenen Kompetenzen, über die eine Person verfügt. Das wirksame Bewältigen von Aufgaben einer Person ist nicht nur ein Wissen darüber, was zu tun ist, um motiviert zu sein, dies durchzuführen. Vielmehr sind die Selbstwirksamkeitsüberzeugungen das Wissen, kognitive, soziale, emotionale und handlungsbezogene Subfähigkeiten effektiv aufeinander abzustimmen. Die Handelnden können oft die geplante Handlung nicht richtig ausführen, obwohl sie genau wissen, was zu tun wäre, und sie auch über die notwendigen Fähigkeiten verfügen würden (Schwartz & Gottman, 1976). Die Selbstwirksamkeitsüberzeugungen sind nicht ein Indikator für die Anzahl von Kompetenzen, über die jemand verfügt. Sie sind der Glaube an das, was mit den verfügbaren Subfähigkeiten unter gewissen Umständen erreicht werden kann.

Die Subfähigkeiten, die für die Ausführung einer Aufgabe nötig sind, tragen zur Beurteilung der Wirksamkeit bei, sind aber nicht ausreichend, wie die Studie von Mone (1994) zeigt. Er untersuchte, ob die Selbstwirksamkeitsüberzeugung von Studierenden über das Bestehen eines akademischen Kurses durch die Selbstwirksamkeitsüberzeugungen zu kognitiven Subfähigkeiten wie das Konzentrieren im Kurs, das Verstehen und Behalten von Inhalten und das Notizenmachen vorhersagbar ist. Die Wirksamkeitsüberzeugungen in den Subfähigkeiten tragen zur Überzeugung im Kurs, akademisch gute Leistungen zu erbringen, bei. Aber es zeigte sich, dass die allgemeine Selbstwirksamkeitsüberzeugung über das Erreichen von guten Leistungen im Kurs der bessere Prädiktor für die Leistung im Kurs ist als die Wirksamkeitsüberzeugungen der einzelnen Subfunktionen. Die allgemeine Selbstwirksamkeit über das Bestehen des Kurses integriert die Überzeugungen der Subfähigkeiten und schliesst noch weitere Faktoren ein, die für den Beobachtenden nicht offensichtlich, aber für das Individuum entscheidend sind. Beispielsweise kann es die Wirksamkeitsüberzeugung der eigenen Selbstregulation in dieser bestimmten Aufgabe sein, welche bestimmt, wie die Subfähigkeiten eingesetzt, orchestriert und aufrecht gehalten werden (Zimmermann & Bandura, 1994; Zimmermann, Bandura & Martinez-Pons, 1992). Zusammengefasst zeigt sich, dass Selbstwirksamkeitsüberzeugungen für die Subfähigkeiten hoch sein können, aber niedrig für deren integrierten Gebrauch in einem bestimmten Aufgabenbereich. Dies verdeutlicht, wie komplex das System der Selbstwirksamkeitsüberzeugungen eines Individuums ist.

Im Folgenden werden die Quellen der Selbstwirksamkeitsüberzeugungen beschrieben.

4.4.1.1 Quellen der Selbstwirksamkeit

Die Selbstwirksamkeit stellt einen bedeutenden Aspekt des Selbst-Wissens dar. Die Überzeugungen über die eigene Wirksamkeit gehen aus vier Informationsquellen hervor: die direkte, persönliche Erfahrung, welche als Fähigkeitsindikator dient, die stellvertretende Erfahrungen, welche die eigene Wirksamkeit verändert durch den Vergleich mit anderen, die verbalen Überzeugungen und sozialen Einflüsse und die physiologischen sowie affektiven Zustände, die zur momentanen Einschätzung der Fähigkeiten, Stärken und Verletzlichkeit dienen.

Die Informationen, die für die Bewertung der persönlichen Fähigkeiten relevant sind, ob direkt, stellvertretend, überzeugend oder physiologisch, sind nicht in jedem Fall aufschlussreich. Sie werden erst durch kognitive Verarbeitung und durch reflektierende Gedanken instruktiv. Dabei spielen viele persönliche, soziale und situationsbedingte Faktoren mit.

Die kognitive Verarbeitung der Selbstwirksamkeitsüberzeugungen schliesst zwei Funktionen ein. Die erste enthält die Art von Informationen, welche als Indikatoren zur Wirksamkeitseinschätzung dienen. Die zweite bezieht sich auf die Kombination dieser Informationen. Dabei werden Regeln und Heuristiken verwendet, mit denen die Informationen gewichtet und integriert werden. Diese zwei Funktionen bilden die Grundlage zur Konstruktion von Selbstwirksamkeitsüberzeugungen (Bandura, 1997).

4.4.1.1.1 Direkte, persönliche Erfahrung

Die direkte, persönliche Erfahrung (enactive mastery experience) stellt die einflussreichste Quelle dar, da sie unmittelbar Rückmeldung darüber gibt, ob den Anforderungen genügend Rechnung getragen werden kann. Das erfolgreiche Meistern schwieriger Situationen bildet robuste Überzeugungen im Wirksamkeitssystem einer Person. Fehlschläge untergraben diese, besonders bei solchen Selbstwirksamkeitsüberzeugungen, welche sich noch nicht vollständig bewährt haben. Wenn immer einfach Erfolge erlangt werden, kann dies zu leichtem Aufgeben bei Fehlschlägen führen. Belastbare Selbstwirksamkeitsüberzeugungen entstehen durch die Erfahrung, wie Schwierigkeiten durch beharrliche Anstrengung überwunden werden konnten. Einige Schwierigkeiten beim Verfolgen der persönlichen Ziele können einen positiven Zweck erfüllen. Sie können dabei helfen zu lernen, wie Fehlschläge in Erfolg gewendet werden können. So wird das Gefühl, über eine Aufgabe Kontrolle zu haben, gestärkt.

Komplexe Handlungsausführungen sind weder ein Produkt des eigenen Willens noch das Ergebnis von belohnenden oder bestrafenden Erfahrungen. Vielmehr sind sie Konstruktionen, die durch kognitive oder andere selbstregulative Subfähigkeiten organisiert und kontrolliert werden. Das Aufbauen von persönlichen Selbstwirksamkeitsüberzeugungen durch das Meistern von schwierigen Aufgaben kann nicht einfach durch das Einüben des gebrauchfertigen Verhaltens erlangt werden. Es beinhaltet auch das Erlangen von kognitiven, selbstregulativen und handlungsbezogenen Werkzeugen, welche die Handlung unter verschiedenen Bedingungen effektiv auszuführen ermöglichen.

Die Entwicklung von Selbstwirksamkeitsüberzeugungen durch das Meistern von schwierigen Aufgaben kreiert die kognitiven und selbstregulativen Fähigkeiten für die effektive Handlungsausführung. Das Wissen von Regeln und Strategien für das effektive Ausführen von Handlungen befähigt die Bewältigung des täglichen Lebens. Die Entwicklung einer bestimmten Fertigkeit wird durch das Hinunterbrechen von komplexen Fähigkeiten in einfach zu bewältigende, hierarchisch aufeinanderfolgende Subfähigkeiten gefördert.

Das erfolgreiche Bewältigen einer Aufgabe ist ein machtvolles Überzeugungsmittel, führt aber nicht in jedem Fall zu gesteigerten Selbstwirksamkeitsüberzeugungen. Entscheidend sind die persönliche Einschätzung und die Gewichtung des Erfolgs. Beispielsweise spielen die Vorkonzepte der eigenen Fähigkeiten, der Schwierigkeitsgrad der Aufgaben, die Hilfe von externen Personen, die Umstände, unter welchen die Aufgabe gelöst wurde, die momentane Struktur der bisherigen Fehlschläge und Erfolge und wie das Bewältigen der Aufgabe kognitiv rekonstruiert wird eine Rolle. Die Selbstwirksamkeitsüberzeugungen sind oftmals ein besserer Prädiktor für neue Handlungen als vergangene Handlungen bezüglich einer herausfordernden Aufgabe, weil das Urteil der eigenen Wirksamkeit mehr Informationen als nur die ausgeführte Handlung einbezieht.

Die Entwicklung der Selbstwirksamkeitsüberzeugungen ist eine kognitive Konstruktion. Personen gehen nicht an eine Aufgabe heran, ohne etwas über sich selbst und die Welt zu wissen. Durch bereits gemachte Erfahrungen haben sie ein strukturiertes Selbstsystem mit einem grossen semantischen Netzwerk aufgebaut. Dieses Selbstschemata der persönlichen Wirksamkeit beeinflusst, was Personen wahrnehmen, wie sie interpretieren und wie sie neue Informationen zu ihrer Wirksamkeit im „Wirksamkeitsgeflecht" organisieren.

Die Neigung zu gewissen Überzeugungen wird durch bereits bestehende Selbstschemata beeinflusst. Die Selbstwirksamkeitsüberzeugungen entstehen, indem gewisse redundante Erfahrungen als weiterer Beweis für die persönliche Wirksamkeit genommen werden. Beweise, die inkonsistent mit den Selbstwirksamkeitsüberzeugungen sind, werden tendenziell weniger beachtet, abgewertet oder vergessen, wenn die Erfahrungen im Gedächtnis rekonstruiert wird. Im Kontrast dazu werden solche, die konsistent mit den Selbstwirksamkeitsüberzeugungen sind, sofort bemerkt, ihnen wird grosse Bedeutung zugesprochen, und sie werden erinnert. Zudem bewerten Personen, die ihre Wirksamkeit anzweifeln, Erfolgserlebnisse eher als Ergebnis von anstrengendem Fleiss und nicht als Beweis für ihre Fähigkeiten. Hingegen schreiben Personen mit einer hohen Selbstwirksamkeitserwartung Erfolge ihrer eigenen Fähigkeiten zu.

Die Selbstanalyse, ob die eigene Fähigkeiten und Möglichkeiten ausreichen, um das Ziel zu erreichen, hängt vom Schwierigkeitsgrad der Aufgabe ab. Wenn eine Person eine leichte Aufgabe erfolgreich besteht, wird sie keine Änderung ihrer Selbstwirksamkeitsüberzeugungen vornehmen. Das erfolgreiche Bestreiten von schwierigen Aufgaben hingegen kann neue Informationen über die eigene Wirksamkeit liefern und die Selbstwirksamkeitsüberzeugungen steigern. Neue Informationen über eine bestimmte Aufgabe und der eigenen Wirksamkeit können einen paradoxen Effekt bei der Interpretation von Erfolg bewirken. Wenn zum Beispiel beim Ausführen einer herausfordernden Aufgabe die Person besonders schwierige Aspekte beim Durchführen oder die Grenzen der eigenen Möglichkeiten entdeckt, führt dies zur Verminderung der eigenen Selbstwirksamkeitsüberzeugung, trotz erfolgreichen Beendens der Aufgabe. Die Aufgabenschwierigkeit ist häufig nicht voll abschätzbar, zusätzlich kommt bei vielen schwierigen Aufgaben hinzu, dass sie von Mehrdeutigkeiten geprägt sind.

Personen neigen dazu, schlechte Erfahrungen beim Lösen einer Aufgabe besser zu behalten als die guten Erfahrungen (Bandura, 1997). Die selektive Selbstüberwachung (self-monitoring) kann diesem Phänomen entgegenwirken, besonders wenn beim Lösungsprozess speziell die Erfolge benannt und erinnert werden. So kann eine Steigerung der Selbstwirksamkeitsüberzeugungen gefördert werden.

Der Weg zur Expertise ist gezeichnet von Rückschlägen, Misserfolgen und Zeiten, in denen kleine oder keine Fortschritte erlangt werden. Personen, welche Misserfolge von Zeit zu Zeit erlebten, aber im Grossen und Ganzen kontinuierlich ihr Fähigkeiten steigern konnten, erleben eher einen Anstieg in ihren Selbstwirksamkeitsüberzeugungen. Weniger trägt zum Aufbau von Selbstwirksamkeitsüberzeugungen bei, wenn Personen zwar von Zeit zu Zeit Erfolge feiern, aber ihre Fähigkeiten über längere Zeit ungefähr gleich bleiben. Auf welche Weise kumulative Erfahrungen die Selbstwirksamkeitsüberzeugungen beeinflussen, hängt davon ab, wie diese kognitiv repräsentiert sind. Dabei ist zu beachten, dass das Gedächtnis immer eine Konstruktion und nicht einfach eine Reproduktion der Erfahrungen ist.

4.4.1.1.2 Indirekte, stellvertretende Erfahrung

Die Selbstwirksamkeitsüberzeugungen von Personen basieren nicht nur auf persönlichen Erfahrungen, sondern werden ebenfalls durch indirekte bzw. stellvertretende Erfahrungen durch Modelle beeinflusst. Das Vorzeigen ist daher ein weiteres wichtiges Werkzeug, um die persönlichen Selbstwirksamkeitsüberzeugungen zu fördern. Dabei spielen verschiedene Prozesse eine Rolle.

Ein wichtiger Prozess ist der soziale Vergleich. Dieser übernimmt eine führende Rolle für die Beurteilung der eigenen Fähigkeiten (Festinger, 1954; Goethals & Darley, 1977; Suls & Miller, 1977). Individuen vergleichen sich vor allem mit Personen, die sich in ähnlichen Situationen befinden wie Klassenkameraden, Arbeitskolleginnen und -kollegen oder Mitbewerbende. Die persönliche Selbstwirksamkeitsüberzeugung hängt in diesem Fall vom Können der ausgewählten Vergleichspersonen ab (Bandura & Jourden, 1991; Wood, 1989). Wenn beispielsweise ähnliche Leute eine Aufgabe erfolgreich bewältigen, steigert dies die eigenen Wirksamkeitsüberzeugungen. Je grösser die eigene Ähnlichkeit zum Modell eingeschätzt wird, desto überzeugender sind die Erfolge oder Misserfolge des Modells für das eigene Handeln (Schunk & Hanson, 1989).

Personen suchen aktiv Modelle, welche die Fähigkeiten zeigen, die sie selber gerne erreichen würden. Dabei werden Modelle bevorzugt, die bei Schwierigkeiten Selbstsicherheit zeigen, und nicht solche, die ihre Fähigkeiten anzweifeln, wenn Probleme auftauchen (Zimmermann & Ringle, 1981). Damit die vorgezeigte Handlung das eigene Handeln beeinflusst, muss das Modell in der Handlung Kontrollierbarkeit des Problems demonstrieren (Averill, 1973; Miller, 1981).

Neben dem Vorzeigen eines Modells beeinflussen noch andere stellvertretende Erfahrungen die Selbstwirksamkeitsüberzeugungen einer Person. Es handelt sich um die symbolische Erfahrung, das Abspielen von Videosequenzen, welche die eigene Ausführung und Leistung zeigt, sowie das kognitive Durchspielen der Problemlösung.

Die symbolische Erfahrung wird von verschiedenen Medien wie beispielsweise Fernsehen genährt. Der Einfluss der symbolischen Erfahrung kann durch die kognitive Wiederholung gesteigert werden. Das Visualisieren der gezeigten Strategien steigert den Glauben daran, dass die Handlung in der Realität selber durchgeführt werden kann.

Zur Steigerung der Selbstwirksamkeitsüberzeugungen kann ebenfalls beitragen, wenn Personen sich selbst zum Beispiel durch Videoaufnahmen als Modell sehen. Die Aufgaben sollten aber so gestaltet sein, dass sie eine fortlaufende Beherrschung der Aufgaben sichert.

Das kognitive Durchspielen der Problemlösung erhöht ebenfalls die Wirksamkeitsüberzeugungen. Dabei visualisieren Personen wiederholend, wie sie herausfordernde oder bedrohliche Aufgaben lösen.

4.4.1.1.3 Soziale Überzeugung

Die soziale Überzeugung dient als weitere Möglichkeit, wie Individuen ihre Wirksamkeitsüberzeugungen steigern können. Es ist einfacher, bei Schwierigkeiten die eigene Wirksamkeitsüberzeugung aufrecht zu erhalten, wenn eine bedeutungsvolle andere Person Vertrauen zeigt, dass das Ziel erreicht werden kann. Die verbale Überzeugung hat ihre Grenzen, aber sie kann unterstützend wirken. Bei Personen, die verbal unterstützt werden, ist es wahrscheinlicher, dass sie sich für den Erfolg, eine gegebene Aufgabe zu lösen, mehr anstrengen, auch wenn Schwierigkeiten auftauchen.

Ein Beispiel zu diesem Punkt haben Schunk und Rice (1987) beschrieben. Sie lehrten Kindern mit schulischen Schwierigkeiten, wie sie kognitive Aufgaben diagnostizieren und lösen können. Instruktionen zur Anwendungen der Strategien sowie das Einüben der Strategien steigerten weder das Erreichen der Ziele noch die persönliche Selbstwirksamkeit der Kinder. Aber das Erinnern der Kinder daran, dass das Anwenden der Strategien zum gewünschten Erfolg führt, und das Erhalten von positiver Rückmeldung, wenn die Kinder erfolgreich waren, steigerte die Selbstwirksamkeitsüberzeugungen der Kinder, und der Erfolg beim Ausführen der Aufgaben war grösser. Je mehr ihre Selbstwirksamkeitsüberzeugungen anstiegen, desto grösser war ihr akademischer Erfolg. Das Abgeben von Regeln und Strategien alleine führt noch nicht zu selbstwirksamen Personen. Sie müssen ebenfalls von anderen Personen überzeugt werden, dass durch die Anwendung der Regeln bzw. Strategien Erfolge erlangt werden können. Der soziale Aspekt spielt in diesem Zusammenhang also eine wesentliche Rolle.

Die verbale Überzeugung wird oft durch evaluative Rückmeldungen übermittelt. Diese Rückmeldungen können die Wirksamkeit einer Person unterdrücken oder erhöhen. Besonders die Rückmeldung in frühen Stadien des Lernprozesses hat einen enormen Einfluss auf den Aufbau von Selbstwirksamkeitsüberzeugungen (Schunk, 1984). Wenn Personen mitgeteilt wird, dass sie durch harte Arbeit oder grosse Anstrengung ihre Fähigkeiten erlangt haben, zeigen sie niedrigere Selbstwirksamkeitsüberzeugungen. Wenn ihre Fortschritte jedoch auf ihre Fähigkeiten bezogen werden, ohne dass dabei die Anstrengung erwähnt wird, steigern Personen ihre Selbstwirksamkeitsüberzeugungen (Schunk, 1983).

Die Art und Weise wie Rückmeldung gegeben wird, ist wichtig für den Aufbau von Selbstwirksamkeitsüberzeugungen. Besonders bei ungenügender Leistung sollte konstruktiv rückgemeldet werden, damit die Selbstwirksamkeitsüberzeugungen aufrechterhalten werden können.

Beim Erlernen von neuen Aktivitäten sind Personen oft auf Rückmeldung angewiesen, da sie nicht ausreichend über die nötigen Informationen verfügen. Sie brauchen eine/n Mentor/in, die über die nötige Sachkenntnis und Glaubwürdigkeit verfügt. Die meisten Personen glauben, dass sie sich gut kennen. Dieser Glaube erzeugt Resistenz gegenüber sozialer Überzeugung. Der Einfluss von Überzeugungsversuchen ist nur so stark wie das Vertrauen, das in die Person, die zu überzeugen versucht, gesetzt wird. Dieses hängt von deren Expertise und Glaubwürdigkeit ab.

Soziale Beurteilungen der Fähigkeiten können von den eigenen abweichen. Um effektiv Rückmeldung zu geben, müssen die Mentor/inn/en über gute diagnostische Fähigkeiten verfügen, damit sie die Stärken und Schwächen des Lernenden erkennen und den Aufbau der Fähigkeiten planen und umsetzen können.

4.4.1.1.4 Physiologische und affektive Zustände

In der Beurteilung der eigenen Fähigkeiten stützen sich Personen teilweise auf ihre physiologischen und affektiven Zustände. Somatische Informationen sind vor allem in solchen Gebieten wichtig, die mit physischen Leistungen, der Gesundheit und dem Umgehen mit Stress zu tun haben. Hohe Erregung kann die Leistung schwächen. Darum erwarten Personen meistens von sich bessere Leistungen, wenn sie sich wohl fühlen.

Die Gemütslage oder Stimmung einer Person beeinflusst ebenfalls die Beurteilung der Selbstwirksamkeitsüberzeugungen. Wenn Personen in einer glücklichen Gemütslage Misserfolge bei der Lösung einer Aufgabe verbuchen, neigen sie trotzdem dazu in diesem Bereich ihre Fähigkeiten zu überschätzen. Personen hingegen, die in einer traurigen Stimmung beim Lösen einer Aufgabe Erfolge haben, unterschätzen ihre Fähigkeiten (Wright & Mischel, 1982). Personen schliessen demnach aus ihrem emotionalen Befinden heraus auf ihre Kompetenzen. Die Erfolgschancen bei der Lösung einer Aufgabe werden unter Einbezug der gefühlsmässigen Erregung ausgerechnet. So können in einer Prüfungssituation schwitzende Hände, eine beschleunigte Herzrate und Nervosität als Vorfreude oder als Anzeichen für Misserfolg gedeutet werden. Solche Interpretationen ergeben entsprechende Konsequenzen für die Selbstwirksamkeitsüberzeugungen (Lazarus, 1991).

4.4.1.2 Mediationsprozesse

Bandura (1997) sieht vier Prozesse, durch welche die Selbstwirksamkeitsüberzeugungen ihre Effekte zeigen. Es handelt sich um kognitive, motivationale, affektive und selektive Prozesse.

Diese verschiedenen Prozesse spielen in der andauernden Regulation der menschlichen Aktivität und somit auch bei der Lehrtätigkeit zusammen. Sie können daher nicht isoliert voneinander betrachtet werden.

Kognitive Prozesse: Die Selbstwirksamkeitsüberzeugungen beeinflussen Gedankenmuster, die Handlungen antreiben oder behindern. Solche kognitiven Effekte können verschiedene Formen annehmen. Personen mit einer hohen Selbstwirksamkeitsüberzeugung strukturieren ihr zukünftiges Leben. Dieses zielgerichtete Verhalten ist durch ein Vordenken reguliert, welches das Erreichen der Ziele verkörpert. Die persönlichen Ziele sind durch die Beurteilungen der eigenen Fähigkeiten beeinflusst. Je stärker die eigenen Selbstwirksamkeitsüberzeugungen, desto höher sind die Ziele, die sich eine Person setzt. Die Visualisierung einer Aktivität beeinflusst die Handlung.

Motivationale Prozesse: Die Fähigkeit zur Selbstmotivation und zum zielgerichteten Handeln gründet in kognitiven Aktivitäten. Erwartete zukünftige Zustände regulieren die momentane Motivation und das Verhalten. Selbstwirksamkeitsüberzeugungen spielen eine wichtige Rolle bei der kognitiven Regulation der Motivation. Es gibt drei verschiedene Formen von kognitiven Motivatoren: die Kausalattribution, die Ergebniserwartungen und die Ziele. Ergebnis- und Zielmotivatoren operieren durch den Antizipationsmechanismus. Zusätzlich beeinflussen kausale Begründungen von früheren Leistungen die zukünftigen Handlungen, indem sie die Beurteilung von persönlichen Fähigkeiten und die Wahrnehmung des Aufgabenschwierigkeitsgrades ändern. Die Abbildung 1 verdeutlicht diesen Zusammenhang. Der Selbstwirksamkeitsmechanismus spielt bei allen diesen Formen der kognitiven Motivation mit.

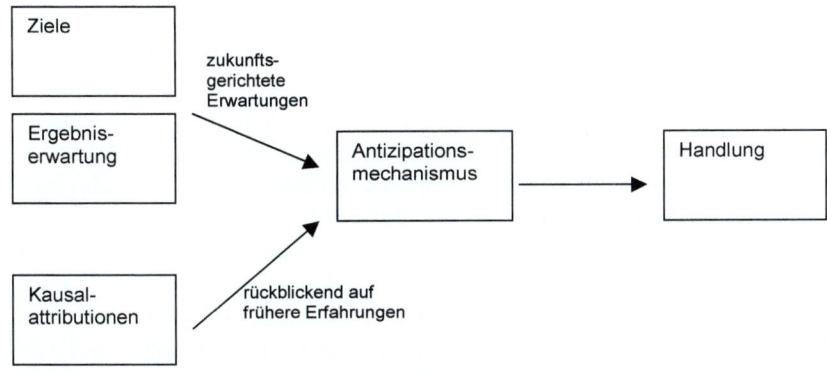

Abbildung 1:   Kognitive Motivation nach Bandura (1997)

Affektive Prozesse: Die Selbstwirksamkeit spielt auch eine wichtige Rolle in der Selbstregulation von affektiven Zuständen. Durch Selbstwirksamkeitsüberzeugungen werden Ereignisse bereits mit einer gewissen Vorliebe wahrgenommen, ausgelegt, kognitiv repräsentiert und emotional entweder als angenehm oder als beunruhigend interpretiert. Bei Handlungen regulieren Selbstwirksamkeitsüberzeugungen die emotionalen Zustände, indem sie effektive Handlungswege unterstützen. Die Selbstwirksamkeitsüberzeugungen spielen auch bei der Veränderung von aversiven emotionalen Zuständen eine Rolle, wenn Gefühle wie beispielsweise Angst, depressive Verstimmungen und biologische Stressreaktionen auftreten.

Selektive Prozesse: Persönliche Selbstwirksamkeitsüberzeugungen beeinflussen die Auswahl von Aktivitäten und Umgebungen. Je höher die wahrgenommene Selbstwirksamkeit ist, desto herausfordendere Aktivitäten werden gewählt (Kavanagh & Bower, 1985; Meyer, 1987). Personen mit hoher Selbstwirksamkeitsüberzeugung verfolgen auch mit grosser Energie ihre Ziele. Solche Selektionsprozesse werden von den kognitiven, motivationalen und affektiven Prozessen unterschieden, da diese nicht zum Zug kommen, wenn eine Person aufgrund ihrer niedrigen Selbstwirksamkeitsüberzeugungen eine Aktivität gar nicht in Angriff nimmt.

4.4.2 Schlussfolgerung

Selbstwirksamkeitsüberzeugungen sind ein Produkt kognitiver Prozesse diverser Informationsquellen: aus eigener, stellvertretender, sozialer und physiologischer Erfahrung. Bei der Entwicklung der Selbstwirksamkeitsüberzeugungen integrieren und gewichten Personen verschiedene wirksamkeitsrelevante Informationen der vier Quellen für einen bestimmten, herausfordernden Aufgabenbereich.

Hohe Selbstwirksamkeitsüberzeugungen entstehen nicht einfach nur aus den Fähigkeiten einer Person. Wenn eine Person in einem bestimmten Bereich gute Leistungen zeigt, heisst dies nicht, dass sich diese Person auch als hoch wirksam einschätzt. Besonders dann wird es schwierig, die Person von ihrer Wirksamkeit zu überzeugen, wenn diese Überzeugungsversuche bereits bestehenden Überzeugungen widersprechen.

Sind Selbstwirksamkeitsüberzeugungen in einer Domäne einmal konstruiert, beeinflussen sie das Handeln eines Menschen auf diversen Wegen. Diese wirksamkeitsregulierenden Prozesse werden als Mediationsprozesse bezeichnet. Sie umfassen kognitive, affektive, motivationale und selektive Prozesse. Mit diesen regulativen Prozessen, die letztlich in Handlungen münden, haben sich weitere Studien auseinandergesetzt. Im nächsten Kapitel wird genauer auf sie eingegangen.

4.5 Studien zu Selbstwirksamkeit und regulativen Prozessen der Handlungen

Studien, die sich mit der Selbstwirksamkeit beschäftigen, werden in diversen Feldern durchgeführt. Die Selbstwirksamkeit steht beispielsweise im Fokus von klinischen Studien zu Depressionen, Phobien, sozialen Fähigkeiten und dem Durchsetzungsvermögen wie auch zu Suchtverhalten, Umgang mit Schmerzen, Gesundheit, Lebensbewältigung und sportlichen Leistungen.[16]

Für eine erfolgreiche Lebensbewältigung beispielsweise sind positive Selbstwirksamkeitsüberzeugungen von grosser Bedeutung, wie die folgenden zwei Forschungsergebnisse zeigen:

(a) Schwarzer und Jerusalem (1994) befragten tausend ostdeutsche Flüchtlinge, nachdem im Jahre 1989 die „Mauer fiel". Sie stellen in ihrer Untersuchung fest, dass selbstwirksame Übersiedler aller Altersgruppen aktiver ihre Situation zu ändern versuchen. Diese Personen fanden schneller Arbeit und integrierten sich in der neuen Umgebung besser. Zusätzlich waren sie insgesamt zufriedener mit ihrem Leben. Nach zwei Jahren waren die selbstwirksamen Männer und Frauen insgesamt auch gesünder als die Personen mit niedrigen Selbstwirksamkeitsüberzeugungen.

(b) Epel, Bandura und Zimpardo (1999) beschreiben ein vergleichbares Ergebnis einer Untersuchung mit Obdachlosen. Obdachlose mit hohen Selbstwirksamkeitsüberzeugungen zeigen höhere Aktivität bei der Suche nach einer Wohnung und Arbeit und bleiben daher kürzer im Obdachlosenheim als Obdachlose mit niedrigen Selbstwirksamkeitsüberzeugungen.

Auch in schulbezogenen Studien gewann die Selbstwirksamkeit im letzten Jahrzehnt zunehmend an Bedeutung. Diese Studien beschäftigen sich vorwiegend mit der Selbstwirksamkeit und der schulbezogenen Motivation, der Selbstregulation und den Zielen. Insgesamt können diese Studien in drei Bereiche eingeteilt werden:

1. Selbstwirksamkeit und Motivation, Selbstregulation und Leistung bzw. Zielerreichung bei herausfordernden Aufgaben
2. Selbstwirksamkeit und berufsbezogene Ziele, Hauptfach- bzw. Karrierewahl
3. Selbstwirksamkeit der Lehrerinnen und Lehrer

1. Selbstwirksamkeit und Motivation, Selbstregulation und Leistung

Die Selbstwirksamkeitsüberzeugungen der Schülerinnen und Schüler stellen einen Schlüssel zur kompetenten Selbstregulation dar, da sie das Denken, Fühlen und Handeln als auch die Zielsetzung, Anstrengung und Ausdauer beeinflussen (Bandura, 1997; Schwarzer & Jerusalem, 2002). Auf Zusammenhänge zwischen Selbstwirksamkeit und Motivation, Selbstregulation und der Leistung weisen bereits viele Studien hin (Pintrich & De Groot, 1990; Zimmerman, Bandura & Martinez-Pons, 1992; Pajares & Miller, 1994a, 1994b; Pajares & Johnson, 1996; Pajares & Valiante, 1997, 1999, 2001; Pa-

---

16   Übersicht bei Bandura (1997), Schwarzer (1993), www.selbstwirksam.de

jares, Miller & Johnson, 1999; Pajares & Kranzler, 1995, Schunk, 1989, 1995, 2003).

Einflüsse der Selbstwirksamkeitsüberzeugungen auf die Selbstregulation sind unabhängig von den eigentlichen Fähigkeiten. Dafür gibt es verschiedene empirische Befunde (Bandura, 1997; Schunk, 1995). Bei gleichen Fähigkeiten zeigen beispielsweise Schülerinnen und Schüler mit höheren Selbstwirksamkeitsüberzeugungen: eine höhere Anstrengungsbereitschaft sowie Ausdauer, ein höheres Anspruchniveau, ein effizienteres Arbeitsmanagement, bessere Leistungen, realistischere Einschätzung der Ergebnisse und selbstwertfördernde Ursachenzuschreibungen.

Somit liefern Selbstwirksamkeitsüberzeugungen einen eigenständigen Beitrag zu Leistungsergebnissen. Sie sind nicht ausschliesslich Ergebnis der intellektuellen Fähigkeiten einer Person. Leistungen können somit besser mit den Selbstwirksamkeitsüberzeugungen als mit vorausgegangenen Leistungsergebnissen vorausgesagt werden. Multon, Brown und Lent (1991) verweisen in einer Metaanalyse auf den Zusammenhang zwischen der Selbstwirksamkeit und der Leistung.

Jerusalem (1990) zeigt die Bedeutung einer geringen Selbstwirksamkeit auf die Selbstregulations- und Motivationsprozesse bei Misserfolgserlebnissen auf. In seiner Untersuchung erhielten die Teilnehmenden negative Rückmeldungen bezüglich ihrer Leistungen bei Intelligenzaufgaben. Anschliessend wurden sie über ihre Leistungszuschreibungen, ihr Kontrollverlusterleben und ihre Wahrnehmung von Herausforderung oder Bedrohung befragt. Personen mit hohen Selbstwirksamkeitsüberzeugungen zeigen sich gegenüber den Anforderungen relativ stressresistent, sehen die Aufgaben als Herausforderungen an und interpretieren den Misserfolg als extern bedingt. Hingegen sind Personen mit niedrigen Selbstwirksamkeitsüberzeugungen vulnerabel. Die Stresseinschätzungen sind ungünstig und verschlechtern sich kontinuierlich mit jeder neuen Aufgabe. Die Aufgaben werden vermehrt als Bedrohung und als nicht mehr kontrollierbar wahrgenommen. Diese negative Entwicklung wird verstärkt, indem Misserfolge selbstwertschädigend mit der eigenen Inkompetenz interpretiert werden. Jerusalem (1990) schliesst daraus, dass niedrige Selbstwirksamkeitsüberzeugungen das Stresserleben negativ beeinflussen und Misserfolge internal attribuiert, also in diesem Falle der eigenen Unfähigkeit, zugeschrieben werden. Dies stabilisiert wiederum die niedrigen Selbstwirksamkeitsüberzeugungen und verschlechtert die Aussicht auf subjektiv erlebte Erfolgsaussichten und das Stresserleben. So kann schliesslich ein Teufelskreis im Sinne von selbsterfüllender Prophezeiung entstehen, welche eine zunehmende Schwächung der Selbstwirksamkeit, der Motivation und der Leistung zur Folge hat.

Wahrscheinlich ist die Verarbeitung von Informationen bei hoch und niedrig selbstwirksamkeitsüberzeugten Personen unterschiedlich (Schwarzer & Jerusalem, 2002). Personen mit hohen Selbstwirksamkeitsüberzeugungen gewichten möglicherweise positive Gesichtspunkte bei der Lösung von schwierigen Aufgaben besonders, suchen vermehrt nach potentiellen Erfolgschancen oder halten Ausschau nach dem persönlichen Nutzen. Hingegen fördern niedrige Selbstwirksamkeitsüberzeugungen eher einen negativen Interpretationsstil, bei dem negative Gesichtspunkte mehr Beachtung finden als positive. Die negativen Bewertungen werden dann als Selbstbeschreibungen akzeptiert, so dass selbstwertbedrohliche Versagensbefürchtungen im Erleben dominieren (Jerusalem, 1990; Schunk, 1995).

2. Selbstwirksamkeit und berufsbezogene Ziele, Hauptfach- bzw. Karrierewahl

Frühe Studien zu schulbezogenen Themen untersuchen den Zusammenhang zwischen der Selbstwirksamkeit einer Person und der Hauptfachauswahl im Studium sowie der Karrierewahl (Betz & Hackett, 1981; 1983; 1986; 1987; Hackett & Betz, 1981; Lent & Hackett, 1987; Lent, Hackett & Brown, 1996; Betz & Hackett, 1997). Resultate dieser Studien zeigen, dass die Selbstwirksamkeit eine entscheidende Rolle bei der Auswahl des Hauptfaches und bei Entscheidungen bezüglich der Karriere spielen: Studierende wählen ihre Hauptfächer in Bereichen, in denen sie sich kompetent fühlen. Die Entscheidung basiert auf den Selbstwirksamkeitsüberzeugungen in dem spezifischen Bereich und weniger auf den vorangegangenen Leistungen oder dem eigentlichen Können in dieser Domäne.

Weitere Studien befassen sich mit den berufsbezogenen Zielen und der Selbstwirksamkeit. Die individuellen Ziele sind ein wichtiger Bestandteil des selbstregulativen Prozesses (Bandura, 1986, 1988, 1989b; Carver & Scheier, 1981; Gollwitzer, 1991; Kanfer & Hagerman, 1987; Kanfer & Kanfer; 1991; Stief, 2001). Bei den selbstregulativen Zielerreichungsprozessen spielen Selbstwirksamkeitsüberzeugungen eine motivationale und volitionale Rolle (Schwarzer & Jerusalem, 2002). Die individuellen Ziele einer Person können Leistungsziele oder Ziele sein, die andere Lebensbereiche (wie beispielsweise Sozialbeziehungen regulieren oder sich durchsetzen) betreffen. Personen, die ihre Ziele verfolgen, greifen nicht nur in der Motivationsphase auf die Selbstwirksamkeitsüberzeugungen zurück, sondern auch dann, wenn sie ihre Pläne in Handlungen umsetzen und sich Widerstände auftun. Bei der Umsetzung der Ziele besteht die Gefahr der Ablenkung durch kurzfristig attraktivere Handlungsalternativen (wie beispielsweise Fernsehen).

Nach Banduras sozialkognitiver Theorie (1986,1989a, 1997) werden Handlungen nicht nur durch personale und umweltbezogenen Faktoren, sondern auch durch Ziele und Erwartungen beeinflusst. Personen reagieren nicht einfach auf Einflüsse von aussen, sondern regulieren ihre Handlungen durch das Setzen von Zielen selbst (Feed-Forward-Mechanismus). Dabei stehen Erwartungen und Ziele in Wechselbeziehung zueinander und regulieren das Verhalten durch ihren motivationalen, antizipatorischen Charakter.

Nach Bandura (1997) wird die Selbstregulation durch drei Teilprozesse bestimmt: (1) Bei der Selbstbeobachtung wird die momentane Situation eingeschätzt, (2) bei der Selbstbewertung wird die Differenz zwischen dem momentanen Stand der Dinge und dem erwünschten Ziel beurteilt und (3) bei der Selbstreaktion erfolgen affektive Reaktionen bezüglich des Zielfortschrittes, die entweder das Beibehalten der Ziele oder das Korrigieren des Zieles nach unten oder nach oben zur Folge hat.

Bei diesen Teilprozessen spielen Selbstwirksamkeitsüberzeugungen eine wichtige Rolle. Die Selbstwirksamkeit beeinflusst die Auswahl persönlicher Ziele und die Ausdauer sowie die Anstrengung bei der Verfolgung des Zieles bzw. der Handlungen. Selbstwirksamkeitsüberzeugungen wirken sich folgendermassen auf die Verhaltenssteuerung durch Ziele aus (Bandura, 1997; Pajares, 1997): (1) Die Wahl der Ziele wird durch die Selbstwirksamkeitsüberzeugungen einer Person, im Sinne je höher die Selbstwirksamkeit, desto herausforderndere Ziele werden gesteckt, beeinflusst, (2) je höher die Selbstwirksamkeit, desto grösser ist das Commitment mit den gewünschten Zielen und die Realisierung wird dabei als ein persönliches Anliegen betrachtet, (3) dadurch wird die Anstrengung zur Zielverfolgung gesteigert und bei Hindernissen nicht so schnell aufgegeben.

Die Selbstwirksamkeitsüberzeugungen haben somit einen direkten Einfluss auf die Anstrengung, mit der ein Ziel verfolgt wird, auf die Bedeutung, die einem Ziel zugeschrieben wird, und auf die Auswahl von Zielen, die eine Person trifft.

Verschiedene Studien zeigen positive Korrelationen zwischen der Selbstwirksamkeit, den Zielen und der Leistung bei berufsbezogenen Aufgaben (Locke & Latham, 1990; Sadri & Robertson, 1993; Stajkovic & Luthans, 1998). Bei beruflichen Zielen konnten Locke und Latham (1990) sowie Stief (2001) positive Korrelationen mit den Selbstwirksamkeitsüberzeugungen nachweisen.

Eine Längsschnittstudie mit Studienabgängern (Stief, 2001) zeigt, dass die Selbstwirksamkeit in vier Aspekten Einfluss auf den beruflichen Erfolg und die berufliche Entwicklung hat:

1. Die berufsspezifischen Selbstwirksamkeitsüberzeugungen haben bis zu dreieinhalb Jahre nach dem Hochschulabschluss einen ausserordentlich stabilen Effekt auf den objektiven Erfolg.

2. Die berufsspezifischen Selbstwirksamkeitsüberzeugungen zeigen einen ebenso stabilen Effekt auf den wahrgenommenen, subjektiven Berufserfolg.
3. Die Selbstwirksamkeitsüberzeugungen begünstigen die beruflichen Zielsetzungen.
4. Die Inhalte der Ziele werden ebenfalls durch die Selbstwirksamkeit beeinflusst. Personen mit niedrigen Selbstwirksamkeitsüberzeugungen ziehen sich in den familiären Bereich zurück und verfolgen weniger leistungsbezogene Ziele oder niedrigere Ziele zur weiteren Berufsentwicklung.

Stief (2001) konnte somit den Zusammenhang von Selbstwirksamkeit mit Zielen und Erfolg für die erste Phase der beruflichen Entwicklung nachweisen.

4.5.1 Schlussfolgerung

Studien zur Selbstwirksamkeit greifen auf eine bereits lange Tradition in diversen Feldern zurück. Abschliessend lassen sie den Schluss zu, dass die Selbstwirksamkeitsüberzeugungen einer Person ein einflussreiches motivationales Konstrukt darstellt und die Leistung einer Person beeinflusst (Pajares, 2002).

Im nächsten Kapitel wird auf das dritte Feld von schulbezogenen Studien im Bereich der Selbstwirksamkeit eingegangen: die Lehrerinnen- und Lehrerselbstwirksamkeit.

4.5.2 Studien zu Selbstwirksamkeit im Bereich des Lehrberufs

In diesem Kapitel wird der bisherige Forschungsstand zur Selbstwirksamkeit im Bereich des Lehrberufs aufgezeigt. Studien zur Selbstwirksamkeit im Lehrberuf befassen sich im Besonderen mit der individuellen und kollektiven Selbstwirksamkeit von Lehrpersonen. Diese werden zuerst aufgeführt. Im Anschluss daran wird ein reformorientiertes Projekt, welches sich mit der Selbstwirksamkeit im Lehrberuf beschäftigt, vorgestellt. Abschliessend werden Untersuchungen im Bereich der Lehrerinnen- und Lehrerausbildung sowie des Berufseinstiegs erörtert.

4.5.2.1 Individuelle Selbstwirksamkeit: allgemeine und lehrpersonen-spezifische Selbstwirksamkeitsüberzeugungen

Untersuchungen zu den individuellen Selbstwirksamkeitsüberzeugungen stützen sich auf Instrumente, welche die Einschätzung des Vertrauens in die eigenen Kompetenzen, auch schwierige Probleme durch eigene Interventionen zu lösen, beinhalten (Schwarzer & Jerusalem, 2002). Beispielsweise können selbstwirksame Gedanken folgendermassen lauten: „Ich bin sicher, dass ich den ganzen Abend für die Schule lerne, auch wenn mich jemand zum Fernsehen überreden möchte" oder „Ich bin überzeugt davon, dass ich einer Zigarette widerstehen kann, auch wenn mich Freunde zum Rauchen verführen wollen" (Schwarzer & Jerusalem, 2002). Personen mit positiven, situationsspezifischen Selbstwirksamkeitsüberzeugungen sind überzeugt, ein Handlungsziel zu erreichen, auch wenn Hindernisse auftauchen.

Schwarzer und Jerusalem (2002) teilen das Konstrukt Selbstwirksamkeit nach dem Grad der Generalität oder Spezifität ein. Eine allgemeine Selbstwirksamkeit beschreibt die Einschätzung allgemeiner Lebensbewältigungskompetenzen wie beispielsweise „Wenn ein Problem auftaucht, kann ich es aus eigener Kraft meistern."

Neben diesen allgemeinen Selbstwirksamkeitsüberzeugungen lassen sich bereichsspezifische Selbstwirksamkeitsüberzeugungen aufzeigen. Schülerbezogene Selbstwirksamkeitsüberzeugungen thematisieren die Kompetenzerwartungen im Umgang mit schulischen Anforderungen wie beispielsweise „Wenn ich mich anstrenge, kann ich auch die schwierigen Aufgaben lösen" (Schwarzer & Jerusalem, 2002). Die Lehrpersonen-Selbstwirksamkeit beinhaltet Kompetenzüberzeugungen im Beruf wie beispielsweise „Ich weiss, dass ich es schaffe, auch den schwierigsten Schülern den Stoff zu vermitteln". Solche Items werden zur Untersuchung der Selbstwirksamkeit im Lehrberuf verwendet. Schwarzer und Schmitz (1999) zeigen in einer Untersuchung, dass Lehrpersonen mit geringen lehrpersonenbezogenen Selbstwirksamkeitsüberzeugungen:

- einfache aber sichere Unterrichtsaktivitäten bevorzugen, da sie sich durch komplexere Planungen leicht überfordert fühlen,
- sich wenig um lernschwache Schülerinnen und Schüler kümmern,
- wenig motiviert sind, guten Unterricht zu halten, da sie sich auch wenig zutrauen.

Hingegen gilt für Lehrpersonen mit hohen Selbstwirksamkeitsüberzeugungen, dass sie:
- einen herausfordernden Unterricht gestalten,

- mehr Geduld und Zuwendung für lernschwache Schülerinnen und Schülern zeigen,
- sich selber mehr zutrauen,
- stärker motiviert sind
- und eine hohe Verantwortung für einen erfolgreichen und verständlichen Unterricht empfinden.

Weitere Untersuchungen zu Selbstwirksamkeitsüberzeugungen von Lehrpersonen (Tschannen-Moran, Woolfolk Hoy & Hoy, 1998) konnten zeigen, dass die Selbstwirksamkeitserwartungen einen Aspekt eines motivationalen Systems darstellen. Eine erhöhte Motivation im Unterricht zeigen Lehrpersonen mit einem ausgeprägteren Selbstwirksamkeitsgefühl. Sie bleiben länger im Beruf. Auch beeinflussen Selbstwirksamkeitsüberzeugungen die Unterrichtsführung und -vorbereitung. Besonders zeigen sich Unterschiede bezüglich des konstruktiven Unterstützungsverhaltens zwischen Lehrpersonen mit hohen und niedrigen Selbstwirksamkeitsüberzeugungen.

Lehrpersonen mit hohen Selbstwirksamkeitsüberzeugungen schätzen den Unterricht anderer Lehrpersonen strenger ein. Zudem sind sie überzeugt, in ähnlichen Situationen erfolgreich handeln zu können (Leopold, 2008).

Andere Untersuchungen setzen sich mit gesundheitlichen Aspekten wie Selbstwirksamkeit und Stressbewältigung auseinander. Resultate dieser Studien weisen darauf hin, dass sich hohe Selbstwirksamkeitsüberzeugungen positiv auf die Bewältigung von Berufsstress und den langfristigen Umgang mit Berufsbelastungen auswirken (Schwarzer & Schmitz, 1999; Schmitz, 2000; Schmitz & Schwarzer, 2000; Schmitz, 2001). Auch die Berufszufriedenheit ist bei Lehrpersonen mit starken Selbstwirksamkeitsüberzeugungen höher.

4.5.2.2 Kollektive Selbstwirksamkeitsüberzeugungen

Nach Baumert und Kunter (2006) scheinen Selbstwirksamkeitsüberzeugungen eine wichtige Komponente der psychischen Regulationsfähigkeit im professionellen Handlungskontext von Lehrpersonen zu sein. Die Entwicklung der Selbstwirksamkeit von Lehrpersonen scheint auch von der jeweiligen berufsbiografischen Phase, dem sozialen Kontext einer Schule und des Kollegiums abhängig zu sein. Darauf gehen Studien ein, die sich mit der kollektiven Selbstwirksamkeit befassen.

Neben den allgemeinen oder bereichsspezifischen Selbstwirksamkeitsüberzeugungen lässt sich demnach eine weitere Dimension aufzeigen, welche die kollektiven Wirksamkeitserwartungen umfasst (Schwarzer &

Jerusalem, 2002). Die kollektiven Selbstwirksamkeitsüberzeugungen beziehen sich nicht nur auf ein einzelnes Gruppenmitglied, es geht vielmehr um die überindividuellen Überzeugungen der Handlungskompetenz der gesamten Gruppe. Die Gruppe schätzt ihre Wirksamkeit ein, eine schwierige Aufgabe gemeinsam lösen zu können. Dabei spielt die Koordination und Kombination der Ressourcen der einzelnen Mitglieder zu einem möglichst effizienten Wirkungspotential eine wichtige Rolle. So können die kollektiven Selbstwirksamkeitsüberzeugungen einer Gruppe, deren Mitglieder über durchschnittliche Fähigkeiten verfügen, höher sein als von einer Gruppe, deren Mitglieder sehr hohe individuelle Fähigkeiten besitzen, da die erstere Gruppe diese durchschnittlichen Fähigkeiten der einzelnen Mitglieder effizienter und besser koordinieren kann (Zaccaro, Blair, Peterson & Zazanis, 1995).

Nach Bandura (1997, S. 467) sind die kollektiven Selbstwirksamkeitsüberzeugungen als „die von einer Gruppe geteilten Überzeugungen in ihre gemeinsamen Fähigkeiten, die notwendigen Handlungen zu organisieren und auszuführen, um bestimmte Ziele zu erreichen" definiert. Er weist auch darauf hin, dass die kollektiven Selbstwirksamkeitsüberzeugungen nicht einfach die Summe der Selbstwirksamkeitsüberzeugungen der einzelnen Mitglieder ist, da die Gruppenleistung auch von anderen Faktoren wie beispielsweise der Gruppenkohäsion oder der Gruppenleitung abhängt. Bandura (1993) zeigte einen interessanten Zusammenhang in einer Studie mit 79 Elementarschulen. Allgemein herrscht die Überzeugung vor, dass der sozioökonomische Status und die ethnische Zusammensetzung der Schülerinnen und Schüler einen starken Einfluss auf das Leistungsniveau an einer Schule ausüben. Diese Studie zeigt, dass sich der Effekt des sozioökonomischen Status der Schülerschaft auf die Schulleistungen massgeblich verringert, wenn das Ausmass an kollektiven Selbstwirksamkeitsüberzeugungen des Lehrerteams statistisch kontrolliert wird. In Schulen, deren Lehrerteams kollektiv davon überzeugt sind, dass sie erfolgreich unterrichten können, zeigen die Schülerinnen und Schülern die besten Leistungen, unabhängig von Herkunft und Zusammensetzung der Schülerschaft.

Zuerst wurde das Konstrukt der kollektiven Selbstwirksamkeitsüberzeugung am Arbeitsplatz (Shamir, 1990) und im Sport (Spink, 1990a, 1990b) untersucht. Später wurde es auf weitere Gruppenleistungen übertragen. Es zeigte sich bei diesen Untersuchungen, dass Gruppen, welche Vertrauen in die Teamressourcen haben können, zukünftigen stressreichen Situationen mit einer optimistischeren Auffassung entgegenblicken als solche Gruppen, welche dies nicht können. Ein Laborexperiment von Prussia und Kinicki (1996) machte deutlich, dass bei Problemlöseaufgaben in Gruppen die kollektiven Selbstwirksamkeitsüberzeugungen einen grossen Einfluss auf die Gruppenziele und die Performanz haben. Gegenüber niedrig selbstwirksamkeitsüberzeugten Gruppen setzen sich hoch selbstwirksamkeitsüberzeugte Gruppen höhere Ziele und zeigen bessere Leistungen. Dieser Zusammenhang konnte von anderen Autoren bestätigt werden (Bandura, 1993; Hodges & Carron, 1992). Die kollektiven Selbstwirksamkeitsüberzeugungen haben demnach einen Einfluss darauf, welche Ziele sich eine Gruppe setzt, wie viel Anstrengung sie in ein Projekt investiert und wie viel Widerstand sie leistet, wenn sich Hindernisse auftun (Schwarzer & Jerusalem, 2002). Untersuchungen mit Lehrerteams zeigen, dass Lehrerkollegien mit hohen kollektiven Selbstwirksamkeitsüberzeugungen sich eher auf Reformen einlassen und anspruchsvolle Ziele verfolgen. Bei Rückschlägen erholen sie sich zudem schneller als Lehrerteams mit niedrigen kollektiven Selbstwirksamkeitsüberzeugungen (Parker, 1994; Romano, 1996).

4.5.2.3 Reformorientierte Untersuchungen und lehrpersonenbezogene Selbstwirksamkeit

Das wohl im deutschsprachigen Raum ausführlichste und umfassendste Projekt bezüglich der Selbstwirksamkeit im Kontext der Schule ist das Projekt „Selbstwirksame Schulen", lanciert von Edelstein (1999). Im Folgenden soll dieses Projekt vorgestellt werden.

Aufgrund der aktuellen Diskussionen bezüglich der Leistungsmängel in deutschen Schulen wurde ein Projekt lanciert, dass die Qualitätssicherung der Schulen zum Ziele hatte (Jerusalem, 2002). Pädagogische Qualität wurde dabei nicht nur als Leistungsvergleich angesehen, sondern beinhaltete auch die bessere Qualifizierung von Schülerinnen und Schülern sowie der Lehrpersonen. Zehn Schulen aus drei Bundesländern setzten Schulreformen um und entwickelten den Unterricht weiter. Diese Entwicklung wurde über drei Jahre betreut und empirisch untersucht. Die gesamte Schulentwicklung basierte auf dem Konzept der Selbstwirksamkeit, welches auf die Selbstwirksamkeitstheorie Banduras zurückgeht (Jerusalem, 2002).

Nach Edelstein (2002) ist das Konstrukt Selbstwirksamkeitsüberzeugung selbst nicht Teil einer Schulreform, sondern neutral gegenüber Reforminhalten. Doch begünstigt eine positive Selbstwirksamkeitsüberzeugung die Bereitschaft, eine Veränderung einzuleiten und umzusetzen. Das Empfinden von Handlungswirksamkeit treibt die Zielsetzungen hin zum Handlungsergebnis voran und wirkt unerwünschten Bedingungen wie die resignative Einstellung vieler Schülerinnen und Schülern zu Leistungsanforderungen der Schule, die demoralisierte Haltung vieler Lehrpersonen, denen die Anforderungen des Unterrichts in desinteressierten und abweisenden Klassen über den Kopf wächst oder der Verfall des Engagement, der hinsichtlich bürokratischer Starrheiten und gleichzeitiger psychischer Belastungen den Rückzug zur Folge hat, die zur Resignation führen können, entgegen (Edelstein, 2002).

Somit stellt die Selbstwirksamkeitsüberzeugung die Voraussetzung dar, damit eine Handlungsbereitschaft entsteht, welche eine Vorbedingung für die Umsetzung von Reformen darstellt. Die Lehrperson soll sich als handlungsfähig ansehen und sich nicht in Bezug auf Problemfelder des Lehrberufs wie die Klassenführung, die Lernbegleitung von Schülerinnen und Schülern oder schwierige Beziehungen zu Schülerinnen und Schülern, Eltern und anderen an der Schule beteiligten Personen ohnmächtig fühlen. Die individuellen als auch die kollektiven Selbstwirksamkeitsüberzeugungen stellen eine wichtige Voraussetzung zur Durchführung von Reformen dar, da sie die Handlungsbereitschaft antreibt (Edelstein, 2002). Zusätzlich wirken hohe Selbstwirksamkeitsüberzeugungen dem Burnout entgegen und sind somit ein entscheidender Schritt zur Prävention von Resignation und Depression.

Von jeder Schule wurden im Projekt individuelle Strategien zur Schulreform herausgearbeitet. Diese betrafen die Erweiterung der pädagogischen Handlungsalternativen, die Verbesserung der Lehrpersonen-Schüler/innen-Interaktion und die Überarbeitung von Organisationsbedingungen, welche vermehrt pädagogische Innovationen erlauben (Edelstein, 2002). Die einzelnen Schulen entschieden selber, wie weit die Bedingungen verändert werden sollten. Diese reichten von Schwerpunktsetzungen über die Gestaltung innerer Prozesse bis zur Entwicklung eines eigenen Schulprofils. Die Stärkung der Selbstwirksamkeitsüberzeugungen erfolgte unabhängig von den Reformmassnahmen.

Das Projekt setzte auf indirekte Wirkung der gestärkten Selbstwirksamkeitsüberzeugungen. Dabei ging es darum, den Lehrpersonen Strategien und Prinzipien mitzugeben, die sie autonom einsetzen konnten. Den Schulteams wurde die Theorie der Selbstwirksamkeitsüberzeugungen allgemein und im schulischen Kontext vorgestellt. In Diskussionen wurde anschliessend das Konstrukt in schulübergreifenden Konferenzen und in schulinternen Fortbildungen mit pädagogisch relevanten Themen differenziert und konkretisiert. Die Schulen entwickelten ihre eigenen Reformvorhaben, welche das Selbstwirksamkeitskonstrukt berücksichtigen sollten.

Zuerst wurden den Lehrpersonen Strategien vermittelt, die der Stärkung der Selbstwirksamkeitsüberzeugungen der Schülerinnen und Schüler dienen. Die positiven Selbstwirksamkeitsüberzeugungen sollten bei den Schülerinnen und Schülern zu optimistischeren Auffassungen über das eigene Leistungsvermögen und zu weniger resignativen Einstellungen hinsichtlich der eigenen Leistungen führen. Dies erfordert hauptsächlich aktivierende didaktische Strategien wie positives Feedback und individuumsbezogene Bezugs-norm auf der Seite der Lehrperson.

Diese selbstwirksamkeitsbezogenen Interaktionsformen und didaktischen Strategien sollten nach den Vorstellungen der Projektleitung das Verhält-nis der Schüler/innen zur Schule verbessern und dies sollte wiederum Ein-fluss auf das Kollegium haben (Edelstein, 2002). Selbstwirksamkeitsbezoge-ne Einstellungen sollten dann zu zielbezogenen Handlungen führen und die Überzeugung stärken, dass Schule veränderbar sein kann.

Die Idee dahinter ist, dass eine theoretische Aufklärung und Übersetzung des Konstrukts in pädagogische Strategien zu einer Handlungsänderung in der Praxis führt. Letztlich sollte dies das Institutionsklima hinsichtlich posi-tiver individueller und kollektiver Wirksamkeitsüberzeugungen fördern, was die einzelnen Mitglieder stressresistenter werden lässt.

Das Projekt wurde begleitend evaluiert. Die Evaluation beinhaltet die Messungen der Selbstwirksamkeitsüberzeugungen, die schulbezogene Befra-gung der Schülerinnen, Schüler und Lehrpersonen und die Beschreibungen der Projektentwicklungen der Schulen. Schülerinnen, Schüler und Lehrperso-nen wurden über drei Jahre zu vier Messzeitpunkten befragt. Besonders in-teressant sind für diese Arbeit die Ergebnisse zur Lehrpersonen-Selbstwirk-samkeit, die im Folgenden dargestellt wird.

Schmitz und Schwarzer (2002) befragten innerhalb dieses Projektes zehn Schulen bezüglich der individuellen Lehrpersonen-Selbstwirksamkeit, der kollektiven Selbstwirksamkeit, des Lehrpersonen-Burnouts und des frei-willigen schulbezogenen Engagements ausserhalb des Unterrichts. Die Er-gebnisse zeigen, dass die lehrpersonenbezogene Selbstwirksamkeit nega-tiv mit den Burnout-Dimensionen korreliert (vgl. auch Schmitz, 2001), sich selbstwirksame Lehrpersonen auch ausserhalb des Unterrichts für ihre Schülerinnen und Schüler engagieren und die Korrelationen der kollekti-ven Selbstwirksamkeitsüberzeugung mit den Burnout-Dimensionen wesent-lich niedriger ausfallen als die Korrelationen zwischen den individuellen Selbstwirksamkeitsüberzeugungen und diesen Dimensionen.

Die individuelle Selbstwirksamkeit ist der stärkste Prädiktor für Burnout. Zusätzlich konnten Schmitz und Schwarzer (2002) mittels Pfadanalyse bele-gen, dass die niedrigen individuellen Lehrpersonen-Selbstwirksamkeitsüber-zeugungen zum Burnout führen und die Kausalrichtung nicht umgekehrt, also vom Burnout zu niedrigen Selbstwirksamkeitsüberzeugungen, ausfällt. Mit der Analyse einer zeitverschobenen Korrelation ist es möglich, alle Di-mensionen von Burnout mit der individuellen lehrpersonenbezogenen Selbst-wirksamkeit vorherzusagen. Dies hängt damit zusammen, dass Lehrpersonen mit einer positiven Selbstwirksamkeit überzeugt sind, erfolgreich unterrich-ten und bei Schwierigkeiten Lösungen finden zu können. Hingegen fühlen sich Lehrpersonen mit niedrigen Selbstwirksamkeitswerten überlastet und unfähig zur Selbstregulation.

Den Zusammenhang zwischen Selbstwirksamkeitüberzeugungen und Burnout konnten auch andere Autoren nachweisen (Chwalisz, Altmaier & Russell, 1992; Friedman & Farber, 1992; Skaalvik & Skaalvik, 2007, 2008). Die lehrpersonenbezogenen Selbstwirksamkeitsüberzeugungen und das Lehrpersonen-Burnout korrelieren signifikant mit dem Schulkontext. Insbesondere die Beziehung zu den Eltern scheint ein wichtiger Faktor für die Selbstwirksamkeitsüberzeugungen und das Burnout zu sein (Skaalvik & Skaalvik, 2008). Lehrpersonen, die eine gute Beziehung zu den Eltern pflegen, zeigen höhere Selbstwirksamkeitsüberzeugungen und sind weniger Burnout gefährdet.

Der Effekt der Elternunterstützung auf die lehrpersonenbezogene Selbstwirksamkeit wird auch von Stipek (2012) nachgewiesen. Zusätzlich weist Stipek auf den hohen Zusammenhang zwischen dem Support durch Kolleginnen und Kollegen und jenem der Schulleitung und den lehrpersonenbezogenen Selbstwirksamkeitsüberzeugungen hin.

Ein ähnliches Resultat bei der Untersuchung der Schülerinnen und Schülern im Projekt „Selbstwirksame Schulen" erhielten Mittag, Kleine und Jerusalem (2002). Sie konnten zeigen, dass die Selbstwirksamkeitsüberzeugungen der Schülerinnen und Schüler mit den Leistungen zusammenhängen. Der Zusammenhang besteht in derselben Richtung wie die lehrpersonenbezogene Selbstwirksamkeit und das Burnout, die Kausalrichtung geht also von den Selbstwirksamkeitsüberzeugungen zu den Schülerinnen- und Schülerleistungen.

Schmitz und Schwarzer (2002) zeigen zusätzlich auf, dass innerhalb der Projektjahre eine positive Einflussrichtung zu Gunsten besserer Selbstwirksamkeitsüberzeugungen besteht. Neben der Bedeutung für die Prävention von Burnout sind zunehmend bessere Selbstwirksamkeitsüberzeugungen wichtig für die Umsetzung von Schulreformen. Besonders die kollektiven Selbstwirksamkeitsüberzeugungen sind entscheidend für Innovationsprozesse im Bildungswesen, da Teams nur anstrengende und langandauernde Reformprojekte in Angriff nehmen, wenn sie davon überzeugt sind, dass sie gemeinsam Veränderungen herbeiführen können.

Den Zusammenhang von lehrpersonenbezogenen Selbstwirksamkeitsüberzeugungen und die Einstellungen zu Innovationen und Veränderungen in der Schule besonders im Umgang mit Heterogenität und der Adaptivität im Unterricht weisen auch andere Autoren nach (Fuchs, Fuchs & Bishop, 1992; Guskey, 1988). Skaalvik und Skaalvik (2008) zeigen, dass die kollektiven Selbstwirksamkeitsüberzeugungen am stärksten mit der Führung durch die Schulleitung zusammenhängen. Die Schulleitung spielt somit bei der Entwicklung von kollektiven Selbstwirksamkeitsüberzeugungen im Lehrerteam und bei der Umsetzung von Innovationsprozessen in der Schule eine entscheidende Rolle.

Nach Skaalvik und Skaalvik (2008) korrelieren die kollektiven und individuellen Selbstwirksamkeitsüberzeugungen sehr stark. Mittels Regressionsanalyse weisen sie nach, dass die Kausalrichtung von den kollektiven Selbstwirksamkeitsüberzeugungen zu individuellen Selbstwirksamkeitsüberzeugungen führt. Sie begründen dieses Resultat damit, dass positive kollektive Selbstwirksamkeitsüberzeugungen das Stecken von herausfordernden Zielen und die Zielverfolgung eines Lehrerteams antreiben (Goddard, Hoy & Woolfolk Hoy, 2004). Eine solche kollektive Haltung fördert das Engagement der Lehrpersonen, was die Selbstwirksamkeitsüberzeugungen und die Leistung der Schülerinnen und Schüler begünstigt. Die positiveren Einstellungen und Leistungen der Schülerinnen und Schüler steigern wiederum die individuellen, lehrpersonenbezogenen Selbstwirksamkeitsüberzeugungen (Skaalvik und Skaalvik, 2007). Auch führen kollektiv selbstwirksame Teams eher gemeinsame, koordinierte Weiterbildungen durch, um die Unterrichts- und Schulentwicklung zu fördern. Dies trägt ebenfalls zur Steigerung der Selbstwirksamkeitsüberzeugungen der Lehrpersonen bei.

4.5.2.4 Selbstwirksamkeit in der Lehrerinnen- und Lehrerausbildung und im Berufseinstieg

Die Entwicklung von Selbstwirksamkeitsüberzeugungen in der Lehrerinnen- und Lehrerausbildung und beim Übergang in die Berufstätigkeit ist wenig erforscht. Nach Tschannen-Moran, Woolfolk Hoy und Hoy (1998) gehen die Selbstwirksamkeitsüberzeugungen während des Studiums eher zurück. Dies bestätigen Malmberg, Wanner und Little (2006, zitiert nach Baumert & Kunter, 2006, S. 503). Auch bei den Berufsanfängern ist eher ein Rückgang bei den Selbstwirksamkeitsüberzeugungen zu finden (Hoy & Spero, 2005). Hoy und Spero (2005) beschreiben, dass das erste Jahr für viele Junglehrpersonen ein Realitätsschock darstellt, da sie mit all den Anforderungen und Erwartungen, die eine Lehrperson erfüllen muss, konfrontiert werden. Weinstein (1988) beschreibt den „unrealistischen Optimismus" von Junglehrpersonen und Friedmann (2000) „den zerschlagenen Traum von der fehlerlosen Lehrtätigkeit", die Junglehrpersonen in ihrem ersten Berufsjahr erfahren. In solchen Erfahrungen sieht Friedman (2000) mögliche „Burnout-Gefahren", wenn die Lehrperson ihre erwarteten (unrealistischen) und die tatsächlichen professionellen Lehrtätigkeiten vergleicht.

Nur wenige Studien haben die Entwicklung der Selbstwirksamkeitsüberzeugungen betrachtet. Es scheint aber so zu sein, dass die Selbstwirksamkeitsüberzeugungen von Junglehrpersonen mit dem Stress, mit dem Engagement, aber auch mit der Unterstützung während des Berufseinstiegs und mit der Vorbereitung durch die Ausbildungsstätte zusammenhängen (Hoy & Spero, 2005). Junglehrpersonen mit hohen Selbstwirksamkeitsüberzeugungen, die ihr erstes Jahr absolviert haben, sind in ihrem Beruf zufriedener und fühlen sich weniger gestresst. Sie bewerten ihr Unterrichtsvorbereitung als besser und das Unterrichten als weniger schwierig als Junglehrpersonen mit geringeren Selbstwirksamkeitsüberzeugungen. Auch geben sie an, dass sie während des ersten Jahres gut unterstützt wurden.

Schulte, Bögeholz und Watermann (2008) zeigen, dass junge Lehrpersonen, welche die zweite Ausbildungsphase (Referendariat) beginnen, über höhere Selbstwirksamkeitsüberzeugungen verfügen als Studienanfängerinnen und -anfänger, was den Resultaten von Tschannen-Moran et al. (1998), Malmberg et al. (2006) und Hoy und Spero (2005) widerspricht. Zudem stellen sie fest, dass zwar das pädagogische Professionswissen mit der eigenen Unterrichts- und Leistungsbeurteilung zusammenhängt, aber nicht mit den allgemeinen und lehrpersonenbezogenen Selbstwirksamkeitsüberzeugungen, die auf den Items von Schmitz und Schwarzer (2002) beruhen.

Insgesamt ist die Forschungslage zu den Selbstwirksamkeitsüberzeugungen im Zusammenhang mit der Ausbildung von Lehrpersonen und mit dem Berufseinstieg noch sehr unbefriedigend.

4.6 Stressbewältigung und Selbstwirksamkeit

Burnout ist definiert als ein Resultat von Langzeitstress im Beruf, insbesondere in Berufen, die mit Menschen zu tun haben, wozu ja auch der Lehrberuf gehört (Jennett, Harris & Mesibov, 2003). Auch wenn die Gründe verschiedenartig sind, erleben alle Lehrpersonen Stress in ihrer Arbeit. Die Stressoren werden durch vermehrte Arbeitsbelastung ausgelöst, verursacht beispielsweise durch Schulreformen, Schülerinnen und Schüler mit Verhaltensauffälligkeiten, Probleme mit Eltern, Konflikte mit Kolleg/inn/en oder das Gefühl, Schüler/inne/n mit speziellen Bedürfnissen nicht gerecht zu werden (Skaalvik & Skaalvik, 2007). Die meisten Lehrpersonen kommen mit solchem Stress gut zurecht, zum Beispiel durch aktives Problemlösen, sozialen und emotionalen Support der Kolleginnen und Kollegen, Reorganisation der Unterrichtssituation und Unterrichtsstrategien oder durch die Kooperation mit Eltern. Burnout ist auf jeden Fall der Endpunkt, wenn positive Stressverarbeitungsstrategien scheitern (Jennett et al., 2003). Im Folgenden wird genauer auf Stress, Stressoren und das Coping von Stress eingegangen.

Die Stressforschung hat ihren Ursprung zu Beginn des 20. Jahrhunderts in der Tierforschung, in welcher die Tiere einem bedrohlichen Stimulus ausgesetzt wurden, um die physiologischen Prozesse zu untersuchen.

In späteren Studien wurden zwischen positivem Stress, „Eustress" genannt, und negativem „Distress" unterschieden (Selye, 1984). Damit wurde der unterschiedlichen Qualität eines Stressors gerecht zu werden versucht. In dieser Tradition wurde dem Körper eine stereotype Reaktion auf einen Stressor zugeschrieben.

Anders wird „Stress" in den fünfziger Jahren beginnend mit der Kognitionspsychologie als eine Transaktion bezeichnet, also ein Produkt aus einer sich gegenseitig beeinflussenden Beziehung zwischen situativen Faktoren der Umgebung und einer denkenden, fühlenden und handelnden Person (Schwarzer, 1993). Dabei wird das individuelle Empfinden berücksichtigt.

Ein Stressor bewirkt demnach nicht in jedem Individuum die gleichen physiologischen und psychologischen Reaktionen. Dies hängt von der jeweiligen Interpretation ab. Zum Beispiel können Schritte in der Dunkelheit als Bedrohung, Ruhestörung oder als willkommene Ankunft eines Freundes gedeutet werden, je nach individueller Bedeutung und Stimmung. Dementsprechend lösen sie unterschiedliche Reaktionen aus (Kunstmann, 2005). Bei der transaktionalen Sichtweise wird Stress als ein Ungleichgewicht zwischen inneren oder äusseren Aufgaben, welche eine Person stark in Anspruch nehmen, angesehen. Daraus erfolgt eine Diskrepanz zwischen den Anforderungen und den individuellen Ressourcen, die zur Verfügung stehen. Die individuelle Bewertung dieser Diskrepanz bestimmt anschliessend die emotionale Reaktion (Laux & Weber, 1990). Die Definition der Stressoren oder der Stressreaktionen ist hier nicht spezifiziert, da eben das Stressphänomen als etwas Individuelles definiert wird.

Die kognitive Bewertung ist dabei die wesentliche Dimension des Stressprozesses. Diese wird nach Lazarus und Launier (1981) in zwei Kategorien, die primäre und sekundäre Bewertung (appraisal), unterteilt. Mit der primären Bewertung wird ein Stressor hinsichtlich der Bedeutung für das eigene Wohlbefinden sowie das Selbstwertgefühl und in der sekundären Bewertung hinsichtlich der Möglichkeiten für die Bewältigung, bei der auch die Selbstwirksamkeitsüberzeugungen ein grosse Rolle spielen, beurteilt.

Bei der primären kognitiven Bewertung entscheidet das Individuum, ob ein Geschehnis bedeutungsvoll ist oder nicht (Lazarus & Folkman, 1984). Wenn es als bedeutungsvoll beurteilt wird, kann es entweder als positiv oder negativ wahrgenommen werden. Eine solche Bewertung steht in engem Zusammenhang damit, ob das Ereignis als stressauslösend empfunden wird oder nicht.

Die Stressoren lösen nicht nur Stress aus, wenn sie real vorhanden sind, sondern auch dann, wenn sie potentiell auftreten könnten und als Folge aus einer Situation vorhergesehen werden können (Kunstmann, 2005). Daraus folgt, dass Stress auch oft erlebt werden kann, wenn kein Stressor unmittelbar vorhanden ist. Die blosse Vorstellung kann bereits Stress erzeugen (Nitsch, 1981). Bei der Bedeutungsanalyse einer Situation spielen verschiedene Merkmale mit ein. Je nachdem wird eine Stressreaktion ausgelöst oder nicht ausgelöst. Zudem kommt es vor allem auch auf die Dauer, die Intensität der Situation und die Wirksamkeit, welche die Person sich selbst in der entsprechenden Situation beimisst, sowie die Bekanntheit beziehungsweise Unerfahrenheit im Umgang mit dem auslösenden Ereignis an.

Neben diesen Merkmalen spielt auch die Persönlichkeit der Person eine Rolle. So neigen Personen mit einem hohen Neurotizismus-Wert, also Personen mit einer grösseren Neigung für Ängstlichkeit, eher dazu, Situationen als bedrohlich einzuschätzen als solche mit einem niedrigen diesbezüglichen Wert (Laux, Glanzmann, Schaffner & Spielberger, 1981; Kunstmann, 2005). Der Zusammenhang ist jedoch auch von der Situation abhängig. So zeigen Studien, dass bei physischen Bedrohungen wie einem chirurgischen Eingriff keine Unterschiede in der Reaktion zwischen hoch ängstlichen und niedrig ängstlichen Personen auftreten. Bei ichbezogenen Aktivitäten zeigen sich jedoch Unterschiede (Hodges, 1968).

Wie im oberen Abschnitt und bei der Einleitung schon erwähnt, spielen die Selbstwirksamkeitsüberzeugungen ebenfalls eine gewichtige Rolle für die kognitive Bewertung einer Situation und somit für das Stressempfinden (Folkman, 1984; Schmitz & Schwarzer, 2002; Skaalvik & Skaalvik, 2007). So bewerten Personen mit hohen Selbstwirksamkeitsüberzeugungen eine Situation als weniger bedrohlich und somit als weniger stressauslösend als Personen mit niedrigen Selbstwirksamkeitsüberzeugungen.

Zusätzlich bedingen auch Wertvorstellungen, Ziele und Wünsche einer Person, welche Situationen sie als stressauslösend empfindet (Kunstmann, 2005). Dies zeigt wie individuell die Verarbeitung einer Situation erfolgt und wie unterschiedlich deren Interpretation ausfallen kann.

Der zweite Prozess der kognitiven Bewertung einer Situation betrifft die aktive Verarbeitung und die Beseitigung des Stressors (Lazarus & Folkman, 1984). Dies wird auch als Coping bezeichnet. Dabei wird entschieden, welche Bewältigungsstrategien am effektivsten für die Lösung des stressauslösenden Reizes sind.

Nach Lazarus und Folkman (1984) laufen der primäre und der sekundäre Prozess der Stressbewältigung parallel ab. Sie sind nicht hierarchisch voneinander zu trennen, sondern Stress ist in der Verzahnung beider Prozesse zu erklären (Lazarus, 1998). Zusätzlich ist der kognitive Bewertungsprozess nicht ein einmaliges Geschehen, er wird durch ständig neue Informationen ergänzt und somit fortlaufend erneuert. Der Organismus reagiert nicht passiv mit einer standardisierten physiologischen Reaktion. Er ist vielmehr aktiv am Stressprozess beteiligt, auch wenn nicht unbedingt bewusst (Lazarus, 1975). Die Person versucht die Kontrolle aktiv wiederzuerlangen und mit der Situation fertig zu werden. Dies geschieht durch den Bewältigungsprozess (Coping) mit den entsprechenden Stressbewältigungsstrategien.

Auch wenn von Stressbewältigungsstrategien die Rede ist, bedeutet dies nicht, dass sie alle positive Konsequenzen haben. Gewisse Strategien können sich im Gegenteil stresserhöhend auswirken (Kunstmann, 2005). Selbstabwertende oder selbstquälerische Strategien sind ineffektiv und gesundheitsschädigend (Kaluza & Vögele, 1998). Coping wird als Versuch, die stressauslösende Situation zu bewältigen, definiert, unabhängig davon, wie effektiv dieser ist (Fleming, Baum & Singer, 1984).

Der Kontext und die Bewältigungsstrategie können nicht voneinander getrennt werden (Lazarus, 1998). So können Strategien, die in einer Situation angewendet werden, für eine andere unpassend sein. Nach Folkman (1984) bringt die aktive Stressbewältigung bei Situationen, die nicht kontrollierbar sind, wenig. Der ständige Versuch, über Unkontrollierbares Kontrolle zu erlangen, wirkt im Gegenteil stresserhöhend.

Es gibt verschiedene Formen der Bewältigung. Nach Lazarus (1998) kann das Coping auf zwei unterschiedliche Arten stressreduzierend wirken, indem das Problem direkt angegangen wird oder aber durch eine Umdeutung der Situation, damit die emotionale Erregung kontrolliert werden kann. In der Literatur wird zwischen instrumentellen und emotionsgerichteten Bewältigungsstrategien unterschieden. Die Unterscheidung weist darauf hin, dass die Informationen zur Bewältigung des Problems zur Kontrolle des Problems selbst oder zur Kontrolle der Emotionen genutzt werden kann (Schwarzer, 1993). Janke und Erdmann (2002) fassen die positiven Strategien zur Stressbewältigung, das heisst jene, welche stressreduzierend wirken, unter Um- und Abwertungsstrategien, Ablenkungsstrategien und Kontrollstrategien zusammen. Unter negativen Strategien, die stressvermehrend wirken, verstehen Janke und Erdmann (2002) die Resignation, das heisst das Aufgeben mit Gefühlen von Hilflosigkeit und Hoffnungslosigkeit, die gedankliche Weiterbeschäftigung im Sinne von „Grübeln" und die Selbstbeschuldigung.

Bei gleicher Situation wählen verschiedene Personen unterschiedliche Stressbewältigungsstrategien. Untersuchungen zeigen überdies geschlechtstypische Unterschiede in der Wahl von Stressbewältigungsstrategien. Besonders die Strategie „soziale Unterstützung suchen" (Janke & Erdmann, 2002) wählen Frauen häufiger als Männer (Belle, 1991; Janke, Erdmann & Kallus, 1985; Miller & Kirsch, 1987; Ptacek, Smith & Zanas, 1992; Thoits, 1991; Janke & Erdmann, 2002). Im Gegensatz dazu sind kognitive Strategien wie Herunterspielen oder Bagatellisieren eher Strategien, welche Männer bevorzugen (Astor-Dubin & Hammon, 1984; Janke et al., 1985).

Individuen eignen sich Coping-Strategien während ihrer Entwicklung an und verfügen über ein gewisses Repertoire an Strategien, die über die Zeit ziemlich stabil bleiben (Janke et al., 1985).

Über das Verhältnis von Persönlichkeit, Selbstwirksamkeitsüberzeugungen und Stressbewältigungsstrategien ist noch wenig bekannt. Eine Untersuchung konnte zeigen, dass trotz unterschiedlichen Persönlichkeitsstrukturen Probanden bei Universitätsexamen ähnliche Stressbewältigungsstrategien wählen (Folkman & Lazarus, 1985). Nach Steptoe (1991) beeinflusst die Persönlichkeit lediglich die Tendenz, in Stresssituationen gewisse Strategien zu mobilisieren. Die Stressbewältigung ist mit Persönlichkeitsmerkmalen nach Schwarzer (1993) nicht vereinbar, sondern die Wahl der Strategien hängt vom jeweiligen Problem und Zeitpunkt ab. Der Zusammenhang mit Selbstwirksamkeitsüberzeugungen wurde nur dahingehend untersucht, dass beim Scheitern aller positiven Coping-Strategien und dem damit verbundenen Ausbrennen, letztlich die Selbstwirksamkeitsüberzeugungen eine wesentliche Vorhersagekraft besitzen.

Bei den Untersuchungen werden die Stressverarbeitungsstrategien jeweils anhand von Fragebögen, die das Repertoire der Strategien einer Person erfassen, ermittelt. Bei solchen Fragebögen lassen sich oft keine präzisen Vorhersagen über das Verhalten einer einzelnen Person in der konkreten Situation ableiten (Kunstmann, 2005). Dennoch sprechen die Autoren des Stressverarbeitungsfragebogens (SVF) von einer substantiellen Vorhersagevalidität (Janke et al., 1985; Janke & Erdmann, 2002) der erfragten Stressbewältigungsstrategien.

4.7 Schlussfolgerung

In diesem Kapitel wurde argumentiert, dass Selbstwirksamkeitsüberzeugungen handlungsleitende Funktionen haben. Dies wurde mit der sozialkognitiven Theorie Banduras und den darauf aufbauenden Theorien zur Selbstregulation begründet und mit empirischen Studien erhärtet.

Im Weiteren wurden Untersuchungen zu Selbstwirksamkeitsüberzeugungen im Lehrberuf beschrieben, die den Zusammenhang der Selbstwirksamkeitsüberzeugungen mit unterrichtlichen, schulreformorientierten und gesundheitlichen Aspekten aufzeigen. Die meisten Studien, welche Aussagen über einen Zusammenhang zwischen den Handlungen einer Lehrperson und ihren Selbstwirksamkeitsüberzeugungen machen, basieren auf den Selbsteinschätzungen der jeweiligen Lehrpersonen und nicht auf Beobachtungsdaten. Die vorliegende Arbeit möchte hier ansetzen und auf den Zusammenhang zwischen den Selbstwirksamkeitsüberzeugungen und den beobachteten Lehrpersonenhandlungen, einschliesslich deren Qualität, eingehen.

Besonders wegen der erhöhten Vulnerabilität von Lehrpersonen für stressbedingte Krankheiten wie Burnout und den Ergebnissen Schaarschmidts (2004), dass nur jede zehnte Lehrperson bis zur Pensionierung im Beruf verbleibt, soll in der eigenen Untersuchung auch Zusammenhängen zu den Stressverarbeitungsstrategien, zum Wohlbefinden, zum erlebten Support und zur Motivation gegenüber dem Lehrberuf nachgegangen werden.

Im Folgenden wird der theoretische Teil zusammengefasst und bezogen auf die Fragestellungen der vorliegenden Arbeit aus den bisherigen Ausführungen Bilanz gezogen. Anschliessend wird zum empirischen Teil und damit zur eigenen Untersuchung übergeleitet.

5. Zusammenfassung des theoretischen Teils und Fazit

In den vorangehenden Kapiteln wurden Erkenntnisse zur Professionalisierung und Professionalität von Lehrpersonen dargelegt. Zuerst wurde der Berufseinstieg als besondere Phase der Professionalisierung dargestellt. Anschliessend wurden verschiedene Facetten der Professionalität von Lehrpersonen beleuchtet, insbesondere die Selbstwirksamkeitsüberzeugungen. Ziel war es, einerseits die wichtigen Aspekte der Professionalität herauszuarbeiten, andererseits aus heutiger Sicht Kriterien für guten Unterricht aufzuzeigen. Die Professionalität von Lehrpersonen manifestiert sich in der hochstehenden Qualität ihres Unterrichts. Neben dem Wissen der Lehrpersonen und den Wertvorstellungen bzw. subjektiven Theorien zu ihrer professionellen Tätigkeit wird auch Persönlichkeitsaspekten der Lehrperson Relevanz für das professionelle Handeln im Beruf und eine hohe Unterrichtsqualität zugeschrieben. Die Selbstwirksamkeitsüberzeugungen der Lehrperson werden dabei als eine zentrale Komponente aufgefasst.

Berufseinstieg: Die Berufseinstiegsphase wurde aus berufsbiografischer, sozialisationsorientierter und kognitionspsychologischer Sicht betrachtet, und es wurden die Schwierigkeiten dieser Phase beschrieben. Während sich berufsbiografische Studien mit Phasenmodellen der beruflichen Entwicklung von Lehrpersonen befassen, geht es in den sozialisations- und kognitionspsychologisch orientierten Studien um die Rollenfindung im Beruf und den weiteren Wissensaufbau von Lehrpersonen. Der Berufseinstieg ist durch besondere Schwierigkeiten gekennzeichnet. Diesen Schwierigkeiten begegnen die Berufseinsteigenden mit protektiven Faktoren. Dazu gehören einerseits ein günstiges Schulumfeld wie beispielsweise ein supportives Schulteam oder eine förderliche Schulkultur, andererseits Persönlichkeitsaspekte der Lehrperson wie ihre Selbstwirksamkeitsüberzeugungen. Dass der Berufseinstieg gelingt, ist darum besonders wichtig, weil er den Grundstein für die Entwicklung im Beruf und das weitere Lernen der Lehrpersonen legt.

Professionalität von Lehrpersonen: Aus kognitionspsychologischer Sicht wurde die Professionalität von Lehrpersonen aus der Perspektive des Experten-Novizen- und des Prozess-Produkt-Paradigmas betrachtet. Zum Experten-Novizen-Paradigma gehören Studien, in welchen erfahrene Lehrpersonen mit Anfängern im Beruf verglichen werden. Studien, die dem Prozess-Produkt-Paradigma zuzuordnen sind, untersuchen vor allem das Wissen und Können von Lehrpersonen und bringen diese beiden Aspekte der Professionalität von Lehrpersonen mit den Leistungen der Schülerinnen und Schülern in Zusammenhang. In der vorliegenden Arbeit stehen jedoch nicht die Leistungen der Schülerinnen und Schüler im Zentrum, sondern die Qualität des Unterrichts der Lehrperson als Produkt ihrer professionellen Entwicklung während des Studiums und in der Berufseingangsphase.

Der Unterrichtsforschung und der Suche nach den Merkmalen hochstehender *Unterrichtsqualität* geht eine lange Tradition voraus. Eine einheitliche theoretische Basis für die Kriterien der Qualität von Unterricht gibt es bisher noch nicht. Eine im deutschen Sprachraum inzwischen verbreitete Liste von Kriterien guten Unterrichts wurde von Helmke (2003, 2009) zusammengestellt. Diese Liste besteht aus zehn Kriterien. Zusammen mit Beiträgen anderer Autoren wurde sie in der vorliegenden Arbeit für die Entwicklung des Rating-Inventars zur Erfassung der Qualität von Unterricht verwendet. Nach Helmke (2009) sind die nachfolgend genannten zehn Gesichtspunkte für die Qualität von Unterricht zentral: Klassenführung, Klarheit und Strukturiertheit, Konsolidierung und Sicherung, Aktivierung, Motivierung, lernförderliches Klima, Schülerorientierung, Kompetenzorientierung, Umgang mit Heterogenität, Angebotsvariation. Eine Schwierigkeit für die empirische Erfassung der Qualität des Unterrichts besteht darin, dass die einzelnen Gesichtspunkte nicht klar voneinander abgrenzbar sind. Zudem zeichnet sich hohe Unterrichtsqualität nicht durch die maximale, sondern die optimale Ausprägung der einzelnen Merkmale aus. Defizite in einzelnen Bereichen können zudem mit Stärken in anderen Bereichen ausgeglichen werden.

Aufbauend auf amerikanischen Arbeiten haben Baumert und Kunter (2006) ein *Modell der Professionalität* von Lehrpersonen ausgearbeitet. Es besteht (1) aus dem deklarativen und prozeduralen Wissen, (2) den subjektiven Theorien, professionellen Werten und normativen Präferenzen sowie (3) den Persönlichkeitsaspekten der Lehrperson.

(1) *Wissen von Lehrpersonen:* Den Grundstein zur konzeptuellen Fassung des Lehrerwissens legte Shulman mit seiner 1986 erschienenen Topologie des Wissens von Lehrpersonen. Nach heutiger Auffassung besteht das Wissen von Lehrpersonen aus fachdidaktischem Wissen, Fachwissen und allgemein-pädagogischem Wissen. Für Baumert und Kunter (2006) bildet das Fachwissen die Grundlage, auf dem das fachdidaktische Wissen aufbaut. Für einen qualitativ hochstehenden Unterricht sind beide Wissensarten notwendig. Die Fachliteratur ist sich einig darüber, aus welchen Bereichen das allgemein-pädagogische Wissen besteht. Es wurde aber bislang wenig Forschung dazu durchgeführt. Über das Zusammenspiel des allgemein-pädagogischen Wissens und dem fachbezogenen Wissen ist ebenfalls fast nichts bekannt.

(2) *Wertvorstellungen und subjektive Theorien:* Zu den Wertvorstellungen einer Lehrperson werden ihre epistemologischen Überzeugungen, Weltbilder und subjektiven Theorien gezählt. Diese Wissensstrukturen bezeichnen Vorstellungen der Lehrpersonen über das Lehren und Lernen. Diese Vorstellungen sind intuitiv und strukturieren die Begegnung mit der Welt vor. Wie verschiedene Autoren zeigen konnten (z.B. Schoenfeld, 1998, 2000; Groeben & Scheele, 1988; Wahl, 1991), beeinflussen sie auch die Wahrnehmung und Deutung von Unterrichtssituationen und bestimmen die Handlungen der Lehrperson in diesen Situationen mit. Unterschieden werden beispielsweise konstruktivistische Lerntheorien und behavioristische Lerntheorien. Studien hierzu zeigen, dass Lehrpersonen mit konstruktivistischen Vorstellungen über das Lernen anspruchsvollere Ziele im Mathematikunterricht setzen (Diedrich et al., 2002).

(3) *Persönlichkeitsaspekte:* Im Zusammenhang mit der Professionalität von Lehrpersonen werden heute zunehmend wieder Persönlichkeitsaspekte der Lehrperson diskutiert. Darunter sind einerseits motivationale und selbstregulative Aspekte und andererseits die Persönlichkeitsmerkmale (wie die Extraversion, der Neurotizismus, die Gewissenhaftigkeit, die Verträglichkeit und die Offenheit gegenüber Neuem) einer Lehrperson zu verstehen. Unter motivationalen und selbstregulativen Aspekten werden die selbstbezogenen Kognitionen, die intrinsische Motivation, die Selbstregulation, das Belastungserleben und die Resilienzfaktoren gezählt. Besonders den Selbstwirksamkeitsüberzeugungen werden für das professionelle Handeln und die Gesundheit im Beruf eine wichtige Rolle zugeschrieben. Die Forschungslage zeigt eindeutige Zusammenhänge zwischen den Selbstwirksamkeitsüberzeugungen und dem stressbedingten Burnout von Lehrpersonen (z.B. Schmitz & Schwarzer, 2002). Es bestehen auch Zusammenhänge zwischen den Selbstwirksamkeitsüberzeugungen der Lehrperson und Innovationen in der Schule und im Unterricht (Schwarzer & Schmitz, 1999).

Insgesamt gesehen ist die Forschungslage bezüglich der Selbstwirksamkeitsüberzeugungen und dem unterrichtlichen Handeln von Lehrpersonen jedoch noch unbefriedigend. So gibt es noch keine Studien, die Beobachtungsdaten aus dem Unterricht mit den Selbstwirksamkeitsüberzeugungen der Lehrperson in Verbindung bringen. Bestehende Studien beruhen – was die Qualität des Unterrichts anbelangt – auf Selbsteinschätzungen der Lehrpersonen und nicht auf Einschätzungen durch Expertinnen und Experten. Auf diesen Punkt geht die nachfolgend dargestellte eigene Untersuchung besonders ein.

Mayr und Neuweg (2006) plädieren schliesslich für eine stärkere Berücksichtigung der Persönlichkeitsmerkmale in der Forschung zur Professionalität von Lehrpersonen. Sie konnten zwischen Persönlichkeitsmerkmalen und den unterrichtsbezogenen Einstellungen und dem konkreten Handeln der Lehrpersonen interessante Zusammenhänge feststellen. So korreliert die Extraversion und Offenheit einer Lehrperson mit der schülerinnen- und schülerorientierten Kommunikation. Insgesamt wird der Zusammenhang zwischen Persönlichkeitsmerkmalen und Handlungen von Lehrpersonen jedoch kontrovers diskutiert. Einige Studien weisen auf Zusammenhänge hin, andere bezweifeln die Annäherung von Persönlichkeit und gelernten Handlungen.

Fazit: Die bislang diskutierten Aspekte zur Professionalität von Lehrpersonen wurden im Zusammenhang des Experten-Novizen-Paradigmas und des Prozess-Produkt-Paradigmas untersucht. Entweder wurden in diesem Sinne Experten im Beruf mit Anfängern verglichen oder gewisse Merkmale der Lehrperson wie beispielsweise ihr Wissen mit Schülerinnen- und Schülerleistungen in Zusammenhang gebracht. Die verschiedenen untersuchten Bereiche der Professionalität wurden jedoch kaum mit dem Output „Unterrichtsqualität" verglichen. Insbesondere Persönlichkeitsaspekte wie die Selbstwirksamkeitsüberzeugungen wurden in Bezug auf die Unterrichtsqualität noch wenig untersucht. Die vorliegende Arbeit möchte hierzu einen Beitrag leisten. Dabei geht es darum, die Entwicklung verschiedener Aspekte der Professionalität von Lehrpersonen vom letzten Semester der Ausbildung bis zum Ende des ersten Berufsjahres und Unterschiede zwischen Berufseinsteigenden und erfahrenen Praxislehrpersonen, das heisst erfolgreiche Lehrpersonen, die von der Pädagogischen Hochschule für die Mitwirkung in der berufspraktischen Ausbildung ausgewählt wurden und die Praktika der Studierenden in ihren Klassen zusammen mit dem/der Mentor/in von der Seite der Pädagogischen Hochschule her die Studierenden betreuen, aufzuzeigen. Zudem wird Zusammenhängen zwischen den Selbstwirksamkeitsüberzeugungen und dem Geschehen im Unterricht, der Qualität des Unterrichts, dem Unterrichtsplanungswissen und anderen Persönlichkeitsaspekten der Berufseinsteigenden und Praxislehrpersonen nachgegangen. Im Weiteren wird untersucht, mit welchen Aspekten der Professionalität von Lehrpersonen die Qualität des Unterrichts am besten erklärt werden kann. Zu Beginn des empirischen Teils werden dazu als erstes die spezifischen Problemstellungen dargestellt und genauer erläutert.

6. Problemstellungen

Die vorliegende Arbeit entstand im Rahmen des Nationalfondsprojektes „Standarderreichung beim Erwerb von Unterrichtskompetenz im Lehrerstudium und im Übergang zur Berufstätigkeit"[17]. Nicht zuletzt aufgrund der ernüchternden Ergebnisse zur Wirksamkeit der Lehrerbildung (Oser, 1997a, 1997b; Oser & Oelkers, 2001), die auf der Selbsteinschätzung der ehemaligen Studierenden der Lehrerinnen- und Lehrerausbildung beruhen, entstanden in der Schweiz im Rahmen von bildungspolitischen Bemühungen, die Lehrpersonenbildung zu reformieren, Pädagogische Hochschulen. Das Nationalfondsprojekt „Standarderreichung" untersucht die Entwicklung der Studierenden in der neuen Ausbildung und im Berufseinstieg mit verschiedenen Methoden. In Ergänzung zur Selbsteinschätzung des Zuwachses an berufsbezogenem Wissen und Können wurden die Studierenden bzw. Berufseinsteigenden auch mittels Analyse von videografierten Unterrichtsstunden und einem Vignettentest zum Unterrichtsplanungswissen fremdeingeschätzt. Weitere auf Selbsteinschätzung beruhende Tests beziehen sich auf die allgemeinen und lehrpersonenbezogenen Selbstwirksamkeitsüberzeugungen, die Persönlichkeitsmerkmale, die Stressverarbeitungsstrategien, das Wohlbefinden am Arbeitsplatz, den Support durch Arbeitskolleginnen und -kollegen und die Motivation im Beruf. Die videografierten Unterrichtsstunden wurden anhand eines Videoratings auf ihre Qualität beurteilt. Mittels Unterrichtskodierung wurden die prozentualen Anteile der Sichtstrukturen (bspw. Gruppenarbeit oder Klassenunterricht) und der Lernorganisation (bspw. Strukturierung des Unterrichts) ermittelt. Auf die verwendeten Methoden wird in Kapitel 7 eingegangen. Um die Studierenden bzw. Berufseinsteigenden im ersten Berufsjahr einer zusätzlichen Vergleichsgruppe gegenüberstellen zu können, wurden in das Projekt „Standarderreichung" auch erfahrene Lehrpersonen einbezogen, die in der berufspraktischen Ausbildung der Studierenden als Praxislehrpersonen tätig sind.

Die vorliegende Arbeit konzentriert sich auf den Berufsübergang und umfasst drei Messzeitpunkte: im letzten Semester der Ausbildung (t1), am Anfang (t2) und am Ende (t3) des ersten Berufsjahres. Die Stichprobe besteht aus insgesamt 42 Berufseinsteigenden und 9 erfahrenen Praxislehrpersonen. Die Zusammensetzung der Stichprobe wird unter Kapitel 7.3 genauer erläutert.

Aufgrund der in Kapitel 5 zusammengefassten Erkenntnisse zur Professionalität der Lehrpersonen interessiert im Besonderen, wie die Studieren-

---

17 Das Projekt (SNF-Projekt Nr. 100013-112467 / 1) der Pädagogischen Hochschule des Kantons St. Gallen und der Pädagogischen Hochschule Zürich wird auch unter Baer et al. (2009; 2011) beschrieben.

den bzw. Berufseinsteigenden ihr Wissen und Können sowie verschiedene Bereiche ihrer Persönlichkeit im Berufsübergang weiterentwickeln und wie Persönlichkeitsaspekte, insbesondere die Selbstwirksamkeit, mit dem Wissen und Können im Unterricht zusammenhängen.

Nachfolgend werden die Problemstellungen dargestellt, die der durchgeführten Untersuchung der vorliegenden Dissertation zugrunde gelegt sind. Die Gesamtproblemstellung ist in vier Teile gegliedert. Zuerst wird (1) auf den längsschnittlichen Verlauf im Berufsübergang und auf den Querschnitt zwischen Praxislehrpersonen und den Berufseinsteigenden, danach (2) auf Zusammenhänge zwischen der Selbstwirksamkeit und verschiedenen Aspekten der Professionalität von Lehrpersonen, anschliessend (3) auf die Zusammenhänge zwischen der Unterrichtsqualität, dem Unterrichtsplanungswissen und der Selbstwirksamkeit von t1 zu t2 und von t2 zu t3 und zum Schluss (4) auf die Aufklärung der Unterrichtsqualität durch verschiedene Aspekte der Professionalität eingegangen.

(1) Deskriptive Befunde – längsschnittlicher Verlauf und Querschnitt[18]

In der vorliegenden Studie liegen wie bereits erwähnt Daten von drei Messzeitpunkten vor: Messzeitpunkt t1 im letzten Semester der Lehrerinnen- und Lehrerausbildung, Messzeitpunkt t2 zu Beginn des ersten Berufsjahres und Messzeitpunkt t3 am Ende des ersten Berufsjahres. Zusätzlich wurden Daten von erfahrenen Praxislehrpersonen aufgenommen.

In einem ersten Schritt soll der Längsschnitt der verschiedenen Bereiche über die drei Messzeitpunkte und der Querschnitt zwischen den Praxislehrpersonen und den Studierenden bzw. Berufseinsteigenden aufgezeigt werden. Wegleitend sind dabei die folgenden Problemstellungen:

- *Unterrichtsqualität und sichtbares Unterrichtsgeschehen:*
  Verändern sich
  (A) die Qualität des Unterrichts und
  (B) das sichtbare Unterrichtsgeschehen
  über die Zeit von t1 bis t3? Wird die Qualität des Unterrichts von t1 bis t3 besser? Nimmt die traditionell[19] ausgerichtete Unterrichtsführung von t1 bis t3 ab?
- *Unterrichtsplanungswissen:*
  Verändert sich
  (C) das Unterrichtsplanungswissen
  über die Zeit von t1 bis t3? Steigt es von t1 bis t3 an?

---

18 Vergleiche hierzu auch Baer et al. (2007; 2009; 2011)
19 Aus bereits vorliegenden Ergebnissen ist bekannt, dass Studierende der Pädagogischen Hochschule traditionell mit viel direktivem Klassenunterricht und Einzelarbeit unterrichten (Kocher & Wyss, 2008; Baer et al. 2007; 2009; 2011).

- *Persönlichkeitsaspekte:*
  Bleiben
  (D) die allgemeinen Selbstwirksamkeitsüberzeugungen und
  (E) die lehrpersonenbezogenen Selbstwirksamkeitsüberzeugungen,
  (F) die Persönlichkeitsmerkmale und
  (G) die Stressverarbeitungsstrategien
  über die Zeit von t1 bis t3 hinweg stabil? Zeigen sich bei den Persönlichkeitsmerkmalen Unterschiede im Vergleich zu einer grossen Stichprobe mit Personen aus verschiedenen Berufsfeldern?
- *Beurteilung durch Schülerinnen und Schüler:*
  Wie schätzen
  (H) die Schülerinnen und Schüler (Schülerinnen- und Schülerfragebogen)
  die Unterrichtsstunden, in denen ihre Lehrpersonen videografiert wurden, zu den Messzeitpunkten t1, t2 und t3 ein? Gibt es längsschnittliche Unterschiede?
- *Kontext:*
  Werden
  (I) das Wohlbefinden, der Support und die Motivation im Beruf
  am Anfang des ersten Berufsjahres (t2) anders eingeschätzt als am Ende des ersten Berufsjahres (t3)?
- *Ziele:*
  Welche
  (J) beruflichen und privaten Ziele
  nennen die Berufseinsteigenden am Ende des ersten Berufsjahres (t3), welche die Praxislehrpersonen?
- *Subjektives Lernverständnis:*
  Verändert sich
  (K) das subjektive Lernverständnis
  von t1 bis t3? Ist das subjektive Lerntverständnis eher konstruktivistisch oder behavioristisch ausgerichtet?

Neben der längsschnittlichen Untersuchung werden auch Unterschiede zwischen den Praxislehrpersonen und den Studierenden bzw. Berufseinsteigenden. Die querschnittliche Untersuchung folgt dieser Problemstellung:
- Gibt es Unterschiede zwischen den Praxislehrpersonen und den Studierenden beziehungsweise Berufseinsteigenden in den oben genannten Bereichen?

(2) Zusammenhänge mit Selbstwirksamkeit

In einem weiteren Schritt werden Korrelationen zwischen der Selbstwirksamkeit (D), (E) und den Bereichen (A) bis (C) und (F) bis (K) beschrieben.

- Besteht ein Zusammenhang zwischen den (D) allgemeinen und den (E) lehrpersonenbezogenen Selbstwirksamkeitsüberzeugungen bei den Berufseinsteigenden und den Praxislehrpersonen?
- *(A) Qualität des Unterrichts:* Besteht ein Zusammenhang zwischen der Unterrichtsqualität und den Selbstwirksamkeitsüberzeugungen der Berufseinsteigenden und der Praxislehrpersonen? Unterrichten Lehrpersonen mit hohen Selbstwirksamkeitsüberzeugungen besser als Lehrpersonen mit niedrigeren Selbstwirksamkeitsüberzeugungen?
- *(B) Sichtbares Unterrichtsgeschehen:* Werden gewisse Elemente des sichtbaren Unterrichtsgeschehens von Berufseinsteigenden und Praxislehrpersonen mit höheren bzw. niedrigeren Selbstwirksamkeitsüberzeugungen vermehrt eingesetzt?
- *(C) Unterrichtsplanungswissen:* Verfügen Berufseinsteigende und Praxislehrpersonen mit hohen Selbstwirksamkeitsüberzeugungen über grösseres Wissen zum Planen von Unterricht?
- *(F) Persönlichkeitsmerkmale, (G) Stressverarbeitungsstrategien:* Kann ein Zusammenhang zwischen den Selbstwirksamkeitsüberzeugungen und den einzelnen Persönlichkeitsmerkmalen sowie den gewählten Stressbewältigungsstrategien festgestellt werden?
- *(H) Beurteilung durch Schülerinnen und Schüler:* Gibt es einen Zusammenhang zwischen den Schülerinnen- und Schülerbewertungen und den Selbstwirksamkeitsüberzeugungen einer Lehrperson?
- *(I) Kontext:* Wie werden das Wohlbefinden, der Support und die Motivation im Beruf von den Berufseinsteigenden und den Praxislehrpersonen mit höheren beziehungsweise niedrigeren Selbstwirksamkeitsüberzeugungen eingeschätzt?
- *(J) Ziele:* Kann ein Zusammenhang zwischen den Selbstwirksamkeitsüberzeugungen und den geäusserten beruflichen und privaten Zielen erkannt werden? Welche Art von Zielen wird von Personen mit höheren bzw. niedrigeren Selbstwirksamkeitsüberzeugungen genannt?
- *(K) Subjektives Lernverständnis:* Besteht bei den Berufseinsteigenden bzw. bei den Praxislehrpersonen ein Zusammenhang zwischen dem subjektiven Lernverständnis und den Selbstwirksamkeitsüberzeugungen?

(3) Zusammenhänge zwischen Unterrichtsqualität, Unterrichtsplanungswissen und Selbstwirksamkeit von t1 zu t2 und von t2 zu t3

Wie sich bei den Studien zu Burnout zeigte, ist die Wirkung der Selbstwirksamkeitsüberzeugungen einer Person ein längerer Prozess. Somit zeigen sich die Effekte nicht zeitgleich. Aus diesem Grunde wird der Einfluss der Selbstwirksamkeit der Studierenden bzw. Berufseinsteigenden auf die Veränderung der Unterrichtsqualität und des Unterrichtsplanungswissen von t1 zu t2 bzw. von t2 zu t3 mittels Regressionsanalysen eruiert. Die wegleitende Problemstellung hierfür lautet:

- Haben die Selbstwirksamkeitsüberzeugungen einen Effekt auf die Veränderung *(A)* der Unterrichtsqualität sowie auf die Veränderung *(C)* des Unterrichtsplanungswissens im Zeitraum vom letzten Semester der Ausbildung (t1) ins erste Berufsjahr (t2) und von Beginn des ersten Berufsjahres (t2) bis zum Ende des ersten Berufsjahres (t3)? Oder verhält es sich eher umgekehrt: Beeinflusst die Unterrichtsqualität bzw. das Unterrichtsplanungswissen die Veränderung der Selbstwirksamkeitsüberzeugungen von t1 zu t2 bzw. von t2 zu t3?

(4) Unterrichtsqualität

Zum Schluss des empirischen Teils werden die Unterrichtsqualität und deren Einflussfaktoren anhand des Professionalitätsmodelles von Baumert und Kunter (2006) genauer betrachtet. Das Modell besagt, dass die professionellen Lehrpersonenhandlungen und somit guter Unterricht vom professionellen Wissen (Fachwissen, fachdidaktisches Wissen, allgemein-pädagogisches Wissen), von den subjektiven Theorien (Überzeugungen, Werthaltungen) und von Persönlichkeitsaspekten einer Lehrperson, wie deren Persönlichkeitsmerkmalen und deren Selbstwirksamkeitsüberzeugungen, beeinflusst wird. In einem ersten Schritt wird die Unterrichtsqualität zu allen drei Messzeitpunkten mit den Prädiktoren[20] (C) Unterrichtsplanungswissen, (D) allgemeine Selbstwirksamkeit, (K) subjektives Lernverständnis und (F) Persönlichkeitsmerkmal „Neurotizismus", erhoben im letzten Semester der Ausbildung, vorhergesagt. Vor diesem Hintergrund wird folgender Problemstellung nachgegangen:

- Können die verschiedenen Bereiche (Unterrichtsplanungswissen, subjektives Lernverständnis, Selbstwirksamkeit, Persönlichkeitsmerkmale) der fertig ausgebildeten Lehrperson, die im Studium erworben wurden, am Ende des letzten Semesters der Ausbildung (t1) die Unterrichtsqualität im letzten Semester (t1), am Anfang (t2) und am Ende (t3) des ersten Berufsjahres erklären?
- Welche der Variablen (C), (D), (K) oder (F) sagt die Qualität des Unterrichts am besten voraus? Bleibt die Vorhersagekraft der Prädiktoren vom Ende der Ausbildung (t1) über den Übergang in den Beruf (t2) bis zum Ende des ersten Berufsjahres (t3) gleich?

---

20 Prädiktoren werden eine oder mehrere Variablen genannt, die zur Vorhersage eines Kriteriums, hier der Unterrichtsqualität, eingesetzt werden.

Zum Schluss werden anhand der Unterrichtsqualität am Ende des ersten Berufsjahres (t3) mit einer Clusteranalyse (vgl. Kapitel 7.4.2) drei Gruppen gebildet. Die gebildeten Gruppen mit Berufseinsteigenden, die über eine hohe, mittlere und niedrigere Unterrichtsqualität verfügen, werden in den Bereichen Unterrichtsplanungswissen, subjektive Theorien, Persönlichkeitsaspekte und Kontext (Support, Motivation, Wohlbefinden) auf Unterschiede hin untersucht. Wegleitend sind dabei die folgenden Problemstellungen:

- Verfügen Berufseinsteigende, die eine höhere Unterrichtsqualität aufweisen, über ein umfänglicheres Unterrichtsplanungswissen, umfangreichere berufliche Ziele, ein ausgeprägteres Wohlbefinden, einen besseren Support und eine höhere Motivation im Beruf? Unterscheiden sich Berufseinsteigende mit einer hohen Qualität von Unterricht beim sichtbaren Unterrichtsgeschehen von Berufseinsteigenden mit einer niedrigeren Qualität von Unterricht?
- Unterscheiden sich die Persönlichkeitsaspekte der Berufseinsteigenden, die einen qualitativ guten Unterricht zeigen, von denen, die eine niedrigere Qualität in ihrem Unterricht aufweisen?
- Bleiben die Unterrichtsbewertungen der drei Gruppen über die drei Messzeitpunkte hinweg stabil? Wird beispielsweise die Gruppe mit den besten Bewertungen am Ende des ersten Berufsjahres (t3) auch schon am Ende der Ausbildung (t1) und am Anfang des ersten Berufsjahres (t2) am besten bewertet?

7. Methodisches Vorgehen

Die vorliegende Arbeit ist im Rahmen des oben erwähnten durch den schweizerischen Nationalfonds unterstützten Projektes entstanden und ist Teil eines Multimethods-Designs. In diesem Kapitel werden die Konzeption des Gesamtprojektes, die verwendeten Datenerhebungsinstrumente, die Durchführung der Untersuchung sowie die Aufbereitung und Auswertung der Daten beschrieben.

7.1 Kontext

Das Forschungsprojekt „Standarderreichung beim Erwerb von Unterrichtskompetenz im Lehrerstudium und im Übergang zur Berufstätigkeit" verwendet unterschiedliche methodische Zugänge. Dies soll verschiedenartige, jedoch nicht notwendigerweise systematisch aufeinander bezogene Perspektiven auf den zu untersuchenden Gegenstand ermöglichen. Die Datenerhebungsinstrumente, die zum Einsatz kamen, können in zwei Gruppen unterteilt werden. Eine Gruppe basiert auf Selbsteinschätzungen:
- Online-Fragebogen (Kompetenzeinschätzungen)
- NEO-FFI (Persönlichkeitsmerkmale)
- allgemeine und lehrpersonenbezogene Selbstwirksamkeit
- subjektives Lernverständnis

die andere Gruppe auf Fremdeinschätzungen:
- Vignettentest
- Videografie
- Befragung der Schülerinnen und Schüler in der Klasse, in der die Lehrperson beim Unterrichten auf Video aufgenommen wurde.

Die aufgeführten Instrumente wurden im letzten Semester der Lehrerinnen- und Lehrerausbildung (t1, Juni/Juli 2007) sowie zu Beginn (t2, August/September 2007) und am Ende (t3, Juni/Juli 2008) des ersten Berufsjahres eingesetzt. Der Fragebogen zu den lehrpersonenbezogenen Selbstwirksamkeitsüberzeugungen wurde ausschliesslich im ersten Berufsjahr zu den Messzeitpunkten t2 und t3 erhoben.

Bis auf den Online-Fragebogen wurden die Instrumente auch bei erfahrenen Praxislehrpersonen (PLP) eingesetzt, die als Praxislehrpersonen die Studierenden im Praktikum betreuen, das mit ihren Klassen stattfindet.

Neben dem längsschnittlichen Vergleich der Studierenden beziehungsweise Berufseinsteigenden über die drei Messzeitpunkte t1 bis t3 hinweg ist somit auch ein querschnittlicher Vergleich zwischen erfahrenen Lehrpersonen und Studierenden beziehungsweise Berufseinsteigenden möglich.

Im Folgenden werden die Datenerhebungsinstrumente genauer erläutert.

7.2 Datenerhebungsinstrumente

In dieser Arbeit liegt das Schwergewicht auf den Datenerhebungsinstrumenten Videografie, dem Vignettentest, dem Fragebogen zur allgemeinen und lehrpersonenbezogenen Selbstwirksamkeit, dem Fragebogen NEO-FFI, dem Schülerinnen und Schülerfragebogen und dem Fragebogen zum subjektiven Lernverständnis. Zusätzlich wurden die Ziele der Berufseinsteigenden und ihre Stressbewältigungsstrategien erhoben und ein Fragebogen zum Support, der Motivation und dem Wohlbefinden im Beruf eingesetzt.

Im Folgenden werden die einzelnen Datenerhebungsinstrumente in der Reihenfolge der im Kapitel 6 aufgeführten Problemstellungen zu Punkt „*(1) Deskriptive Befunde, Längsschnittlicher Verlauf und Querschnitt*" vorgestellt. Kapitel 8.1, in dem die zugehörigen Ergebnisse dargestellt werden, greift ebenfalls auf diese Reihenfolge zurück.

7.2.1 Unterrichtsvideografie

Die Studierenden (zu t1) bzw. Berufseinsteigenden (zu t2 und t3) und die Praxislehrpersonen wurden während einer Lektion von nach TIMSS-Norm trainierten Teams auf Video aufgezeichnet. Die so entstandenen Unterrichtsvideos werden mit einem Rating-Inventar bezüglich (A) der Qualität des Unterrichts und einem Kodiersystem in Bezug auf (B) das sichtbare Unterrichtsgeschehen ausgewertet. Aufgenommen wurden Unterrichtsstunden zu den Fächern Mathematik, Sprache und „Mensch und Umwelt". In Kapitel 7.4.1 werden das Kategoriensystem und das Rating-Inventar zur Auswertung der Unterrichtsvideos beschrieben.

7.2.2 Vignettentest

Die (C) Vignetten beschreiben zwei Problemsituationen, welche die Vorbereitung bzw. Planung des Unterrichts betreffen. Die Studierenden bzw. Berufseinsteigenden und die Praxislehrpersonen wurden gebeten, sich in die Problemsituationen hineinzuversetzen und ihr Wissen zur Lösung des Problems niederzuschreiben. Nachfolgend werden die zwei Vignetten aufgeführt:

Vignette 1: „David Wagner ist beim Vorbereiten von Unterricht immer wieder unsicher, ob die Schülerinnen und Schüler die zentralen Lernziele erreichen. Besonders im Bereich *Natur und Technik* zweifelt er daran, ob seine Vorbereitungen professionell genug sind. Schildern Sie ihm, wie er bei der Unterrichtsvorbereitung in *Natur und Technik* vorgehen könnte. Gehen Sie bitte auf sämtliche Vorbereitungsschritte ein und begründen Sie diese."

Vignette 2: „Simone Landolt hat in der Ausbildung gehört, dass eine gute Diagnose des Lernstandes der Schülerinnen und Schüler für die Planung und Steuerung des Unterrichts wichtig sei. Simone möchte deshalb regelmässig während der Lektion im Bereich *Natur und Technik* das Verstehen der Schülerinnen und Schüler diagnostizieren können. Erklären Sie bitte Simone, wie sie dies schon bei der Vorbereitung berücksichtigen kann und wie sie das Ergebnis der Diagnose für die Steuerung und die weitere Planung des Unterrichts nutzen könnte. Begründen Sie Ihre Antwort."

Die zwei verwendeten Vignetten beruhen auf den Vignetten, welche im Forschungsprojekt „Adaptive Lehrkompetenz" (Beck, Baer, Guldimann, Bischoff, Brühwiler, Müller, Niedermann, Rogalla & Vogt, 2006; SNF-Projekt Nr. 1114-066726.01; Beck et al., 2008) verwendet wurden. Die Vignette 1 erfasst die allgemeine Unterrichtsplanung der Lehrpersonen und die Vignette 2 richtet sich auf die diagnostischen Vorüberlegungen einer Lehrperson zum zu planenden Unterricht. Bei beiden Vignetten werden die Versuchspersonen aufgefordert, sich in der entsprechenden Situation als Expertin oder Experte wahrzunehmen und eine unerfahrene Lehrperson für ihre Unterrichtsvorbereitung zu beraten. Dabei soll sie die Beratung möglichst so vornehmen, wie sie selber bei der Unterrichtsplanung vorgehen würden.

7.2.3 Selbstwirksamkeit: allgemein und lehrpersonenbezogen

In den folgenden Kapiteln werden die Skalen der (D) allgemeinen und der (E) lehrpersonenbezogenen Selbstwirksamkeit vorgestellt. An dieser Stelle sei zur Verwendung der Begriffe Selbstwirksamkeit und Selbstwirksamkeitsüberzeugungen auf die Fussnote 13 (S. 72) hingewiesen. Zuerst wird auf die allgemeine Selbstwirksamkeit eingegangen, anschliessend auf die lehrpersonenbezogene Selbstwirksamkeit.

7.2.3.1 Allgemeine Selbstwirksamkeit

Die allgemeinen Selbstwirksamkeitsüberzeugungen weisen auf das Vertrauen in die eigene Kompetenz, auch schwierige Situationen zu meistern, hin. In ihnen kommt die eigene Überzeugung, Barrieren mit eigenen Interventionen zu überwinden, zum Ausdruck (Schwarzer & Jerusalem, 2002).

Die Skala der allgemeinen Selbstwirksamkeitsüberzeugungen von Schwarzer und Jerusalem (1999), welche 10 Items umfasst, beruht auf dem theoretischen Konzept zur Selbstwirksamkeit von Bandura (1997). Nach Schwarzer und Jerusalem (1999) verfügen Personen über generalisierte Selbstwirksamkeitsüberzeugungen, die aus Erfolgs- und Misserfolgserfahrungen entstehen und verallgemeinert werden.

Die Skala erfasst die subjektive Erwartung, kritische Anforderungssituationen aus eigener Kraft erfolgreich meistern zu können. Ziel der Skala ist es, die konstruktive Lebensbewältigung vorherzusagen (Jerusalem, 1990; Schwarzer, 1994). Die allgemeinen Selbstwirksamkeitsüberzeugungen stellen in der Auseinandersetzung mit alltäglichen Lebensanforderungen eine wichtige personale Ressource dar. Wenn Anforderungen im alltäglichen Leben bewältigt werden müssen, wägen Individuen die Anforderungen gegen die eigenen Kompetenzen ab. Aufgrund seiner Überzeugungen, die bestimmte Anforderung bewältigen zu können, entscheidet sich das Individuum für eine bestimmte Handlung oder eine bestimmte Bewältigungsstrategie (Bandura, 1997; Schwarzer, 1993). Die allgemeinen Selbstwirksamkeitsüberzeugungen sind ein wichtiger Prädiktor, um die konstruktive Lebensbewältigung vorherzusagen.

Dem Fragebogen[21] liegt eine eindimensionale Skala zugrunde, die 10 Items umfasst. Diese werden auf einer vierstufigen Skala beantwortet: 1 „stimmt nicht", 2 „stimmt kaum", 3 „stimmt eher" und 4 „stimmt genau". Nachfolgend sind die 10 Items wiedergegeben:

1. Wenn sich Widerstände auftun, finde ich Mittel und Wege, mich durchzusetzen.
2. Die Lösung schwieriger Probleme gelingt mir immer, wenn ich mich darum bemühe.
3. Es bereitet mir keine Schwierigkeiten, meine Absichten und Ziele zu verwirklichen.
4. In unerwarteten Situationen weiss ich immer, wie ich mich verhalten soll.
5. Auch bei überraschenden Ereignissen glaube ich, dass ich gut mit ihnen zurechtkommen kann.

---

21 Informationen unter www.selbstwirksam.de

6. Schwierigkeiten sehe ich gelassen entgegen, weil ich meinen Fähigkeiten immer vertrauen kann.
7. Was auch immer passiert, ich werde schon klar kommen.
8. Für jedes Problem kann ich eine Lösung finden.
9. Wenn eine neue Sache auf mich zukommt, weiss ich, wie ich damit umgehen kann.
10. Wenn ein Problem auf mich zukommt, habe ich mehrere Ideen, wie ich es lösen kann.

7.2.3.2 Lehrpersonenbezogene Selbstwirksamkeit

Die deutsche lehrpersonenbezogene Selbstwirksamkeitsskala wurzelt explizit in der sozial-kognitiven Theorie Banduras (Schmitz & Schwarzer, 2002). Sie besteht aus vier Bereichen:
a) allgemeine berufliche Leistung
b) berufsbezogene soziale Interaktion
c) Umgang mit Stress und Emotionen
d) und spezifische Selbstwirksamkeit zu innovativem Handeln

Schmitz und Schwarzers (2002) Ziel war, ein möglichst sparsames Instrument mit höchstens zehn Aussagen zu konzipieren. Aus einem Itempool wählten sie in einem Diskursverfahren aufgrund von theoretischen Überlegungen zehn Items aus. Da es nicht die Absicht war, eine möglichst homogene Skala zu entwickeln, um die interne Konsistenz zu maximieren, erfolgte die Auswahl der Items nicht nach statistischen Itemkennwerten. Vielmehr stellten Schmitz und Schwarzer (2002) die Validitätsoptimierung in den Vordergrund, indem in den Items Handlungsbereiche im Berufsleben von Lehrpersonen angesprochen werden.

Tabelle 1 gibt die Skala der lehrpersonenbzogenen Selbstwirksamkeit nach Schmitz und Schwarzer (2002) wieder.

Tabelle 1:   Items der lehrpersonenbezogenen Selbstwirksamkeit nach Schwarzer und Schmitz (2002)

Items	
1	Ich weiss, dass ich es schaffe, selbst den problematischsten S den prüfungsrelevanten Stoff zu vermitteln.
2	Ich weiss, dass ich zu den Eltern guten Kontakt halten kann, selbst in schwierigen Situationen.
3	Ich bin mir sicher, dass ich auch mit den problematischen S in guten Kontakt kommen kann, wenn ich mich darum bemühe.
4	Ich bin mir sicher, dass ich in Zukunft auf individuelle Probleme der S noch besser eingehen kann.
5	Selbst wenn mein Unterricht gestört wird, bin ich mir sicher, die notwendige Gelassenheit bewahren zu können.
6	Selbst wenn es mir mal nicht so gut geht, kann ich doch im Unterricht immer noch gut auf die S eingehen.
7	Auch wenn ich mich noch so sehr für die Entwicklung meiner S engagiere, weiss ich, dass ich nicht viel ausrichten kann
8	Ich bin mir sicher, dass ich kreative Ideen entwickeln kann, mit denen ich ungünstige Unterrichtsstrukturen verändere.
9	Ich traue mir zu die S für neue Projekte zu begeistern.
10	Ich kann Veränderungen auch gegenüber skeptischen Kollegen durchsetzen.

Aus einer auf die Qualität des Unterrichts bezogenen Perspektive sind die Items nach Schmitz und Schwarzer ergänzungsbedürftig. Wichtige Aspekte der Unterrichtsqualität im Sinne von Helmke (2009), bei denen die Lehrperson ebenso von der eigenen Wirksamkeit überzeugt sein sollte, sind nicht erfasst. Im Folgenden werden die vier Bereiche der Items von Schwarzer und Schmitz (2002) mit Bereichen der Unterrichtsqualität nach Helmke verglichen.

a) *Allgemeine berufliche Leistung:* Die der allgemeinen beruflichen Leistungen zuzuordnenden Items entsprechen Bereichen der Unterrichtsqualität im Sinne Helmkes (2009). Sie betreffen den *Umgang mit Heterogenität* (Beispiel „Ich bin mir sicher, dass ich in Zukunft auf individuelle Probleme der Schüler noch besser eingehen kann") und die *Motivierung* („Ich traue mir zu, die Schüler für neue Projekte zu begeistern").

b) *Berufsbezogene soziale Interaktion:* Die berufsbezogenen sozialen Interaktionen beziehen sich vor allem auf den Umgang mit den Eltern und Berufskolleginnen und -kollegen (Beispiel: „Ich weiss, dass ich zu den Eltern guten Kontakt halten kann, auch in schwierigen Situationen") sowie die allgemeine Kontaktaufnahme mit problematischen Schülerinnen und Schülern („Ich bin mir sicher, dass ich auch mit den problematischen Schülern in guten Kontakt kommen kann, wenn ich mich darum bemühe").

c) *Umgang mit Stress und Emotionen:* Das Item „Selbst wenn mein Unterricht gestört wird, bin ich mir sicher, die notwendige Gelassenheit bewahren zu können", das sich bei Schwarzer und Schmitz auf den Umgang mit Stress und Emotionen bezieht, betrifft nach Helmke (2009) einen Aspekt der *Klassenführung*, den Umgang mit Störungen.

d) *Innovatives Handeln:* Das innovative Handeln oder die Kreativität (Beispiel: „Ich bin sicher, dass ich kreative Ideen entwickeln kann, mit denen ich ungünstige Unterrichtsstrukturen verändern kann") wird bei Helmke (2009) nicht als eigenständigen Bereich für guten Unterricht aufgeführt, da er wohl in allen Bereichen der Unterrichtsqualität zum Tragen kommt.

Um die Unterrichtsqualität bei den lehrpersonenbezogenen Selbstwirksamkeitsüberzeugungen noch deutlicher abzubilden, wurden noch weitere Items, die sich auf die Bereiche der Qualität von Unterricht nach Helmke (2009) beziehen, hinzugefügt. Dies sind:

- *Klarheit/Strukturiertheit und Angebotsvariation:* „Ich kann verschiedene Methoden und Sozialformen zielorientiert einsetzen"
- *Konsolidierung und Sicherung im Sinne von Passung:* „Ich weiss, dass ich das Unterrichtstempo dem Lernstand der Schülerinnen und Schüler anpassen kann"
- *Aktivierung:* „Ich weiss, dass meinem Unterricht alle Schülerinnen und Schüler folgen können"
- *Schülerorientierung und Motivierung:* „Auch wenig interessierte Schülerinnen und Schüler kann ich für den Stoff begeistern"
- *Kompetenzorientierung und Angebotsvariation:* „Ich bin überzeugt, dass ich mir Unterrichtsziele, die verschiedene Bereiche (bspw. kognitive, affektive, soziale) ansprechen, vornehmen und auch erreichen kann"
- *Aktivierung:* „Ich bin überzeugt, dass ich allen meinen Schülerinnen und Schülern eine konstruktive Lernunterstützung bieten kann"
- *Schülerorientierung und Aktivierung:* „In offenen Unterrichtsphasen fällt es mir leicht, die Rolle eines Coachs zu übernehmen"

Diese Ergänzung hat den Vorteil, dass den Selbstwirksamkeitsüberzeugungen einer Lehrperson bezogen auf die Unterrichtsqualität ein grösseres Gewicht mit einem breiteren Themenspektrum eingeräumt wird.

Die ergänzten Items werden in der nachfolgenden Tabelle 2 aufgeführt.

Tabelle 2: Ergänzte Items der lehrpersonenbezogenen Skala

Items	
11	Ich bin überzeugt, dass ich mir Unterrichtsziele, die verschiedene Bereiche (bspw. kognitive, affektive, soziale) ansprechen, vornehmen und auch erreichen kann.
12	Auch wenig interessierte S kann ich für den Stoff begeistern.
13	Ich kann verschiedene Methoden und Sozialformen zielorientiert einsetzen.
14	Ich weiss, dass meinem Unterricht alle S folgen können.
15	Ich weiss, dass ich das Unterrichtstempo dem Lernstand der S anpassen kann.
16	Ich bin überzeugt, dass ich all meinen S eine konstruktive Lernunterstützung bieten kann.
17	In offenen Unterrichtsphasen fällt es mir leicht die Rolle eines Coachs zu übernehmen.

Die Items werden ebenfalls mittels vierstufiger Skala („stimmt nicht", „stimmt kaum", „stimmt eher", „stimmt genau") beantwortet.

7.2.4 NEO-FFI: Fünf-Faktoren-Modell der Persönlichkeit

Das (F) NEO-FFI (NEO-Fünf-Faktoren-Inventar, NEO setzt sich aus den Anfangsbuchstaben der ersten drei Persönlichkeitsfaktoren zusammen: Neurotizismus, Extraversion, Offenheit für Erfahrungen) ist ein Modell der Persönlichkeitspsychologie, welches fünf Hauptdimensionen der Persönlichkeit (die so genannten Big Five) erfasst. Bereits seit den 1930er Jahren begann die Entwicklung der Big Five durch Klages (1926), Allport und Odbert (1936) und Cattell (1943), welche die Sedimentationshypothese herleiteten. Diese besagt, dass alle wichtigen Aspekte individueller Differenzen in der Sprache zu finden sind. In der Lexik der Sprache werden alle bedeutsamen individuellen Unterschiede zwischen Personen abgebildet (psycho-lexikalischer Ansatz). So schrieben Allport und Odbert (1936) ca. 18000 Wörter, vorwiegend Adjektive, die sich zur Beschreibung individueller Unterschiede eignen, aus dem Webster's New International Dictionary heraus. Diese ordneten sie anschliessend vier Kategorien zu, die sie mit persönlichkeitsbeschreibenden Namen bezeichneten.

Auf diesen Vorarbeiten basiert das NEO-Fünf-Faktoren-Inventar, welches von Costa und McCrae (1985) entwickelt wurde. Die deutschsprachige Version wurde von Borkenau und Ostendorf (1993) herausgegeben.

Nach Borkenau und Ostendorf (1993) zeigen sich in vielen faktorenanalytischen Studien fünf Faktoren der Persönlichkeit als unabhängig von den untersuchten Stichproben, Beobachtern, Instrumenten und dem Kulturraum. Diese fünf Faktoren werden als „Neurotizismus", „Extraversion", „Offenheit für Erfahrungen", „Verträglichkeit" und „Gewissenhaftigkeit" bezeichnet. Sie bilden die Big Five, die im Folgenden genauer beschrieben werden (vgl. Borkenau & Ostendorf, 1993):

- *Neurotizismus:* Mit diesem Faktor werden die emotionale Stabilität und die emotionale Labilität einer Person gemessen. Sie darf aber nicht mit der Diagnose einer psychischen Störung verwechselt werden. Sie dient wie alle anderen Faktoren des NEO-FFI dem Erfassen von Persönlichkeitsmerkmalen, in denen sich alle Individuen mehr oder weniger unterscheiden. Der Faktor misst, wie negative Emotionen erlebt werden. Personen mit einem hohen Neurotizismus-Wert beschreiben, dass sie eher leicht aus dem Gleichgewicht gebracht werden können und dass sie manchmal geradezu von Gefühlszuständen überwältigt werden. Sie fühlen sich vermehrt beispielsweise erschüttert, betroffen, beschämt, unsicher, verlegen, nervös, ängstlich und traurig. Im Gegensatz dazu beschreiben sich emotional stabile Menschen als ruhig, ausgeglichen, sorgenfrei, auch bei Stresssituationen geraten sie nicht so schnell aus der Fassung.
  Beispielitem: „Ich fühle mich oft angespannt und nervös."
- *Extraversion:* Personen, die beim Faktor „Extraversion" hohe Werte erreichen, beschreiben sich als gesellig, selbstsicher, aktiv, gesprächig, energisch, heiter und optimistisch. Solche Menschen fühlen sich in Gruppen wohl, haben ein heiteres Naturell und mögen Aufregendes. Schwieriger ist die Beschreibung von Introvertierten, da sie sich eher durch das Fehlen der Eigenschaften von extravertierten Personen kennzeichnen lassen. So sind sie beispielsweise eher zurückhaltend als unfreundlich und eher ausgeglichen als phlegmatisch. Sie leiden nicht unter sozialer Angst, sondern bevorzugen das Alleinsein, ohne unglücklich oder pessimistisch zu sein.
  Beispielitem: „Ich habe gerne viele Leute um mich herum."
- *Offenheit für Erfahrung:* Personen mit hohen Werten bei diesem Faktor sind an neuen Erfahrungen, Erlebnissen und Eindrücken interessiert. Sie verfügen über ein reges Phantasieleben, nehmen ihre Gefühle akzentuiert wahr und interessieren sich für persönliche und öffentliche Vorgänge. Adjektive wie unkonventionell, wissbegierig, intellektuell, phantasievoll, experimentierfreudig und künstlerisch interessiert beschreiben ihren Charakter. Bestehende Normen hinterfragen sie kritisch und sie bevorzugen neuartige soziale, ethische und politische Wertvorstellungen. Ihr Urteil ist unabhängig. Personen mit niedrigen Werten verhalten sich eher konventionell und neigen zu konservativen Einstellungen. Bewährtes wird vorgezogen.
  Beispielitem: „Ich probiere oft neue und fremde Speisen aus."

- *Verträglichkeit:* Der Altruismus ist beschreibend für Personen mit hohen Werten bei diesem Faktor. Anderen Menschen begegnen sie mit Verständnis, Wohlwollen und Mitgefühl. Kooperativität, Nachgiebigkeit und ein starkes Harmoniebedürfnis sind weitere Kennzeichen. Personen mit niedrigen Werten verhalten sich eher kompetitiv, egozentrisch und misstrauisch gegenüber anderen Menschen.
  Beispielitem: „Ich probiere zu jedem, dem ich begegne, freundlich zu sein."

- *Gewissenhaftigkeit:* Die Dimension der Gewissenhaftigkeit bezieht sich auf die Selbstkontrolle einer Person im Sinne von Planen, Organisieren und Durchführen von Aufgaben. Personen mit hohen Werten sind zielstrebig, ehrgeizig, fleissig, ausdauernd, systematisch, willensstark, diszipliniert, zuverlässig, pünktlich, ordentlich, genau und penibel. Im Gegensatz dazu verfolgen Personen mit niedrigen Werten ihre Ziele mit geringerem Engagement und beschreiben sich eher als nachlässig, gleichgültig und unbeständig.
  Beispielitem: „Ich halte meine Sachen ordentlich und sauber."

Die einzelnen Items werden mittels einer fünfstufigen Skala (0 = starke Ablehnung, 1 = Ablehnung, 2 = neutral, 3 = Zustimmung, 4 = starke Zustimmung) beantwortet. Einige Items müssen zur weiteren Berechnung umgepolt werden (Borkenau & Ostendorf, 1993, S. 27).

7.2.5 Stressverarbeitung SVF 78

Der Stressverarbeitungsfragebogen SVF 78 (G) – die Zahl 78 bezieht sich auf die 78 Items – ist das bekannteste Instrument im deutschsprachigen Raum zur Erfassung des Bewältigungsverhaltens eines Individuums in stressreichen Situationen (Khashabi, 1996). Er umfasst 13 Subtests mit jeweils 6 Items und ist eine Kurzform des ursprünglichen SVF 120 von Janke und Erdmann (1997, 2002) mit 20 Subtests. Die lange Version des Stressverarbeitungsfragebogens enthält zusätzliche Stressverarbeitungsstrategien zum Suchtverhalten eines Individuums. Da solche Stressverarbeitungsstrategien für die Fragestellung der vorliegenden Arbeit nicht relevant sind, wurde die Kurzform des Stressverarbeitungsfragebogens eingesetzt. Jede Person verfügt über ein bestimmtes Repertoire an Verarbeitungsstrategien, die sie in stressreichen Situationen einsetzt. Mit der Erfassung dieser Strategien lässt sich ein persönliches Bewältigungsprofil erstellen.

Die Reaktionen auf stressreiche Situationen werden nach Janke, Erdmann und Kallus (1985) als psychische Vorgänge, die plan- oder unplanmässig, bewusst oder unbewusst ablaufen, definiert. Das Ziel des Einsatzes der Stressverarbeitungsstrategien ist, den wahrgenommenen Stress zu vermindern. Der Fragebogen nimmt aber nicht nur Verarbeitungsstrategien auf, die sich stressvermindernd (in Tabelle 3 Zeilen a bis g) auswirken, sondern auch solche, welche stressvermehrend (in Tabelle 3 Zeilen j bis m) sind, und somit gesundheitsschädigende Konsequenzen haben können. Die Subtests „Soziales Unterstützungsbedürfnis" (h) und „Vermeidung" (i) können nicht eindeutig zu den Negativ- oder Positivstrategien zugeordnet werden und müssen jeweils für sich interpretiert werden.

Der Fragebogen wurde auf dem theoretischen Hintergrund zu Coping und Stress aufgebaut (Janke et al., 1985). Personen sind stressreichen Situationen nicht passiv ausgeliefert, sondern begegnen diesen mit Verarbeitungsstrategien. Die Strategien, die zur Stressverarbeitung verwendet werden, sind relativ konstant. Sie erweisen sich als habituelle Merkmale einer Person und sind unabhängig von anderen Merkmalen der Persönlichkeit.

Jeder Subtest des verwendeten Stressverarbeitungsfragebogens SVF 78 (Janke & Erdmann, 2002) besteht aus 6 Items. Insgesamt sind es 13 Subtests: (a) „Herunterspielen", (b) „Schuldabwehr", (c) „Ablenkung", (d) „Ersatzbefriedigung", (e) „Situationskontrollversuche", (f) „Reaktionskontrollversuche", (g) „Positive Selbstinstruktion", (h) „Soziales Unterstützungsbedürfnis", (i) „Vermeidung", (j) „Flucht", (k) „Gedankliche Weiterbeschäftigung", (l) „Resignation" und (m) „Selbstbeschuldigung" (vgl. Tabelle 3). Einleitend zur Beantwortung der Items ist eine allgemeine Instruktion aufgeführt. Sie lautet: „Wenn ich durch irgendetwas oder irgendjemanden beeinträchtigt, innerlich erregt oder aus dem Gleichgewicht gebracht worden bin …".

Tabelle 3: Die 13 Subtests des Stressverarbeitungsfragebogens SVF 78[a] (Janke & Erdmann, 2002) mit jeweiligen Beispielitems, (a) bis (g) enthalten Positiv-Strategien und (j) bis (m) Negativ-Strategien

Subtest		Beschreibung und Beispielitem
(a)	Herunterspielen	Zuschreibung von geringerem Stress im Vergleich zu anderen. *Beispiel:* „... werde ich schneller damit fertig als andere."
(b)	Schuldabwehr	Betonung der fehlenden Eigenverantwortlichkeit *Beispiel:* „... sage ich mir, ich habe mir nichts vorzuwerfen."
(c)	Ablenkung	Von stressreichen Situationen ablenken oder sich „stresslose" Aktivitäten zuwenden *Beispiel:* „... versuche ich, meine Gedanken auf etwas anderes zu konzentrieren."
(d)	Ersatzbefriedigung	Sich erfreulichen, positiven Aktivitäten zuwenden. *Beispiel:* „... esse ich etwas Gutes."
(e)	Situationskontrolle	Kontrollhandlungen und Lösungen für die stressreiche Situation planen und ausführen, als auch die Situation analysieren. *Beispiel:* „... überlege ich mein weiteres Verhalten ganz genau."
(f)	Reaktionskontrolle	Eigene Reaktionen unter Kontrolle halten. *Beispiel:* „... sage ich mir, lasse dich nicht gehen."
(g)	Positive Selbstinstruktion	Kompetenzen und Kontrollvermögen sich selbst zugestehen. *Beispiel:* „... sage ich mir, dass ich das durchstehen werde."
(h)	Soziales Unterstützungsbedürfnis	Sich soziale Unterstützung, Hilfe suchen, sich aussprechen. *Beispiel:* „... frage ich jemanden um Rat, wie ich mich verhalten soll."
(i)	Vermeidung	Sich vornehmen belastende Situationen zu verhindern oder auszuweichen. *Beispiel:* „... vermeide ich von nun an solche Situationen."
(j)	Flucht	Tendenz einer belastungsreichen Situation zu entkommen (resignativ). *Beispiel:* „... denke ich, möglichst von hier weg."
(k)	Gedankliche Weiterbeschäftigung	Grübeln, sich gedanklich nicht lösen können. *Beispiel:* „... kann ich lange Zeit an nichts mehr anderes denken."
(l)	Resignation	Mit Gefühlen von Hilflosigkeit, Hoffnungslosigkeit aufgeben. *Beispiel:* „... fühle ich mich irgendwie hilflos."
(m)	Selbstbeschuldigung	Eigene Fehlhandlungen für die Situation verantwortlich machen. *Beispiel:* „... frage ich mich, was ich schon wieder falsch gemacht habe."

Anmerkungen. [a]Stressverarbeitungsfragebogen SVF 78: die Zahl 78 bezieht sich auf die im Fragebogen enthaltenen 78 Items.

Die Versuchspersonen tragen ihre Selbsteinschätzung auf fünfstufigen Skalen mit 1 = „gar nicht", 2 = „kaum", 3 = „möglicherweise", 4 = „wahrscheinlich" und 5 = „sehr wahrscheinlich" ein.

7.2.6 Weitere Instrumente

Beurteilung durch die Schülerinnen und Schüler (Schülerinnen- und Schüler-fragebogen): Der Schülerinnen- und Schülerfragebogen (H) wurde im Anschluss an die videografierte Unterrichtsstunde von den Schülerinnen und Schülern der betreffenden Klasse ausgefüllt. Er umfasst Items zum Lehrerhandeln während der Unterrichtsstunde, die von den Schülerinnen und Schüler auf einer vierstufigen Skala beantwortet wurden (1 = Regenwolke; 2 = Regenwolke, Sonne; 3 = Wolke, Sonne; 4 = Sonne). In Tabelle 4 sind die Items des Schülerinnen- und Schülerfragebogens aufgeführt. Die auf Leutwyler und Maag Merki (2004) beruhenden Items wurden nach den Bereichen „Diagnostische Kompetenz", „Instruktionseffizienz", „Motivierung" und „Kognitive Aktivierung" zusammengefasst.

Tabelle 4:   Items des Schülerinnen- und Schülerfragebogens

Diagnostische Kompetenz	
Item 1	Meine Lehrperson wusste, was ich leisten kann.
Item 2	Meine Lehrperson wusste, was ich nicht verstanden habe.
Item 3	Meine Lehrperson wusste, bei welchen Aufgaben ich Schwierigkeiten habe.
Item 4	Meine Lehrperson wusste, wenn ich im Unterricht nicht mitkam.
Item 5	Meine Lehrperson hat mir bei Schwierigkeiten geholfen.
Instruktionseffizienz	
Item 6	Die Erklärungen meiner Lehrperson verstand ich gut.
Item 7	Die Arbeitsaufträge waren verständlich.
Item 8	Die Ziele der Stunde waren mir klar.
Item 9	Die Fragen meiner Lehrperson waren mir klar.
Motivierung	
Item 10	In der letzten Stunde war eine freundliche Stimmung.
Item 11	In der letzten Stunde konnte ich mein Wissen zeigen.
Item 12	Die Stunde hat mir gefallen.
Item 13	Meine Lehrperson konnte mich begeistern.
Kognitive Aktivierung	
Item 14	In der letzten Stunde hatte ich immer etwas zu tun.
Item 15	In der letzten Stunde habe ich mitgedacht.
Item 16	In der letzten Stunde konnte ich meine eigenen Ideen einbringen.
Item 17	In der letzten Stunde konnte ich selbstständig arbeiten.

Fragebogen Wohlbefinden, Support, Motivation: Der Fragebogen zum Wohlbefinden, Support und Motivation (I) stützt sich auf Items von Ditton und Merz (2000) sowie Buhren und Rolff (2002). 13 der insgesamt 17 Items werden mittels Einschätzung auf einer vierstufigen Skala (1 = stimme überhaupt nicht zu, 2 = stimme eher nicht zu, 3 = stimme eher zu, 4 = stimme voll zu), drei Items mittels Einschätzung auf einer zehnstufigen Skala (Wohlbefinden: „völlig unwohl" bis „äusserst gut"; Support: „völlig unzureichend unterstützt" bis „voll und ganz unterstützt"; Motivation: „völlig unmotiviert" bis „äusserst motiviert") beantwortet. Ein Item wurde als offene Frage formuliert (Wünsche bezüglich Unterstützung). Der verwendete Fragebogen ist in Tabelle 5 wiedergegeben.

Tabelle 5: Items des Fragebogens Wohlbefinden, Support, Motivation

Wohlbefinden	
Item 1	Ich bin mit meinem Beruf sehr zufrieden.
Item 2	In meiner Schule fühle ich mich sehr wohl.
Item 3	Ich fühle mich durch die Belastungen meines Berufes überfordert.
Item 4	Ich habe das Gefühl, dass ich mit der Belastung meines Berufes nicht fertig werde.
Item 5	Wie würden sie ihr allgemeines Wohlbefinden momentan auf einer Skala von 1 bis 10 einschätzen?
Support	
Item 6	Um mich als neue Kollegin, neuen Kollegen kümmert man sich in unserer Schule intensiv.
Item 7	Meine Kolleginnen und Kollegen haben in aller Regel keine Zeit, um mir behilflich zu sein, mich zurechtzufinden.
Item 8	An meiner Schule bemüht man sich sehr, dass ich mich schnell zurechtfinde.
Item 9	Die Schulleitung ist für meine Fragen ansprechbar und kompetent.
Item 10	Die Schulleitung spricht mit mir über meine Unterrichtsarbeit.
Item 11	Die Schulleitung ist über den Unterricht in meiner Klasse gut informiert.
Item 12	Die Schulleitung hat mit mir über meine ersten Erfahrungen und Eindrücke gesprochen.
Item 13	Ich habe alle relevanten Informationen rechtzeitig erhalten.
Item 14	In meiner Schule wird für einen guten Informationsfluss gesorgt.
Item 15	Ich bin in ausreichendem Masse über wichtige Informationen orientiert worden.
Item 16	Ich verfüge über die Möglichkeit mit Fachkollegen oder Stufenkollegen den Unterricht vorzubereiten.
Item 17	Ich erhalte von einer Kollegin, einem Kollegen intensive Unterstützung.
Item 18	Ich verfüge bei Problemen über eine Ansprechperson im Team.
Item 19	Wie schätzen Sie ihre erhaltene Unterstützung auf einer Skala von 1 bis 10 ein?
Item 20	Wünsche bezüglich Unterstützung:
Motivation	
Item 21	Meine Arbeit macht mir nur wenig Spass.
Item 22	Freizeit und Hobby geben mir mehr Befriedigung als mein Beruf.
Item 23	Wenn ich mein Leben neu planen könnte, würde ich wieder Lehrerin oder Lehrer werden.
Item 24	Wie hoch schätzen Sie ihre berufliche Motivation momentan auf einer Skala von 1 bis 10 ein?

Ziele der Lehrpersonen: Die Ziele der Berufseinsteigenden und Praxislehrpersonen (J) wurden mit einer offenen Fragestellung erfasst, die in Anlehnung an Stief (2001, S. 61) formuliert wurde:

> „Nun geht es um Ihre persönlichen, derzeitigen Ziele. Ihre persönlichen Ziele sind Vorhaben, Pläne und Projekte, die Sie in Ihrem Alltag umsetzen wollen. Bitte verdeutlichen Sie sich als erstes Ihre gegenwärtige Situation: Was haben Sie bisher erreicht, was wollen Sie noch erreichen? Womit sind Sie in Ihrem Leben zufrieden? Was wollen Sie in den nächsten fünf Jahren verändern?
>
> Nehmen Sie sich bitte etwas Zeit darüber nachzudenken!
>
> Bitte listen Sie einige persönliche Ziele auf, die Sie sich gesteckt haben. Notieren Sie dabei nur Ziele, die Sie in den nächsten 5 Jahren intensiv verfolgen wollen. Diese persönlichen Ziele können sich über alle Lebensbereiche erstrecken.
> Ich nehme mir vor, ...“

Subjektives Lernverständnis: Der Fragebogen zu den subjektiven Lerntheorien (K) ermittelt den Grad an kognitivistisch-konstruktivistischer bzw. assoziationistisch-behavioristische Lernorientierung der Lehrpersonen (Staub & Stern, 2002). Die Studierenden bzw. Berufseinsteigenden und die Praxislehrpersonen geben dabei Auskunft über ihre Einstellungen zum Lernen.

Die Fragebogen-Items werden auf einer fünfstufigen Likertskala beantwortet von 1 = „überhaupt nicht einverstanden" bis 5 = „sehr einverstanden". 24 Items sind konstruktivistisch und 24 Items behavioristisch orientiert formuliert. Insgesamt lässt sich der Fragebogen in vier Subbereiche einteilen: die Vorstellungen der Lehrperson bezüglich (a) des Lernens der Kinder, (b) des Verhältnisses von Kenntnissen, Verstehen und Problemlösen, (c) des Lernens (konstruktivistisch versus behavioristisch) und (d) der Rolle der Lehrperson.

Ein Beispielitem für die konstruktivistische Orientierung lautet: *„Lehrerinnen und Lehrer sollten Schüler/innen ermutigen, ihre eigenen Lösungswege für Mathematikaufgaben zu suchen, selbst wenn diese ineffizient sind."*

Ein Beispielitem für eine behavioristische Orientierung lautet: *„Lehrerinnen und Lehrer sollten für das Lösen von Lernaufgaben detaillierte Vorgehensweisen vermitteln."*

7.3 Stichprobe und Durchführung der Datenerhebung

Die Studierenden bzw. Junglehrpersonen absolvierten die Ausbildung zur Primarlehrperson an der Pädagogischen Hochschule Zürich (PHZH) oder an der Pädagogischen Hochschule des Kantons St. Gallen (PHSG). Am Ende des Studiums (Messzeitpunkt t1) umfasste die Stichprobe 71 Studierende. Zum zweiten Messzeitpunkt (am Anfang des 1. Berufsjahres) reduzierte sich die Zahl der Versuchspersonen auf 42, da die restlichen Absolventinnen und Absolventen des Studiums noch keine Stelle als Lehrperson angetreten hatten. Zusätzlich wurden die Daten von 9 Praxislehrpersonen aufgenommen. Die restlichen Reduktionen bei der Zahl der Versuchspersonen (siehe Tabelle 6) stellten sich aus unvoraussehbaren Gründen ein.

Zu jedem der drei Messzeitpunkten t1 (Ende Studium), t2 (Anfang 1. Berufsjahr) und t3 (Ende 1. Berufsjahr) wurde jeweils eine Unterrichtslektion desselben Studierenden bzw. Berufseinsteigenden videografiert und auch die weiteren Datenerhebungsinstrumente eingesetzt. Die lehrpersonenbezogenen Selbstwirksamkeitsüberzeugungen (E), die Stressverarbeitungsstrategien (G), das Wohlbefinden, der Support und die Motivation im Beruf (I) wurden zu den Messzeitpunkten t2 und t3 erhoben, die persönlichen Ziele der Lehrpersonen (J) zum Messzeitpunkt t3.

Tabelle 6 enthält einen Überblick über die Instrumente der Datenerhebung und die Stichprobengrösse.

Tabelle 6: Übersicht über die Anzahl Versuchspersonen (Studierende bzw. Berufseinsteigende und Praxislehrpersonen PLP) nach Datenerhebungsinstrument und Messzeitpunkt der Datenerhebung

Datenerhebungsinstrumente:	t1 Ende Studium (Juni/Juli 2007)	t2 Anfang 1. Berufsjahr (Aug./Sep. 2007)	t3 Ende 1. Berufsjahr (Juni/Juli 2008)	PLP[a] (Juni/Juli 2008)
(A) Videografie: Rating (Qualität des Unterrichtsgeschehens)	41	41	41	8
(B) Videografie: Kodierung (sichtbares Unterrichtsgeschehen)	41	41	41	8
(C) Vignettentest (Unterrichts- planungswissen)	39	39	39	8
(D) allgemeine Selbstwirksamkeit	69	42	39	9
(E) lehrpersonenbezogene Selbst- wirksamkeit	-	21	39	9
(F) NEO-FFI[b] (Persönlichkeitsmerkmale)	67	42	40	9
(G) SVF 78[c] (Stressbewältigungs- strategien)	-	21	37	9
(H) Schüler/-innenfragebogen (Beurteilung durch die Schüler)	671	604	642	169
(I) Support-Motivation-Wohlbefinden	-	21	21	8
(J) Ziele	-	-	21	8
(K) Subjektives Lernverständnis	71	42	40	9

Anmerkungen. [a] Praxislehrpersonen; [b]NEO-Fünf-Faktoren Inventar ist ein Modell der Persönlichkeitspsychologie, welches fünf Hauptdimensionen der Persönlichkeit (die so genannten Big Five) erfasst; [c]Stressverarbeitungsfragebogen SVF 78, die Zahl 78 bezieht sich auf die im Fragebogen enthaltenen 78 Items.

7.4 Aufbereitung und Auswertung der Daten

7.4.1 Datenaufbereitung

(A) und (B) Unterrichtsvideografie:
Die Unterrichtsstunden, die für die vorliegende Arbeit aufgezeichnet wurden, wurden nach den Vorgaben der TIMSS-Videostudie[22] vorgenommen. Im hinteren Drittel des Schulzimmers wurde eine stationäre Videokamera installiert, die vor allem die Aktivitäten der Lehrperson erfassen konnte. Die

---

22 Umfassende Informationen über TIMSS (The International Mathematics and Science Study) in Baumert, J., Lehmann, R., Lehrke, M., Schmitz, B., Clausen, M., Hosenfeld, I., Köller, O. & Neubrand, J. (1997). TIMSS – Mathematisch-naturwissenschaftlicher Unterricht im internationalen Vergleich. Deskriptive Befunde. Opladen: Leske & Budrich. Informationen zur Videoauswertung sind unter http://www.mpib-berlin.mpg. de/TIMSS-Video/TIMSS_homepage/index.htm [28.2.2010] zu finden.

Kamera wurde bei längeren Beiträgen der Schülerinnen und Schüler mittels Zoomfunktion auf die jeweilige Schülerin oder den jeweiligen Schüler gerichtet. Bei Still-, Partner- oder Gruppenarbeiten wurde die Kamera teilweise als Handkamera geführt, um die Aktivitäten der Schülerinnen und Schüler besser dokumentieren zu können. Der Ton wurde mit einem Richtmikrofon aufgenommen.

Die Vorteile einer stationären Kamera sind in der Standardisierung der Videoaufnahme und in der ruhigeren Kameraführung zu sehen, als dies bei einer handgeführten Kamera der Fall wäre. Da die Kameraposition nicht die Aufnahme des ganzen Schulzimmers erlaubt, muss diese eingeschränkte Sicht und damit ein eingeschränkter Fokus des Vorgehens als Nachteil vermerkt werden.

Die Videoaufnahmen wurden im Nachhinein in MPEG4-Format auf CD gebrannt und lagen auf diese Weise zur weiteren Verarbeitung vor.

Die inhaltlichen Auswertungen wurden anschliessend mit dem Computerprogramm „Videograph" (Rimmele, 2004) vorgenommen. Dieses Programm ermöglicht einerseits die Transkription und andererseits die Analyse der videografierten Unterrichtsstunden durch Kodierung des unterrichtlichen Geschehens (vgl. hierzu auch Kocher & Wyss, 2008). Die Ergebnisse der durchgeführten Analysen können grafisch abgebildet und für die weitere grafische oder statistische Verarbeitung in eine externe Datei exportiert werden. Für die vorliegende Studie wurden die aufbereiteten Daten ins Programm „SPSS" exportiert und dort weiterverarbeitet.

Videografierte Unterrichtsstunden liefern ein sehr komplexes Datenmaterial, das eine tiefgreifende Analyse erlaubt (Blömeke, Eichler & Müller, 2003). Die Datenanalyse erstreckt sich dabei von „niedrig-inferenten" Beobachtungen, die „objektiv" mit wenig Interpretation und Vorwissen über Unterricht kodiert werden können, bis zu „hoch-inferenten" Beobachtungen, welche Schlussfolgerungen und Interpretationen erfordern und ganzheitlich beurteilt werden (Clausen, Reusser & Klieme, 2003).

In der vorliegenden Studie wurden ein „niedrig-inferentes" Verfahren mit der Kodierung der Sichtstrukturen des Unterrichtsgeschehens in Anlehnung an Seidel, Dahlehefte und Meyer (2001) und Seidel (2003) sowie ein „hoch-inferentes" Verfahren, das in Anlehnung an Clausen, Reusser und Klieme (2003) und an Kocher und Wyss (2008) ausgearbeitet worden war, eingesetzt (vgl. auch Baer et al., 2011). Die Aufbereitung der Videodaten beruht im Wesentlichen auf den im Kapitel 3 beschriebenen Kriterien der Unterrichtsqualität (Helmke, 2009).

(A) Qualität des Unterrichts – qualitative Analyse der Unterrichtsstunden:
Das Rater-Inventar zur Beurteilung der Qualität der Unterrichtsstunden besteht aus den Bereichen „Instruktionseffizienz", „Schülerorientierung", „Kognitive Aktivierung" und „Klarheit und Strukturiertheit". Jeder Bereich besteht aus verschiedenen Facetten (z.B. A1 und A2 in Tabelle 7). Die Facetten sind wiederum in einzelne Items unterteilt. Die Tabelle 7 gibt eine Übersicht über die Bereiche, Facetten und Items des Rater-Inventars (Baer et al., 2009, 2011). Zur Berechnung der Interraterreliabilität wurde der „Intraclass Correlation Coefficient" (ICC) verwendet.

Tabelle 7:   Übersicht über das Rater-Inventar (Baer et al., 2009, 2011) zur Beurteilung der Unterrichtsqualität und die „Intraclass Correlation"-Koeffizienten (ICC) für jedes Item

A Instruktionseffiezienz	
A1 Umgang mit der Unterrichtszeit	Die zeitliche Planung der LP ist erkennbar. (ICC[a]=.953)
	Die LP sorgt dafür, dass die S sich zu Beginn der Stunde ruhig verhalten und zur Mitarbeit bereit sind. (ICC=.912)
	Die Wechsel zwischen den Arbeitsformen beanspruchen wenig Zeit. (ICC=.644)
	Die LP geht kompetent mit Störungen um. (ICC=.405)
A2 Qualität der Organisation	Das Arbeitsmaterial ist einsatzbereit. (ICC=.982)
	Die LP setzt Medien (auch Materialien, Tafel und Visualisierungen) sinnvoll ein. (ICC=.974)
	Die Organisation der offenen bzw. nicht lehrerzentrierten Unterrichtsformen erfolgt zweckmässig. (ICC=.248)
	Die LP variiert Methoden und Sozialformen in angemessener Weise. (ICC=.942)

B Schülerorientierung	
B1 Umgang mit Fehlern	Die LP achtet darauf, dass Fehler nicht überbewertet werden. (ICC=.936)
	Niemand wird blossgestellt. (ICC=.764)
	Bei dieser LP ist Fehlermachen nichts Schlimmes. (ICC=.833)
B2 Motivierungsfähigkeit	Die LP unterrichtet tatkräftig und engagiert. (ICC=.621)
	Die S arbeiten konzentriert und motiviert. (ICC=.975)
	Die LP ermutigt einzelne S. (ICC=.826)
	Die LP holt die S zur gemeinsamen Arbeit ab. (ICC=.872)
	Die LP gibt aktivierende Impulse (verbal / nonverbal). (ICC=.840)
	Die LP verhält sich den S gegenüber wohlwollend. (ICC=.746)

C Kognitive Aktivierung	
C1 Pacing	Die LP geht im Stoff zügig voran, ohne die S zu überfordern. (ICC=.861)
	Die S erhalten angemessen Zeit für die Bearbeitung einer Aufgabe. (ICC=.920)
	Die LP unterstützt die S auch in den offenen Unterrichtsphasen. (ICC=.887)
	Die LP passt ihren Unterricht den S an. (ICC=.361)
C2 Lehrperson als Mediator	Die LP unterstützt bei der Ausformulierung bzw. Ausführung von Ideen. (ICC=.836)
	Die LP fragt – ohne zu bewerten – nach, wenn ein S unvollständige oder unklare Ideen formuliert. (ICC=.408)
	Die LP unterstützt die S bei der Lösung von Fragen und Problemen. (ICC=.121)
	Die LP gibt individuelle Rückmeldungen. (ICC=.780)
	Die LP unterstützt mit Scaffolding, wo dies angebracht ist. (ICC=.753)
	Die LP übernimmt die Funktion als Coach in offenen Unterrichtsphasen. (ICC=.883)

D Klarheit und Strukturiertheit	
D1 Sprachliche Qualität	Die LP spricht verständlich. (ICC=.747)
	Die LP macht keine Fehler. (ICC=.882)
	Die LP passt das Sprachniveau der Schulstufe an. (ICC=.702)
D2 Gesprächsführung	Die LP vermeidet das permanente Wiederholen von S-Antworten (‚Lehrerecho'). (ICC=.669)
	Die LP vermeidet stereotype Rückmeldungen und Kommentare. (ICC=.474)
	Die LP verfügt über verschiedene Strategien mit S-Antworten umzugehen. (ICC=.759)
	Die LP setzt Fragen didaktisch sinnvoll ein. (ICC=.444)
D3 Zielklarheit	Die Ziele von Unterrichtsphasen oder der Lektion sind erkennbar. (ICC=.331)
	Die Anweisungen und Aufträge der LP sind klar formuliert. (ICC=.865)
	Der Zusammenhang zwischen Unterrichtsphasen ist erkennbar. (ICC=.373)

Anmerkungen. [a] „Intraclass Correlation"-Koeffizient.

Das Rater-Inventar der vorgängig durchgeführten Pilotstudie (Kocher & Wyss, 2008), das in Anlehnung an Clausen, Reusser und Klieme (2003) und Helmke (2003) entwickelt worden war, wurde überarbeitet und zwecks differenzierterer Einschätzung von einer vierstufigen auf eine sechsstufige Skala, die von 1 „trifft überhaupt nicht zu" bis 6 „trifft voll und ganz zu" reicht, erweitert.

Für die Beurteilung der Qualität des Unterrichts wurde die videografierte Unterrichtsstunde in einem Durchgang in voller Länge angesehen und anschliessend von zwei Ratern unabhängig voneinander beurteilt. Bei abweichenden Bewertungen wurde die Beurteilung durch Konsensfindung festgelegt.

In Tabelle 8 sind die Ergebnisse der Skalenprüfung für die Bereiche „Instruktionseffizienz", „Schülerorientierung", „Kognitive Aktivierung" und „Klarheit und Strukturiertheit" bzw. die jeweiligen Facetten ersichtlich. Bei den Facetten „Sprachliche Qualität" und „Gesprächsführung" wurden ungenügende Alpha-Werte erreicht. Für die weitere Verwendung des Rater-Inventars muss dieser Befund berücksichtigt werden. Für die Auswertungen in der vorliegenden Arbeit werden die übergeordneten Bereiche „Instruktionseffizienz", „Schülerorientierung", „Kognitive Aktivierung" sowie „Klarheit/Strukturiertheit" und die Gesamtbeurteilung verwendet. Die einzelnen Facetten werden nicht berücksichtigt.

Tabelle 8: Skalenprüfung des Rater-Inventars zur Beurteilung der Unterrichtsqualität

Skalen	Cronbachs Alpha		
	t1	t2	t3
A Instruktionseffizienz	.86	.88	.67
Facette 1: Umgang mit der Unterrichtszeit	.82	.81	.47
Facette 2: Qualität der Organisation	.62	.80	.59
B Schülerorientierung	.85	.90	.87
Facette 3: Umgang mit Fehlern	.82	.58	.73
Facette 4: Motivierungsfähigkeit	.79	.90	.82
C Kognitive Aktivierung	.85	.89	.86
Facette 5: Pacing	.81	.84	.72
Facette 6: Lehrperson als Mediator	.71	.86	.80
D Klarheit und Strukturiertheit	.70	.72	.75
Facette 7: Sprachliche Qualität	.51	.28	.59
Facette 8: Gesprächsführung	.41	.40	.56
Facette 9: Zielklarheit	.76	.71	.40
Über alle 37 Items	.95	.96	.96

(B) Sichtbares Unterrichtsgeschehen – quantitative Analyse der Unterrichts-stunden: Das Kodierverfahren zur quantitativen Analyse der Unterrichtsstunden wurde mit der Software „Videograph" (Rimmele, 2004) vorgenommen. Die Unterrichtsstunden wurden dabei in 10-Sekunden-Zeiteinheiten niedrig-inferent kodiert (Seidel et al., 2001; Seidel, Prenzel & Kobarg, 2005). Damit kann das sichtbare Unterrichtsgeschehen festgelegt und kategorisiert werden (Pauli & Reusser, 2002; Kocher & Wyss, 2008; Baer et al., 2007, 2009, 2011).

Das Kategoriensystem (Baer et al., 2009, 2011), wie in Tabelle 9 aufgeführt, ist in die Bereiche A „Beobachtung von Sicht-Strukturen" und B „Lernorganisation während des Klassenunterrichts" unterteilt. Diese wiederum sind in die Facetten A1 bis A5 sowie B1 und B2 ausdifferenziert. Die Facetten ihrerseits bestehen aus verschiedenen Kategorien.

Tabelle 9: Übersicht über die Facetten des Manuals zur Kodierung des Unterrichts (Baer et al., 2009, 2011)

Bereiche	Facette	Kategorien
A Beobachtung von Sicht- strukturen	A1 Unterrichtsstatus	A10 kein Unterricht A11 vor Unterrichtsbeginn A12 Unterricht A13 nach Unterrichtsende
	A2 Unterrichtliche Arbeitsformen	A20 keine A21 Klassenunterricht A22 Stillarbeit/Einzelarbeit A23 Partnerarbeit A24 Gruppenarbeit A25 Übergang (zu einer anderen unterrichtlichen Arbeits- form) A26 mehrere Arbeitsformen gleichzeitig A27 Unterbrechung durch die LP A28 andere
	A3 Allgemeindidakti- sche Unterrichts- phasen	A30 keine A31 Einführung A32 Arbeits-, Anwendungs- und Vertiefungsphase A33 Zusammenfassung / Rückschau A34 Prüfen/Leistungskontrolle / Hausaufgabenkontrolle / Repetition A35 andere
	A4 Aktivitäten im Klassenunterricht	A400 keine A401 Lehrervortrag A402 Schülervortrag A403 Unterrichtsgespräch A404 Diktat / Abschreiben A405 Diskussion A406 Film/Video A407 Lesen A408 Spielformen A409 mehrere Aktivitäten gleichzeitig A410 Schüler/in leitet Unterricht A411 Abfragen von Resultaten A412 andere
	A5 Kommunikation im Unterricht	A50 keine A51 niemand spricht A52 Lehrperson spricht A53 Schüler/in spricht A54 Mischformen A55 andere
B Lernorganisa- tion während des Klas- senunterrichts	B1 Strukturierung	B10 keine B11 Ziel und Ablauf der Stunde B12 Ziel und Ablauf weiterer Stunden B13 inhaltliche Arbeitsaufträge B14 Zusammenfassen B15 Rückschau B16 andere
	B2 Differenzierung	B20 keine B21 Leistungsdifferenzierung durch Selbsteinschätzung der Schüler/innen B22 Leistungsdifferenzierung durch Lehrperson B23 Neigungsdifferenzierung B24 Mischformen

140

Zur Berechnung der Interraterreliabilität wurde Cohens Kappa gewählt; nach eingehendem Training wurden zufriedenstellende Werte zwischen .7 und 1.0 erreicht (vgl. Tabelle 10).

Tabelle 10: Interraterreliabilitäten (Cohens Kappa) in den Facetten des Kodiersystems

Facetten	Cohens Kappa
A Beobachtung von „Sicht-Strukturen"	
A1 Facette: Unterrichtsstatus	.92
A2 Facette: Unterrichtliche Arbeitsformen	.90
A3 Facette: Aktivitäten im Klassenunterricht	.79
A4 Facette: Allgemein-didaktische Unterrichtsphasen	.67
A5 Facette: Kommunikation im Unterricht	.72
B Lernorganisation während des Klassenunterrichts	
B1 Facette: Strukturierung	.83
B2 Facette: Differenzierung	1.0

Die Berechnungen zur quantitativen Analyse der Unterrichtsstunden haben den Schwerpunkt bei den folgenden Kategorien:

- *Facette A1 Unterrichtsstatus:* Kategorie „Unterricht" (verwendete Unterrichtszeit)
- *Facette A2 Arbeitsformen:* „Klassenunterricht", „Einzelarbeit" und „kooperative Formen" (diese setzen sich aus den Kategorien „Partner-", „Gruppenarbeit" sowie „Mischformen" zusammen)
- *Facette A5 Kommunikation im Unterricht:* Kategorien „Redeanteil der Lehrperson" und „Redeanteil der Schülerinnen und Schüler"
- *Facette B1 Strukturierung:* Gesamtwert für strukturierende Elemente aus den Werten der Kategorien „Ziel und Ablauf der Stunde", „Ziel und Ablauf weiterer Stunden", „inhaltliche Arbeitsaufträge", „Zusammenfassen" und „Rückschau".
- *Facette B2 Differenzierung:* Gesamtwert für differenzierende Elemente aus den Werten der Kategorien „Leistungsdifferenzierung durch Selbsteinschätzung", „Leistungsdifferenzierung durch Lehrperson", „Neigungsdifferenzierung" und „Mischformen".

(C) Unterrichtsplanungswissen – Vignettentest:
Das Auswertungsmanual des Vignettentests basiert auf dem Manual des Projektes „Adaptive Lehrkompetenz" (Beck et al., 2008) und wurde für die Forschungsschwerpunkte des Projektes „Standarderreichung" angepasst. Die Auswertungsschwerpunkte orientieren sich an den vier Dimensionen „Didaktik", „Diagnostik", „Klassenführung" und „Sachkompetenz" (vgl. Helmke & Weinert, 1997). Diese sind in weitere Kriterien aufgegliedert. Eine genaue-

re Beschreibung dieses Tests findet sich in Baer et al. (2007) und in Larcher und Müller (2007). Tabelle 11 gibt eine Übersicht über das Auswertungsmanual des Vignettentests.

Tabelle 11: Auswertungsmanual des Vignettentests (Baer et al., 2007, 2011; Larcher & Müller, 2007)

Dimensionen und deren Kriterien	
Didaktik	
Didaktische Vorüberlegungen treffen	- *Langfristige Planung von Unterrichtseinheiten, damit Zeit für die Vorbereitung bleibt (z.B. förderliche Lernprozesse)*
	- *Ausrichtung des Unterrichts auf den Lehrplan*
	- *Ausrichtung des Unterrichts auf Lernziele*
	- *Erstellen eines Zusammenhanges zwischen den Themenbereichen*
	- *Planung von Bezügen innerhalb der Unterrichtseinheit/en (z.B. Übergänge von Lektionen; ,roter Faden' in Lektion)*
	- *Bezugnahme auf didaktische Theorien*
	- *Reflexion der Planungsideen mit anderen Fachleuten (Themenwahl, Vorgehensweise,…)*
	- *Effektive und schonungsvolle Nutzung der eigenen Ressourcen*
	- *Auswahl von Materialien*
	- *Auswahl verschiedener Medien*
	- *Ausrichtung des Unterrichts in Hinblick auf die Motivation*
	- *Einschätzung der Lernzeit*
	- *Vorgängiger Testlauf der Unterrichtseinheit (z.B. Versuche)*
	- *Reflexion des Unterrichts durch die LPa*
	- *Rückkoppelung der Unterrichtsnachbereitung für folgende Lektionen*
Neues Wissen erarbeiten	- *Einsatz verschiedener Methoden*
	- *Auswahl geeigneter Sozialformen (Gruppenunterricht, Partnerarbeit, …)*
	- *Ermöglichung von Lernen in verschiedenen Bereichen (kognitiv, kreativ, affektiv, sozial, multimodal)*
	- *Offenlegung der Lernziele ggü. den Sb*
	- *Anregung der Sb zu Vermutungen*
	- *Ermöglichung konkreter Handlungserfahrungen der Sb*
	- *Verbindung zu einem theoretischen Modell*
	- *Bezugnahme zu aktuellen Ereignissen oder Alltagserlebnissen der Sb*
	- *Erstellung von Zusammenhängen und Initiierung von Vernetzungen*
	- *Vermittlung von Arbeitstechniken und Lernstrategien*
	- *Führung von Lerntagebüchern durch Sb*
	- *Aufnahme der Fragestellungen der Sb*
	- *Unmittelbare Anpassung der Planung an das Unterrichtsgeschehen*

142

Dimensionen und deren Kriterien	
Erarbeitetes Wissen vertiefen und konsolidieren	- *Anregung der kognitiven Aktivität der Sb (Wissenstransfer, Umsetzung, aktive Mitarbeit)*
	- *Ermöglichung der freien Verarbeitung des Themas (z.B. Projektarbeit) durch die Sb*
	- *Schriftliche Fixierung der wichtigsten Erkenntnisse mit der Klasse*
	- *Individuelle schriftliche Fixierung der Erkenntnisse durch die Sb*
	- *Darbietung des neuen Wissens durch die Sb*
	- *Planung von Übungsphasen zur Vertiefung des neuen Wissens*
	- *Planung von Repetitionen bei mangelndem Verständnis*
	- *Differenzierung des Unterrichts, um Fähigkeiten und Interessen der Sb gerecht zu werden*
	- *Hilfestellung bestimmter Sb durch einzelne Sb*
	- *Einsatz von Lernpartnerschaften (Tandemlernen)*
Diagnostik	
Überprüfung des Vorwissens	- *Abklärung des ausserschulisch erworbenen Vorwissens*
	- *Abklärung des schulisch erworbenen Vorwissens*
Lernvoraussetzungen abklären	- *Abklärung der Interessen der Sb*
	- *Abklärung der Denk-/Lernstile der Sb*
	- *Abklärung der sozialen Voraussetzungen (z.B. Klassenklima)*
	- *Beobachtung der Mimik und Gestik (nonverbales Sb-Verhalten)*
	- *Stellen von Verständnisfragen*
	- *Aufforderung an Sb, das neue Wissen mündlich in eigene Worte zu fassen*
	- *Schriftliche Abfrage des Verständnisses*
	- *Aufforderung an Sb, das neue Wissen schriftlich in eigene Worte zu fassen*
	- *Anregung der Sb zur Selbstevaluation des Lernens*
	- *Summative Überprüfung (dient Kontrolle)*
	- *Formative Überprüfung (dient Rückmeldung)*
Klassenführung	
Initiierung der Organisa- tionsform	- *Anpassung der Organisationsform an die Bedürfnisse der Klasse*
	- *Planung sinnvoller Zeiteinheiten für einen möglichst störungsarmen Unterrichtsverlauf*
	- *Etablierung von Regeln und Ritualen für die Klasse*
Interaktion LP[a] - Klasse	- *Reflexion des LPa-Verhaltens als Modell für die Sb*
Sachkompetenz	
Über Sachkennt- nisse verfügen	- *Auswahl des Themas aufgrund des eigenen Sachwissens*
	- *Begründete Auswahl der Inhalte*
	- *Aneignung des nötigen Sachwissens*
	- *Lernen aus Fehlern (Unterrichtsinhalt)*
Totale Punktzahl	59[c]

Anmerkungen. [a]Lehrperson; [b]Schülerinnen und Schüler; [c] Für jedes im Antworttext erwähnte Kriterium wurde einen Punkt vergeben.

143

Insgesamt kann ein Maximum von 59 Punkten erreicht werden. Bei der Dimension „Didaktik" liegt die Höchstpunktzahl bei 38 Punkten, bei der „Diagnostik" bei 13 Punkten, bei der „Klassenführung" bei 4 und bei der „Sachkompetenz" (im Sinne von Fachwissen) ebenfalls bei 4 Punkten. Jedes Mal, wenn in der Vignettenantwort ein Item des Manuals vorkam, wurde ein Punkt vergeben. Wurde dasselbe Item in der Antwort nochmals angesprochen, gab es keinen Punkt mehr. Bei der von zwei Kodiererinnen durchgeführten Analyse wurden Interraterreliabilitätswerte zwischen .80 und .90 (Cohens Kappa) erzielt.

Für die vorliegende Arbeit wurde je die erreichte Gesamtpunktzahl des Unterrichtsplanungswissens der Studierenden bzw. der Berufseinsteigenden und der Praxislehrpersonen verwendet und in die Analysen miteinbezogen.

(D) Allgemeine Selbstwirksamkeit:
In der vorliegenden Arbeit wurde die Skala der allgemeinen Selbstwirksamkeit zu allen drei Messzeitpunkten eingesetzt. Die interne Konsistenz (Cronbachs Alpha) der Skala liegt beim ersten Messzeitpunkt bei .70, beim zweiten bei .80 und beim dritten ebenfalls bei .80 (Referenzgrössen zur internen Konsistenz nach Schwarzer und Jerusalem, 1999: zwischen .85 und .86 bei N zwischen 267 und 299).

(E) Lehrpersonenbezogene Selbstwirksamkeit:
Item 7 („Auch wenn ich mich noch so sehr für die Entwicklung meiner S engagiere, weiss ich, dass ich nicht viel ausrichten kann", vgl. Tabelle 2) ist negativ formuliert und muss daher für die weiteren Berechnungen umgepolt werden.

In Tabelle 12 ist die innere Konsistenz (Cronbachs Alpha) aufgeführt. Bei der Skala nach Schmitz und Schwarzer (10 Items) liegt der Cronbachs-Alpha-Wert zu den Messzeitpunkten t2 und t3 bei .63 und .56 (Referenzgrössen zur internen Konsistenz nach Schwarzer und Jerusalem, 1999: zwischen .76 und .81 bei N zwischen 267 und 292). Die ergänzte Skala (17 Items) weist zum Messzeitpunkt t2 ein Cronbachs Alpha von .59 und zum Messzeitpunkt t3 ein Cronbachs Alpha von .79 auf. Wie Schmitz und Schwarzer (2002) bereits feststellten, zeigt sich, dass die Skala nach Schmitz und Schwarzer als auch die ergänzte Skala keine grosse Homogenität aufweist. Nur Messzeitpunkt t3 der ergänzten Skala verfügt mit einem Cronbachs Alpha von .79 über eine gute innere Konsistenz. Dies muss für eine weitere Verwendung des Instrumentes beachtet werden. Um den Selbstwirksamkeitsüberzeugungen der Lehrpersonen bezogen auf die Kriterien der Unterrichtsqualität ein grösseres Gewicht einzuräumen, wird für die folgenden Berechnungen die ergänzte Skala verwendet (wie bereits in Kapitel 7.2.3.2 argumentiert).

Tabelle 12: Innere Konsistenz der lehrpersonenbezogenen Selbstwirksamkeit (SWKLP)

Lehrpersonenbezogene Selbstwirksamkeit	Cronbachs Alpha t2	Cronbachs Alpha t3
SWKLP[a] 10 Items	.63	.56
SWKLP[a] 17 Items	.59	.79

Anmerkungen. [a]lehrpersonenbezogene Selbstwirksamkeit.

(F) Persönlichkeitsmerkmale (Fünf-Faktoren-Modell der Persönlichkeit, Fragebogen NEO-FFI):
Für die vorliegende Arbeit wurden die Mittelwerte für die einzelnen Faktoren („Neurotizismus", „Extraversion", „Verträglichkeit", „Offenheit für Erfahrung" und „Gewissenhaftigkeit") berechnet. Diese fünf Faktoren wurden für weitere Auswertungen verwendet.

Die Cronbachs Alphas der Faktoren liegen bei allen Messzeitpunkten zwischen .70 und .90, ausser bei Messzeitpunkt t1, wo der Cronbachs-Alpha-Wert bei der Skala „Verträglichkeit" bei .60 liegt (Referenzgrössen zur internen Konsistenz nach Körner, Geyer und Brähler, 2002: Neurotizismus .70, Extraversion .80, Offenheit .71, Verträglichkeit .71, Gewissenhaftigkeit .85 bei $N = 2112$).

In Kapitel 8.1.6 werden die Studierenden bzw. Berufseinsteigenden und die Praxislehrpersonen mit einer grossen Stichprobe ($N = 2112$), die im Inventar zum NEO-FFI von Borkenau und Ostendorf (1993, S. 12 f.) beschrieben wird, zu allen drei Messzeitpunkten verglichen. Die Probanden der Vergleichsstichprobe umfassen Personen aus verschiedenen Berufsfeldern (409 Probanden sind Medzin- und Psychologiestudierende, die restlichen 1703 Probanden sind eine heterogen zusammengestellte Gruppe). Insgesamt sind es 966 Männer und 1076 Frauen, die befragt wurden. Das durchschnittliche Alter betrug 28.74 Jahre.

(G) Stressverarbeitungsstrategien (Stressbewältigungsfragebogen SVF 78):
Die 13 Subtests des Stressbewältigungsfragebogens verfügen in der vorliegenden Arbeit über eine genügende innere Konsistenz. Ausser bei dem Subtest „Situationskontrolle" mit einem Cronbachs-Alpha-Wert von .64 zum Messzeitpunkt t3 liegen die Cronbachs-Alpha-Werte bei allen anderen Subtests zwischen .75 und .97 (Referenzgrössen zur internen Konsistenz, die im Testmanual von Janke und Erdmann (2002) aufgeführt sind, liegen zwischen .77 (Subtest „Ablenkung") und .94 (Subtest „Gedankliche Weiterbeschäftigung"), N= 246).

Für die vorliegende Arbeit werden jeweils die Resultate der Subtests und die übergeordneten Bereiche, der Positiv-Strategien (Um- und Abwertungsstrategien, Ablenkungsstrategien, Kontrollstrategien) und der Negativ-Strategien, aufgeführt.

Die 13 Subtests gruppieren sich aufgrund von Faktorenanalysen zu zwei übergeordneten Strategien der Stressverarbeitung (Janke & Erdmann, 2002). Positiv-Strategien (Felder (a)-(g) in Tabelle 3) sind stressvermindernd und Negativ-Strategien (Felder (j)-(m) in Tabelle 3) haben eine stressvermehrende Wirkung.

Die Subtests „Soziales Unterstützungsverhalten" und „Vermeidung" werden keinem der Bereiche zugeordnet, da sie singuläre Strategien betreffen, die jeweils für sich zu interpretieren sind (Janke & Erdmann, 2002).

(H) Beurteilung durch Schülerinnen und Schüler – Schülerinnen- und Schülerfragebogen:
Für die Verarbeitung des Schülerinnen- und Schülerfragebogens und die Skalenreduktion wurde für die vorliegende Arbeit eine Faktorenanalyse nach Kaiser-Guttmann-Kriterium (Bortz, 1999, S. 528) zum Messzeitpunkt t1 durchgeführt. Dadurch wurden vier Komponenten extrahiert (Tabelle 13).

Tabelle 13: Vier extrahierte Komponenten der Faktorenanalyse (Rotationsmethode: Oblimin mit Kaiser-Normalisierung) aus den Daten des Schülerinnen- und Schülerfragebogens

	Komponente			
	1	2	3	4
Diagnostische Kompetenz				
Meine Lehrperson wusste, wenn ich im Unterricht nicht mitkam.	.812			
Meine Lehrperson wusste, bei welchen Aufgaben ich Schwierigkeiten habe.	.722		.223	
Meine Lehrperson wusste, was ich nicht verstanden habe.	.716		-.250	
Meine Lehrperson hat mir bei Schwierigkeiten geholfen.	.698			
Meine Lehrperson wusste, was ich leisten kann.	.438			
Instruktionseffizienz				
Die Arbeitsaufträge waren verständlich.		.721		.210
Die Erklärungen meiner Lehrperson verstand ich gut.		.718		
Die Ziele der Stunde waren mir klar.		.662		
Die Fragen meiner Lehrperson waren mir klar.		.576		
Kognitive Aktivierung				
In der letzten Stunde konnte ich mein Wissen zeigen.		.237	.643	
In der letzten Stunde habe ich mitgedacht.			.630	.201
In der letzten Stunde konnte ich meine eigenen Ideen einbringen.			.614	
In der letzten Stunde konnte ich selbstständig arbeiten.		.293	.449	
Meine Lehrperson konnte mich begeistern.	.292		.328	.285
Motivierung				
In der letzten Stunde war eine freundliche Stimmung.				.817
In der letzten Stunde hatte ich immer etwas zu tun.				.613
Die Stunde hat mir gefallen.			.204	.534

Tabelle 14 zeigt die Interkorrelationen zwischen den vier extrahierten Komponenten der Faktorenanalyse auf.

Tabelle 14: Komponentenkorrelationen zwischen den vier extrahierten Komponenten aus den Daten des Schülerinnen- und Schülerfragebogens

	Komponenten			
	1	2	3	4
1				
2	.243			
3	.271	.293		
4	.324	.271	.268	

Mit der Faktorenanalyse werden insbesondere die Bereiche „Diagnostische Kompetenz", „Instruktionseffizienz" und „Kognitive Aktivierung" bestätigt. Dem Bereich „Motivierung" hingegen werden durch die Faktorenanalyse nur teilweise die angenommenen Items zugeteilt (vgl. die Einteilung der Items in die vier Bereiche in Tabelle 4). Die Cronbachs-Alpha-Werte sind für die vier Faktoren zu den drei Messzeitpunkten in Tabelle 15 aufgeführt.

Tabelle 15: Cronbachs Alpha der vier Faktoren der Schülerinnen- und Schülerbefragung zu den Messzeitpunkten t1, t2 und t3

Faktor	t1	t2	t3
Diagnostische Kompetenz	.78	.78	.80
Instruktionseffizienz	.72	.67	.74
Kognitive Aktivierung	.65	.75	.72
Motivierung	.50	.54	.59

Da der Faktor „Motivierung" ungenügende Cronbachs-Alpha-Werte aufweist, wird dieser Faktor für die weiteren Berechnungen in der vorliegenden Arbeit nicht verwendet. In die weiteren Analysen werden die Faktoren „Diagnostische Kompetenz", „Instruktionseffizienz" und „Kognitive Aktivierung" sowie die Gesamtbewertung durch die Schülerinnen und Schüler miteinbezogen. Die Gesamtbewertung wurde durch die Bildung eines Mittelwerts für alle Items von Tabelle 13 berechnet. Der Cronbachs-Alpha-Wert für die Gesamtbewertung durch die Schülerinnen und Schüler bei den Zeitpunkten t1, t2 und t3 liegt bei .91, .95 und .93.

(I) Kontext – Fragebogen Wohlbefinden, Support und Motivation:
Die Items 3, 4, 7, 21 und 23 (vgl. Tabelle 5) sind negativ formuliert und müssen umgepolt werden. Die Items 5, 19 und 24 sind ebenfalls umzupolen (1 und 2 = 1; 3, 4 und 5 = 2; 6, 7 und 8 = 3, 9 und 10 = 4). Die Cronbachs-Alpha-Werte für die Skalen „Wohlbefinden", „Support" und „Motivation" liegen zwischen .70 und .90. Zur weiteren Verarbeitung werden in der vorliegenden Arbeit für die Skalen „Wohlbefinden", „Support" und „Motivation" die Mittelwerte der jeweiligen Items berechnet.

(J) Berufliche und private Ziele:
Ausgewertet werden die Ziele der Versuchspersonen mit den in Tabelle 16 aufgeführten Inhaltskategorien basierend auf Stief (2001). Bei der von drei Kodiererinnen und Kodierer durchgeführten Analyse wurden Interraterreliabilitätswerte zwischen .80 und 1.00 erreicht. Für die vorliegende Arbeit wurden die prozentualen Anteile der einzelnen Kategorien in Bezug auf die Gesamtaussagen berechnet.

Tabelle 16: Kategorien zur Auswertung der Aussagen zur Frage nach den Zielen der in die Untersuchung einbezogenen Lehrpersonen nach Stief (2001)

Kategorie	Beschreibung der Kategorie
1 Beruf	Ziele zur Berufstätigkeit (siehe Unterkategorien)
11 Formale Qualifizierung	Qualifikationssteigerung durch Erlangung von weiteren Abschlüssen
12 Entwicklung/Lernen	Sich im Beruf inhaltlich weiterentwickeln, sich neue Bereiche erschliessen, Jobwechsel (ohne Aufstiegsaspekt)
13 Karriere	Ziele zum beruflichen Aufstieg (z.B. Führungsverantwortung, Einkommenssteigerung)
14 Aufgaben	Leistungsbezogene Ziele zur Erfüllung und Organisation der Arbeitsaufgabe
15 Selbstständigkeit	Ziele bezüglich einer beruflichen Selbstständigkeit
16 Emotionale Befindlichkeit	Ziele zur eigenen Befindlichkeit (Spass, Freude, kein Stress, Selbstbestätigung in der Arbeit) und zu Sozialbeziehungen in der Arbeit
17 Vereinbarung Beruf und Privatleben	Ziele, die explizit die Vereinbarkeit von Beruf und Familie, Partnerschaft oder Freizeit zum Thema haben.
2 Partnerschaft / Familie	Partner- (z.B. zusammenziehen, heiraten) und familienbezogene (z.B. Familiengründung, Zeit für Familie) Ziele
3 Freizeit	Ziele zu Freizeitaktivitäten (z.B. Hobbys, Sport, Reisen, Freundeskreis) und gesellschaftliches Engagement.
4 Finanzen / Materielles	Alle finanziellen Ziele (z.B. finanzielle Vorsorge treffen) ausser Gehaltssteigerung im Zusammenhang mit „Karriere"; Erwerb von Eigentum und sonstige finanziell-materielle Ziele
5 Selbst	Ziele im Bereich Gesundheit, Religiosität, persönliche Entwicklung, intellektuelle Ziele unabhängig vom Beruf

(K) Subjektives Lernverständnis:
Für die vorliegende Arbeit wurden zwei Skalen, die konstruktivistische und die behavioristische Lernorientierung, verwendet. Die Skalenprüfung für die Bereiche konstruktivistische Orientierung und behavioristische Orientierung weisen ausreichende Werte auf. Der Cronbachs-Alpha-Wert liegt zwischen .80 und .90 für alle drei Messzeitpunkte.

7.4.2 Statistische Auswertungen

Zur Auswertung stehen die Videodaten (prozentuale Anteile der Kategorien und Unterrichtsratings), die Daten der Vignetten, der Fragebögen und der Ziele im SPSS zur Verfügung.

Längs- und querschnittliche Auswertungen: In einem ersten Schritt wurden alle Bereiche längs- und querschnittlich ausgewertet. Die längsschnittlichen

Auswertungen erfolgen durch Varianzanalysen mit Messwiederholung oder *t*-Test mit verbundenen Stichproben, wenn nur zwei Messzeitpunkte vorliegen (t2 und t3). Bei der Varianzanalyse mit Messwiederholung werden die Effektstärken Eta-Quadrat und beim *t*-Test die Effektstärke Cohens *d* angegeben. Nach Green und Salkind (2008, S. 177) werden η^2 von .01, .06 und .14 als kleine, mittlere und grosse Effektstärken betrachtet. Bei Cohens *d* liegen kleine, mittlere und grosse Effektstärken bei .20, .50 und .80 (Green & Salkind, 2008, S. 165).

Die Unterschiede zwischen den Praxislehrpersonen und den Studierenden bzw. Berufseinsteigenden wurden mit *t*-Tests berechnet und die Effektstärken nach Cohens *d* aufgeführt.

Zusammenhänge mit Selbstwirksamkeit: Die Zusammenhänge zwischen den verschiedenen Bereichen und der Selbstwirksamkeit werden mit bivariaten Korrelationen berechnet. Zusätzlich werden aufgrund der lehrpersonenbezogenen Selbstwirksamkeit drei Gruppen, die aus Versuchspersonen mit hohen (Mittelwert der lehrpersonenbezogenen Selbstwirksamkeit: $M > 3.39$), mittleren ($2.99 < M > 3.39$) und niedrigen Werten ($M < 2.99$) der lehrpersonenbezogenen Selbstwirksamkeit bestehen, gebildet. Beim querschnittlichen Vergleich der drei Gruppen in den verschiedenen erhobenen Bereichen werden univariate (Unterrichtsplanungswissen, Schülerinnen- und Schülerbeurteilung, Support, Motivation, Wohlbefinden, Ziele) oder multivariate (Unterrichtsqualität, subjektives Lernverständnis, Persönlichkeitsmerkmale, Stressbewältigungsstrategien) Varianzanalysen und anschliessende Paarvergleiche unter Anwendung der Bonferroni-Korrektur durchgeführt und die Effektstärken mittels Eta-Quadrat aufgezeigt. Bei der multivariaten Varianzanalyse wird jeweils der Wilks'-Lambda-Wert aufgeführt. Wilks' Lambda ist der am meisten verwendete Wert, um Unterschiede zwischen den Mittelwerten von Gruppen bezüglich einer Kombination von abhängigen Variablen aufzudecken (Everitt & Dunn, 1991; Green & Salkind, 2008).

Zusammenhänge mit Selbstwirksamkeit von t1 zu t2 oder von t2 zu t3: Die explorative Untersuchung der Zusammenhänge zwischen t1 und t2 oder t2 und t3 wird mit multiplen Regressionsnanalysen ausgeführt. Mit den multiplen Regressionsanalysen soll der Einfluss der Selbstwirksamkeit der Studierenden bzw. Berufseinsteigenden auf die Veränderung der Unterrichtsqualität und des Unterrichtsplanungswissen von t1 zu t2 bzw. von t2 zu t3 eruiert werden. Beispielsweise stellen für die Berechnung des Einflusses der allgemeinen Selbstwirksamkeit auf die Veränderung der Unterrichtsqualität von Messzeitpunkt t1 zu t2 die Unterrichtsqualität zum Messzeitpunkt t2 die abhängige Variable und die Unterrichtsqualität zum Messzeitpunkt t1 und die allgemeine Selbstwirksamkeit zum Messzeitpunkt t1 die Prädiktoren dar. Die Stärke des Effekts auf die Veränderung der Unterrichtsqualität von t1 zu t2 wird durch die Variable allgemeine Selbstwirksamkeit mit der Effektstärke β angegeben.

Vorhersage der Unterrichtsqualität durch Prädiktoren am Ende des Studiums: Für die Merkmale der Unterrichtsqualität werden multiple lineare Regressionen durchgeführt, um die Unterrichtsqualität zu den Messzeitpunkten t1, t2 und t3 mit den Prädiktoren (a) Unterrichtsplanungswissens, (b) „konstruktivistische" Lernorientierung, (c) Persönlichkeitsmerkmal „Neurotizismus", (e) allgemeine Selbstwirksamkeit am Ende der Ausbildung vorherzusagen.

Vergleich Gruppen mit hoher, mittlerer und niedriger Unterrichtsqualität: Zur Bildung von Gruppen mit hoher, mittlerer und niedriger Unterrichtsqualität wird eine hierarchische Clusteranalyse (WARD-Verfahren, Backhaus et al., 2003, S. 526ff) durchgeführt. Bei den hierarchischen Verfahren werden die Elemente, die sich am ähnlichsten sind, zu Clustern zusammengefasst, wobei die Cluster sich möglichst stark unterscheiden sollen. Dabei ist das Ziel bei der Clusterung der Objekte, die Varianz innerhalb des Clusters möglichst wenig zu erhöhen und so möglichst homogene Clusters zu bilden.

Die drei gebildeten Gruppen werden in allen Bereichen mittels univariater (Unterrichtsplanungswissen, Schülerinnen- und Schülerbeurteilung, Ziele, Support, Motivation, Wohlbefinden) oder multivariater (Unterrichtsgeschehen, subjektives Lernverständnis, Persönlichkeitsmerkmale, Stressbewältigungsstrategien) Varianzanalyse verglichen. Aufgeführt werden die signifikanten und knapp nicht signifikanten Ergebnisse.

8. Ergebnisse

In Kapitel 8 werden in der Reihenfolge der Problemstellungen, die in Kapitel 6 beschrieben sind, die Ergebnisse dargestellt. Zuerst wird in Kapitel 8.1 auf die längsschnittliche Datenauswertung über die drei Messzeitpunkte t1, t2 und t3 sowie auf die querschnittlichen Vergleiche zwischen den Praxislehrpersonen und den Studierenden bzw. Berufseinsteigenden der verschiedenen Datenerhebungsinstrumente eingegangen. Das heisst, es wird bezüglich der betreffenden Datenerhebungsinstrumente ermittelt, ob sich einerseits von Messzeitpunkt t1 bis t3 (in einigen Fällen von t2 bis t3) eine Veränderung ergeben hat, und andererseits wird festgestellt, ob zwischen den verschiedenen Versuchspersonengruppen Unterschiede bestehen.

In Kapitel 8.2 und 8.3 werden Zusammenhänge zwischen den Selbstwirksamkeitsüberzeugungen und den Daten der übrigen Erhebungsinstrumente aufgezeigt. Abschliessend werden in Kapitel 8.4 die Unterrichtsqualität und deren Einflussfaktoren beschrieben. Hierzu werden Ergebnisse von Regressionsanalysen zur Aufklärung der Unterrichtsqualität präsentiert.

8.1 Deskriptive Befunde – quer- und längsschnittliche Vergleiche

Die Folgenden Ergebnisse beziehen sich auf die Problemstellungen in Kapitel 6, die unter *(1) Deskriptive Befunde – längsschnittlicher Verlauf und Querschnitt* beschrieben sind. Zur Berechnung der Ergebnisse wurden Varianzanalysen mit Messwiederholung sowie t-Tests mit verbundenen und unabhängigen Stichproben durchgeführt.

In Kapitel 8.1.12 werden die Ergebnisse, die im Folgenden dargestellt sind, zusammengefasst.

8.1.1 (A) Qualität des Unterrichts

Für die Ergebnisdarstellung zu *(A) Unterrichtsqualität* sind folgende Problemstellungen wegleitend: (1) Verändert sich die Qualität des Unterrichts von t1 bis t3 und (2) gibt es Unterschiede zwischen den Studierenden bzw. Berufseinsteigenden und der Praxislehrpersonen?[23] Wird die Qualität des Unterrichts von t1 bis t3 besser?

Die statistischen Kennwerte der Ratings (durchschnittlicher Wert der 37 Items) der 41 Studierenden bzw. Berufseinsteigenden über die drei Messzeit-

---

23   Vergleiche hierzu auch Baer et al. (2007, 2009, 2011)

punkte t1 bis t3 und des Ratings der acht Praxislehrpersonen sind in Tabelle 17 aufgeführt. Die Unterschiede sind weder im Längsschnitt über die drei Messzeitpunkte (Wilks' $\Lambda = .97$, $F(2,39) = .55$, $p > .05$, partielles $\eta^2 = .03$) noch im Querschnitt zwischen den Studierenden bzw. Berufseinsteigenden und den Praxislehrpersonen signifikant (t1: $t(47) = -.44$, $p > .05$, $d = -0.17$; t2: $t(47) = -.84$, $p > .05$, $d = -0.32$; t3: $t(47) = -.97$, $p > .05$, $d = -0.14$).

Die durchschnittlichen Beurteilungen zeichnen sich über die drei Messzeitpunkte durch Konstanz aus, mit einem minimalen Einbruch der Beurteilung beim Berufseinstieg zum Messzeitpunkt t2. Die Varianz der Beurteilungen nimmt von t1 zu t3 zu.

Tabelle 17: Statistische Kennwerte der Unterrichtsbeurteilung der Studierenden bzw. Berufseinsteigenden von t1 bis t3 und der Praxislehrpersonen (PLP)

	N	Min	Max	M	SD	Vergleich t1-t3 η^2	Vergleich mit PLP[a] d
t1	41	2.24	5.11	3.92	.76	.03	-0.17
t2	41	1.95	5.08	3.84	.79		-0.32
t3	41	2.22	5.41	3.99	.80		-0.14
PLP[a]	8	3.00	5.35	4.09	.86		

Anmerkungen. [a] Praxislehrpersonen; * $p < .05$, ** $p < .01$.

Erstaunlich sind die Befunde hinsichtlich der kleinen Unterschiede zwischen den Berufseinsteigenden und den erfahrenen Lehrpersonen. Zudem scheint sich gemäss diesen Resultaten eine Schere in den Bewertungen zwischen den Junglehrpersonen von Messzeitpunkt t1 zu t3 aufzutun, da die Streuung eher zunimmt.

8.1.2 (B) Sichtbares Unterrichtsgeschehen

Für die Ergebnisdarstellung zu *(B) Kodierung des sichtbaren Unterrichtsgeschehens* sind folgende Problemstellungen wegleitend: (1) Verändert sich das sichtbare Unterrichtsgeschehen von t1 bis t3 und (2) gibt es Unterschiede zwischen den Studierenden bzw. Berufseinsteigenden und der Praxislehrpersonen?[24]

Die Analyse des sichtbaren Unterrichtsgeschehens durch Kodierung der videografierten Unterrichtsstunden ergibt zu den Zeitpunkten t1, t2 und t3, dass in allen videografierten Unterrichtsstunden mehrheitlich Klassenunterricht stattfindet (Abb. 2). In den meisten Fällen besteht das Unter-

---

24 Vergleiche hierzu auch Baer et al. (2007, 2009, 2011)

richtsskript darin, dass die Inhalte des Unterrichts zunächst eingeführt und anschliessend vertieft beziehungsweise angewendet werden. Hausaufgaben- und Leistungskontrollen konnten in diesen Unterrichtsstunden kaum festgestellt werden.

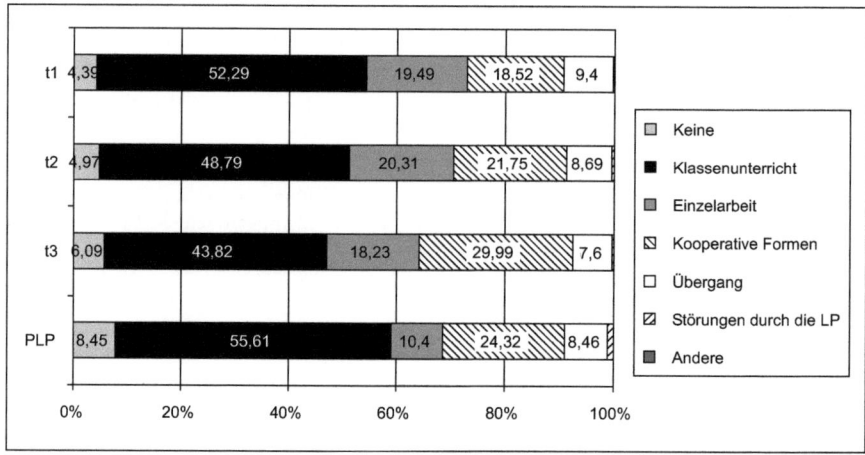

Anmerkungen. PLP = Praxislehrperson; LP = Lehrperson.

Abbildung 2:   Prozentuale Anteile der unterrichtlichen Arbeitsformen der Studierenden bzw. Berufseinsteigenden von den Zeitpunkten t1, t2 und t3 sowie der Praxislehrpersonen (PLP)

Zur Berechnung der Effekte wurden Varianzanalysen mit Messwiederholung mit dem Faktor der drei Zeitpunkte und den verschiedenen Kodierungen als abhängige Variable durchgeführt. Die Resultate zeigen einen signifikanten Zeiteffekt bei den Studierenden bzw. Berufseinsteigenden für die Variable „kooperative Formen" (*Wilks'* Λ = .84, $F(2,39)$ = 3.7, p < .05, partielles η^2 = .16). Die polynomialen Kontraste zeigen einen signifikanten linearen Effekt mit grösser werdenden Mittelwerten über die drei Zeitpunkte hinweg ($F(1,40)$ = 7.6, p < .01, partielles η^2 = .16). Beides weist darauf hin, dass die kooperativen Formen im Unterricht der Berufseinsteigenden von t1 zu t3 zunehmend häufiger eingesetzt werden. Bei allen anderen Kodierungen zeigen sich keine signifikanten Veränderungen über die drei Messzeitpunkte (Klassenunterricht: Wilks' Λ = .88, $F(2,39)$ = 2.69, p > .05, partielles η^2 = .12; Einzelarbeit: Wilks' Λ = .99, $F(2,39)$ = .11, p > .05, partielles η^2 = .01).

Die Studierenden bzw. die Berufseinsteigenden führen zu den Zeitpunkten t1 und t2 signifikant mehr Einzelarbeit durch als die Praxislehrpersonen (N = 41, M_{t1} = 19.49%, SD_{t1} = .17, M_{t2} = 20.31 %, SD_{t2} = .18, N = 8, M_{PLP} = 10.40 %, SD_{PLP} = .07; t1: $t(47)$ = 2.52, p < .05, d = -0.97; t2: $t(47)$ = -2.40,

$p < .05$, $d = -0.93$). Der Unterschied des Anteils an Einzelarbeit zwischen den Praxislehrpersonen und den Berufseinsteigenden zu Zeitpunkt t3 ist knapp nicht signifikant ($t(47) = 2.03$, $p = .051$, $d = 0.79$).

In Abbildung 3 sind die Sprechanteile der Schülerinnen und Schüler, der Lehrperson und die Strukturierung sowie die Differenzierung abgebildet.

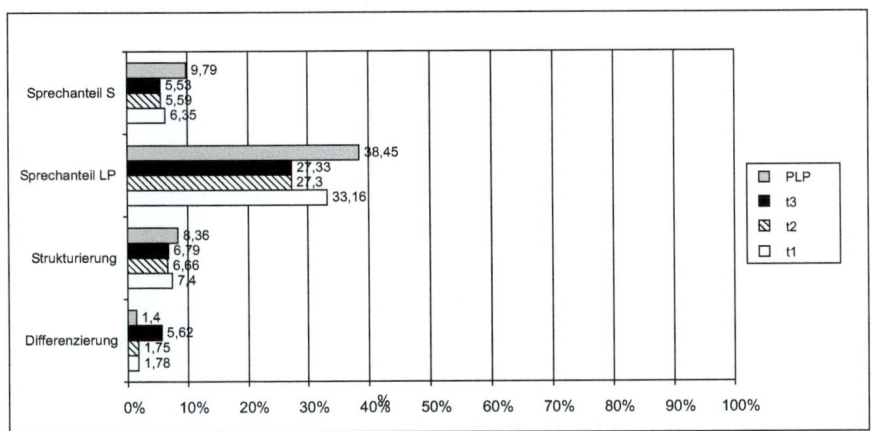

Anmerkungen. PLP = Praxislehrpersonen; S = Schülerinnen und Schüler; LP = Lehrperson.

Abbildung 3:   Prozentuale Anteile der Differenzierung, der Strukturierung, des Sprechanteils der Lehrperson und des Sprechanteils der Schülerinnen und Schüler bei den Studierenden bzw. Berufseinsteigenden von den Zeitpunkten t1 bis t3 und bei den Praxislehrpersonen (PLP)

In den videografierten Unterrichtsstunden sind strukturierende und differenzierende Elemente kaum zu beobachten. Die Zunahme der Anteile an Differenzierung und Strukturierung bei den Studierenden bzw. Berufseinsteigenden von t1 zu t3 ist nicht signifikant (Differenzierung: Wilks' $\Lambda = .95$, $F(2,39) = 1.10$, $p > .05$, mulitvariates $\eta^2 = .06$; Strukturierung: Wilks' $\Lambda = .99$, $F(2,39) = .28$, $p > .05$, mulitvariates $\eta^2 = .01$). Die Effekte fallen sehr klein aus.

Auffällig ist, dass der Sprechanteil der Lehrperson in den videografierten Unterrichtsstunden am grössten ist. Während 27.33% bis 38.45% der Zeit der videografierten Unterrichtsstunden ist es die Lehrperson, die spricht (Abbildung 3). Zwischen dem Sprechanteil der Berufseinsteigenden und der Praxislehrpersonen bestehen zu den Zeitpunkten t2 und t3 signifikante Unterschiede: Der Sprechanteil der Praxislehrpersonen ist grösser als jener der Berufseinsteigenden ($N = 41$, $M_{t2} = 27.3\%$, $SD_{t2} = .08$, $M_{t3} = 27.33\%$, $SD_{t3} = .12$, $M_{PLP} = 38.50\%$, $SD_{PLP} = .10$; t2: $t(47) = -3.29$, $p < .01$, $d = -1.27$; t3: $t(47) = -2.52$, $p < .05$, $d = -0.97$). Signifikante Unterschiede zwischen den Praxislehrpersonen und den Berufseinsteigenden zu den Zeitpunkten t2 und t3 bestehen auch beim Sprechanteil der Schülerinnen und Schüler ($N = 41$, $M_{t2} = 5.6\%$, $SD_{t2} = .05$, $M_{t3} = 5.53\%$, $SD_{t3} = .04$, $N = 8$, $M_{PLP} = 9.79$, $SD_{PLP} = .03$; t2: $t(47) = -2.29$, $p < .05$, $d = -0.89$; t3: $t(47) = -2.70$, $p < .05$, $d = -1.04$). Bei den Praxislehrpersonen ist der Sprechanteil der Schülerinnen und Schüler grösser als bei den Schülerinnen und Schüler in den Klassen der Berufseinsteigenden.

8.1.3 (C) Unterrichtsplanungswissen

Auch bei *(C) Unterrichtsplanungswissen* sind die wegleitenden Problemstellungen, ob sich (1) das Unterrichtsplanungswissen von t1 bis t3 verändert und ob (2) Unterschiede zwischen den Studierenden bzw. Berufseinsteigenden und den Praxislehrpersonen bestehen.[25]

Im Durchschnitt bleiben die Studierenden bzw. Berufseinsteigenden als auch die Praxislehrpersonen weit unter dem Gesamtscore von 59 Punkten, der bei diesem Test erreicht werden könnte. Der Gesamtscore setzt sich aus dem didaktischen, dem diagnostischen Wissen, der Sachkompetenz und dem Wissen zur Klassenführung zusammen, wobei sowohl die Studierenden bzw. Berufseinsteigenden wie die Praxislehrpersonen zur Sachkompetenz und zur Klassenführung kaum Aussagen machten.

Der Vergleich der Gesamtscores der Vignette im Längsschnitt zeigt einen knapp nicht signifikanter Zeiteffekt (Wilks' $\Lambda = .86$, $F(2,37) = 3.00$, $p = .062$, partielles $\eta^2 = .14$). Der knapp nicht signifikante Effekt beruht auf der Veränderung von Messzeitpunkt t1 zu t2. Das Unterrichtsplanungswissen geht vor allem im Berufsübergang von Messzeitpunkt t1 zu t2 zurück und steigt im Verlaufe des ersten Berufsjahres von Messzeitpunkt t2 zu t3 im Durchschnitt wieder leicht an.

Die Unterschiede zwischen den Praxislehrpersonen und den Studierenden sind zu allen drei Zeitpunkten nicht signifikant (t1: $t(45) = .711$, $p > .05$, $d = 0.28$; t2: $t(45) = -.30$, $p > .05$, $d = -0.12$; t3: $t(45) = -.02$, $p > .05$, $d = -0.01$).

In Tabelle 18 sind die statistischen Kennwerte des Unterrichtsplanungswissens der Studierenden bzw. Berufseinsteigenden und der Praxislehrpersonen aufgeführt. Der höchste Mittelwert bezüglich des Planungswissens wurde im letzten Semester der Lehrerinnen- und Lehrerausbildung erreicht.

---

25 Vergleiche hierzu auch Baer et al. (2007, 2009, 2011), Larcher & Müller (2007)

Tabelle 18: Statistische Kennwerte des Unterrichtsplanungswissens der Studierenden bzw. Berufseinsteigenden von t1 bis t3 und der Praxislehrpersonen (PLP)

	N	Min	Max	M	SD	Vergleich t1-t3 η^2	Vergleich mit PLP[a] d
t1	39	8	31	18.10	5.52	.14	0.28
t2	39	8	25	16.13	4.28		-0.12
t3	39	8	28	16.59	4.82		-0.01
PLP[a]	8	12	24	16.63	4.34		

Anmerkungen. [a] Praxislehrpersonen; * $p < .05$, ** $p < .01$.

8.1.4 (D) Allgemeine Selbstwirksamkeitsüberzeugungen

Die Problemstellungen zur *(D) allgemeinen Selbstwirksamkeit* lauten: (1) Bleiben die allgemeinen Selbstwirksamkeitsüberzeugungen der Studierenden bzw. Berufseinsteigenden von t1 bis t3 stabil? (2) Gibt es verschiedene Verläufe (Muster) von t1 bis t3? (3) Gibt es Unterschiede zwischen den Studierenden bzw. Berufseinsteigenden und den Praxislehrpersonen?

Die Mittelwerte der allgemeinen Selbstwirksamkeit der Studierenden bzw. Berufseinsteigenden verändern sich über die drei Zeitpunkte t1, t2 und t3 nicht signifikant (Wilks' $\Lambda = .98$, $F(2,37) = .48$, $p > .05$, partielles $\eta^2 = .03$). Die Studierenden bzw. Berufseinsteigenden und die Praxislehrpersonen unterscheiden sich bei der allgemeinen Selbstwirksamkeit zum Messzeitpunkt t1 signifikant (t1: $t(76) = -2.20$, $p < .05$, $d = -0.78$), zum Messzeitpunkt t2 knapp nicht signifikant (t2: $t(49) = -1.92$, $p = .061$, $d = -0.71$) und zum Messzeitpunkt t3 nicht signifikant (t3: $t(46) = -1.52$, $p > .05$, $d = -0.56$).

Die durchschnittlichen Werte liegen bei den Studierenden bzw. Berufseinsteigenden (Zeitpunkte t1 bis t3) und bei den Praxislehrpersonen über dem Wert 3 der vierstufigen Skala und sind somit hoch. In Tabelle 19 sind die statistischen Kennwerte der allgemeinen Selbstwirksamkeit aufgeführt.

Tabelle 19: Statistische Kennwerte der allgemeinen Selbstwirksamkeit der Studierenden bzw. Berufseinsteigenden von den Zeitpunkten t1, t2 und t3 sowie den Praxislehrpersonen (PLP)

	N	Min	Max	M	SD	Vergleich t1-t3 η^2	Vergleich mit PLP[a] d
t1	69	2.4	3.70	3.10	.30	.03	-0.78*
t2	42	2.44	3.80	3.13	.29		-0.71
t3	39	2.4	3.70	3.15	.33		-0.56
PLP[a]	9	3.0	4.0	3.33	.30		

Anmerkungen. [a] Praxislehrpersonen; * $p < .05$, ** $p < .01$.

8.1.5 (E) Lehrpersonenbezogene Selbstwirksamkeitsüberzeugungen

Die *(E) lehrpersonenbezogene Selbstwirksamkeit* wird bezüglich folgender Problemstellungen untersucht: (1) Verändert sich die lehrpersonenbezogene Selbstwirksamkeit von t2 zu t3? (2) Gibt es Unterschiede zwischen den Studierenden bzw. Berufseinsteigenden und den Praxislehrpersonen?

Bei den Berufseinsteigenden unterscheiden sich die Werte der lehrpersonenbezogenen Selbstwirksamkeit am Anfang und am Ende des ersten Berufsjahres nicht überzufällig ($t(19) = -.70$, $p > .05$, $d = -0.22$).

Die Praxislehrpersonen schätzen die lehrpersonenbezogene Selbstwirksamkeit signifikant höher ein als die Berufseinsteigenden zu den Messzeitpunkten t2 und t3 (t2: $t(28) = -4.24$, $p < .01$, $d = -1.69$; t3: $t(46) = -4.16$, $p < .01$, $d = -1.54$).

Im Durchschnitt liegen die Einschätzungen der lehrpersonenbezogenen Selbstwirksamkeit durch die Berufseinsteigenden und die Praxislehrpersonen über dem Wert 3 (Tabelle 20). Die lehrpersonenbezogene Selbstwirksamkeit wird somit von allen Versuchpersonengruppen hoch eingeschätzt. Von 10 Berufseinsteigenden sinkt die Einschätzung der lehrpersonenbezogenen Selbstwirksamkeit von t2 zu t3 (durchschnittlich signifikante Abnahme der lehrpersonenbezogenen Selbstwirksamkeit der 10 Berufseinsteigenden: $t(9) = 4.82$, $p < .01$, $d = 2.16$), von 9 Berufseinsteigenden steigt sie an (durchschnittlich signifikante Zunahme der lehrpersonenbezogenen Selbstwirksamkeit der 9 Berufseinsteigenden: $t(8) = -4.93$, $p < .01$, $d = -1.92$) und von 1 Person bleibt sie stabil.

Tabelle 20: Statistische Kennwerte der lehrpersonenbezogenen Selbstwirksamkeit der Berufseinsteigenden von t1 und t2 und der Praxislehrpersonen (PLP)

	N	Min	Max	M	SD	Vergleich t2-t3 d	Vergleich mit PLP[a] d
t2	21	2.81	3.53	3.08	.20	-0.22	-1.69**
t3	39	2.65	3.59	3.12	.28		-1.54**
PLP[a]	9	3.18	3.65	3.39	.15		

Anmerkungen. [a] Praxislehrpersonen; * $p < .05$, ** $p < .01$.

In Kapitel 8.2 werden jeweils die verschiedenen Bereiche zwischen drei Gruppen (Personen mit hoher, mittlerer und niedriger lehrpersonenbezogenen Selbstwirksamkeit) verglichen, um nicht lineare Zusammenhänge aufzudecken. Die Studierenden bzw. Berufseinsteigenden werden darum in drei Gruppen eingeteilt: eine Gruppe mit niedriger lehrpersonenbezogener Selbstwirksamkeit mit einem Mittelwert unter 2.99, eine Gruppe mit mittlerer lehrpersonenbezogener Selbstwirksamkeit mit einem Mittelwert zwischen

2.99 und 3.39 und eine Gruppe mit hoher lehrpersonenbezogener Selbstwirksamkeit mit einem Mittelwert über 3.39.

Zum Messzeitpunkt t2 liegen 33.3 Prozent der Berufseinsteigenden unter dem Mittelwert von 2.99 (niedrigere lehrpersonenbezogene Selbstwirksamkeit), 52.4 Prozent der Berufseinsteigenden haben Werte zwischen den Mittelwerten 2.99 und 3.39 (mittlere lehrpersonenbezogene Selbstwirksamkeit) und 14.3% der Berufseinsteigenden liegen über dem Mittelwert von 3.39 (hohe lehrpersonenbezogene Selbstwirksamkeit). Zum Zeitpunkt t3 liegen 33.3% der Berufseinsteigenden unter dem Wert von 2.99, 43.6% von ihnen haben Selbstwirksamkeitswerte im Bereich zwischen 2.99 und 3.39 und bei 23.1% Prozent der Berufseinsteigenden liegt die Selbstwirksamkeit über dem Mittelwert von 3.39. Die Praxislehrpersonen zeichnen sich durch eine mittlere oder hohe lehrpersonenbezogene Selbstwirksamkeit aus (25% von ihnen haben Selbstwirksamkeitswerte im Bereich zwischen 2.99 und 3.39 und bei 75% liegen die Werte über 3.39).

Die Abbildung 4 gibt die prozentuale Verteilung der Mittelwerte der Skala „lehrpersonenbezogene Selbstwirksamkeit" aufgeteilt nach den drei Gruppen (a) $M < 2.99$, (b) $2.99 < M > 3.39$ und (c) $M > 3.39$ wieder.

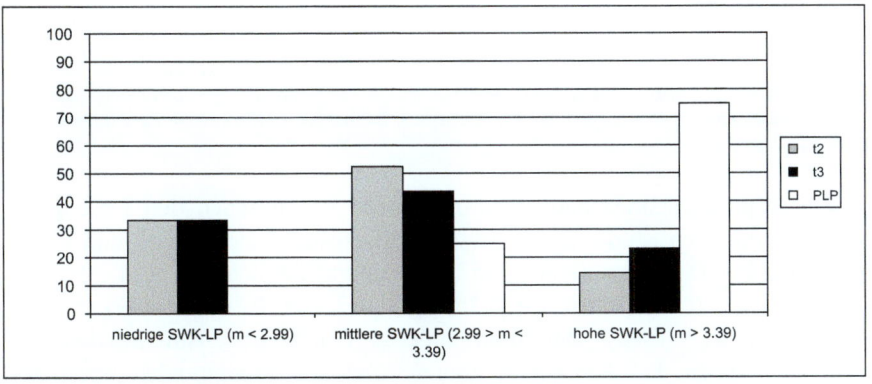

Anmerkungen. PLP = Praxislehrpersonen; SWK-LP = lehrpersonenbezogene Selbstwirksamkeitsüberzeugungen.

Abbildung 4:   Gruppenbildung und prozentuale Verteilung der lehrpersonenbezogenen Selbstwirksamkeitsüberzeugungen bei den Berufseinsteigenden (t2 und t3) und bei den Praxsilehrpersonen (PLP)

Diese drei Gruppen (niedrige, mittlere und hohe lehrpersonenbezogene Selbstwirksamkeit) werden in Kapitel 8.2 miteinander verglichen.

8.1.6 (F) Persönlichkeitsmerkmale (Big Five)

Bei *(F) Persönlichkeitsmerkmalen* sind die folgenden Problemstellungen wegleitend: (1) Verändern sich die Persönlichkeitsmerkmale von t1 bis t3? (2) Gibt es Unterschiede zwischen den Praxislehrpersonen und den Studierenden bzw. Berufseinsteigenden? (3) Zeigen sich bei den Persönlichkeitsmerkmalen Unterschiede im Vergleich zu einer grossen Stichprobe mit Personen aus verschiedenen Berufsfeldern?

Die Persönlichkeitsmerkmale „Neurotizismus", „Extraversion", „Offenheit", „Verträglichkeit" und „Gewissenhaftigkeit" des NEO-Fünf-Faktoren-Inventars (NEO-FFI) zeichnen sich über die drei Messzeitpunkte durch Konstanz aus. Die Varianzanalysen mit Messwiederholung der fünf Faktoren ergaben keine Zeiteffekte über die drei Messzeitpunkte (Tabelle 21).

Tabelle 21: Kennwerte der Varianzanalyse mit Messwiederholung der 5 Persönlichkeitsfaktoren des NEO[a]-Fünf-Faktoren-Inventars

Faktor	Wilks' Λ	$F(2,38)$	p	partielles η^2
Neurotizismus	.97	.66	> .05	.03
Extraversion	.99	.14	> .05	.01
Offenheit	.98	.14	> .05	.02
Verträglichkeit	.99	.20	> .05	.01
Gewissenhaftigkeit	.99	.19	> .05	.01

Anmerkungen. [a]NEO setzt sich aus den Anfangsbuchstaben der ersten drei Persönlichkeitsfaktoren des Fünf-Faktoren-Inventars zusammen: Neurotizismus, Extraversion, Offenheit für Erfahrungen; * $p < .05$, ** $p < .01$.

Das Persönlichkeitsmerkmal „Neurotizismus" ist zwischen den Praxislehrpersonen und den Studierenden bzw. Berufseinsteigenden bei t1 und t2 signifikant, bei t3 knapp nicht signifikant unterschiedlich (t1: $t(74) = 2.64$, $p_{t1} = .01$, $d = 0.94$; t2: $t(49) = 2.35$, $p_{t2} = .02$, $d = 0.86$; t3: $t(47) = 1.96$, $p_{t3} = .056$, $d = 0.72$). Bei allen anderen Persönlichkeitsmerkmalen bestehen zwischen den Praxislehrpersonen und den Studierenden bzw. Berufseinsteigenden keine signifikanten Unterschiede (Tabelle 22).

Tabelle 22: Kennwerte des t-Tests mit unabhängigen Stichproben (Praxislehrpersonen und Studierende bzw. Berufseinsteigende) der 5 Persönlichkeitsfaktoren des NEO[a]-Fünf-Faktoren-Inventars

	t1		t2		t3	
Faktor	$t(74)$	d	$t(49)$	d	$t(47)$	d
Neurotizismus	2.64	0.94**	2.35	0.86*	1.96	0.72
Extraversion	-0.10	-0.04	-0.05	-0.02	0.14	0.05
Offenheit	-0.22	-0.08	-0.30	-0.11	-0.48	-0.18
Verträglichkeit	1.17	0.42	1.28	0.47	1.42	0.52
Gewissenhaftigkeit	-1.38	-0.49	-1.31	-0.48	-1.21	-0.45

Anmerkungen. [a]NEO setzt sich aus den Anfangsbuchstaben der ersten drei Persönlichkeitsfaktoren des Fünf-Faktoren-Inventars zusammen: Neurotizismus, Extraversion, Offenheit für Erfahrungen; * $p < .05$, ** $p < .01$.

Die statistischen Kennwerte der Persönlichkeitsmerkmale der Studierenden bzw. Berufseinsteigenden und der Praxislehrpersonen sind in Tabelle 23 aufgeführt. Die unterschiedlichen Stichprobengrössen kommen daher, dass nur 42 der 70 Studierenden am Ende der Lehrerausbildung eine Stelle antraten. Die restlichen Reduktionen entstanden aus verschiedenen Gründen (vgl. Kapitel 7.3)

Tabelle 23: Statistische Kennwerte der Studierenden bzw. Berufseinsteigenden und der Praxislehrpersonen zu den Persönlichkeitsmerkmalen (Big Five)

Studierende bzw. Berufseinsteigende	N	Min	Max	M	SD
t1_Neurotizismus	67	0.17	2.92	1.39	.54
t2_Neurotizismus	42	0.58	2.33	1.31	.49
t3_Neurotizismus	40	0.33	3.08	1.30	.59
t1_Extraversion	67	1.42	3.67	2.78	.44
t2_Extraversion	42	2.00	3.67	2.78	.50
t3_Extraversion	40	2.00	3.58	2.81	.43
t1_Offenheit	67	1.83	3.67	2.69	.44
t2_Offenheit	42	1.83	3.42	2.67	.46
t3_Offenheit	40	1.75	3.50	2.65	.43
t1_Verträglichkeit	67	2.00	3.75	2.98	.36
t2_Verträglichkeit	42	1.83	3.58	3.00	.35
t3_Verträglichkeit	40	1.83	3.67	3.02	.35
t1_Gewissenhaftigkeit	67	1.00	3.83	2.83	.58
t2_Gewissenhaftigkeit	42	1.42	3.75	2.88	.47
t3_Gewissenhaftigkeit	40	1.33	3.92	2.88	.52
Praxislehrpersonen	N	Min	Max	M	SD
Neurotizismus	9	0.25	1.25	.09	.36
Extraversion	9	2.50	3.58	2.79	.34
Offenheit	9	2.42	3.25	2.72	.29
Verträglichkeit	9	2.17	3.58	2.82	.46
Gewissenhaftigkeit	9	2.58	3.92	3.10	.39

Im Folgenden soll aufgezeigt werden, ob die Studierenden bzw. Berufseinsteigenden und die Praxislehrpersonen sich von einer grossen Gruppe mit Personen aus verschiedenen Berufsfeldern unterscheiden. Die Studierenden bzw. Berufseinsteigenden wurden mit einer grossen Stichprobe ($N = 2112$), die im Inventar zum NEO-FFI von Borkenau und Ostendorf (1993, S. 12 f.) beschrieben werden, zu allen drei Messzeitpunkten verglichen.

Bei den Studierenden bzw. Berufseinsteigenden sind im Vergleich zur grossen Stichprobe die Faktoren „Extraversion", „Verträglichkeit" und „Gewissenhaftigkeit" signifikant höher, der Faktor „Neurotizismus" dagegen signifikant niedriger ausgeprägt. Beim Faktor „Offenheit für neue Erfahrungen" sind die Werte zur Vergleichsstichprobe nicht signifikant unterschiedlich. In Tabelle 24 sind die Kennwerte des t-Tests aufgeführt.

Tabelle 24: Kennwerte des t-Tests mit unabhängigen Stichproben (Studierende bzw. Berufseinsteigende und Vergleichsstichprobe mit Personen aus verschiedenen Berufsgattungen) der 5 Persönlichkeitsfaktoren

Faktor	t1		t2		t3	
	$t(67)$	d	$t(41)$	d	$t(39)$	d
Neurotizismus	-6.88	-0.84**	-6.97	-1.08**	-5.73	-0.92**
Extraversion	7.85	0.96**	5.46	0.84**	6.70	1.06**
Offenheit	-0.44	-0.05	-0.56	-0.09	-0.92	-0.15
Verträglichkeit	12.31	1.50**	10.42	1.61**	10.50	1.66**
Gewissenhaftigkeit	4.28	0.52**	4.88	0.75**	4.27	0.68**

* $p < .05$, ** $p < .01$

Auch zwischen den Praxislehrpersonen und der Vergleichsstichprobe zeigen sich signifikante Unterschiede bei den Faktoren „Extraversion" (PLP: $t(8) =$ 3.82, $p_{tl} < .01$, $d = 1.27$), „Neurotizismus" (PLP: $t(8) = -7.75$, $p_{tl} < .01$, $d = -2.58$), „Verträglichkeit" (PLP: $t(8) = 2.48$, $p_{tl} < .05$, $d = 0.83$) und „Gewissenhaftigkeit" (PLP: $t(8) = 4.479$, $p_{tl} < .01$, $d = 1.49$). Der Faktor „Offenheit für neue Erfahrungen" ist zur Vergleichsgruppe nicht signifikant unterschiedlich.

Die Studierenden bzw. Berufseinsteigenden und die Praxislehrpersonen schätzen sich demnach extravertierter, zuverlässiger, harmoniebedürftiger und emotional stabiler ein, als dies beim Durchschnitt einer grossen Stichprobe mit Personen aus vielen Berufsgattungen der Fall ist. Dies könnte ein Hinweis darauf sein, dass es sich bei den Studierenden bzw. Berufseinsteigenden und Praxislehrpersonen um eine Positivauswahl handelt.

8.1.7 (G) Stressverarbeitungsstrategien

Die *(G) Stressverarbeitungsstrategien* werden hinsichtlich (1) der Veränderung von t2 zu t3 im ersten Berufsjahr untersucht. Zudem werden (2) die Berufseinsteigenden mit den Praxislehrpersonen verglichen.

In Tabelle 25 sind die statistischen Kennwerte der Stressbewältigungsstrategien aufgeführt. Die Werte auf hellgrauem Hintergrund betreffen die übergeordneten Bereiche der Stressbewältigung.

Der längsschnittliche Vergleich (t-Test bei verbundenen Stichproben) zwischen t2 und t3 zeigt keine signifikanten Unterschiede in den einzelnen Subtests „Herunterspielen", „Schuldabwehr", „Ablenkung", „Ersatzbefriedigung", „Situationskontrollversuche", „Reaktionskontrollversuche", „Positive Selbstinstruktion", „Soziales Unterstützungsbedürfnis", „Vermeidung", „Flucht", „Gedankliche Weiterbeschäftigung", „Resignation" und „Selbstbeschuldigung" als auch in den übergeordneten Bereiche Um- und Abwertungsstrategien, Ablenkungsstrategien, Kontrollstrategien und Negativstrategien.

Zwischen den Praxislehrpersonen und den Berufseinsteigenden bestehen zu beiden Zeitpunkten t2 und t3 signifikante Unterschiede beim Subtest „Resignation" (Berufseinsteigende: N_{t2} = 21, M_{t2} = 2.17, SD_{t2} = .51, N_{t3} = 38, M_{t3} = 2.24, SD_{t3} = .55; Praxislehrpersonen: N = 9, M = 1.48; t2: $t(28)$ = 3.91, p_{t2} < .05, d = 1.56; t3: $t(45)$ = 4.02, p_{t3} < .05, d = 1.49). Beim Messzeitpunkt t2 zeigt sich zusätzlich beim Subtest „Ablenkung" ein signifikanter Unterschied (Berufseinsteigende: N_{t2} = 21, M_{t2} = 3.3, SD_{t2} = .52; Praxislehrpersonen: N = 9, M = 2.83, SD = .58; $t(28)$ = 2.18, p_{t2} < .05, d = 0.87). Dies weist darauf hin, dass die resignativen Tendenzen in der Stressbewältigung bei den Berufseinsteigenden stärker ausgeprägt sind.

Alle Subtests des Bereichs Negativstrategien („Selbstbeschuldigung", „Resignation", „Gedankliche Weiterbeschäftigung", „Flucht") werden von den Berufseinsteigenden häufiger gewählt als von den Praxislehrpersonen. Signifikant unterschiedlich ist wie bereits erwähnt die Negativstrategie „Resignation".

Bei den übergeordneten Bereichen der Stressbewältigung unterscheiden sich die Negativstrategien zwischen den Berufseinsteigenden und den Praxislehrpersonen zu beiden Messzeitpunkten t2 und t3 signifikant voneinander (t2: $t(28)$ = 2.64, p_{t2} < .05, d = 1.05; t3: $t(45)$ = 3.03, p_{t3} < .01, d = 1.12). Bei den Kontroll-, Ablenkungs- und Um-/Abwertungsstrategien bestehen keine signifikanten Unterschiede zwischen den Berufseinsteigenden und den Praxislehrpersonen.

Tabelle 25: Statistische Kennwerte der Stressbewältigungsstrategien der Messzeitpunkte t2 und t3 (Berufseinsteigende) und der Praxislehrperso-nen. Die übergeordneten Bereiche der Stressbewältigung sind hellgrau unterlegt.

Berufseinsteigende	t2					t3					Vergleich t2-t3		Vergleich mit PLP[a]	
	N	Min	Max	M	SD	N	Min	Max	M	SD	t	d	t	d
Herunterspielen	21	1.67	4.17	2.66	.65	38	1.50	4.83	2.74	.70	-0.62	-0.19		
Schuldabwehr	21	1.67	3.50	2.56	.52	38	2.00	4.00	2.73	.52	-0.88	-0.27		
Ablenkung	21	2.33	4.50	3.30	.51	38	2.00	4.83	3.18	.63	0.21	0.06		
Ersatzbefriedigung	21	1.00	4.33	2.93	.83	38	1.17	5.00	2.97	.80	-1.26	-0.39		
Situationskontrolle	21	3.17	5.00	4.00	.47	38	2.83	5.00	4.01	.49	0.52	0.16		
Reaktionskontrolle	21	1.83	4.83	3.58	.73	38	2.67	4.67	3.66	.47	-0.27	-0.08		
Positive Selbstinstruktion	20	3.17	5.00	3.94	.48	38	2.83	5.00	4.01	.58	0.15	0.04		
Soziales Unterstützungsbedürfnis	21	3.00	4.83	4.05	.54	38	2.33	5.00	3.99	.62	-0.28	-0.09		
Vermeidung	21	1.83	5.00	2.85	.71	38	1.17	4.83	2.88	.79	0.30	0.09		
Flucht	21	1.00	3.50	2.21	.59	38	1.00	4.33	2.34	.73	-1.33	-0.41		
Gedankliche Weiterbeschäftigung	21	2.33	4.17	3.39	.53	38	1.67	5.00	3.41	.69	0.65	0.20		
Resignation	21	1.17	3.17	2.17	.51	38	1.33	3.67	2.24	.55	-0.70	-0.21		
Selbstbeschuldigung	21	1.83	4.00	2.68	.69	38	1.67	4.50	2.86	.63	-1.37	-0.42		
Um-/Abwertungsstrategien	21	2.00	3.83	2.61	.51	38	2.00	4.17	2.74	.47	-1.06	-0.33		
Ablenkungsstrategien	21	2.00	4.08	3.12	.59	38	2.00	4.42	3.07	.65	0.01	0.00		
Kontrollstrategien	21	3.33	4.61	3.83	.35	38	3.22	4.83	3.89	.40	0.16	0.05		
Negativstrategien	21	1.96	3.58	2.61	.43	38	1.92	4.25	2.71	.50	-0.80	-0.25		

Fortsetzung Tabelle 25: Statistische Kennwerte der Stressbewältigungsstrategien der Messzeitpunkte t2 und t3 (Berufseinsteigende) und der Praxislehrpersonen. Die übergeordneten Bereiche der Stressbewältigung sind hellgrau unterlegt.

Praxislehrpersonen	n	t2				t3	Vergleich t2-t3	Vergleich mit PLP[a]
Herunterspielen	9	1.67	4.50	2.83	.79			
Schuldabwehr	9	1.83	3.17	2.72	.47			
Ablenkung	9	2.17	3.83	2.83	.58			t2: 2.18 — 0.87*
Ersatzbefriedigung	9	1.83	4.00	2.80	.86			
Situationskontrolle	9	3.17	5.00	4.17	.67			
Reaktionskontrolle	9	2.67	4.50	3.65	.61			
Positive Selbstinstruktion	9	3.33	4.83	4.22	.57			
Soziales Unterstützungsbedürfnis	9	2.50	5.00	3.85	.88			
Vermeidung	9	2.17	4.50	2.78	.75			
Flucht	9	1.50	3.83	1.96	.73			
Gedankliche Weiterbeschäftigung	9	1.83	4.17	2.96	.83			
Resignation	9	1.00	1.83	1.48	.23			t2: 3.91, t3: 4.02 — 1.56*, 1.49*
Selbstbeschuldigung	9	1.83	2.83	2.28	.39			
Um-/Abwertungsstrategien	9	2.08	3.83	2.78	.53			
Ablenkungsstrategien	9	2.00	3.75	2.81	.60			
Kontrollstrategien	9	3.17	4.72	4.01	.52			
Negativstrategien	9	1.62	2.79	2.17	.39			t2: 2.64, t3: 3.03 — 1.63*, 1.12**

Anmerkungen. [a]Praxislehrpersonen; * $p < .05$, ** $p < .01$.

8.1.8 (H) Beurteilung durch Schülerinnen und Schüler

Der *(H) Schülerinnen- und Schülerfragebogen* wird bezüglich der folgenden Problemstellungen ausgewertet: (1) Wie schätzen die Schülerinnen und Schüler die Unterrichtsstunden, in denen ihre Lehrpersonen videografiert wurden, zu den Messzeitpunkten t1, t2 und t3 ein? (2) Gibt es längsschnittliche Unterschiede und (3) unterscheiden sich die Bewertungen zwischen den Studierenden bzw. Berufseinsteigenden und den Praxislehrpersonen?

Die Beurteilungen der Unterrichtsstunden durch die Schülerinnen und Schüler fallen im Durchschnitt zwischen die Werte 3 und 4 und weisen somit aus Schülerinnen- und Schülersicht auf eine gute Qualität des Unterrichts hin.

Zwischen den Praxislehrpersonen und den Studierenden bzw. Berufseinsteigenden gibt es keine signifikanten Unterschiede in den Schülerinnen- und Schülerbewertungen (t1: $t(43) = 0.06$, $p > .05$, $d = 0.02$; t2: $t(46) = 0.26$, $p > .05$, $d = 0.35$; t3: $t(46) = 0.01$, $p > .05$, $d = 0.01$).

Eine Varianzanalyse mit Messwiederholung wurde mit dem Faktor der drei Messzeitpunkte und der Schülerinnen- und Schülerbeurteilung als abhängige Variable durchgeführt. Die Resultate der ANOVA zeigen einen signifikanten Zeiteffekt (Wilks' $\Lambda = .63$, $F(2,19) = 5.52$, $p < .05$, partielles $\eta^2 = .37$). Die polynominalen Kontraste zeigen einen quadratischen Effekt mit ansteigenden Werten von Messzeitpunkt t1 zu t2 und abfallenden Werten von Messzeitpunkt t2 zu t3 ($F(1,20) = 10.32$, $p < .01$, partielles $\eta^2 = .34$). Die Berufseinsteigenden werden demnach von ihren Schülerinnen und Schülern zu Beginn des ersten Berufsjahres im Durchschnitt besser beurteilt als im letzten Semester der Ausbildung und am Ende des ersten Berufsjahres.

Die statischen Kennwerte der Schülerinnen- und Schülerbewertungen sind in Tabelle 26 aufgeführt.

Tabelle 26: Statistische Kennwerte der Schülerinnen- und Schülerbewertungen der Unterrichtsstunden der Studierenden bzw. Berufseinsteigenden und jene der Praxislehrpersonen

	N	Min	Max	M	SD	Vergleich t1-t3 η^2	Vergleich mit PLP[a] d
t1	671	3.04	3.93	3.44	0.20	.37*	0.02
t2	604	2.73	3.99	3.54	0.26		0.35
t3	642	2.76	4.00	3.45	0.27		0.01
PLP[a]	169	3.01	3.77	3.45	0.24		

Anmerkungen. [a]Praxislehrpersonen; * $p < .05$, ** $p < .01$.

8.1.9 (I) Wohlbefinden, Support und Motivation (Kontext)

Die Problemstellungen zu *(I) Wohlbefinden, Support durch die Arbeits-kolleginnen und -kollegen und Motivation im Beruf* lauten: (1) Werden das Wohlbefinden, der Support und die Motivation am Anfang anders einge-schätzt als am Ende des ersten Berufsjahres? (2) Gibt es Unterschiede zwi-schen den Berufseinsteigenden und den Praxislehrpersonen?

Die Ergebnisse zeigen sowohl bei den Berufseinsteigenden als auch bei den Praxislehrpersonen im Durchschnitt hohe Werte beim Wohlbefinden, beim Support und bei der Motivation.

Am auffälligsten ist der signifikante Unterschied zwischen den Praxis-lehrpersonen und den Berufseinsteigenden im Bereich „Motivation" zu Zeit-punkt t3 ($t(28) = -2.295$, $p < .05$, $d = -0.91$). Zum Zeitpunkt t2 ist der Unter-schied knapp nicht signifikant ($t(28) = -1.93$, $p_{t2} = .065$, $d = -0.77$). Ebenfalls knapp nicht signifikant ist der Unterschied zwischen den Praxislehrpersonen und den Berufseinsteigenden im Bereich „Wohlbefinden" (t2: $t(28) = -1.81$, $p_{t2} = .08$, $d = -0.72$; t3: $t(28) = -1.88$, $p_{t3} = .07$, $d = -0.75$). Beim Support gibt es keine signifikanten Unterschiede zwischen den Praxislehrpersonen und den Berufseinsteigenden (t2: $t(28) = -0.02$, $p_{t2} > .05$, $d = -0.01$; t3: $t(28) = -0.33$, $p_{t3} > .05$, $d = -0.13$). Zusammenfassend kann gesagt werden, dass die Gruppe der Praxislehrpersonen im Vergleich zu den Berufseinsteigenden im Durchschnitt über höhere Werte in den Bereichen Wohlbefinden und Motiva-tion im Beruf verfügen.

Zwischen Messzeitpunkt t2 und t3 gibt es bei den Berufseinsteigen-den keine signifikanten Unterschiede (Wohlbefinden: $t(20) = 0.73$, $p > .05$, $d = 0.16$; Support: $t(20) = 0.67$, $p > .05$, $d = 0.15$; Motivation: $t(20) = 0.90$, $p > .05$, $d = 0.20$).

Tabelle 27 enthält die statistischen Kennwerte zum Wohlbefinden, zum Support und zur Motivation im Beruf.

Tabelle 27: Statistische Kennwerte der Bereiche Support, Wohlbefinden, Motivation der Berufseinsteigenden (Zeitpunkte t2 und t3) und Praxislehrpersonen (PLP)

	N	Min	Max	M	SD	Vergleich t2-t3 d	Vergleich mit PLP[a] d
t2_Wohlbefinden	21	2.40	4.00	3.39	0.40	0.16	-0.72
t3_Wohlbefinden	21	2.20	4.00	3.33	0.48		-0.75
t2_Support	21	2.36	3.86	3.24	0.47	0.15	-0.01
t3_Support	21	2.14	3.86	3.18	0.49		-0.13
t2_Motivation	21	2.25	4.00	3.36	0.48	0.20	-0.77
t3_Motivation	21	2.25	3.75	3.30	0.48		-0.91*
PLP[a]_Wohlbefinden	9	3.00	4.00	3.67	0.33		
PLP[a]_Support	9	1.79	3.71	3.25	0.64		
PLP[a]_Motivation	9	3.25	4.00	3.69	0.30		

Anmerkungen. [a]Praxislehrpersonen; * $p < .05$, ** $p < .01$.

8.1.10 (J) Berufliche und private Ziele

Die folgenden Problemstellungen stehen zur Auswertung von *(J) der Ziele* im Zentrum: (1) Welche beruflichen oder privaten Ziele nennen die Berufseinsteigenden am Ende des ersten Berufsjahres (t3) und (2) welche die Praxislehrpersonen? (3) Gibt es Unterschiede zwischen den Praxislehrpersonen und den Berufseinsteigenden?

Die Berufseinsteigenden (N=21) und die Praxislehrpersonen (N=9) unterscheiden sich bei den Kategorien „Beruf" ($t(28) = -1.37$, $p > .05$, $d = -0.55$), „Partnerschaft/Familie" ($t(28) = -1.48$, $p > .05$, $d = -0.59$), „Freizeit" ($t(28) = -1.44$, $p > .05$, $d = -0.57$) sowie „Finanzielles/Materielles" ($t(28) = -1.39$, $p > .05$, $d = -0.55$) nicht signifikant voneinander und bei der Kategorie „Selbst" ($t(28) = -2.75$, $p > .05$, $d = -1.09$) signifikant voneinander.

Zum Messzeitpunkt t3 am Ende des ersten Berufsjahres beziehen sich bei den Berufseinsteigenden 66.99% und bei den Praxislehrpersonen 48.65% aller Äusserungen auf berufliche Ziele.

Neben den Berufszielen sind den neun Praxislehrpersonen mit Themen Gesundheit, Religiosität und persönliche Entwicklungen Ziele im Bereich des „Selbsts" wichtig (18.92% aller Nennungen, welche die Praxislehrpersonen aufführten).

Abbildung 5 zeigt den prozentualen Anteil der Kategorien „Beruf", „Partnerschaft/Familie", „Freizeit", „Finanzielles/Materielles" und „Selbst".

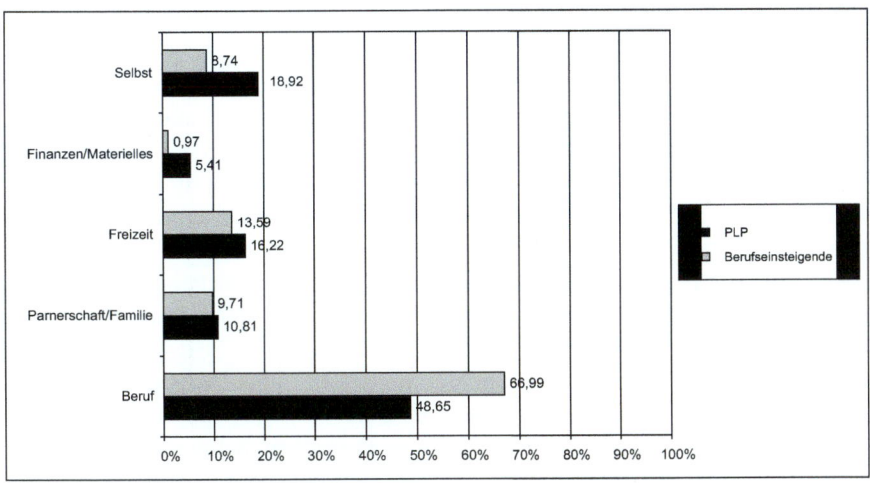

Anmerkungen. PLP = Praxislehrpersonen.

Abbildung 5:   Ziele der Praxislehrpersonen (PLP) und der Berufseinsteigenden in Prozent
des Totals ihrer jeweiligen Äusserungen

Die beruflichen Ziele setzen sich aus den Unterkategorien „Qualifikationssteigerung", „Entwicklung/Lernen", „Karriere", „Organisation der Aufgabe",
„Selbstständigkeit", „Emotionale Befindlichkeit" und „Vereinbarung Beruf/
Privatleben" zusammen. Abbildung 6 gibt die prozentualen Anteile der Unterkategorien wieder.

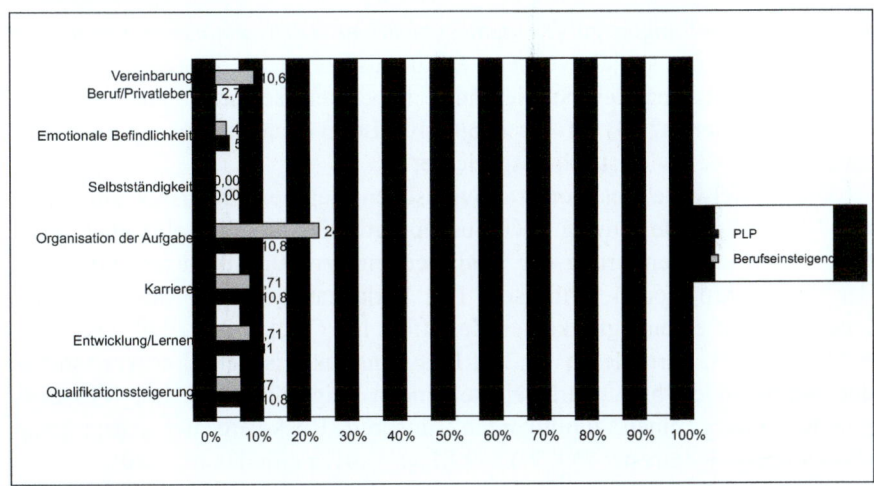

Anmerkungen. PLP = Praxislehrpersonen.

Abbildung 6:   Prozentwerte beruflicher Ziele der Berufseinsteigenden und der Praxislehrpersonen (PLP) aufgeteilt nach Unterkategorien

169

Die Nennungen der Praxislehrpersonen und der Berufseinsteigenden zu den Unterkategorien der beruflichen Ziele unterscheiden sich nicht signifikant.

Auffallend ist, dass bei den Berufseinsteigenden ein grosser Teil der Ziele (24.27% aller Nennungen) in den Bereich „Organisation der Aufgabe" fallen. Im Bereich „Organisation der Aufgabe" werden von den Berufseinsteigenden Ziele, welche den besseren Umgang mit Heterogenität, Klassenkonflikten und Störungen betreffen, genannt. Praxislehrpersonen nennen in diesem Zielbereich ebenfalls Ziele zum Umgang mit Heterogenität und Ziele zur besseren Personalführung. Dies hat wahrscheinlich damit zu tun, dass einige der Praxislehrpersonen zusätzlich in der Schulleitung tätig sind.

Die Praxislehrpersonen nennen mit je 10.81% aller Aussagen Ziele im Bereich der Qualifikationssteigerung, im Bereich Organisation der Aufgabe und im Bereich Karriere. Ziele in diesen Bereichen beinhalten Ziele zum beruflichen Aufstieg wie Führungsverantwortung übernehmen oder eine Einkommenssteigerung anstreben, Ziele zur Qualifikationssteigerung durch weitere Abschlüsse und leistungsbezogene Ziele zur Erfüllung der Arbeitsaufgabe.

Für die Gruppe der Berufseinsteigenden sind mit 10.68% aller Äusserungen Ziele zur Vereinbarkeit von Beruf und Privatleben ein wichtiges Thema.

8.1.11 (K) Subjektives Lernverständnis

Die Problemstellungen zu *(K) dem subjektiven Lernverständnis* lauten: (1) Verändert sich das subjektive Lernverständnis von t1 bis t3? (2) Gibt es Unterschiede zwischen den Studierenden bzw. Berufseinsteigenden und den Praxislehrpersonen? (3) Ist das subjektive Lernverständnis eher konstruktivistisch oder behavioristisch ausgerichtet?

Die Mittelwerte des konstruktivistischen Lernverständnisses sind über alle Messzeitpunkte hinweg hoch ausgeprägt. Dies lässt auf eine eher konstruktivistische Orientierung der Studierenden bzw. Berufseinsteigenden und der Praxislehrpersonen schliessen. Die Varianzanalyse mit Messwiederholung weist auf einen signifikanten Zeiteffekt hin (Wilks' $\Lambda = .799$, $F(2,38) = 6.77$, $p = .014$, partielles $\eta^2 = .20$): Das konstruktivistische Lernverständnis der Studierenden bzw. Berufseinsteigenden zeigt über die drei Messzeitpunkte hinweg einen signifikanten, linearen Rückgang der Ausprägung (Polynomiale Kontraste: $F(1,39) = 9.81$, $p < .01$, partielles $\eta^2 = .20$).

Auch die Entwicklung des behavioristischen Lernverständnis über die drei Messzeitpunkte weist einen signifkanten Zeiteffekt auf (*Wilks' $\Lambda = .754$*, $F(2,38) = 6.77$, $p = .005$, partielles $\eta^2 = .25$). Im Gegensatz zum konstruktivistischen Lernverständis nehmen die Werte jedoch zu. Das behavioristische Lernverständnis der Studierenden bzw. Berufseinsteigenden steigt von Messzeitpunkt t1 bis t3 linear und signifikant an (Polynomiale Kontraste: $F(1,39)$ = 12.602, $p < .01$, partielles $\eta^2 = .24$).

Zwischen den Praxislehrpersonen und den Studierenden bzw. Berufseinsteigenden bestehen keine signifikanten Unterschiede (t1: Konstruktivistisches Lernverständnis: $t(78) = .55$, $p > .05$, $d = 0.19$; Behavioristisches Lernverständnis: $t(78) = -.62$, $p > .05$, $d = -0.23$; t2: Konstruktivistisches Lernverständnis: $t(49) = .24$, $p > .05$, $d = 0.09$; Behavioristisches Lernverständnis: $t(49) = .06$, $p > .05$, $d = 0.02$; t3: Konstruktivistisches Lernverständnis: $t(47) = -.25$, $p > .05$, $d = -0.09$; Behavioristisches Lernverständnis: $t(47) = .43$, $p > .05$, $d = 0.16$). In Tabelle 28 sind die statistischen Kennwerte aufgeführt.

Tabelle 28: Statistische Kennwerte des subjektiven Lernverständnisses der Studierenden bzw. Berufseinsteigenden (t1 bis t3) und der Praxislehrpersonen (PLP)

	N	Min	Max	M	SD	Vergleich t1-t3 η^2	Vergleich mit PLP[a] d
t1_Konstrukt[b]	71	2.63	4.83	4.05	.41	.20*	0.19
t2_Konstrukt[b]	42	3.04	4.79	3.98	.36		0.09
t3_Konstrukt[b]	40	3.00	4.83	3.88	.46		-0.09
t1_Behavior[c]	71	1.71	3.83	2.64	.41	.25*	-0.23
t2_Behavior[c]	42	1.88	3.75	2.78	.45		0.02
t3_Behavior[c]	40	1.75	3.71	2.85	.49		0.16
PLP[a]_Konstrukt[b]	9	2.96	4.67	3.93	.65		
PLP[a]_Behavior[c]	9	1.83	3.58	2.77	.62		

Anmerkungen. [a]Praxislehrpersonen; [b]konstruktivistisches Lernverständnis; [c]behavioristisches Lernverständnis; * $p < .05$, ** $p < .01$.

8.1.12 Zusammenfassung

Der längsschnittliche Vergleich zeigt, dass sich die Unterrichtsbeurteilungen durch Konstanz auszeichnen. Beim Berufseinstieg ist ein minimaler Einbruch der Bewertung zu vermerken. Die Studierenden erreichen im letzten Semester das Unterrichtsqualitätsniveau der Praxislehrpersonen. Die Bewertungen liegen im Durchschnitt um den Punkt 4 der sechsstufigen Einschätzskala und lassen somit einen Spielraum zur besten Bewertung offen.

Die Kodierung der Unterrichtsstunden zeigt auf, dass die Studierenden bzw. Berufseinsteigenden und die Praxislehrpersonen mit einem hohen Anteil an Klassenunterricht unterrichten. Zwischen 45% und 55% des Unterrichts wird als stark direktiv ausgerichteter Klassenunterricht durchgeführt. Bei den Studierenden bzw. Berufseinsteigenden nimmt der Anteil an Klassenunterricht über die drei Messzeitpunkte, wenn auch nicht signifikant, eher ab, zugunsten von kooperativen Formen wie Partner- oder Gruppenarbeit. Die Zunahme des Anteils an kooperativen Formen von t1 zu t3 ist signifikant. Sowohl im Unterricht der Studierenden bzw. Berufseinsteigenden wie auch der Praxislehrpersonen liegt der Sprechanteil über alle drei Messzeitpunkte ausgeprägt bei der Lehrperson. Im Unterricht der Praxislehrpersonen wird im Vergleich zum Unterricht der Studierenden bzw. Berufseinsteigenden signifikant mehr gesprochen. Der Sprechanteil der Schülerinnen und Schüler als auch der Praxislehrpersonen ist signifikant höher als im Unterricht der Studierenden bzw. Berufseinsteigenden.

Das Unterrichtsplanungswissen nimmt von t1 zu t2, also im Übergang vom letzten Semester der Ausbildung in das 1. Berufsjahr, signifikant ab. Von Messzeitpunkt t2 zu Messzeitpunkt t3 zeichnet sich im Gegensatz dazu eine leichte Zunahme des Planungswissens ab. Der Verlauf über alle drei Messzeitpunkte hinweg gleicht dem Verlauf bei der Unterrichtsbeurteilung, bei der ebenfalls ein Rückgang der Bewertungen von t1 zu t2 (wenn auch nicht signifikant) und ein leichter Anstieg von t2 zu t3 festzustellen ist. Beim Unterrichtsplanungswissen ist jedoch der Einbruch beim Berufsübergang stärker ausgeprägt. Die Studierenden im letzten Semester erreichen die höchste Punktzahl. Die Unterschiede beim Unterrichtsplanungswissen zwischen den Studierenden bzw. Berufseinsteigenden und den Praxislehrpersonen sind zu allen Messzeitpunkten nicht signifikant.

Bei der allgemeinen und der lehrpersonenbezogenen Selbstwirksamkeit, den Persönlichkeitsmerkmalen und den Stressverarbeitungsstrategien besteht über alle drei Messzeitpunkte hinweg Konstanz.

Die allgemeine und die lehrpersonenbezogene Selbstwirksamkeit wird im Durchschnitt hoch eingeschätzt ($M > 3.00$). Die allgemeine Selbstwirksamkeit wird von den Praxislehrpersonen im Vergleich zu den Studierenden am Ende der Ausbildung (Messzeitpunkt t1) signifikant höher eingeschätzt. Im Vergleich zu den Berufseinsteigenden (Messzeitpunkte t2 und t3) besteht dieser Unterschied nicht mehr.

Die lehrpersonenbezogene Selbstwirksamkeit wird von den Praxislehrpersonen signifikant höher eingeschätzt als von den Berufseinsteigenden am Anfang und am Ende des ersten Berufsjahres (Messzeitpunkte t2 und t3).

Zwischen den Praxislehrpersonen und den Studierenden bzw. Berufseinsteigenden bestehen signifikante Unterschiede beim Faktor „Neurotizismus" der erfassten Persönlichkeitsmerkmale. Der Neurotizismus-Wert ist bei den Studierenden bzw. Berufseinsteigenden stärker ausgeprägt. Im Vergleich zu einer grossen Stichprobe mit Personen aus verschiedenen Berufsfeldern liegen die durchschnittlichen Werte der Praxislehrpersonen und Studierenden bzw. Berufseinsteigenden in Bezug auf die „Extraversion", die „Verträglichkeit" und die „Gewissenhaftigkeit" signifikant höher. Dagegen sind die Werte zum „Neurotizismus" signifikant niedriger. Die in der vorliegenden Arbeit erfasste Stichprobe setzt sich demnach aus Praxislehrpersonen und Studierenden bzw. Berufseinsteigenden zusammen, die sich als starke Persönlichkeiten erweisen. Die vorliegende Stichprobe stellt möglicherweise eine Positivauswahl von starken Personen dar, die nicht der Gesamtgruppe von Berufseinsteigenden und erfahrenen Lehrpersonen (totale Stichprobe) entsprechen.

Die Negativstrategien der Stressverarbeitungsstrategien sind zwischen den Berufseinsteigenden und den Praxislehrpersonen signifikant unterschiedlich. Die Berufseinsteigenden setzen häufiger zur Bewältigung von stressreichen Situationen Negativstrategien ein. Da die Negativstrategien eine stressvermehrende Wirkung aufweisen, ist dies eine ungünstige Strategie.

Interessanterweise zeigen die Durchschnittswerte der Unterrichtsbeurteilungen, die von den Schülerinnen und Schülern vorgenommen wurden, einen anderen Verlauf als die Unterrichtsbeurteilung durch die Fremdeinschätzung (Rating durch Experten). Die Berufseinsteigenden bzw. zum Messzeitpunkt t1 noch Studierenden werden von den Schülerinnen und Schülern zum Messzeitpunkt t2 im Durchschnitt besser eingeschätzt als zu den Messzeitpunkten t1 und t3. Die Korrelationen zwischen der Fremdbeurteilung und Schülerbeurteilung fällt schwach bis moderat aus (t1: $r = -.07$; t2: $r = .26$; t3: $r = .44**$). Dies könnte damit zusammenhängen, dass die Schülerbeurteilung im Durchschnitt bei allen in der vorliegenden Arbeit untersuchten Studierenden bzw. Berufseinsteigenden hoch ausfällt. Im Kapitel 8.4.3 wird dieses Ergebnis ausdifferenziert, indem die Schülerbeurteilungen zwischen Berufseinsteigenden mit hohen und niedrigen Fremdbewertungen des Unterrichts verglichen werden.

Das Wohlbefinden, der Support und die Motivation im Beruf werden von den Berufseinsteigenden und Praxislehrpersonen im Durchschnitt hoch eingeschätzt. Im Vergleich zu den Berufseinsteigenden sind die Praxislehrpersonen im Durchschnitt motivierter und fühlen sich an ihrer Schule wohler. Am Ende des ersten Berufsjahres unterscheiden sich die Berufseinsteigenden und die Praxislehrpersonen bei der Motivation signifikant.

Mit 67 % aller Aussagen der Berufseinsteigenden und 49 % aller Aussagen der Praxislehrpersonen werden mehrheitlich berufliche Ziele von den Berufseinsteigenden und den Praxislehrpersonen genannt. Die Unterkategorie „Organisation der Aufgabe" umfasst bei den Berufseinsteigenden den grössten Teil der berufsbezogenen Ziele. Besonders setzen sie sich Ziele bezüglich eines besseren Umgangs mit der Heterogenität und der Klassenführung.

Die Studierenden bzw. Berufseinsteigenden und die Praxislehrpersonen zeigen ein vermehrt konstruktivistisches Lernverständnis. Bei den Studierenden bzw. Berufseinsteigenden geht das konstruktivistische Lernverständnis über die Zeit signifikant zurück und das behavioristische Lernverständnis steigt im Gegenzug signifikant an, was, wenn die Ziele der Ausbildung bzw. die Erkenntnisse der modernen Lehr-Lern-Forschung betrachtet werden, nicht als erfreuliches Ergebnis gewertet werden kann.

Im Folgenden wird auf die Zusammenhänge eingegangen, die zwischen den Selbstwirksamkeitsüberzeugungen und der Unterrichtsqualität (Rating), dem unterrichtlichen Geschehen (Kodierung), dem Unterrichtsplanungswissen, den subjektiven Theorien, den Schülerbeurteilungen, der Motivation, dem Wohlbefinden, dem erlebten Support, den persönlichen Zielen, den Persönlichkeitsmerkmalen und den Stressverarbeitungsstrategien vermutet werden können.

8.2 Zusammenhänge zwischen Selbstwirksamkeit und Unterricht, Unterrichtsplanungswissen, subjektives Lernverständnis, Persönlichkeitsaspekte, persönliche Ziele, Wohlbefinden, Support sowie Motivation

Im folgenden Kapitel werden Korrelationen zwischen der *Selbstwirksamkeit* und (A) der Qualität des Unterrichts, (B) dem sichtbaren Unterrichtsgeschehen, (C) dem Unterrichtsplanungswissen, (F) den Persönlichkeitsmerkmalen, (G) den Stressverarbeitungsstrategien, (H) den Unterrichtsbewertungen der Schülerinnen und Schüler, (I) dem Wohlbefinden, dem Support, der Motivation, (J) den Zielen sowie (K) dem subjektiven Lernverständnis beschrieben. Die Ergebnisse werden in der Reihenfolge der Problemstellungen, die in Kapitel 6 unter Punkt *(2) Zusammenhänge mit Selbstwirksamkeit* aufgeführt sind, dargestellt.

Der Fokus in den folgenden Unterkapiteln liegt auf (E) der lehrpersonenbezogenen Selbstwirksamkeit (SWKLP) und ihren Zusammenhängen mit den verschiedenen, oben genannten Bereichen. Da zum Messzeitpunkt t1 die lehrpersonenbezogene Selbstwirksamkeit noch nicht aufgenommen wurde, wird für diesen Zeitpunkt jeweils auf (D) die allgemeine Selbstwirksamkeit zurückgegriffen.

In Kapitel 8.2.12 werden die Ergebnisse des vorliegenden Kapitels zusammengefasst.

8.2.1 (D) Allgemeine Selbstwirksamkeit und (E) lehrpersonenbezogene Selbstwirksamkeit

Die Korrelation zwischen der allgemeinen Selbstwirksamkeit und der lehrpersonenbezogenen Selbstwirksamkeit beträgt zum Messzeitpunkt t2 $r = .38$ ($N = 21$), zum Messzeitpunkt t3 $r = .50^{**}$ ($N = 39$) und bei den Praxislehrpersonen $r = .02$ ($N = 9$). Die allgemeine und lehrpersonenbezogene Selbstwirksamkeit korrelieren somit moderat bis stark bei den Berufseinsteigenden. Bei den Praxislehrpersonen besteht zwischen der allgemeinen und lehrpersonenbezogenen Selbstwirksamkeit ein äusserst geringer, nicht signifikanter Zusammenhang. Die fachspezifischen Selbstwirksamkeitsüberzeugungen stellen bei der befragten Gruppe von neun Praxislehrpersonen offenbar einen eigenständigen Aspekt ihrer Überzeugungen dar.

8.2.2 Selbstwirksamkeit und (A) Qualität des Unterrichts

Im Folgenden werden zuerst die Korrelationen zwischen den Selbstwirksamkeitsüberzeugungen und der Gesamtbeurteilung sowie den vier Bereichen der Unterrichtsqualität aufgeführt. Anschliessend werden die Gruppen mit hohen, mittleren und niedrigen lehrpersonenbezogenen Selbstwirksamkeitsüberzeugungen miteinander verglichen. Die wegleitende Problemstellung lautet: Besteht ein Zusammenhang zwischen (A) der Unterrichtsqualität und den Selbstwirksamkeitsüberzeugungen der Berufseinsteigenden bzw. der Praxislehrpersonen? Unterrichten Lehrpersonen mit hohen Selbstwirksamkeitsüberzeugungen besser als Lehrpersonen mit niedrigeren Selbstwirksamkeitsüberzeugungen?

Tabelle 29 zeigt die Korrelationen zwischen (a) der allgemeinen Selbstwirksamkeit (Allg. SWK) zum Messzeitpunkt t1 und (b) der lehrpersonenbezogenen Selbstwirksamkeit (SWKLP) zu den Messzeitpunkten t2 und t3 und den vier Bereichen „Instruktionseffizienz", „Schülerorientierung", „Kognitive Aktivierung" und „Klarheit, Strukturiertheit" sowie der Gesamtbeurteilung der Unterrichtsqualität.

Tabelle 29: Korrelationen zwischen Selbstwirksamkeit und Unterrichtsqualität bei den Studierenden bzw. Berufseinsteigenden (t1 bis t3) und den Praxislehrpersonen (PLP)

Unterrichtsqualität	t1	t2	t3	PLP[a]
	Allg. SWK[b] N=41	SWKLP[c] N=21	SWKLP[c] N=39	SWKLP[c] N=8
Instruktionseffizienz	.13	01	-.08	.11
Schülerorientierung	.11	-.03	-.02	-.02
Kognitive Aktivierung	.20	-.02	.03	.28
Klarheit, Strukturiertheit	.20	.02	.11	.25
Gesamtbeurteilung	.18	.01	.01	.19

Anmerkungen. [a] Praxislehrpersonen; [b] allgemeine Selbstwirksamkeitsüberzeugungen; [c] lehrpersonenbezogene Selbstwirksamkeitsüberzeugungen; * $p < .05$, ** $p < .01$.

(a) Zusammenhänge zwischen allgemeiner Selbstwirksamkeit und Unterrichtsqualität:

Zum Messzeitpunkt t1 ist die Korrelation zwischen der allgemeinen Selbstwirksamkeit und der Gesamtbeurteilung der Unterrichtsstunden nicht signifikant. Die Zusammenhänge zwischen der allgemeinen Selbstwirksamkeit und der Gesamtbeurteilung zu den Messzeitpunkten t2 und t3, die in Tabelle 29 nicht aufgeführt sind, sind bei den Berufseinsteigenden und Praxislehrpersonen ebenfalls nicht signifikant (t2: $r = .04$; t3: $r = .10$; PLP: $r = -.03$).

(b) Zusammenhänge zwischen der lehrpersonenbezogenen Selbstwirksamkeit und Unterrichtsqualität:

Die Zusammenhänge fallen zu allen Zeitpunkten gering und nicht signifikant aus (Tabelle 29). Am stärksten ausgeprägt sind die Korrelationen zwischen der lehrpersonenbezogenen Selbstwirksamkeit der Praxislehrpersonen und den Qualitätsmerkmalen „Kognitive Aktivierung" und „Klarheit, Strukturiertheit". Aufgrund der kleinen Anzahl von Praxislehrpersonen sind diese Resultate jedoch nicht generalisierbar und könnten bei der Überprüfung mit einer grösseren Stichprobe anders ausfallen.

(c) Gruppen mit hoher, mittlerer und niedriger lehrpersonenbezogener Selbstwirksamkeit:

Messzeitpunkt t2 (Berufseinsteigende am Anfang des ersten Berufsjahres): In Tabelle 30 sind die statistischen Kennwerte der Unterrichtsratings der Gruppen mit hohen, mittleren und niedrigen Einschätzungen der lehrpersonenbezogenen Selbstwirksamkeit am Anfang des ersten Berufsjahres (Messzeitpunkt t2) aufgeführt.

Die multivariate Varianzanalyse zeigt keine signifikanten Unterschiede zwischen den Gruppen (Wilks' $\Lambda = .72$, $F(2,38) = .67$, $p > .05$, multivariates $\eta^2 = .15$).

Tabelle 30: Statistische Kennwerte der Unterrichtsqualität eingeteilt in die lehrpersonenbezogenen Selbstwirksamkeitsgruppen (SWKLP hoch, mittel, niedrig) zum Messzeitpunkt t2

Berufseinsteigende		Gesamtbeurteilung		Instruktionseffizienz		Schülerorientierung	
SWKLP[a]		M	SD	M	SD	M	SD
hoch	N=3	3.96	1.35	4.13	1.15	4.04	1.87
mittel	N=11	3.26	.80	3.48	.85	3.44	.82
niedrig	N=7	4.05	.71	4.18	.77	4.44	.75

		Kognitive Aktivierung		Klarheit, Strukturiertheit		Multivariate Varianzanalyse η^2
SWKLP[a]		M	SD	M	SD	
hoch	N=3	3.43	1.50	4.30	.96	.15
mittel	N=11	2.70	.94	3.49	.90	
niedrig	N=7	3.61	1.00	4.04	.66	

Anmerkungen. [a] lehrpersonenbezogene Selbstwirksamkeitsüberzeugungen; * $p < .05$, ** $p < .01$.

Messzeitpunkt t3 (Berufseinsteigende am Ende des ersten Berufsjahres): Insgesamt sind die Unterschiede zwischen den Gruppen nicht signifikant (multivariate Varianzanalyse: Wilks' $\Lambda = .90$, $F(8,66) = .46$, $p > .05$, multivariates $\eta^2 = .05$). Tabelle 31 enthält die statistischen Kennwerte der Berufseinsteigenden mit niedrigen, mittleren und hohen lehrpersonenbezogenen Selbstwirksamkeitsüberzeugungen zum Messzeitpunkt t3.

Tabelle 31: Statistische Kennwerte der Unterrichtsqualität eingeteilt in die lehrpersonenbezogenen Selbstwirksamkeitsgruppen (SWKLP hoch, mittel, niedrig) zum Messzeitpunkt t3, Berufseinsteigende

Berufseinsteigende		Gesamtbeurteilung		Instruktionseffizienz		Schülerorientierung	
SWKLP[a]		M	SD	M	SD	M	SD
hoch	N=9	3.96	1.06	3.92	1.35	4.12	1.09
mittel	N=17	3.91	.87	4.04	.99	4.01	.95
niedrig	N=13	4.04	.78	4.22	.92	4.28	.76

		Kognitive Aktivierung		Klarheit, Strukturiertheit		Multivariate Varianzanalyse η^2
SWKLP[a]		M	SD	M	SD	
hoch	N=9	3.58	1.21	4.23	.90	.05
mittel	N=17	3.41	.94	4.20	.90	
niedrig	N=13	3.61	.91	4.12	.84	

Anmerkungen. [a] lehrpersonenbezogene Selbstwirksamkeitsüberzeugungen; * $p < .05$, ** $p < .01$.

177

Praxislehrpersonen: Die Unterschiede zwischen den Praxislehrpersonen mit hohen Werten der lehrpersonenbezogenen Selbstwirksamkeit und mittleren Werten der Selbstwirksamkeit sind nicht signifikant. Die statistischen Kennwerte sind in Tabelle 32 aufgeführt.

Tabelle 32: Statistische Kennwerte der Unterrichtsqualität eingeteilt in die lehrpersonenbezogenen Selbstwirksamkeitsgruppen (SWKLP hoch, mittel) und Effektstärke (*d*) der Unterschiede zwischen den Gruppen (Praxislehrpersonen: $N_{hoch} = 2$, $N_{mittel} = 6$)

Praxislehrpersonen		Gesamtbeurteilung			Instruktionseffizienz			Schülerorientierung		
SWKLP[a]		M	SD	d	M	SD	d	M	SD	d
hoch	N=2	4.13	1.01	-0.08	4.46	.99	-0.05	4.20	1.17	0.07
mittel	N=6	3.97	0.19	—	4.56	.44		4.39	0.08	

		Kognitive Aktivierung			Klarheit, Strukturiertheit					
SWKLP[a]		M	SD	d	M	SD	d			
hoch	N=2	3.47	1.32	-0.02	4.48	.90	-0.40	—		
mittel	N=6	3.40	0.71		3.70	.42				

Anmerkungen. [a] lehrpersonenbezogene Selbstwirksamkeitsüberzeugungen; * $p < .05$, ** $p < .01$.

Hinweise für weiterführende Untersuchungen: Auch wenn die Effekte zwischen den Gruppen nicht signifikant sind, ist es auffällig, dass die Mittelwerte im Bereich „Klarheit, Strukturiertheit" bei den Personen mit hohen lehrpersonenbezogenen Selbstwirksamkeitsüberzeugungen höher ausfallen als jene der Personen mit niedrigen Selbstwirksamkeitsüberzeugungen. Bei den Bereichen „Instruktionseffizienz" und „Schülerorientierung" liegen hingegen die Mittelwerte der Personen mit niedrigeren lehrpersonenbezogenen Selbstwirksamkeitsüberzeugungen höher als die Mittelwerte der Personen mit hohen Selbstwirksamkeitsüberzeugungen. Diese Zusammenhänge zeigen sich sowohl bei den Berufseinsteigenden zu den Messzeitpunkten t2 und t3 als auch bei den Praxislehrpersonen.

Es wäre interessant diese Effekte zwischen der lehrpersonenbezogenen Selbstwirksamkeit und den Bereichen „Klarheit, Strukturiertheit", „Instruktionseffizienz" und „Schülerorientierung" mit einer grösseren Stichprobe zu überprüfen, um verallgemeinerbare Resultate zu erhalten.

8.2.3 Selbstwirksamkeit und (B) sichtbares Unterrichtsgeschehen

Die wegleitende Problemstellung zu den folgenden Ergebnissen lautet: Werden gewisse Elemente des (B) sichtbaren Unterrichtsgeschehens von Berufseinsteigenden und Praxislehrpersonen mit höheren bzw. niedrigeren Selbstwirksamkeitsüberzeugungen vermehrt eingesetzt?

Tabelle 33 enthält die Korrelationen zwischen den allgemeinen bzw. lehrpersonenbezogenen Selbstwirksamkeitsüberzeugungen und dem sichtbaren Unterrichtsgeschehen der zwei Versuchspersonengruppen (Messzeitpunkte t1, t2, t3 und Praxislehrpersonen). Wegen den kleinen Stichproben und den grösstenteils nicht signifikanten Ergebnisse sind die Resultate insgesamt vorsichtig zu interpretieren und können nicht verallgemeinert werden. Für eine generalisierbare Aussage müssen sie mit grösseren Stichproben überprüft werden.

Tabelle 33: Korrelationen zwischen Unterrichtskodierungen und der Selbstwirksamkeit der Berufseinsteigenden (t1 bis t3) und der Praxislehrpersonen (PLP)

Unterrichtskodierung	t1	t2	t3	PLP[a]
	Allg. SWK[b] $N=41$	SWKLP[c] $N=21$	SWKLP[c] $N=39$	SWKLP[c] $N=8$
Unterrichtszeit	.15	.33	.03	.80*
Klassenunterricht	-.19	.13	-.12	-.06
Einzelarbeit	.15	.14	.10	-.31
Kooperative Formen	.09	-.21	.01	.22
Differenzierung	-.11	-.30	.09	.71
Strukturierung	-.38*	-.12	.28	.70
Redeanteil Schüler/innen	-.08	-.15	.04	.41
Redeanteil Lehrperson	-.20	.20	-.18	-.19

Anmerkungen. [a] Praxislehrpersonen; [b] allgemeine Selbstwirksamkeitsüberzeugungen; [c] lehrpersonenbezogene Selbstwirksamkeitsüberzeugungen; * $p < .05$, ** $p < .01$.

(a) Zusammenhänge zwischen allgemeiner Selbstwirksamkeit und sichtbaren Unterrichtsgeschehen:
Am Ende der Ausbildung (Messzeitpunkt t1) fallen die Zusammenhänge zwischen der allgemeinen Selbstwirksamkeit und dem sichtbaren Unterrichtsgeschehen mehrheitlich nicht signifikant aus. Ein signifikanter negativer Zusammenhang besteht zwischen der allgemeinen Selbstwirksamkeit und der Strukturierung. Studierende mit höherer allgemeiner Selbstwirksamkeit setzen in ihrem Unterricht am Ende der Ausbildung demnach weniger strukturierende Elemente ein als Studierende mit einer niedrigeren allgemeinen Selbstwirksamkeit.

(b) Zusammenhänge zwischen lehrpersonenbezogener Selbstwirksamkeit und sichtbarem Unterrichtsgeschehen:
Messzeitpunkt t2 (Berufseinsteigende am Anfang des ersten Berufsjahres): Die Korrelationen zwischen dem sichtbaren Unterrichtsgeschehen und der lehrpersonenbezogenen Selbstwirksamkeit zum Messzeitpunkt t2 fallen nicht signifikant aus. Auf die nachfolgend aufgeführten Resultate soll trotz-

dem hingewiesen werden, da sie für weitere Untersuchungen interessant sein könnten:

- Die stärkste Korrelation besteht zwischen der Unterrichtszeit und der lehrpersonenbezogenen Selbstwirksamkeit. Je höher die Selbstwirksamkeit der Berufseinsteigenden zum Messzeitpunkt t2, desto besser wird zu diesem Zeitpunkt die Unterrichtszeit ausgenutzt.
- Negative Korrelationen bestehen zwischen der lehrpersonenbezogenen Selbstwirksamkeitsüberzeugung und den kooperativen Unterrichtsformen, der Differenzierung, der Strukturierung und dem Redeanteil der Schüler/innen.

Die Unterrichtsstunden der Berufseinsteigenden mit höheren lehrpersonenbezogenen Selbstwirksamkeitsüberzeugungen sind demnach eher durch einen höheren Redeanteil der Lehrperson, durch mehr Klassenunterricht und Einzelarbeit sowie durch eine grössere Ausnutzung der Unterrichtszeit geprägt als die Unterrichtsstunden von den Berufseinsteigenden mit niedrigeren lehrpersonenbezogenen Selbstwirksamkeitsüberzeugungen. Dementsprechend korreliert zum Zeitpunkt t2 die lehrpersonenbezogene Selbstwirksamkeit bei den 21 Berufseinsteigenden eher mit einem traditionellen Unterricht. Wie bereits am Anfang dieses Kapitels erwähnt wurde, müsste dieses Resultat für eine generalisierbare Aussage mit einer grösseren Stichprobe überprüft werden.

Messzeitpunkt t3 (Berufseinsteigende am Ende des ersten Berufsjahres):
Zum Zeitpunkt t3 fallen die Korrelationen bei den Berufseinsteigenden ebenfalls nicht signifikant aus. Wiederum soll auch hier auf Resultate hingewiesen werden, die für weitere Untersuchungen interessant sein könnten: Bei den 39 zum Messzeitpunkt t3 untersuchten Berufseinsteigenden besteht die stärkste Korrelation zwischen der Strukturierung der Unterrichtsstunden und den lehrpersonenbezogenen Selbstwirksamkeitsüberzeugungen. Je höher der Anteil an Strukturierung im Unterricht, desto höher sind die lehrpersonenbezogenen Selbstwirksamkeitsüberzeugungen. Negative Korrelationen weisen die Bereiche Redeanteil der Lehrperson und Klassenunterricht mit der lehrpersonenbezogenen Selbstwirksamkeit auf. Das bedeutet, dass die Berufseinsteigenden, die einen hohen eigenen Redeanteil und einen hohen Anteil an Klassenunterricht in ihrem Unterricht aufweisen, geringere lehrpersonenbezogene Selbstwirksamkeitsüberzeugungen haben. Auch diese Resultate, sind nicht generalisierbar und beschränken sich auf die in der vorliegenden Arbeit untersuchte Gruppe von Berufseinsteigenden.

Praxislehrpersonen: Bei den acht Praxislehrpersonen besteht eine signifikante Korrelation zwischen der Ausnutzung der Unterrichtszeit und der lehrpersonenbezogenen Selbstwirksamkeit. Je höher die lehrpersonenbezogene Selbstwirksamkeit bei den Praxislehrpersonen, desto besser wird die Unterrichtszeit ausgenutzt. Praxislehrpersonen mit hoher lehrpersonenbezogener Selbstwirksamkeit unterrichten demnach länger als Praxislehrpersonen mit niedrigerer lehrpersonenbezogener Selbstwirksamkeit.[26]

Für weitere Untersuchungen mit einer grösseren Stichproben sind auch die folgenden Resultate interessant: Bei den Praxislehrpersonen bestehen zwischen der Differenzierung sowie der Strukturierung und der lehrpersonenbezogenen Selbstwirksamkeitsüberzeugung hohe Korrelationen. Moderat ist die Korrelation zwischen dem Redeanteil der Schüler/innen und den lehrpersonenbezogenen Selbstwirksamkeitsüberzeugungen der Praxislehrpersonen. Negativ sind die Korrelationen zwischen den lehrpersonenbezogenen Selbstwirksamkeitsüberzeugungen und dem Anteil an Einzelarbeit, dem Redeanteil der Lehrperson und dem Klassenunterricht. Bei den Praxislehrpersonen korreliert zudem die lehrpersonenbezogene Selbstwirksamkeit mit einem Unterricht, in dem kooperative, strukturierende und differenzierende Elemente vorkommen und in dem die Schülerinnen und Schüler einen höheren Redeanteil haben.

Hinweise für weiterführende Untersuchungen: Aufgrund der Ergebnisse kann die folgende These zur Überprüfung in weiteren Untersuchungen formuliert werden:

Insgesamt verändern sich die Korrelationen zwischen der lehrpersonenbezogenen Selbstwirksamkeit von Messzeitpunkt t2 zu t3. Während am Anfang des ersten Berufsjahres (t2) die lehrpersonenbezogene Selbstwirksamkeit in Zusammenhang mit einem eher traditionellen Unterricht (hoher Anteil an Klassenunterricht, Einzelarbeit und Redeanteil der Lehrperson) steht, korreliert sie am Ende des ersten Berufsjahres eher mit einem hohen Anteil an Strukturierung im Unterricht. Bei den Praxislehrpersonen besteht ein Zusammenhang zwischen der lehrpersonenbezogenen Selbstwirksamkeit und einem modernen Unterricht (hoher Anteil an kooperativen, strukturierenden und differenzierenden Elementen). Im Laufe der Berufsbiografie verändern sich möglicherweise die Vorstellungen über guten Unterricht und dessen Umsetzung. Dementsprechend beziehen sich auch die lehrpersonenbezogenen Selbstwirksamkeitsüberzeugungen auf unterschiedliche Aspekte des Unterrichts.

---

26 Die Lehrpersonen wurden während einer Unterrichtsstunde à 45 Minuten videografiert. Bei einigen Lehrpersonen dauerte die Unterrichtsstunde etwas kürzer oder etwas länger als die geplanten 45 Minuten.

(c) Gruppen mit hoher, mittlerer und niedriger lehrpersonenbezogener Selbstwirksamkeit:
In Tabelle 34 sind zu den Unterrichtskodierungen die statistischen Kennwerte der Berufseinsteigenden und Praxislehrpersonen unterteilt nach den drei Selbstwirksamkeitsgruppen aufgeführt.

Messzeitpunkt t2 (Berufseinsteigende am Anfang des ersten Berufsjahres):
Es gibt keine signifikanten Unterschiede zwischen den Gruppen mit hohen, mittleren und niedrigen lehrpersonenbezogenen Selbstwirksamkeitsüberzeugungen.

Messzeitpunkt t3 (Berufseinsteigende am Ende des ersten Berufsjahres): Knapp nicht signifikant sind Unterschiede beim Anteil an Differenzierung ($F(2,36) = 3.17$, $p = .054$, partielles $\eta^2 = .15$) und beim Sprechanteil der Lehrperson ($F(2,36) = 2.52$, $p = .094$, partielles $\eta^2 = .12$) zwischen den drei Selbstwirksamkeitsgruppen der Berufseinsteigenden zum Messzeitpunkt t3. Berufseinsteigende mit mittleren lehrpersonenbezogenen Selbstwirksamkeitsüberzeugungen führen häufiger eine Differenzierung durch und haben einen grösseren eigenen Sprechanteil insbesondere im Vergleich zu Berufseinsteigenden mit hohen lehrpersonenbezogenen Selbstwirksamkeitsüberzeugungen. Die Berufseinsteigenden mit niedrigeren lehrpersonenbezogenen Selbstwirksamkeitsüberzeugungen liegen mit den Anteilen an Differenzierung und Lehrpersonensprechzeit in der Mitte zwischen den Berufseinsteigenden mit hohen und mittleren lehrpersonenbezogenen Selbstwirksamkeitsüberzeugungen.

Praxislehrpersonen: Ausserdem gibt es einen knapp nicht signifikanten Unterschied bei der Unterrichtszeit bei den Praxislehrpersonen ($p = .085$, $d = -1.68$): Praxislehrpersonen mit hohen lehrpersonenbezogenen Selbstwirksamkeitsüberzeugungen zeigen einen höheren Anteil an Unterrichtszeit als Praxislehrpersonen mit mittleren lehrpersonenbezogenen Selbstwirksamkeitsüberzeugungen.

Tabelle 34: Statistische Kennwerte der Unterrichtskodierungen (Prozentwerte) eingeteilt in die lehrpersonenbezogenen Selbstwirksamkeitsgruppen SWKLP (t2: N_{hoch} = 3, N_{mittel} = 11, $N_{niedrig}$ = 7; t3: N_{hoch} = 9, N_{mittel} = 17, $N_{niedrig}$ = 13; PLP: N_{hoch} = 2, N_{mittel} = 6)

SWKLP[b]	t2 M	t2 SD	t3 M	t3 SD	PLP[a] M	PLP[a] SD	Vergleich der Gruppen t2 η^2	Vergleich der Gruppen t3 η^2	Vergleich der Gruppen PLP[a] d
Unterrichtszeit									
hoch	94.44	.06	95.26	.05	93.23	.04	.11	.03	-1.68
mittel	91.36	.02	93.50	.06	86.52	.01			
niedrig	91.22	.04	94.71	.04					
Klassenunterricht									
hoch	47.90	.07	35.88	.19	56.67	.20	.09	.06	-0.23
mittel	47.98	.14	48.23	.21	52.42	.02			
niedrig	39.30	.15	45.02	.21					
Einzelarbeit									
hoch	34.32	.08	19.52	.25	8.67	.07	.10	.10	0.92
mittel	19.24	.13	24.53	.17	15.60	.08			
niedrig	24.40	.24	10.78	.14					
Kooperative Formen									
hoch	10.62	.11	35.80	.29	25.30	.15	.09	.10	-0.28
mittel	20.89	.20	20	.17	21.36	.03			
niedrig	25.37	.09	35.44	.30					
Strukturierung									
hoch	6.05	.02	9.00	.09	9.17	.07	.07	.08	-0.97
mittel	6.72	.07	6.12	.03	5.95	.003			
niedrig	9.67	.05	5.37	.03					
Differenzierung									
hoch	0	0	0	0	1.83	.04	.10	.15	-0.45
mittel	0	0	12.97	.23	0	0			
niedrig	10.26	.27	.77	.03					
Sprechanteil LP[c]									
hoch	34.32	.04	20.29	.10	38.35	.12	.12	.12	0.04
mittel	26.27	.09	30.86	.14	38.76	.04			
niedrig	27.46	.07	27.51	.09					
Sprechanteil S[d]									
hoch	3.65	.02	4.82	.05	9.52	.04	.02	.04	0.30
mittel	5.19	.05	6.52	.05	10.60	.01			
niedrig	5.36	.05	4.97	.03					

Anmerkungen. [a] Praxislehrpersonen; [b] lehrpersonenbezogene Selbstwirksamkeitsüberzeugungen; [c] Lehrpersonen; [d] Schülerinnen und Schüler; * $p < .05$, ** $p < .01$.

183

8.2.4 Selbstwirksamkeit und (C) Unterrichtsplanungswissen

Die nachfolgend dargestellten Ergebnisse beantworten folgende Problemstellung: Verfügen Berufseinsteigende und Praxislehrpersonen mit hohen Selbstwirksamkeitsüberzeugungen über (C) ein grösseres Unterrichtsplanungswissen als Personen mit mittleren und niedrigeren Selbstwirksamkeitsüberzeugungen?

Die Korrelationen zwischen dem Unterrichtsplanungswissen und den allgemeinen bzw. lehrpersonenbezogenen Selbstwirksamkeitsüberzeugungen der beiden Versuchspersonengruppen (Messzeitpunkte t1, t2, t3 und Praxislehrpersonen) sind in Tabelle 35 wiedergegeben.

Tabelle 35: Korrelationen Unterrichtsplanungswissen und Selbstwirksamkeit der Berufseinsteigenden und Praxislehrpersonen (PLP)

Unterrichtsplanungswissen	t1	t2	t3	PLP[a]
	Allg. SWK[b] N=39	SWKLP[c] N=18	SWKLP[c] N=36	SWKLP[c] N=6
Gesamtpunktzahl	-.08	-.16	-.16	.50
Didaktik	-.15	-.10	-.18	.52
Diagnostik	.04	-.06	.004	.28
Klassenführung	-.01	-.05	-.04	-.29
Sachkompetenz	.09	-.42	-.08	.52

Anmerkungen. [a] Praxislehrpersonen; [b] allgemeine Selbstwirksamkeitsüberzeugungen; [c] lehrpersonenbezogene Selbstwirksamkeitsüberzeugungen; * $p < .05$, ** $p < .01$.

(a) Zusammenhänge zwischen allgemeiner Selbstwirksamkeit und Unterrichtsplanungswissen:
Das Unterrichtsplanungswissen und die allgemeine Selbstwirksamkeit korreliert zum Messzeitpunkt t1 nicht signifikant.

(b) Zusammenhänge zwischen lehrpersonenbezogener Selbstwirksamkeit und Unterrichtsplanungswissen:
Messzeitpunkt t2 (Berufseinsteigende am Anfang des ersten Berufsjahres):
Das Unterrichtsplanungswissen und die lehrpersonenbezogenen Selbstwirksamkeitsüberzeugungen korrelieren zum Zeitpunkt t2 nicht signifikant.

Messzeitpunkt t3 (Berufseinsteigende am Ende des ersten Berufsjahres):
Auch am Ende des ersten Berufsjahres besteht kein signifikanter Zusammenhang zwischen der lehrpersonenbezogener Selbstwirksamkeit und dem Unterrichtsplanungswissen.

Praxislehrpersonen: Bei den Praxislehrpersonen gibt es ebenfalls keinen signifikanten Zusammenhang zwischen dem Unterrichtsplanungswissen und der lehrpersonenbezogenen Selbstwirksamkeit.

Hinweise für weiterführende Untersuchungen: Auch wenn die dargestellten Ergebnisse nicht signifikant sind, sollen sie im Hinblick auf eine Überprüfung mit grösseren Stichproben kurz diskutiert werden:

Bei der untersuchten Gruppe von Berufseinsteigenden fallen die Zusammenhänge zwischen dem Unterrichtsplanungswissen und der allgemeinen bzw. lehrpersonenbezogenen Selbstwirksamkeit mehrheitlich negativ aus. Bei den Praxislehrpersonen hingegen sind die Zusammenhänge zwischen dem Unterrichtsplanungswissen und der lehrpersonenbezogenen Selbstwirksamkeit mehrheitlich positiv. Möglicherweise ändern sich die Zusammenhänge zwischen dem Unterrichtsplanungswissen und der lehrpersonenbezogenen Selbstwirksamkeit im Verlaufe der Berufskarriere. Am Anfang der Berufskarriere wirkt sich ein grosses Unterrichtsplanungswissen möglicherweise deshalb negativ auf die Selbstwirksamkeitsüberzeugungen aus, weil sich die Berufseinsteigenden mit hohem Unterrichtsplanungswissen vermehrt bewusst sind, inwiefern die Umsetzung des Geplanten noch nicht gelingt. Wer viel weiss, weiss auch, was in der Umsetzung schwierig und/oder noch nicht gelungen ist und schätzt sich deshalb als noch nicht sehr wirksam ein.

(c) Gruppen mit hoher, mittlerer und niedriger lehrpersonenbezogener Selbstwirksamkeit:
Die Unterschiede zwischen den Gruppen sind weder bei den Berufseinsteigenden zu t2 und t3 noch bei den Praxislehrpersonen signifikant (Tabelle 36).

Tabelle 36: Statistische Kennwerte des Unterrichtsplanungswissen eingeteilt in die lehrpersonenbezogenen Selbstwirksamkeitsgruppen (t2: N_{hoch} = 3, N_{mittel} = 10, $N_{niedrig}$ = 5; t3: N_{hoch} = 8, N_{mittel} = 17, $N_{niedrig}$ = 11; PLP: N_{hoch} = 2, N_{mittel} = 4)

SWKLP[b]	t2		t3		PLP[a]		Vergleich der Gruppen t2 η^2	Vergleich der Gruppen t3 η^2	Vergleich der Gruppen PLP[a] d
	M	SD	M	SD	M	SD			
hoch	13.33	3.79	16.63	5.13	18.50	5.50	.08	.05	-0.72
mittel	15.30	4.03	15.88	4.82	13.50	2.12			
niedrig	13.60	1.14	18.45	4.95					

Anmerkungen. [a] Praxislehrpersonen; [b] lehrpersonenbezogene Selbstwirksamkeitsüberzeugungen; * $p < .05$, ** $p < .01$.

8.2.5 Selbstwirksamkeit und (F) Persönlichkeitsmerkmale

Die wegleitende Problemstellung für die folgenden Resultate lautet: Besteht ein Zusammenhang zwischen den Selbstwirksamkeitsüberzeugungen und (F) den einzelnen Persönlichkeitsmerkmalen?

Tabelle 37 führt die Korrelationen zwischen der Selbstwirksamkeit und den fünf erfassten Persönlichkeitsmerkmalen auf.

Tabelle 37: Korrelationen zwischen der allgemeinen und lehrpersonenbezogenen Selbstwirksamkeit (allg. SWK und SWKLP) und den Persönlichkeitsmerkmalen bei den Berufseinsteigenden und Praxislehrpersonen (PLP)

Persönlichkeitsmerkmale	t1 Allg. SWK[b] N=67	t2 Allg. SWK[b] N=42	t2 SWKLP[c] N=21	t3 Allg. SWK[b] N=39	t3 SWKLP N=37	PLP[a] Allg. SWK[b] N=9	PLP[a] SWKLP[c] N=9
Neurotizismus	-.52**	-.34*	-.46*	-.25	-.18	-.34	.05
Extraversion	.51**	.37*	.22	.39*	.37*	-.03	.10
Offenheit	.17	.06	.32	.21	.06	.25	.06
Verträglichkeit	.14	.32*	.21	.40*	.24	-.51	-.34
Gewissenhaftigkeit	.22	.29	.17	.30	.27	.12	-.33

Anmerkungen. [a] Praxislehrpersonen; [b] allgemeine Selbstwirksamkeitsüberzeugungen; [c] lehrpersonenbezogene Selbstwirksamkeitsüberzeugungen; * $p < .05$, ** $p < .01$.

(a) Zusammenhänge zwischen allgemeiner Selbstwirksamkeit und Persönlichkeitsmerkmalen:
Messzeitpunkt t1 (Studierende am Ende der Ausbildung): Zum Messzeitpunkt t1 zeigt sich ein signifikanter Zusammenhang zwischen der allgemeinen Selbstwirksamkeit und den Persönlichkeitsmerkmalen „Neurotizismus" und „Extraversion". Je stärker die allgemeine Selbstwirksamkeit ausgeprägt ist, desto stärker extravertiert und umso emotional stabiler schätzen sich die Personen ein.

Messzeitpunkt t2 (Berufseinsteigende am Anfang des ersten Berufsjahres): Auch wenn nicht mehr gleich stark ausgeprägt, zeigt sich der Zusammenhang von Messzeitpunkt t1 auch zum Messzeitpunkt t2. Zusätzlich besteht bei den Berufseinsteigenden zum Messzeitpunkt t2 eine signifikante positive Korrelation zwischen der allgemeinen Selbstwirksamkeit und der „Verträglichkeit".

Messzeitpunkt t3 (Berufseinsteigende am Ende des ersten Berufsjahres): Auch zum Messzeitpunkt t3 besteht bei den Berufseinsteigenden ein signifikanter, positiver Zusammenhang zwischen der allgemeinen Selbstwirksamkeit und der „Verträglichkeit". Zudem ist der Zusammenhang zwischen der allgemeinen Selbstwirksamkeit und der „Extraversion" signifikant.

Praxislehrpersonen: Die Korrelationen zwischen der allgemeinen Selbstwirksamkeit und den Persönlichkeitsmerkmalen sind bei den Praxislehrpersonen ($N = 9$) nicht signifikant.

(b) Zusammenhänge zwischen der lehrpersonenbezogenen Selbstwirksamkeit und Persönlichkeitsmerkmalen:
Messzeitpunkt t2 (Berufseisnsteigende zu Beginn des ersten Berufsjahres): Zum Messzeitpunkt t2 korreliert die lehrpersonenbezogene Selbstwirksamkeit mit dem Persönlichkeitsmerkmal „Neurotizismus" signifikant negativ.

Messzeitpunkt t3 (Berufseinsteigende am Ende des ersten Berufsjahres): Zum Messzeitpunkt t3 besteht ein signifikant positiver Zusammenhang zwischen der lehrpersonenbezogenen Selbstwirksamkeit und der „Extraversion".

Praxislehrpersonen: Bei den Praxislehrpersonen korreliert die lehrpersonenbezogene Selbstwirksamkeit mit den fünf erfassten Persönlichkeitsmerkmalen nicht signifikant.

Hinweise für weiterführende Untersuchungen: Auch wenn es nicht signifikant ist, soll doch auf ein Resultat hingewiesen werden, da es für weitere Untersuchungen interessant sein könnte: Die Praxislehrpersonen mit hohen Selbstwirksamkeitsüberzeugungen beschreiben sich eher als weniger altruistisch („Verträglichkeit") und weniger gewissenhaft. Besonders der Verträglichkeitswert korreliert mit beiden Selbstwirksamkeitswerten (allgemein und lehrpersonenbezogen) negativ. Die untersuchten Praxislehrpersonen, die eher kompetitiv und weniger selbstlos sind, schätzen sich im Allgemeinen als auch im Beruf wirksamer ein.

(c) Gruppen mit hoher, mittlerer und niedriger lehrpersonenbezogener Selbstwirksamkeit
In Tabelle 38 sind die statistischen Kennwerte der Gruppen mit hoher, mittlerer und niedriger lehrpersonenbezogener Selbstwirksamkeit der Berufseinsteigenden zu den Messzeitpunkten t2 und t3 und der Praxislehrpersonen aufgeführt.

Messzeitpunkt t2 (Berufseinsteigende zu Beginn des ersten Berufsjahres): Mit einer multivariaten Varianzanalyse wurde zum Messzeitpunkt t2 ermittelt, ob sich die drei Gruppen mit hoher, mittlerer und niedriger lehrpersonenbezogener Selbstwirksamkeit in Bezug auf die erfassten Persönlichkeitsmerkmalen unterscheiden. Die Unterschiede der drei Gruppen sind nicht signifikant (Wilks' Λ = .495, $F(10,28)$ = 1.18, p > .05, partielles η^2 = .30).

Um die abhängigen Variablen zu testen, wurde für jede einzelne Variable eine ANOVA berechnet. Das heisst, es wurde überprüft, ob sich die oben genannten Gruppen bezogen auf den „Neurotizismus", die „Extraversion", die „Verträglichkeit", die „Gewissenhaftigkeit" und die „Offenheit für Neues" voneinander unterscheiden. Jede ANOVA wurde nach der Bonferroni-Methode auf dem .05 Level getestet. Knapp nicht signifikant sind die Unterschiede zwischen den drei Gruppen beim Persönlichkeitsmerkmal „Neurotizismus" ($F(2,18)$ = 4.37, p = .012, η^2 = .39). Die Post-hoc-Analyse, welche den paarweisen Vergleich zwischen den Gruppen vornimmt, zeigt, dass der knapp nicht signifikante Unterschied bei der Neurotizismus-Variable zwischen der Gruppe mit niedrigen und den Gruppen mit mittleren bzw. mit hohen lehrpersonenbezogenen Selbstwirksamkeitswerten besteht.

Messzeitpunkt t3 (Berufseinsteigende am Ende des ersten Berufsjahres): Zum Messzeitpunkt t3 ergab die multivariate Varianzanalyse ebenfalls keine signifikanten Unterschiede zwischen den drei Gruppen (Wilks' Λ = .758, $F(10, 64)$ = .952, p > .05, partielles η^2 = .13). Die nachfolgend berechneten ANOVAs decken einen knapp nicht signifikanten Unterschied für das Persönlichkeitsmerkmal „Extraversion" ($F(2,36)$ = 2.942, p = .066, η^2 = .14) auf. Die Post-hoc-Analyse der ANOVA zeigt, dass der knapp nicht signifikante Unterschied vor allem zwischen der Gruppe mit niedrigen lehrpersonenbezogenen Selbstwirksamkeitswerten und der Gruppe mit hohen Selbstwirksamkeitswerten besteht. Die Gruppe mit hohen lehrpersonenbezogenen Selbstwirksamkeitsüberzeugungen ist am extravertiertesten.

Praxislehrpersonen: Bei den Praxislehrpersonen wurden zur Prüfung der Unterschiede zwischen den Gruppen mit hoher und mittlerer lehrpersonenbezogener Selbstwirksamkeit t-Tests bei unabhängigen Stichproben durchgeführt. Die Unterschiede sind zwischen den zwei Gruppen bei allen Persönlichkeitsmerkmalen nicht signifikant (Neurotizismus: $t(7)$ = .60, p = .84, d = -0.15; Extraversion: $t(7)$ = .54, p = .64, d = 0.38; Offenheit: $t(7)$ = -.56, p = .59, d = -0.40; „Verträglichkeit": $t(7)$ = 1.07, p = .32, d = 0.75; Gewissenhaftigkeit: $t(7)$ = .32, p = .76, d = 0.23).

Tabelle 38: Statistische Kennwerte der fünf erfassten Persönlichkeitsmerkmale eingeteilt in die lehrpersonenbezogenen Selbstwirksamkeitsgruppen SWKLP (t2: $N_{hoch} = 3$, $N_{mittel} = 11$, $N_{niedrig} = 7$; t3: $N_{hoch} = 9$, $N_{mittel} = 17$, $N_{niedrig} = 13$; PLP: $N_{hoch} = 3$, $N_{mittel} = 6$)

SWKLP[b]	t2		t3		PLP[a]		Vergleich der Gruppen t2 η^2	Vergleich der Gruppen t3 η^2	Vergleich der Gruppen PLP[a] d
	M	SD	M	SD	M	SD			
Neurotizismus									
hoch	1.06	.46	1.07	.64	0.92	.35	.39	.06	-0.15
mittel	1.18	.41	1.28	.46	0.86	.47			
niedrig	1.74	.29	1.46	.71					
Extraversion									
hoch	2.81	.28	3.01	.31	2.73	.19	.16	.14	0.38
mittel	2.96	.14	2.86	.39	2.92	.58			
niedrig	2.54	.18	2.60	.48					
Offenheit									
hoch	2.86	.29	2.78	.49	2.76	.32	.06	.03	-0.40
mittel	2.58	.15	2.58	.47	2.64	.25			
niedrig	2.49	.19	2.67	.34					
Verträglichkeit									
hoch	2.86	.20	2.94	.49	2.71	.54	.22	.07	0.75
mittel	3.05	.11	3.00	.25	3.06	.13			
niedrig	2.67	.13	2.94	.27					
Gewissenhaftigkeit									
hoch	2.78	.28	3.07	.45	3.07	.46	.11	.07	0.23
mittel	2.92	.14	2.93	.49	3.17	.22			
niedrig	2.58	.18	2.72	.59					

Anmerkungen. [a] Praxislehrpersonen; [b] lehrpersonenbezogene Selbstwirksamkeitsüberzeugungen; * $p < .05$, ** $p < .01$.

8.2.6 Selbstwirksamkeit und (G) Stressbewältigungsstrategien

Die wegleitende Problemstellung für die folgenden Ergebnisdarstellungen ist: Kann einen Zusammenhang zwischen den Selbstwirksamkeitsüberzeugungen und den Stressbewältigungsstrategien (G) festgestellt werden?

Erwartungsgemäss korrelieren mehrheitlich die Kontrollstrategien positiv und die Negativstrategien negativ mit den Selbstwirksamkeitsüberzeugungen (Tabelle 39).

Tabelle 39: Korrelationen der allgemeinen und der lehrpersonenbezogenen Selbstwirksamkeit (allg. SWK und SWKLP) mit den übergeordneten Bereichen der Stressbewältigungsstrategien (t2: $N = 21$; t3: $N = 37$; PLP: $N= 9$)

Stressbewältigungsstrategien	t2 Allg. SWK[b]	t2 SWKLP[c]	t3 Allg. SWK[b]	t3 SWKLP[c]	PLP[a] Allg. SWK[b]	PLP[a] SWKLP[c]
Um-/Abwertungsstrategien	.24	.30	.36*	.27	.67	.43
Ablenkungsstrategien	.01	-.08	.13	.24	.50	.53
Kontrollstrategien	.45*	.19	.49**	.22	.18	.76*
Negativstrategien	-.10	-.52*	-.34*	-.44**	-.50	.27

Anmerkungen. [a] Praxislehrpersonen; [b] allgemeine Selbstwirksamkeitsüberzeugungen; [c] lehrpersonenbezogene Selbstwirksamkeitsüberzeugungen; * $p < .05$, ** $p < .01$.

(a) Zusammenhänge zwischen allgemeiner Selbstwirksamkeit und Stressverarbeitungsstrategien:
Messzeitpunkt t2 (Berufseinsteigende am Anfang des ersten Berufsjahres): Zum Messzeitpunkt t2 korreliert die allgemeine Selbstwirksamkeit signifikant mit den Kontrollstrategien.

Messzeitpunkt t3 (Berufseinsteigende am Ende des ersten Berufsjahres): Zum Messzeitpunkt t3 korrelieren signifikant positiv die Um-, Abwertungsstrategien sowie die Kontrollstrategien und signifikant negativ die Negativstrategien mit der allgemeinen Selbstwirksamkeit.

Praxislehrpersonen: Bei den Praxislehrpersonen sind die Korrelationen zwischen der allgemeinen Selbstwirksamkeit und den Stressverarbeitungsstrategien nicht signifikant.

(b) Zusammenhänge zwischen der lehrpersonenbezogenen Selbstwirksamkeit und Stressverarbeitungsstrategien:
Messzeitpunkt t2 (Berufseinsteigende am Anfang des ersten Berufsjahres): Die lehrpersonenbezogene Selbstwirksamkeit korreliert signifikant negativ mit den Negativstrategien.

Messzeitpunkt t3 (Berufseinsteigende am Ende des ersten Berufsjahres): Mit der lehrpersonenbezogenen Selbstwirksamkeit korrelieren auch zum Messzeitpunkt t3 die Negativstrategien signifikant negativ.

Praxislehrpersonen: Signifikant positiv korrelieren die Kontrollstrategien mit der lehrpersonenbezogenen Selbstwirksamkeit.

Fazit: Auffällig ist, dass bei den Berufseinsteigenden die Kontrollstrategien zu beiden Zeitpunkten signifikant positiv mit der allgemeinen Selbstwirksamkeit korrelieren, jedoch kein signifikanter Zusammenhang mit der lehrpersonenbezogenen Selbstwirksamkeit besteht. Bei den Praxislehrpersonen zeigt sich ein signifikanter Zusammenhang zwischen den Kontrollstrategien und den lehrpersonenbezogenen Selbstwirksamkeit. Möglicherweise müssen zuerst Kontrollstrategien, die im Unterricht zutrage kommen, im Verlaufe der Berufsbiografie erlernt werden. Solange diese nicht aufgebaut sind, zeigt sich kein Zusammenhang mit der lehrpersonenbezogenen Selbstwirksamkeit.

(c) Zusammenhänge zwischen der lehrpersonenbezogenen Selbstwirksamkeit und den Subtests der Stressverarbeitungsstrategien:
In Tabelle 40 sind die einzelnen Subtests der Stressverarbeitungsstrategien aufgeführt.

Messzeitpunkt t2 (Berufseinsteigende am Anfang des ersten Berufsjahres):
Zum Messzeitpunkt t2 zeigt sich, dass es keine signifikanten Zusammenhänge zwischen der allgemeinen Selbstwirksamkeit und den Subtests der Stressverarbeitungsstrategien gibt. Die lehrpersonenbezogene Selbstwirksamkeit korreliert hingegen mit den negativen stressvermehrenden Verarbeitungsstrategien „Resignation" und „Flucht" signifikant negativ. Wenn sich die Personen beim Berufseinstieg im Unterricht nicht als wirksam einschätzen, tendieren sie zur Wahl von Fluchtstrategien und zur Resignation.

Messzeitpunkt t3 (Berufseinsteigende am Ende des ersten Berufsjahres): Am Ende des ersten Berufsjahres korreliert die lehrpersonenbezogene Selbstwirksamkeit signifikant negativ mit den Negativstrategien „Selbstbeschuldigung" und signifikant positiv mit den Stressverarbeitungsstrategien „soziales Unterstützungsbedürfnis". Zwischen der allgemeinen Selbstwirksamkeit und dem Subtests „positive Selbstinstruktion" besteht ein positiver signifikanter Zusammenhang zu diesem Messzeitpunkt.

Praxislehrpersonen: Die Zusammenhänge zwischen den Subtests der Stressverarbeitungsstrategien und der allgemeinen sowie lehrpersonenbezogenen Selbstwirksamkeit sind nicht signifikant. Für weitere Analysen und die Überprüfung der Resultate mit grösseren Stichproben interessant ist, dass sich bei den neun untersuchten Praxislehrpersonen stärkere Zusammenhänge zwischen den Kontrollstrategien „Situationskontrolle", „Reaktionskontrolle" und „Positive Selbstinstruktion" sowie den Strategien „Ersatzbefriedigung" und „soziales Unterstützungsbedürfnis" mit der lehrpersonenbezogenen Selbstwirksamkeit zeigen. Besonders die Strategien der „Situationskontrolle" und der „Reaktionskontrolle" im Unterricht brauchen ein vermehrtes Wissen und verschiedene Handlungsalternativen, welche die Berufseinsteigenden vermutlich erst noch erwerben müssen. Insgesamt zeigen sich bei den neun Praxislehrpersonen stärkere Zusammenhänge mit einer grösseren Anzahl von Positivstrategien. Dies kann darauf hindeuten, dass die Praxislehrpersonen den Stress im Unterricht erfolgreicher reduzieren, als es die Berufseinsteigenden tun. Um diese Interpretation zu erhärten, müssen die Resultate mit grösseren Stichproben überprüft werden.

Tabelle 40: Korrelationen der allgemeinen und der lehrpersonenbezogenen Selbstwirksamkeit (allg. SWK und SWKLP) mit den Subtests der Stressverarbeitungsstrategien

Stressbewältigungsstrategien	t2 Allg. SWK[b]	t2 SWKLP[c]	t3 Allg. SWK[b]	t3 SWKLP[c]	PLP[a] Allg. SWK[b]	PLP[a] SWKLP[c]
Herunterspielen	.23	.40	.23	.20	.62	.40
Schuldabwehr	.18	.09	.35	.22	.46	.30
Ablenkung	-.09	-.02	.12	.25	.37	.15
Ersatzbefriedigung	.08	-.11	.12	.20	.45	.65
Situationskontrolle	.27	.25	.34	.07	-.28	.64
Reaktionskontrolle	.25	-.14	.18	-.01	.57	.63
Positive Selbstinstruktion	.31	.37	.55*	.40	.21	.65
Soziales Unterstützungs-bedürfnis	-.22	-.05	.18	.49*	-.41	.54
Vermeidung	.19	-.10	-.08	-.22	-.20	.24
Flucht	-.25	-.58*	-.21	-.24	-.10	.01
Gedankliche Weiterbeschäftigung	.22	-.02	-.24	-.41	.51	-.46
Resignation	-.28	-.63*	-.39	-.25	-.71	-.05
Selbstbeschuldigung	-.003	-.33	-.24	-.46*	-.57	.21

Anmerkungen. [a] Praxislehrpersonen; [b] allgemeine Selbstwirksamkeitsüberzeugungen; [c] lehrpersonenbezogene Selbstwirksamkeitsüberzeugungen; * $p < .004$ (Bonferroni-Korrektur = .05/13), ** $p < .001$ (Bonferroni-Korrektur = .01/13).

(d) Gruppen mit hoher, mittlerer und niedriger lehrpersonenbezogener Selbstwirksamkeit:
In Tabelle 41 sind die statistischen Kennwerte zwischen den Gruppen mit hoher, mittlerer und niedriger lehrpersonenbezogener Selbstwirksamkeit der Berufseinsteigenden zu den Messzeitpunkten t2 und t3 und der Praxislehrpersonen aufgeführt.

Messzeitpunkt t2 (Berufseinsteigende am Anfang des ersten Berufsjahres): Zur Bestimmung der Effekte der drei Selbstwirksamkeitsgruppen zum Messzeitpunkt t2 wird eine multivariate Varianzanalyse berechnet. Die Unterschiede der drei Gruppen sind knapp nicht signifikant (Wilks' $\Lambda = .422$, $F(8,30) = 2.02$, $p = .078$, partielles $\eta^2 = .35$). Um genauere Aussagen vorzunehmen, wo diese Unterschiede liegen, müssen ANOVAs für jede einzelne Variable der Stressverarbeitungsstrategien berechnet werden. Jede ANOVA wurde nach der Bonferroni-Methode auf dem .0125 Level getestet. Knapp nicht signifikant sind die Unterschiede zwischen den Gruppen im Bereich „Negativstrategien" ($F(2,18) = 5.47$, $p = .014$, $\eta^2 = .38$). Die Post-hoc-Analyse, welche den paarweisen Vergleich vornimmt, zeigt, dass der knapp nicht signifikante Unterschied bei den „Negativstrategien" zwischen der Gruppe mit niedrigen und der Gruppe mit hohen lehrpersonenbezogenen Selbstwirksamkeitswerten besteht.

Messzeitpunkt t3 (Berufseinsteigende am Ende des ersten Berufsjahres): Zum Messzeitpunkt t3 ergibt die multivariate Varianzanalyse einen knapp nicht signifikanten Unterschied zwischen den drei Gruppen (Wilks' $\Lambda = .613$, $F(8, 60) = 2.079$, $p = .052$, partielles $\eta^2 = .217$). Die nachfolgend berechneten ANOVA's zeigen einen knapp nicht signifikanten Unterschied für die Negativstrategien ($F(2,33) = 4.17$, $p = .024$, $\eta^2 = .20$) und für die Ablenkungsstrategien ($F(2,33) = 2.676$, $p = .084$, $\eta^2 = .14$). Die Post-hoc-Analyse der ANOVA zeigt, dass der Unterschied bei den Negativstrategien zwischen der Gruppe mit niedrigen lehrpersonenbezogenen Selbstwirksamkeitswerten und der Gruppe mit hohen Selbstwirksamkeitswerten und bei den Ablenkungsstrategien zwischen den niedrigen und mittleren Selbstwirksamkeitsgruppen besteht.

Praxislehrpersonen: Bei der Gruppe der Praxislehrpersonen wurden zur Prüfung der Unterschiede zwischen den Gruppen mit hoher und mit mittlerer lehrpersonenbezogener Selbstwirksamkeit t-Tests bei unabhängigen Stichproben durchgeführt. Ein knapp nicht signifikanter Unterschied besteht zwischen den zwei Gruppen bei den Ablenkungsstrategien ($t(7) = -2.19$, $p = .065$, $d = -1.55$). Die Praxislehrpersonen mit hohen lehrpersonenbezogenen Selbstwirksamkeitsüberzeugungen setzen im Vergleich zu den Praxislehrpersonen mit mittleren Selbstwirksamkeitsüberzeugungen vermehrt Ablenkungsstrategien ein. Die Unterschiede zwischen den beiden Gruppen sind bei den Um-/Abwertungs-, den Kontroll- und den Negativstrategien nicht signifikant.

Tabelle 41: Statistische Kennwerte der Stressverarbeitungsstrategien eingeteilt in die lehrpersonenbezogenen Selbstwirksamkeitsgruppen SWKLP (t2: $N_{hoch} = 3$, $N_{mittel} = 11$, $N_{niedrig} = 7$; t3: $N_{hoch} = 9$, $N_{mittel} = 14$, $N_{niedrig} = 13$; PLP: $N_{hoch} = 3$, $N_{mittel} = 6$)

SWKLP[b]	t2		t3		PLP[a]		Vergleich der Gruppen t2 η^2	Vergleich der Gruppen t3 η^2	Vergleich der Gruppen PLP[a] d
	M	SD	M	SD	M	SD			
Um-/Abwertungsstrategien									
hoch	2.81	.48	2.87	.61	2.90	.57	.22	. 09	-0.70
mittel	2.77	.57	2.83	.43	2.53	.43			
niedrig	2.29	.24	2.54	.41					
Ablenkungsstrategien									
hoch	2.72	.29	3.15	.74	3.07	.53	.12	.14	-1.55
mittel	3.29	.63	3.36	.60	2.31	.39			
niedrig	3.01	.57	2.80	.57					
Kontrollstrategien									
hoch	3.93	.31	4.01	.45	4.17	.52	.05	.06	-0.93
mittel	3.87	.44	3.93	.33	3.70	.42			
niedrig	3.73	.31	3.78	.40					
Negativstrategien									
hoch	2.19	.34	2.36	.29	2.31	.41	.38	.20	-1.14
mittel	2.52	.34	2.74	.48	1.90	.10			
niedrig	2.95	.40	2.95	.55					

Anmerkungen. [a] Praxislehrpersonen; [b] lehrpersonenbezogene Selbstwirksamkeitsüberzeugungen; * $p < .05$, ** $p < .01$.

8.2.7 Selbstwirksamkeit und (H) Beurteilung durch Schülerinnen und Schüler

Die Problemstellung lautet: Gibt es einen Zusammenhang zwischen der Schülerinnen- und Schülerbewertung der Unterrichtsstunden (H), in denen deren Lehrpersonen beim Unterrichten videografiert wurden, und den Selbstwirksamkeitsüberzeugungen einer Lehrperson?
In Tabelle 42 sind die bivariaten Korrelationen zwischen den Schülerbeurteilungen der Unterrichtsstunde und der lehrpersonenbezogenen Selbstwirksamkeit aufgeführt.

Tabelle 42: Selbstwirksamkeit und Schülerbeurteilungen des Unterrichts der Berufseinsteigenden und Praxislehrpersonen (PLP). Die Schülerbeurteilung besteht aus der Gesamtbeurteilung und der Beurteilung der Unterbereiche diagnostische Kompetenz, Instruktionseffizienz und kognitive Aktivierung

	t1	t2	t3	PLP[a]
Schülerbeurteilung	Allg. SWK[b] $N=41$	SWKLP[c] $N=21$	SWKLP[c] $N=39$	SWKLP[c] $N=8$
Schülergesamtbeurteilung	-.18	-.34	-.17	-.31
Diagnostische Kompetenz	-.21	-.24	-.16	-.06
Instruktionseffizienz	-.20	.03	-.22	-.25
Kognitive Aktivierung	-.13	-.43	-.12	-.32

Anmerkungen. [a] Praxislehrpersonen; [b] allgemeine Selbstwirksamkeitsüberzeugungen; [c] lehrpersonenbezogene Selbstwirksamkeitsüberzeugungen; * $p < .05$, ** $p < .01$.

(a) Zusammenhänge zwischen allgemeiner Selbstwirksamkeit und Schülerinnen- und Schülerbewertung der Unterrichtsstunden:
Keiner der Zusammenhänge zwischen der allgemeinen Selbstwirksamkeit und der Schülergesamtbeurteilung bzw. den drei Bereichen „Diagnostische Kompetenz", „Instruktionseffizienz" und „Kognitive Aktivierung" zum Messzeitpunkt t1 (Studierende am Ende der Ausbildung) ist signifikant.

(b) Zusammenhänge zwischen lehrpersonenbezogener Selbstwirksamkeit und Schülerinnen und Schülerbewertung der Unterrichtsstunden:
Knapp nicht signifikant ist der negative Zusammenhang zwischen der „Kognitiven Aktivierung" und der lehrpersonenbezogenen Selbstwirksamkeit zum Messzeitpunkt t2 ($r = -.43$, $p = .052$). Je besser die Schülerbeurteilung bei der „Kognitiven Aktivierung" ausfällt, desto niedriger schätzt die Lehrperson ihre Selbstwirksamkeit ein. Alle übrigen Zusammenhänge zu den Messzeitpunkten t2 und t3 und bei den Praxislehrpersonen zwischen der lehrpersonenbezogenen Selbstwirksamkeit und der Schülergesamtbeurteilung bzw. den drei Bereichen „Diagnostische Kompetenz", „Instruktionseffizienz" und „Kognitive Aktivierung" sind nicht signifikant.

(c) Gruppen mit hoher, mittlerer und niedriger lehrpersonenbezogener Selbstwirksamkeit:
In Tabelle 43 sind die statistischen Kennwerte zwischen den Gruppen mit hoher, mittlerer und niedriger lehrpersonenbezogener Selbstwirksamkeit der Berufseinsteigenden zu den Messzeitpunkten t2 und t3 und der Praxislehrpersonen aufgeführt. Die Schülerinnen- und Schülerbewertungen fallen im Durchschnitt bei allen Gruppen eher hoch aus und liegen zwischen 3 und 4 auf der vierteiligen Schätzskala.

Um die Gruppenunterschiede zu prüfen, wurde eine univariate Varianzanalyse mit der Schülerinnen- und Schülerbeurteilung als abhängige Variable und die Selbstwirksamkeitsgruppen als festen Faktor durchgeführt. Zum Messzeitpunkt t2 ist die ANOVA signifikant ($F(2,18) = 3.7$, $p < .05$, $\eta^2 = .29$). Der nachfolgende Test, um paarweise Unterschiede aufzudecken (Tukey HSD), zeigt, dass ein signifikanter Unterschied zwischen der Gruppe mit hohen und der Gruppe mit niedrigen lehrpersonenbezogenen Selbstwirksamkeitsüberzeugungen besteht. Zum Messzeitpunkt t3 und bei den Praxislehrpersonen sind die Unterschiede zwischen den lehrpersonenbezogenen Selbstwirksamkeitsgruppen nicht signifikant (t3: $F(2,38) = 0.76$, $p > .05$, $\eta^2 = .04$; Praxislehrpersonen: $t(6) = 0.83$, $p > .05$, $d = 0.29$).

Entsprechende Analysen wurden zur „Diagnostischen Kompetenz", zur „Instruktionseffizienz" und zur „Kognitiven Aktivierung" durchgeführt. Ein signifikanter Effekt besteht zum Messzeitpunkt t2 zwischen den drei Gruppen mit hoher, mittlerer, niedriger lehrpersonenbezogener Selbstwirksamkeit bei der „Kognitiven Aktivierung" ($F(2,18) = 4.61$, $p < .05$, $\eta^2 = .34$). Der nachfolgende Test, um paarweise Unterschiede aufzudecken (Tukey HSD), ergab einen signifikanten Unterschied zwischen der Gruppe mit hohen und der Gruppe mit niedrigen lehrpersonenbezogenen Selbstwirksamkeitsüberzeugungen.

Bis auf die „Instruktionseffizienz" zum Messzeitpunkt t2 sind die Zusammenhänge zwischen der lehrpersonenbezogenen Selbstwirksamkeit und den Schülerbeurteilungen linear: die Berufseinsteigenden mit den niedrigen lehrpersonenbezogenen Selbstwirksamkeitsüberzeugungen erhalten die besten, die Berufseinsteigenden bzw. Praxislehrpersonen mit mittleren lehrpersonenbezogenen Selbstwirksamkeitsüberzeugungen die mittleren und die Berufseinsteigenden bzw. Praxislehrpersonen mit hohen lehrpersonenbezogenen Selbstwirksamkeitsüberzeugunen die niedrigeren Beurteilungen der Schülerinnen und Schüler.

Tabelle 43: Statistische Kennwerte der Schülerbewertung eingeteilt in die lehrpersonenbezogenen Selbstwirksamkeitsgruppen SWKLP (t2: $N_{hoch} = 3$, $N_{mittel} = 11$, $N_{niedrig} = 7$; t3: $N_{hoch} = 9$, $N_{mittel} = 17$, $N_{niedrig} = 13$; PLP: $N_{hoch} = 2$, $N_{mittel} = 6$)

SWKLP[b]	t2 M	t2 SD	t3 M	t3 SD	PLP[a] M	PLP[a] SD	Vergleich der Gruppen t2 η^2	Vergleich der Gruppen t3 η^2	Vergleich der Gruppen PLP[a] d
Gesamtbeurteilung									
hoch	3.37	.34	3.38	.26	3.41	.21	.29*	.04	0.29
mittel	3.56	.16	3.44	.29	3.56	.30			
niedrig	3.72	.16	3.52	.24					
Kognitive Aktivierung									
hoch	3.27	.22	3.23	.25	3.27	.28	.34*	.03	0.90
mittel	3.48	.26	3.32	.41	3.52	.25			
niedrig	3.72	.18	3.40	.36					
Diagnostische Kompetenz									
hoch	3.30	.48	3.38	.32	3.30	.32	.21	.03	0.67
mittel	3.52	.14	3.43	.37	3.53	.42			
niedrig	3.65	.24	3.53	.25					
Instruktionseffizienz									
hoch	3.73	.22	3.56	.29	3.68	.19	.07	.03	0.22
mittel	3.68	.21	3.61	.21	3.72	.31			
niedrig	3.79	.13	3.67	.18					

Anmerkungen. [a] Praxislehrpersonen; [b] lehrpersonenbezogene Selbstwirksamkeitsüberzeugungen; * $p < .05$, ** $p < .01$.

8.2.8 Selbstwirksamkeit und (I) Wohlbefinden, Support und Motivation im Beruf (Kontext)

Folgende Problemstellung ist für die Darstellung der Ergebnisse wegleitend: Wie werden das Wohlbefinden, der Support und die Motivation im Beruf (I) von den Berufseinsteigenden und den Praxislehrpersonen mit höheren bzw. niedrigeren Selbstwirksamkeitsüberzeugungen eingeschätzt?

Die Korrelationen zwischen den Selbstwirksamkeitsüberzeugungen und dem Wohlbefinden im Beruf, dem Support durch Arbeitskolleginnen und -kollegen und der beruflichen Motivation sind in der Tabelle 44 aufgeführt.

Tabelle 44: Korrelationen zwischen Selbstwirksamkeit und Wohlbefinden, Support und Motivation (Berufseinsteigende: t2: $N = 21$ und t3: $N = 20$; Praxislehrpersonen: $N = 9$)

	t2 Allg. SWK[b]	t2 SWKLP[c]	t3 Allg. SWK[b]	t3 SWKLP[c]	PLP[a] Allg. SWK[b]	PLP[a] SWKLP[c]
Support	.37	.57**	-.01	.05	.34	.18
Motivation	.09	.09	.37	.41	.30	.02
Wohlbefinden	.34	.13	.32	.28	.53	-.27

Anmerkungen. [a] Praxislehrpersonen; [b] allgemeine Selbstwirksamkeitsüberzeugungen; [c] lehrpersonenbezogene Selbstwirksamkeitsüberzeugungen; * $p < .05$, ** $p < .01$.

(a) Zusammenhänge zwischen allgemeiner Selbstwirksamkeit und Wohlbefinden, Support und Motivation im Beruf:
Zwischen der allgemeinen Selbstwirksamkeit und dem Wohlbefinden, dem Support und der Motivation im Beruf bestehen keine signifikanten Zusammenhänge.

(b) Zusammenhänge zwischen der lehrpersonenbezogenen Selbstwirksamkeit und Wohlbefinden, Support und Motivation im Beruf:
Zu Beginn des ersten Berufsjahres korreliert die lehrpersonenbezogenen Selbstwirksamkeitsüberzeugungen signifikant mit dem Support, welche die Berufseinsteigenden von ihren Arbeitskolleginnen, -kollegen und der Schulleitung erhalten. Dieser Zusammenhang besteht am Ende des ersten Berufsjahres nicht mehr.

Bei den Praxislehrpersonen sind die Zusammenhänge zwischen dem Wohlbefinden, dem Support sowie der Motivation im Beruf und den Selbstwirksamkeitsüberzeugungen nicht signifikant.

(c) Gruppen mit hoher, mittlerer und niedriger lehrpersonenbezogener Selbstwirksamkeit:
Messzeitpunkt t2 (Berufseinsteigende am Anfang des ersten Berufsjahres):
Um die Unterschiede zwischen den drei Gruppen aufzuzeigen (Tabelle 45), wurden univariate Varianzanalysen mit den jeweils abhängigen Variablen Wohlbefinden, Support und Motivation im Beruf durchgeführt. Für die Variable „Support" ist die ANOVA zum Messzeitpunkt t2 signifikant ($F(2,18) = 3.84$, $p < .05$, $\eta^2 = .30$). Die Berufseinsteigenden, welche sich zum Messzeitpunkt t2 als Lehrperson hoch wirksam einschätzen, verfügen über einen besseren Support als die Berufseinsteigenden mit einer mittel oder niedrig ausgeprägten lehrpersonenbezogenen Selbstwirksamkeit.

Tabelle 45: Statistische Kennwerte des Wohlbefindens, des Supports und der Motivation im Beruf unterteilt nach niedriger, mittlerer und hoher lehrpersonenbezogener Selbstwirksamkeit (SWKLP hoch, mittel, niedrig) zum Messzeitpunkt t2

SWKLP[a]		Support		Vergleich der Gruppen η^2	Motivation		Vergleich der Gruppen η^2	Wohlbefinden		Vergleich der Gruppen η^2
		M	SD		M	SD		M	SD	
hoch	N=3	3.79	.07	.30*	3.50	.66	.07	3.33	.31	.19
mittel	N=11	3.25	.41		3.43	.42		3.55	.39	
niedrig	N=7	3.00	.48		3.18	.53		3.17	.39	

Anmerkungen. [a] lehrpersonenbezogene Selbstwirksamkeitsüberzeugungen; * $p < .05$, ** $p < .01$.

Messzeitpunkt t3 (Berufseinsteigende am Ende des ersten Berufsjahres): Zum Messzeitpunkt t3 sind die Unterschiede zwischen den Gruppen bezüglich der Motivation knapp nicht signifikant ($F(2,17) = 2.84$, $p = .086$, $\eta^2 = .14$). Bei dem Wohlbefinden und dem Support unterscheiden sich die Gruppen nicht signifikant (Tabelle 46).

Tabelle 46: Statistische Kennwerte des Wohlbefindens, des Supports und der Motivation zum Messzeitpunkt t3 unterteilt nach den drei lehrpersonenbezogenen Selbstwirksamkeitsgruppen

SWKLP[a]		Support		Vergleich der Gruppen η^2	Motivation		Vergleich der Gruppen η^2	Wohlbefinden		Vergleich der Gruppen η^2
		M	SD		M	SD		M	SD	
hoch	N=6	3.25	.50	.03	3.56	.23	.14	3.53	.35	.10
mittel	N=7	3.07	.58		3.14	.52		3.17	.53	
niedrig	N=7	3.21	.55		3.20	.58		3.29	.55	

Anmerkungen. [a] lehrpersonenbezogene Selbstwirksamkeitsüberzeugungen; * $p < .05$, ** $p < .01$.

Praxislehrpersonen: Bei den Praxislehrpersonen gibt es keine signifikanten Unterschiede zwischen den beiden Gruppen mit mittlerer und hoher lehrpersonenbezogener Selbstwirksamkeit bezüglich Wohlbefinden, Support und Motivation im Beruf (Tabelle 47).

Tabelle 47: Statistische Kennwerte der Praxislehrpersonen zum Wohlbefinden, zum Support und zur Motivation im Beruf unterteilt nach den beiden lehrpersonenbezogenen Selbstwirksamkeitsgruppen

SWKLP[a]		Support		Vergleich der Gruppen d	Motivation		Vergleich der Gruppen d	Wohlbefinden		Vergleich der Gruppen d
		M	SD		M	SD		M	SD	
hoch	N=3	3.15	.76	0.43	3.67	.26	0.26	3.6	.33	0.59
mittel	N=6	3.44	.29		3.75	.43		3.8	.35	

Anmerkungen. [a] lehrpersonenbezogene Selbstwirksamkeitsüberzeugungen; * $p < .05$, ** $p < .01$.

8.2.9 Selbstwirksamkeit und (J) berufliche und private Ziele

Für die Berechnung der Zusammenhänge zwischen der Selbstwirksamkeit und den Zielen sind folgende Problemstellungen wegleitend: Kann ein Zusammenhang zwischen den Selbstwirksamkeitsüberzeugungen und den genannten Zielen (J) erkannt werden? Welche Art von Zielen wird von Personen mit höheren bzw. niedrigeren Selbstwirksamkeitsüberzeugungen genannt?

Für die Selbstwirksamkeit und die verschiedenen Zielbereiche wurden Korrelationskoeffizienten berechnet. Die Resultate sind in Tabelle 48 aufgeführt.

Tabelle 48: Korrelationen zwischen den Zielen und der Selbstwirksamkeit bei den Berufseinsteigenden und den Praxislehrpersonen (PLP)

Ziele	t3 N=21 Allg. SWK	t3 N=21 SWKLP	PLP[a] N=9 Allg. SWK	PLP[a] N=9 SWKLP
Beruf	.10	.41	.24	.64
Partnerschaft/Familie	.01	.24	-.03	-.06
Freizeit	.24	.54*	.00	-.69*
Finanzielles/Materielles	.04	-.06	.13	-.03
Selbst	-.19	-.01	-.27	-.28

Anmerkungen. [a] Praxislehrpersonen; * $p < .05$, ** $p < .01$.

(a) Zusammenhänge zwischen allgemeiner Selbstwirksamkeit und Zielen:
Die allgemeine Selbstwirksamkeit korreliert weder bei den Berufseinsteigenden noch bei den Praxislehrpersonen mit den verschiedenen Zielbereichen signifikant.

(b) Zusammenhänge zwischen der lehrpersonenbezogenen Selbstwirksamkeit und Zielen:
Statistisch signifikant ist die Korrelation bei den Berufseinsteigenden zwischen den Freizeitzielen und den lehrpersonenbezogenen Selbstwirksamkeitsüberzeugungen. Die Berufseinsteigenden mit höheren Selbstwirksamkeitsüberzeugungen nennen vermehrt Ziele in der Freizeit. Knapp nicht signifikant ist der Zusammenhang zwischen den lehrpersonenbezogenen Selbstwirksamkeitsüberzeugungen und den Berufszielen ($p = .073$), Berufseinsteigende mit höheren lehrpersonenbezogenen Selbstwirksamkeitsüberzeugungen nennen häufiger berufsbezogene Ziele.

Bei den Praxislehrpersonen korreliert die lehrpersonenbezogene Selbstwirksamkeit signifikant negativ mit den Zielen in der Freizeit. Praxislehrpersonen mit hohen lehrpersonenbezogenen Selbstwirksamkeitsüberzeugungen setzen sich weniger Ziele in der Freizeit als diejenigen mit niedrigen Selbstwirksamkeitsüberezugungen. Der Zusammenhang zwischen der lehrpersonenbezogenen Selbstwirksamkeit der Praxislehrpersonen und den Zielen im Beruf ist knapp nicht signifikant ($p = .066$). Berufsziele werden vermehrt von Praxislehrpersonen mit höheren lehrpersonenbezogenen Selbstwirksamkeitsüberzeugungen gesetzt.

(c) Gruppen mit hoher, mittlerer und niedriger lehrpersonenbezogener Selbstwirksamkeit:
In Tabelle 49 werden die Berufsziele und die Ziele in den Bereichen „Partnerschaft/Familie", „Freizeit", „Finanzielles/Materielles" und „Selbst" unterteilt nach den lehrpersonenbezogenen Selbstwirksamkeitsgruppen „hoch", „mittel" und „niedrig" aufgeführt.

Signifikante Unterschiede zeigen sich bei den Berufseinsteigenden im Bereich „Freizeit" ($F(2,17) = 5.62$, $p < .05$, partielles $\eta^2 = .40$). Berufseinsteigende mit hohen lehrpersonenbezogenen Selbstwirksamkeitsüberzeugungen führen signifikant häufiger freizeitbezogene Ziele auf. Knapp nicht signifikant sind die Unterschiede zwischen den drei Gruppen bei den Berufszielen ($F(2,17) = 2.97$, $p = .079$, partielles $\eta^2 = .26$). Auch in diesem Bereich werden häufiger Berufsziele von Berufseinsteigenden mit hohen lehrpersonenbezogenen Selbstwirksamkeitsüberzeugungen genannt.

Zwischen Praxislehrpersonen mit hohen und mit mittleren lehrpersonenbezogenen Selbstwirksamkeitsüberzeugungen bestehen keine signifikanten Unterschiede bei den genannten Zielbereichen.

Tabelle 49: Statistische Kennwerte der Zielbereiche (Prozentwerte) unterteilt nach den lehrpersonenbezogenen Selbstwirksamkeitsgruppen SWKLP (t3: $N_{hoch} = 7$, $N_{mittel} = 7$, $N_{niedrig} = 6$; Praxislehrpersonen: $N_{hoch} = 2$, $N_{mittel} = 6$)

SWKLP[b]	t3		Vergleich der Gruppen η^2	PLP[a]		Vergleich der Gruppen d
	M	SD		M	SD	
Berufsziele						
hoch	4.69	1.97	.26	6.76	5.06	-0.90
mittel	2.64	1.75		2.70	2.70	
niedrig	2.50	1.10				
Partnerschaft/Familie						
hoch	0.65	0.79	.13	1.35	1.48	-0.30
mittel	0.69	0.92		0.90	1.56	
niedrig	0.14	0.37				
Freizeit						
hoch	1.29	1.00	.40*	0.90	1.40	1.01
mittel	0.69	0.73		3.60	3.12	
niedrig	0.00	0.00				
Finanzielles/Materielles						
hoch	0.00	0.00	.10	0.45	1.10	0.36
mittel	0.14	0.37		0.90	1.56	
niedrig	0.00	0.00				
Selbst						
hoch	0.49	0.53	.003	1.80	2.21	0.71
mittel	0.42	0.76		2.70	0.00	
niedrig	0.42	0.52				

Anmerkungen. [a] Praxislehrpersonen; [b] lehrpersonenbezogene Selbstwirksamkeitsüberzeugungen; * $p < .05$, ** $p < .01$.

8.2.10 Selbstwirksamkeit und (K) subjektives Lernverständnis

Die Problemstellung lautet: Besteht bei den Berufseinsteigenden bzw. Praxislehrpersonen ein Zusammenhang zwischen dem subjektiven Lernverständnis (K) und den Selbstwirksamkeitsüberzeugungen?

Die Korrelationen zwischen dem subjektiven Lernverständnis und den lehrpersonenbezogenen Selbstwirksamkeitsüberzeugungen sind in Tabelle 50 aufgeführt.

Tabelle 50: Korrelationen subjektives Lernverständnis und Selbstwirksamkeit der Berufsein-steigenden und Praxislehrpersonen (PLP)

Subjektives Lernverständnis	t1	t2	t3	PLP[a]
	Allg. SWK[b] N=41	SWKLP[c] N=21	SWKLP[c] N=39	SWKLP[c] N=9
Konstruktivistisches Lernverständnis	.24	.02	.21	-.02
Behavioristisches Lernverständnis	.04	.27	.17	.01

Anmerkungen. [a] Praxislehrpersonen; [b] allgemeine Selbstwirksamkeitsüberzeugungen; [c] lehrpersonen-bezogene Selbstwirksamkeitsüberzeugungen; * $p < .05$, ** $p < .01$.

(a) Zusammenhänge zwischen allgemeiner Selbstwirksamkeit und subjektivem Lernverständnis:

Das subjektive Lernverständnis und die allgemeine Selbstwirksamkeit korrelieren zum Zeitpunkt t1 schwach und nicht signifikant.

(b) Zusammenhänge zwischen lehrpersonenbezogener Selbstwirksamkeit und subjektivem Lernverständnis:

Auch die Korrelationen zwischen dem subjektiven Lernverständnis und der lehrpersonenbezogenen Selbstwirksamkeit sind bei den Berufseinsteigenden (t2 und t3) nicht signifikant.

Bei den Praxislehrpersonen fallen die Zusammenhänge zwischen dem subjektiven Lernverständnis und den lehrpersonenbezogenen Selbstwirksam-keitsüberzeugungen noch schwächer aus als bei den Berufseinsteigenden und sind ebenfalls nicht signifikant.

(c) Gruppen mit hoher, mittlerer und niedriger lehrpersonenbezogener Selbstwirksamkeit:

Im Folgenden sind das konstruktivistische und das behavioristische Lernver-ständnis unterteilt nach den lehrpersonenbezogenen Selbstwirksamkeitsgrup-pen „hoch", „mittel" und „niedrig" aufgeführt. Tabelle 51 enthält die statis-tischen Kennwerte.

Beim konstruktivistischen Lernverständnis sind die Unterschiede zwi-schen den Gruppen nicht signifikant (Berufseinsteigende zu t2 und t3 und Praxislehrpersonen).

Beim behavioristischen Lernverständnis sind die Unterschiede zwischen den Gruppen zum Messzeitpunkt t2 nicht signifikant (Berufseinsteigen-de: $F(2,18) = 1.3$, $p > .05$, partielles $\eta^2 = .13$) und zum Messzeitpunkt t3 knapp nicht signifikant (Berufseinsteigende: $F(2,36) = 2.9$, $p = .068$, parti-elles $\eta^2 = .14$). Dieser knapp nicht signifikante Unterschied zu t3 ist auf den Unterschied zwischen den Gruppen mit mittleren und niedrigen Werten der lehrpersonenbezogenen Selbstwirksamkeitsüberzeugungen zurückzuführen.

Zwischen den Gruppen der Praxislehrpersonen gibt es keine signifikanten Unterschiede.

Tabelle 51: Statistische Kennwerte des konstruktivistischen und behavioristischen Lernverständnis unterteilt nach den lehrpersonenbezogenen Selbstwirksamkeitsgruppen SWKLP (t2: $N_{hoch} = 3$, $N_{mittel} = 11$, $N_{niedrig} = 7$; t3: $N_{hoch} = 9$, $N_{mittel} = 17$, $N_{niedrig} = 13$; Praxislehrpersonen PLP: $N_{hoch} = 3$, $N_{mittel} = 6$)

SWKLP[b]	t2		Vergleich der Gruppen η^2	t3		Vergleich der Gruppen η^2	PLP[a]		Vergleich der Gruppen d
	M	SD		M	SD		M	SD	
Konstruktivistisches Lernverständnis:									
hoch	4.07	.43	.02	4.15	0.34	.11	3.89	.72	0.08
mittel	3.92	.45		3.76	0.44		4.00	.60	
niedrig	4.02	.46		3.89	0.59				
Behavioristisches Lernverständnis:									
hoch	3.08	.61	.13	3.42	2.82	.14	2.81	.62	-0.07
mittel	2.73	.45		3.05	0.42		2.71	.77	
niedrig	2.58	.40		2.63	0.51				

Anmerkungen. [a] Praxislehrpersonen; [b] lehrpersonenbezogene Selbstwirksamkeitsüberzeugungen; * $p < .05$, ** $p < .01$.

8.2.11 Zusammenfassung

Insgesamt bestehen schwache Korrelationen zwischen der *Gesamtbeurteilung der Unterrichtsqualität* (A), die auf dem Unterrichtsrating beruht, und der lehrpersonenbezogenen Selbstwirksamkeit (E).

Beim Vergleich der drei lehrpersonenbezogenen Selbstwirksamkeitsgruppen zeigt sich, dass bei den Berufseinsteigenden zum Messzeitpunkt t2 die Zusammenhänge der lehrpersonenbezogenen Selbstwirksamkeit und der Unterrichtsqualität nicht linear sind, da die Gruppe mit mittleren lehrpersonenbezogenen Selbstwirksamkeitsüberzeugungen in allen vier Bereichen und in der Gesamtbeurteilung die niedrigste Bewertung erhält. Zum Messzeitpunkt t3 liegen die Beurteilungen der drei Gruppen insgesamt näher beieinander als zum Messzeitpunkt t2.

Auf ein Resultat soll hingewiesen werden, auch wenn es nicht signifikant ist, da es zur Überprüfung durch weitere Untersuchungen interessant ist: Die in der vorliegenden Arbeit untersuchten Berufseinsteigenden (Messzeitpunkte t2 und t3) sowie die Praxislehrpersonen mit je niedrigeren lehrpersonenbezogenen Selbstwirksamkeitsüberzeugungen sind stärker schülerinnen- und schülerorientiert und haben eine höhere Instruktionseffizienz. Dagegen zeichnen sich die Berufseinsteigenden und die Praxislehrpersonen mit hohen

Selbstwirksamkeitswerten durch höhere Bewertungen beim Unterrichtsqualitätsmerkmal Klarheit und Strukturiertheit aus.

Zwischen dem *sichtbaren Unterrichtsgeschehen* (B) und der lehrpersonenbezogenen Selbstwirksamkeit (E) fallen die Korrelationen bis auf den Zusammenhang zwischen der Nutzung der Unterrichtszeit und der lehrpersonenbezogenen Selbstwirksamkeit bei den Praxislehrpersonen nicht signifikant aus. Auch bei den Zusammenhängen zwischen der Unterrichtskodierung und der lehrpersonenbezogenen Selbstwirksamkeit sei auf ein nicht signifikantes Resultat hingewiesen, da auch dieses Resultat zur Überprüfung durch weitere Untersuchungen interessant ist: Am Anfang des ersten Berufsjahres zeigen die in der vorliegenden Arbeit untersuchten Berufseinsteigenden mit höheren lehrpersonenbezogenen Selbstwirksamkeitsüberzeugungen eher traditionellen Unterricht mit grösserem Anteil an Klassenunterricht und Einzelarbeit sowie höherem Redeanteil der Lehrperson. Der Zusammenhang ist zum Messzeitpunkt t3 am Ende des ersten Berufsjahres anders. Jetzt scheint eher ein Zusammenhang zwischen den lehrpersonenbezogenen Selbstwirksamkeitsüberzeugungen und der Strukturierung im Unterricht zu bestehen. Bei den Praxislehrpersonen stellt sich der Zusammenhang gegenteilig zu jenen zum Messzeitpunkt t2 dar. Die untersuchten Praxislehrpersonen mit höheren lehrpersonenbezogenen Selbstwirksamkeitsüberzeugungen zeigen eher einen modernen Unterricht mit vermehrt kooperierenden, differenzierenden und strukturierenden Elementen, weniger Einzelarbeit, geringerem Redeanteil der Lehrperson und höherem Redeanteil der Schüler/innen. Zudem nutzen die Praxislehrpersonen mit höheren lehrpersonenbezogenen Selbstwirksamkeitsüberzeugungen die Unterrichtszeit besser aus. Der Zusammenhang zwischen Unterrichtszeit und lehrpersonenbezogener Selbstwirksamkeit ist wie zu Beginn dieses Abschnittes bereits erwähnt signifikant positiv. Aufgrund der Stichprobengrössen in der vorliegenden Arbeit kann den gemachten Aussagen nur die Funktion, hypothesengenerierend für weitere Untersuchungen zu sein, zukommen.

Das *Unterrichtsplanungswissen* (C) korreliert mit der lehrpersonenbezogenen Selbstwirksamkeit (E) bei den Berufseinsteigenden und bei den Praxislehrpersonen nicht signifikant. Die vorliegenden Zusammenhänge zwischen der lehrpersonenbezogenen Selbstwirksamkeit und dem Unterrichtsplanungswissen sind, auch wenn sie nicht signifikant ausfielen, für die Generierung von Hypothesen für weitere Untersuchungen in diesem Bereich interessant: Bei den Berufseinsteigenden sind die Zusammenhänge mehrheitlich negativ, bei den Praxislehrpersonen dagegen positiv. Möglicherweise ändern sich die Zusammenhänge zwischen der lehrpersonenbezogenen Selbstwirksamkeit und dem Unterrichtsplanungswissen im Verlaufe der Berufskarriere. Am Anfang der Berufskarriere wirkt sich viel

Unterrichtsplanungswissen möglicherweise negativ auf die Selbstwirksamkeitsüberzeugungen aus. So könnten sich Berufseinsteigende mit viel Unterrichtsplanungswissen vermehrt bewusst sein, inwiefern die Umsetzung des Geplanten noch nicht gelgelungen ist, was sich auf ihre Selbstwirksamkeitsüberzeugungen nachteilig auswirkt.

Auch zwischen den Selbstwirksamkeitsüberzeugungen und dem *subjektiven Lernverständnis* (K) der Berufseinsteigenden und Praxislehrpersonen bestehen keine signifikanten Zusammenhänge.

Zum Messzeitpunkt t3 sind die Unterschiede zwischen den Gruppen mit niedrigen, mittleren und hohen lehrpersonenbezogenen Selbstwirksamkeitsüberzeugungen beim behavioristischen Lernverständnis knapp nicht signifikant. Der Effekt beruht auf dem Unterschied zwischen der Gruppe mit mittlerer lehrpersonenbezogener Selbstwirksamkeit, welche den höchsten Wert beim behavioristischen Lernverständnis aufweist, und der Gruppe mit niedriger lehrpersonenbezogener Selbstwirksamkeit mit dem niedrigsten Wert beim behavioristischen Lernverständnis.

Knapp nicht signifikant ist der negative Zusammenhang zwischen der lehrpersonenbezogenen Selbstwirksamkeit (E) und der *Unterrichtsbeurteilung der Schülerinnen und Schüler* (H) im Bereich „Kognitive Aktivierung" zum Messzeitpunkt t2. Je besser die Schülerinnen- und Schülerbeurteilung zur „Kognitiven Aktivierung" ist, desto niedriger schätzt die Lehrperson ihre Selbstwirksamkeit ein. Die übrigen Zusammenhänge zwischen der allgemeinen bzw. lehrpersonenbezogenen Selbstwirksamkeit und der Schülergesamtbeurteilung sowie der „Diagnostischen Kompetenz", der „Instruktionseffizienz" und der „Kognitiven Aktivierung" zu den Messzeitpunkten t1, t2 und t3 und bei den Praxislehrpersonen sind nicht signifikant.

Die Unterschiede zwischen den Gruppen mit niedrigen, mittleren und hohen lehrpersonenbezogenen Selbstwirksamkeitsüberzeugungen sind zum Messzeitpunkt t2 bei der Gesamtbeurteilung durch die Schülerinnen und Schüler sowie bei ihrer Beurteilung der „Kognitiven Aktivierung" signifikant. Die Beurteilung fällt jeweils für die Berufseinsteigenden mit niedrigen lehrpersonenbezogenen Selbstwirksamkeitswerten höher aus.

Bis auf die „Instruktionseffizienz" zum Messzeitpunkt t2 sind die Zusammenhänge zwischen der lehrpersonenbezogenen Selbstwirksamkeit und den Schülerinnen- und Schülerbeurteilungen linear: Die Berufseinsteigenden mit niedrigen lehrpersonenbezogenen Selbstwirksamkeitsüberzeugungen erhalten die besten, die Berufseinsteigenden bzw. Praxislehrpersonen mit mittleren lehrpersonenbezogenen Selbstwirksamkeitsüberzeugungen die mittleren und die Berufseinsteigenden bzw. Praxislehrpersonen mit hohen lehrpersonenbezogenen Selbstwirksamkeitsüberzeugungen die niedrigsten Beurteilungen durch die Schülerinnen und Schüler.

Berufseinsteigende mit niedrigeren lehrpersonenbezogenen Selbstwirksamkeitsüberzeugungen schätzen zu Beginn des ersten Berufsjahres (t2) den *Support durch die Berufskollegen/innen bzw. die Schulleitung* (I) niedriger ein als Berufseinsteigende mit hohen Selbstwirksamkeitswerten. Der Zusammenhang zwischen der lehrpersonenbezogenen Selbstwirksamkeit und dem Support durch Berufskolleg/inn/en bzw. die Schulleitung ist am Anfang des ersten Berufsjahres stark ausgeprägt und signifikant. Dieser Zusammenhang zeigt sich auch im Unterschied zwischen den drei Selbstwirksamkeitsgruppen, der ebenfalls signifikant ist. Zum Messzeitpunkt t3 am Ende des ersten Berufsjahres ist der Zusammenhang zwischen lehrpersonenbezogener Selbstwirksamkeit und Support nur noch sehr schwach. Beim dritten Messzeitpunkt besteht schliesslich bei der Motivation im Beruf ein knapp nicht signifikanter Unterschied zwischen den Gruppen mit hohen, mittleren und niedrigen lehrpersonenbezogenen Selbstwirksamkeitsüberzeugungen. Möglicherweise vollzieht sich von Messzeitpunkt t2 zu t3 eine Internalisierung. Am Anfang des ersten Berufsjahres ist es wichtig, dass von aussen her Inputs erfolgen, damit die Berufseinsteigenden wirksam sein können. Am Ende des ersten Berufsjahres ist die eigene Motivation im Beruf für die Wirksamkeitserwartungen gewichtiger.

Berufseinsteigende mit hohen Selbstwirksamkeitsüberzeugungen setzen sich im Vergleich zu Berufseinsteigenden mit niedrigeren Selbstwirksamkeitsüberzeugungen vermehrt *Ziele* (J), die sowohl den Beruf wie auch die Freizeit betreffen. Die Unterschiede zwischen den Berufseinsteigenden mit hohen, mittleren und niedrigen lehrpersonenbezogenen Selbstwirksamkeitsüberzeugungen sind bei den Zielen zur Freizeit signifikant und bei den Zielen zum Beruf knapp nicht signifikant.

Signifikante Zusammenhänge bestehen bei den Berufseinsteigenden zwischen den lehrpersonenbezogenen Selbstwirksamkeitsüberzeugungen und den *Negativstrategien* sowie bei den Praxislehrpersonen zwischen den lehrpersonenbezogenen Selbstwirksamkeitsüberzeugungen und den *Kontrollstrategien* (G). Berufseinsteigende mit höheren Selbstwirksamkeitsüberzeugungen wählen weniger Negativstrategien zur Bewältigung von stressreichen Situationen. Praxislehrpersonen mit höheren Selbstwirksamkeitsüberzeugungen setzen vermehrt Kontrollstrategien zur Stressreduktion ein.

Zudem bestehen bei den Berufseinsteigenden zum Messzeitpunkt t3 und bei den Praxislehrpersonen zwischen den Gruppen mit hohen, mittleren und niedrigen lehrpersonenbezogenen Selbstwirksamkeitsüberzeugungen knapp nicht signifikante Unterschiede bei den Ablenkungsstrategien. Berufseinsteigende und Praxislehrpersonen mit höheren lehrpersonenbezogenen Selbstwirksamkeitsüberzeugungen setzen vermehrt Ablenkungsstrategien zur Bewältigung von Stress ein.

Am Anfang des Berufsjahres korreliert der „Neurotizismus" der fünf untersuchten *Persönlichkeitsmerkmale* (E) signifikant mit der lehrpersonenbezogenen Selbstwirksamkeit. Dieser signifikante Zusammenhang besteht am Ende des ersten Berufsjahres nicht mehr. Hingegen korreliert zu diesem Messzeitpunkt das Persönlichkeitsmerkmal „Extraversion" signifikant mit der lehrpersonenbezogenen Selbstwirksamkeit. Zu beiden Messzeitpunkten korrelieren der „Neurotizismus" negativ und die restlichen Persönlichkeitsmerkmale positiv mit der lehrpersonenbezogenen Selbstwirksamkeit.

Bei den Praxislehrpersonen sind die Zusammenhänge zwischen der lehrpersonenbezogenen Selbstwirksamkeit und den Persönlichkeitsmerkmalen nicht signifikant. Auf ein Resultat soll hingewiesen werden, obschon es nicht signifikant ist, da es zur Überprüfung durch weitere Untersuchungen interessant sein könnte: Bei den Praxislehrpersonen besteht zwischen der lehrpersonenbezogenen Selbstwirksamkeit und der „Extraversion" ein positiver, zwischen dieser und der „Gewissenhaftigkeit" sowie zwischen dieser und der „Verträglichkeit" ein negativer Zusammenhang. Die in der vorliegenden Arbeit untersuchten Praxislehrpersonen mit hoher lehrpersonenbezogener Selbstwirksamkeit scheinen demnach eher extravertiert, weniger selbstlos und weniger gewissenhaft zu sein als Praxislehrpersonen mit mittlerer lehrpersonenbezogener Selbstwirksamkeit. Wiederum können diese Aussagen wegen der Stichprobengrösse in der vorliegenden Untersuchung nur die Funktion, für die Generalisierung von Hypothesen dienlich zu sein, haben.

8.3 Einflussgrössen auf Veränderungen im Übergang zum ersten Jahr im Beruf und während des ersten Berufsjahres

Schmitz und Schwarzer (2002) belegten mittels Pfadanalyse, dass die niedrigen Selbstwirksamkeitsüberzeugungen einer Lehrperson zu Burnout führen, und dass kein umgekehrter Zusammenhang von Burnout zu niedrigen Selbstwirksamkeitsüberzeugungen besteht. Mit der Analyse einer zeitverschobenen Korrelation ist es möglich, alle Dimensionen von Burnout mit der Selbstwirksamkeit einer Lehrperson vorherzusagen. Ebenso konnten Mittag et al. (2002) zeigen, dass die Selbstwirksamkeitsüberzeugungen der Schülerinnen und Schüler mit deren Leistungen zusammenhängen. Der Zusammenhang besteht in derselben Richtung wie jener bei der lehrpersonenbezogenen Selbstwirksamkeit und dem Burnout: von den Selbstwirksamkeitsüberzeugungen zu den Leistungen. Wie diese Studien zeigen, wird der Einfluss der Selbstwirksamkeit auf die entsprechenden Variablen nicht zeitgleich, sondern zeitverschoben sichtbar. Die Auswirkung der Selbstwirksamkeitsüberzeugungen auf die Burnout-Dimensionen oder die Leistung ist vielmehr ein Prozess über längere Zeit.

Das vorliegenden Kapitel geht auf den Einfluss der Selbstwirksamkeit der Studierenden bzw. Berufseinsteigenden auf die Veränderung der (A) Qualität des Unterrichts und (C) des Wissens über Unterrichtsplanung von t1 zu t2 bzw. von t2 zu t3 ein. Berichtet werden Ergebnisse von Regressionsanalysen. Eingegangen wird auf die Frage: Haben die Selbstwirksamkeitsüberzeugungen im Zeitraum vom letzten Semester der Ausbildung (t1) ins erste Berufsjahr (t2) und von Beginn des ersten Berufsjahres (t2) bis zum Ende des ersten Berufsjahres (t3) einen Einfluss auf die Veränderung (A) der Qualität des Unterrichts sowie auf die Veränderung (C) des Unterrichtsplanungswissens? Oder verhält es sich eher umgekehrt: Beeinflusst die Unterrichtsqualität bzw. das Unterrichtsplanungswissen die Veränderung der Selbstwirksamkeitsüberzeugungen von t1 zu t2 bzw. von t2 zu t3?

Die Ergebnisse der Regressionsanalysen zur allgemeinen und zur lehrpersonenbezogenen Selbstwirksamkeit und der Unterrichtsqualität werden in Kapitel 8.3.1 und jene zur allgemeinen und zur lehrpersonenbezogenen Selbstwirksamkeit und dem Unterrichtsplanungswissen in Kapitel 8.3.2 dargestellt. Die Analysen wurden bezogen auf die in Tabelle 52 dargestellten Variablen vorgenommen.

Tabelle 52: Darstellung der abhängigen Variablen und der Prädiktoren zur Berechnung der Regressionsanalysen in den Kapiteln 8.3.1 und 8.3.2 (Allg.SWK = allgemeine Selbstwirksamkeit, SWKLP = lehrpersonenbezogene Selbstwirksamkeit, UQ = Unterrichtsqualität, UPW = Unterrichtsplanungswissen)

Abhängige Variable	Prädiktoren						
	t1: Allg. SWK[a]	t1: UQ[b]	t1: UPW[c]	t2: Allg. SWK[a]	t2: SWKLP[d]	t2: UQ[b]	t2: UPW[c]
1. t2 Allg. SWK[a]	X	X					
2. t2 UQ[b]	X	X					
3. t2 UPW[c]	X		X				
4. t3 Allg. SWK[a]				X		X	
5. t3 Allg. SWK[a]				X			X
6. t3 UQ[b]				X		X	
7. t3 UPW[c]				X			X
8. t2 SWKLP[d]		X					
9. t2 SWKLP[d]			X				
10. t3 SWKLP[d]					X	X	
11. t3 SWKLP[d]					X		X
12. t3 UQ[b]					X	X	
13. t3 UPW[c]					X		X

Anmerkungen. [a] allgemeine Selbstwirksamkeitsüberzeugungen; [b] Unterrichtsqualität; [c] Unterrichtsplanungswissen; [d] lehrpersonenbezogene Selbstwirksamkeitsüberzeugungen.

Die Stärke der Effekte auf die Veränderungen, beispielsweise der allgemeinen Selbstwirksamkeit von t1 zu t2 durch die Variable Unterrichtsqualität, wird mit der Effektstärke β angegeben.

Die nachfolgenden Ergebnisse werden als explorativer Beitrag verstanden und werden vor allem hypothesengenerierend und weniger abschliessend interpretiert. Im Kapitel 8.3.3 werden die Ergebnisse zusammengefasst.

8.3.1 Allgemeine und lehrpersonenbezogene Selbstwirksamkeit und (A) Qualität des Unterrichts

Nachfolgend werden die Ergebnisse der Regressionsanalysen, die mit (D) der allgemeinen Selbstwirksamkeit sowie (E) der lehrpersonenbezogenen Selbstwirksamkeit und (A) der Unterrichtsqualität zu den Messzeitpunkten t1 und t2 und jene zu den Messzeitpunkten t2 und t3 durchgeführt wurden, aufgeführt.

1. Abhängige Variable: allgemeine Selbstwirksamkeit zu t2; Prädiktoren: allgemeine Selbstwirksamkeit zu t1 und Unterrichtsqualität zu t1:
Tabelle 53 gibt die Ergebnisse der multiplen Regressionsanalyse mit der abhängigen Variable „allgemeine Selbstwirksamkeit" zu t2 und den Prädiktoren „allgemeine Selbstwirksamkeit" und „Unterrichtsqualität" zu t1 wieder. Die Wirkung der Unterrichtsqualität zu t1 auf die Veränderung der allgemeinen Selbstwirksamkeit von t1 zu t2 ist nicht signifikant (β=.22, *p*=.13).

Tabelle 53: Ergebnisse der multiplen Regressionsanalyse zur Ermittlung der Wirkung der Unterrichtsqualität zu t1 auf die Veränderung der allgemeinen Selbstwirksamkeit (allg. SWK) von t1 zu t2 (N=41)

Prädiktoren für allg. SWK[a] t2	B	SE B	β	T	p
Allgemeine Selbstwirksamkeit t1	.462	.145	.446	3.185	.003
Unterrichtsqualität t1	.082	.053	.217	1.551	.129

Anmerkungen. [a] allgemeine Selbstwirksamkeitsüberzeugungen; R^2 = .281, korrigiertes R^2 = .243; Anpassungsgüte des Modells: F (2, 38) = 7.414, p < .05.

2. Abhängige Variable: Unterrichtsqualität zu t2; Prädiktoren: allgemeine Selbstwirksamkeit zu t1 und Unterrichtsqualität zu t1:
Tabelle 54 zeigt die Ergebnisse der „gegenläufigen" multiplen Regressionsanalyse mit der abhängigen Variable „Unterrichtsqualität" zum Messzeitpunkt t2 und den Prädiktoren „allgemeine Selbstwirksamkeit" und „Unterrichtsqualität" zum Messzeitpunkt t1 auf. Auch hier fällt die Wirkung der

allgemeinen Selbstwirksamkeit auf die Veränderung der Unterrichtsqualität von t1 zu t2 nicht signifikant (β = .14, p = .40) aus.

Interessanterweise hat die Unterrichtsqualität zum Messzeitpunkt t1 keine signifikante Vorhersagekraft (β = .13, p = .43) für die Unterrichtsqualität zum Messzeitpunkt t2. Dieses Resultat bedeutet, dass kein Zusammenhang zwischen der Unterrichtsqualität der Studierenden am Ende der Ausbildung und der Unterrichtsqualität am Anfang des ersten Berufsjahres besteht. Studierende mit hoher Unterrichtsqualität am Ende der Ausbildung können demnach am Anfang des ersten Berufsjahres eine niedrige Unterrichtsqualität aufweisen.

Tabelle 54: Ergebnisse der multiplen Regressionsanalyse zur Ermittlung der Wirkung der allgemeinen Selbstwirksamkeit t1 auf die Veränderung der Unterrichtsqualität von t1 zu t2 (N=41)

Prädiktoren für die Unterrichtsqualität t2	B	SE B	β	T	p
Unterrichtsqualität t1	.138	.173	.129	.797	.431
Allgemeine Selbstwirksamkeit t1	.402	.474	.137	.848	.402

R^2 = .204, korrigiertes R^2 = .042; Anpassungsgüte des Modells: F (2, 38) = .827, p = .445.

3. *Abhängige Variable: allgemeine Selbstwirksamkeit zu t3; Prädiktoren: allgemeine Selbstwirksamkeit zu t2 und Unterrichtsqualität zu t2:*

Tabelle 55 enthält die Ergebnisse der multiplen Regressionsanalyse mit der abhängigen Variable „allgemeine Selbstwirksamkeit" zum Messzeitpunkt t3 und den Prädiktoren „allgemeine Selbstwirksamkeit" und „Unterrichtsqualität" zum Messzeitpunkt t2. Die Unterrichtsqualität zu t2 hat keinen signifikanten Effekt auf die Veränderung der allgemeinen Selbstwirksamkeit von t2 zu t3 (β = -.03, p = .859).

Tabelle 55: Ergebnisse der multiplen Regressionsanalyse zur Ermittlung der Wirkung der Unterrichtsqualität t2 auf die Veränderung der allgemeinen Selbstwirksamkeit (allg. SWK) von t2 zu t3 (N=41)

Prädiktoren für die allg. SWK[a] t3	B	SE B	β	T	p
Allgemeine Selbstwirksamkeit t2	.491	.170	.434	2.891	.006
Unterrichtsqualität t2	-.011	.060	-.027	-.179	.859

Anmerkungen. [a] allgemeine Selbstwirksamkeitsüberzeugungen; R^2 = .281, korrigiertes R^2 = .243; Anpassungsgüte des Modells: F (2, 38) = 7.414, p < .05.

4. Abhängige Variable: Unterrichtsqualität zu t3; Prädiktoren: allgemeine
   Selbstwirksamkeit zu t2 und Unterrichtsqualität zu t2

Hingegen wirkt sich die allgemeine Selbstwirksamkeit signifikant positiv auf die Veränderung der Unterrichtsqualität von t2 zu t3 aus ($\beta = .39$, $p = .007$). In Tabelle 56 sind die Ergebnisse der multiplen Regressionsanalyse mit der abhängigen Variablen „Unterrichtsqualität" zum Messzeitpunkt t3 und den Prädiktoren „allgemeine" Selbstwirksamkeit" zu t2 und „Unterrichtsqualität" zu t2 dargestellt. Der signifikante Effekt ist dahingehend zu deuten, dass ein Zusammenhang zwischen der allgemeinen Selbstwirksamkeit vom Anfang des ersten Berufsjahres (t2) und der Veränderung der Unterrichtsqualität vom Anfang bis zum Ende des ersten Berufsjahres (t2 zu t3) besteht. Hohe allgemeine Selbstwirksamkeitsüberzeugungen am Anfang des ersten Berufsjahres beeinflussen die Entwicklung der Unterrichtsqualität im Verlaufe des ersten Berufsjahres positiv.

Tabelle 56: Ergebnisse der multiplen Regressionsanalyse zur Ermittlung der Wirkung der allgemeinen Selbstwirksamkeit t2 auf die Veränderung der Unterrichtsqualität von t2 zu t3 (N=41)

Prädiktoren für Unterrichtsqualität t3	B	SE B	β	T	p
Unterrichtsqualität t2	.356	.142	.345	2.507	.017
Allgemeine Selbstwirksamkeit t2	1.141	.402	.390	2.837	.007

$R^2 = .282$, korrigiertes $R^2 = .244$; Anpassungsgüte des Modells: $F (2, 38) = 7.465$, $p < .05$.

Analoge Berechnungen wurden mit (E) der lehrpersonenbezogenen Selbstwirksamkeit durchgeführt.

5. Abhängige Variable: lehrpersonenbezogene Selbstwirksamkeit zu t2; Prä-
   diktoren: Unterrichtsqualität zu t1:

Tabelle 57 führt die Ergebnisse der einfachen Regressionsanalyse mit der abhängigen Variable „lehrpersonenbezogene Selbstwirksamkeit" zum Messzeitpunkt t2 und dem Prädiktor „Unterrichtsqualität" zum Messzeitpunkt t1 auf. Die Wirkung der Unterrichtsqualität am Ende der Ausbildung (t1) auf die lehrpersonenbezogene Selbstwirksamkeit am Anfang des ersten Berufsjahres (t2) ist signifikant positiv ($\beta = .44$, $p = .045$). Berufseinsteigende die im letzten Semester der Ausbildung eine gute Beurteilung des Unterrichts erhalten haben, verfügen demnach am Anfang des ersten Berufsjahres über eine höhere, lehrpersonenbezogene Selbstwirksamkeit.

Tabelle 57: Ergebnisse der einfachen Regressionsanalyse zur Ermittlung der Wirkung der Unterrichtsqualität t1 auf die lehrpersonenbezogene Selbstwirksamkeit (SWKLP) zum Messzeitpunkt t2 (N=21)

Prädiktor für SWKLP[a] t2	B	SE B	β	T	p
Unterrichtsqualität t1	.103	.048	.441	2.143	.045

Anmerkungen. [a] lehrpersonenbezogene Selbstwirksamkeitsüberzeugungen; R^2 = .195, korrigiertes R^2 = .152; Anpassungsgüte des Modells: F (1, 19) = 4.59, $p < .05$.

6. Abhängige Variable: lehrpersonenbezogene Selbstwirksamkeit zu t3; Prädiktoren: lehrpersonenbezogene Selbstwirksamkeit zu t2 und Unterrichtsqualität zu t2:

Tabelle 58 gibt die Ergebnisse der multiplen Regressionsanalyse mit der abhängigen Variable „lehrpersonenbezogene Selbstwirksamkeit" zum Messzeitpunkt t3 und den Prädiktoren „lehrpersonenbezogene Selbstwirksamkeit" und „Unterrichtsqualität" zum Messzeitpunkt t2 auf. Die Wirkung der Unterrichtsqualität auf die Veränderung der lehrpersonenbezogenen Selbstwirksamkeit von t2 zu t3 fällt nicht signifikant aus (β = -.097, p = .68).

Tabelle 58: Ergebnisse der multiplen Regressionsanalyse zur Ermittlung der Wirkung der Unterrichtsqualität t2 auf die Veränderung der lehrpersonenbezogenen Selbstwirksamkeit (SWKLP) von t2 zu t3 (N=21)

Prädiktoren für die SWKLP[a] t3	B	SE B	β	T	p
LP Selbstwirksamkeit t2	.357	.321	.260	1.114	.281
Unterrichtsqualität t2	-.030	.073	-.097	-.415	.683

Anmerkungen. [a] lehrpersonenbezogene Selbstwirksamkeitsüberzeugungen; R^2 = .281, korrigiertes R^2 = .243; Anpassungsgüte des Modells: F (2, 18) = 7.414, $p < .05$.

7. Abhängige Variable: Unterrichtsqualität zu t3; Prädiktoren: lehrpersonenbezogene Selbstwirksamkeit zu t2 und Unterrichtsqualität zu t2:

In der Tabelle 59 sind die Ergebnisse der multiplen Regressionsanalyse mit der abhängigen Variable „Unterrichtsqualität" zum Messzeitpunkt t3 und den Prädiktoren „lehrpersonenbezogene Selbstwirksamkeit t2" und „Unterrichtsqualität t2" dargestellt. Die lehrpersonenbezogene Selbstwirksamkeit hat keinen signifikanten Effekt auf die Veränderung der Unterrichtsqualität von Messzeitpunkt t2 zu t3 (β = -.075, p = .75).

Tabelle 59: Ergebnisse der multiplen Regressionsanalyse zur Ermittlung der Wirkung der lehrpersonenbezogenen Selbstwirksamkeit t2 auf die Veränderung der Unterrichtsqualität von t2 zu t3 ($N=21$)

Prädiktoren für die Unterrichtsqualität t3	B	SE B	β	T	p
Unterrichtsqualität t2	.137	.233	.137	.586	.565
LP Selbstwirksamkeit[a] t2	-.334	1.038	-.075	-.321	.752

Anmerkungen. [a] lehrpersonenbezogene Selbstwirksamkeitsüberzeugungen; R^2 = .024, korrigiertes R^2 = -.084; Anpassungsgüte des Modells: F (2, 18) = .222, p = .803.

8.3.2 Allgemeine und lehrpersonenbezogene Selbstwirksamkeit und (C) Unterrichtsplanungswissen

Im vorliegenden Kapitel werden die Ergebnisse der Regressionsanalysen, die mit (D) der allgemeinen Selbstwirksamkeit sowie (E) der lehrpersonenbezogenen Selbstwirksamkeit und (C) dem Unterrichtsplanungswissen vom letzten Semester der Ausbildung (t1) ins erste Berufsjahr (t2) und von Beginn des ersten Berufsjahres (t2) und zum Ende des ersten Berufsjahres (t3) durchgeführt wurden, aufgeführt.

1. Abhängige Variable: allgemeine Selbstwirksamkeit zu t2; Prädiktoren: allgemeine Selbstwirksamkeit zu t1 und Unterrichtsplanungswissen t1:
Tabelle 60 enthält die Ergebnisse der multiplen Regressionsanalyse mit der abhängigen Variable „allgemeine Selbstwirksamkeit" zum Messzeitpunkt t2 und den Prädiktoren „allgemeine Selbstwirksamkeit" und „Unterrichtsplanungswissen" zum Messzeitpunkt t1 auf. Die Wirkung des Unterrichtsplanungswissen zu t1 auf die Veränderung der allgemeinen Selbstwirksamkeit von t1 zu t2 fällt nicht signifikant aus (β =.11, p = .44).

Tabelle 60: Ergebnisse der multiplen Regressionsanalyse zur Ermittlung der Wirkung des Unterrichtsplanungswissens t1 auf die Veränderung der allgemeinen Selbstwirksamkeit (allg. SWK) von t1 zu t2 ($N=39$)

Prädiktoren für allg. SWK[a] t2	B	SE B	β	T	p
Allgemeine Selbstwirksamkeit t1	.511	.154	.485	3.321	.002
Unterrichtsplanungswissen t1	.006	.008	.113	.777	.442

Anmerkungen. [a] allgemeine Selbstwirksamkeitsüberzeugungen; R^2 = .239, korrigiertes R^2 = .196; Anpassungsgüte des Modells: F (2, 36) = 5.64, p = .007.

2. Abhängige Variable: Unterrichtsplanungswissen zu t2; Prädiktoren: allgemeine Selbstwirksamkeit zu t1 und Unterrichtsplanungswissen zu t1:

Die Ergebnisse der multiplen Regressionsanalyse in die entgegengesetzte Richtung mit der abhängigen Variable „Unterrichtsplanungswissen" zu t2 und den Prädiktoren „allgemeine Selbstwirksamkeit" und „Unterrichtsplanungswissen" zu t1 sind in Tabelle 61 wiedergegeben. Die Wirkung der allgemeinen Selbstwirksamkeit auf die Veränderung des Unterrichtsplanungswissen von t1 zu t2 fällt nicht signifikant aus (β = -.19, p = .197).

Tabelle 61: Ergebnisse der multiplen Regressionsanalyse zur Ermittlung der Wirkung der allgemeinen Selbstwirksamkeit t1 auf die Veränderung des Unterrichtsplanungswissens von t1 zu t2 (N=39)

Prädiktoren für Unterrichtsplanungswissen t2	B	SE B	β	T	p
Unterrichtsplanungswissen t1	.363	.111	.469	3.280	.002
Allgemeine Selbstwirksamkeit t1	-2.881	2.190	-.188	-1.316	.197

R^2 = .270, korrigiertes R^2 = .229; Anpassungsgüte des Modells: F (2, 36) = 6.66, p = .003.

3. Abhängige Variable: allgemeine Selbstwirksamkeit zu t3; Prädiktoren: allgemeine Selbstwirksamkeit zu t2 und Unterrichtsplanungswissen zu t2:

Aus Tabelle 62 geht hervor, dass das Unterrichtsplanungswissen zu t2 ebenfalls eine schwache und nicht signifikante Wirkung auf die Veränderung der allgemeinen Selbstwirksamkeit hat (β = .08, p = .62).

Tabelle 62: Ergebnisse der multiplen Regressionsanalyse zur Ermittlung der Wirkung des Unterrichtsplanungswissens t2 auf die Veränderung der allgemeinen Selbstwirksamkeit (allg. SWK) von t2 zu t3 (N=39)

Prädiktoren für allg. SWK[a] t3	B	SE B	β	T	p
Allgemeine Selbstwirksamkeit t2	.454	.169	.420	2.684	.011
Unterrichtsplanungswissen t2	.006	.012	.079	.508	.615

Anmerkungen. [a] allgemeine Selbstwirksamkeitsüberzeugungen; R^2 = .176, korrigiertes R^2 = .128; Anpassungsgüte des Modells: F (2, 36) = 3.63, p = .037.

4. Abhängige Variable: Unterrichtsplanungswissen zu t3; Prädiktoren: allgemeine Selbstwirksamkeit zu t2 und Unterrichtsplanungswissen zu t2:

Ebenso ist die Wirkung der allgemeinen Selbstwirksamkeit zum Messzeitpunkt t2 auf die Veränderung des Unterrichtsplanungswissens von t2 zu t3 nicht signifikant (β = .12, p = .40). Tabelle 63 enthält die Ergebnisse der multiplen Regressionsanalyse.

Tabelle 63: Ergebnisse der multiplen Regressionsanalyse zur Ermittlung der Wirkung der allgemeinen Selbstwirksamkeit t2 auf die Veränderung des Unterrichtsplanungswissens von t2 zu t3 ($N=39$)

Prädiktoren für Unterrichtsplanungswissen t3	B	SE B	β	T	p
Unterrichtsplanungswissen t2	.558	.164	.494	3.405	.002
Allgemeine Selbstwirksamkeit t2	2.019	2.380	.123	.848	.402

R^2 = .248, korrigiertes R^2 = .206; Anpassungsgüte des Modells: F (2, 36) = 5.94, p = .006.

5. *Abhängige Variable: lehrpersonenbezogene Selbstwirksamkeit zu t2; Prädiktoren: Unterrichtsplanungswissen zu t1:*

Tabelle 64 gibt die Ergebnisse der einfachen Regressionsanalyse mit der abhängigen Variable „lehrpersonenbezogene Selbstwirksamkeit" zu t2 und dem Prädiktor „Unterrichtsplanungswissen" zu t1 wieder. Die Wirkung des Unterrichtsplanungswissen am Ende der Ausbildung (t1) auf die lehrpersonenbezogene Selbstwirksamkeit am Anfang des ersten Berufsjahres (t2) ist nicht signifikant (β = .34, p = .16).

Tabelle 64: Ergebnisse der einfachen Regressionsanalyse zur Ermittlung der Wirkung des Unterrichtsplanungswissens t1 auf die lehrpersonenbezogene Selbstwirksamkeit (SWKLP) zum Messzeitpunkt t2 ($N=20$)

Prädiktoren für SWKLP[a] t2	B	SE B	β	T	p
Unterrichtsplanungswissen t1	.016	.011	.335	1.468	.160

Anmerkungen. [a] lehrpersonenbezogene Selbstwirksamkeitsüberzeugungen; R^2 = .113, korrigiertes R^2 = .060; Anpassungsgüte des Modells: F (1, 18) = 2.16, p = .16.

6. *Abhängige Variable: lehrpersonenbezogene Selbstwirksamkeit zu t3; Prädiktoren: lehrpersonenbezogene Selbstwirksamkeit zu t2 und Unterrichtsplanungswissen zu t2:*

Tabelle 65 sind die Ergebnisse der multiplen Regressionsanalyse mit der abhängigen Variable „lehrpersonenbezogene Selbstwirksamkeit" zu t3 und den Prädiktoren „lehrpersonenbezogene Selbstwirksamkeit" und „Unterrichtsplanungswissen" zu t2 wiedergegeben. Der Wirkung des Unterrichtsplanungswissens auf die Veränderung der lehrpersonenbezogenen Selbstwirksamkeit von t2 zu t3 fällt nicht signifikant aus (β = .19, p = .46).

Tabelle 65: Ergebnisse der multiplen Regressionsanalyse zur Ermittlung der Wirkung des Unterrichtsplanungswissens t2 auf die Veränderung der lehrpersonenbezogenen Selbstwirksamkeit (SWKLP) von t2 zu t3 (*N*=20)

Prädiktoren für SWKLP[a] t3	B	SE B	β	T	p
LP Selbstwirksamkeit t2	.015	.020	.192	.759	.460
Unterrichtsplanungswissen t2	.254	.346	.186	.733	.475

Anmerkungen. [a] lehrpersonenbezogene Selbstwirksamkeitsüberzeugungen; R^2 = .060, korrigiertes R^2 = -.065; Anpassungsgüte des Modells: $F(2, 17)$ = .481, p = .628.

7. *Abhängige Variable: Unterrichtsplanungswissen zu t3; Prädiktoren: lehrpersonenbezogene Selbstwirksamkeit zu t2 und Unterrichtsplanungswissen zu t2:*

Dagegen besteht gemäss Tabelle 66 eine signifikante Wirkung der lehrpersonenbezogenen Selbstwirksamkeit zu t2 auf die Veränderung des Unterrichtsplanungswissens von t2 zu t3 (β = .49, p = .014). Dies ist dahingehend zu deuten, dass ein Zusammenhang zwischen der lehrpersonenbezogenen Selbstwirksamkeit am Anfang des ersten Berufsjahres (t2) und der Veränderung des Unterrichtsplanungswissens im ersten Berufsjahr (von t2 zu t3) besteht. Hohe lehrpersonenbezogene Selbstwirksamkeitsüberzeugungen am Anfang des ersten Berufsjahres beeinflussen die Entwicklung des Unterrichtsplanungswissens im Verlaufe des ersten Berufsjahres positiv.

Tabelle 66: Ergebnisse der multiplen Regressionsanalyse zur Ermittlung der Wirkung der lehrpersonenbezogenen Selbstwirksamkeit t2 auf die Veränderung des Unterrichtsplanungswissen von t2 zu t3 (N=20)

Prädiktoren für Unterrichtsplanungswissen t3	B	SE B	β	T	p
Unterrichtsplanungswissen t2	.724	.218	.594	3.325	.004
LP Selbstwirksamkeit[a] t2	10.313	3.746	.492	2.753	.014

Anmerkungen. [a] lehrpersonenbezogene Selbstwirksamkeitsüberzeugungen; R^2 = .502, korrigiertes R^2 = .440; Anpassungsgüte des Modells: $F(2, 17)$ = 8.06, p = .004

8.3.3 Zusammenfassung

Die Ergebnisse der Regressionsanalysen sind wie bereits erwähnt explorativer Art. Sie bilden daher eher die Grundlage, um Hypothesen zu generieren, die mit grösseren Stichproben sowie unter Einbezug weiterer Variablen zu überprüfen sind.

Ein *starker Zusammenhang besteht zwischen der allgemeinen Selbstwirksamkeit zu t2 und der Veränderung der Unterrichtsqualität von t2 zu t3 im ersten Berufsjahr.* Berufseinsteigende, die sich zu Beginn des ersten

Berufsjahres (t2) im Leben als wirksam empfinden und Schwierigkeiten mit Optimismus begegnen, führen am Schluss des ersten Berufjahres (t3) besseren Unterricht durch. Die allgemeine Selbstwirksamkeit scheint somit am Anfang der Berufskarriere der bessere Indikator für die positive Veränderung der Unterrichtsqualität zu sein als die lehrpersonenbezogene Selbstwirksamkeit, denn die lehrpersonenbezogene Selbstwirksamkeit hat keine Wirkung auf die Veränderung der Unterrichtsqualität im ersten Berufsjahr (Tabellen 56 und 59).

Studierende, die am Ende der Ausbildung (t1) qualitativ gut unterrichten, tendieren dazu, *ihre lehrpersonenbezogene Selbstwirksamkeit am Anfang des ersten Berufsjahres höher einzuschätzen* (Tabelle 57). Aufgrund der guten Rückmeldungen zum Unterricht im letzten Semester der Ausbildung schätzen die Berufseinsteigenden am Anfang ihrer Berufskarriere die lehrpersonenbezogene Selbstwirksamkeit hoch ein. *Vom Anfang bis zum Ende des ersten Berufsjahres besteht dieser Zusammenhang nicht mehr* (Tabelle 58). Die Wirkung der Unterrichtsqualität zu t2 auf die Veränderung der lehrpersonenbezogenen Selbstwirksamkeit von t2 zu t3 fällt schwach aus. Im ersten Berufsjahr fällt die Rückmeldung zum Unterricht von anderen Personen mehrheitlich weg, und somit scheint auch der Zusammenhang zwischen der Unterrichtsqualität und der Veränderung der lehrpersonenbezogenen Selbstwirksamkeit schwächer zu werden bzw. wegzufallen.

Die Ergebnisse der Regressionsanalysen zeigen, dass *ein Zusammenhang zwischen der lehrpersonenbezogenen Selbstwirksamkeit am Anfang des ersten Berufsjahres (t2) und der Veränderung des Unterrichtsplanungswissens von t2 zu t3 im ersten Berufsjahr besteht* (Tabelle 66). Berufseinsteigende mit einer hohen lehrpersonenbezogenen Selbstwirksamkeit am Anfang des Berufjahres erweitern ihr Wissen über das Planen von Unterricht im ersten Berufsjahr stärker als Berufseinsteigende mit einer niedrigeren lehrpersonenbezogenen Selbstwirksamkeit.

Zusammenfassend kann gesagt werden, dass die allgemeine Selbstwirksamkeit am Anfang des ersten Berufsjahres einen positiven Einfluss auf die Veränderung der Unterrichtsqualität im ersten Berufsjahr hat. Die lehrpersonenbezogene Selbstwirksamkeit am Anfang des ersten Berufsjahres hat hingegen eine positive Wirkung auf die Veränderung des Unterrichtsplanungswissens im ersten Berufsjahr. Die Berufseinsteigenden der vorliegenden Studie mit einer hohen allgemeinen Selbstwirksamkeit und einer hohen lehrpersonenbezogenen Selbstwirksamkeit am Anfang des ersten Berufsjahres unterrichten am Ende des ersten Berufsjahres besser und verfügen über ein grösseres Unterrichtsplanungswissen als die Berufseinsteigende, die ihre Berufskarriere mit niedrigerer allgemeiner und lehrpersonenbezogener Selbstwirksamkeit starten.

8.4 Prädiktoren der Unterrichtsqualität

Im vorliegenden Kapitel werden die Unterrichtsqualität und deren Einflussfaktoren genauer betrachtet. In Kapitel 6 sind die Problemstellungen hierzu unter Punkt *(4) Unterrichtsqualität* beschrieben. Die Problemstellung richtet sich in einem ersten Schritt auf das Modell von Baumert und Kunter (2006): Können das Wissen, die subjektiven Theorien und Persönlichkeitsaspekte wie die allgemeine Selbstwirksamkeit und das erfasste Persönlichkeitsmerkmal „Neurotizismus" der fertig ausgebildeten Lehrperson die Unterrichtsqualität im letzten Semester (t1), am Anfang (t2) und am Ende (t3) des ersten Berufsjahres erklären? Zur Beantwortung dieser Problemstellung wurden multivariate Regressionsanalysen durchgeführt.

In einem zweiten Schritt wurden anhand der Unterrichtsqualität mittels Clusteranalyse drei Gruppen (mit hoher, mittlerer und niedriger Unterrichtsqualität) gebildet. Die drei Gruppen wurden in den Bereichen des Unterrichtsplanungswissens, des subjektiven Lernverständnisses, der Persönlichkeitsaspekte, der beruflichen und privaten Ziele und des Kontexts (Wohlbefinden, Support und Motivation im Beruf) auf Unterschiede untersucht. Berichtet werden die signifikanten und knapp nicht signifikanten Ergebnisse.

In Kapitel 8.4.4 werden die Ergebnisse zusammengefasst.

8.4.1 Vorhersage der Unterrichtsqualität durch die Prädiktoren Unterrichtsplanungswissen, subjektives Lernverständnis und Persönlichkeitsaspekte

Die folgende Darstellung der Ergebnisse bezieht sich auf die Problemstellungen, die im Kapitel 6 unter Punkt 4 aufgeführt sind. Für die Lehrerinnen- und Lehrerausbildung ist es aufschlussreich zu erfahren, was die Unterrichtsqualität der Berufseinsteigenden beeinflusst. Im vorliegenden Kapitel soll daher mittels Modell nach Baumert und Kunter (2006), das der Bereich Professionswissen und der Bereich subjekive Theorien, Werthaltungen, Überzeugungen sowie der Bereich psychologische Aspekte wie die Selbstwirksamkeitsüberzeugungen einer Lehrperson umfasst, ausgewertet werden, wie stark diese Bereiche die Qualität des Unterrichts der Studierenden bzw. Berufseinsteigenden erklären. Um die Einflussfaktoren aufzuzeigen, werden multiple lineare Regressionsanalysen durchgeführt.

Als Prädiktoren für die Unterrichtsqualität gelten folgende Variablen, alle erfasst – weil für die Lehrerinnen- und Lehrerbildung von Interesse – am Ende der Ausbildung, d. h. zum Messzeitpunkt t1:

(C) das Unterrichtsplanungswissens
(D) die allgemeine Selbstwirksamkeit
(F) das Persönlichkeitsmerkmal „Neurotizismus"
(K) das konstruktivistische Lernverständnis

Diese Variablen sollen die Unterrichtsqualität im letzten Semester der Ausbildung (t1), zu Beginn des Berufseinstiegs (t2) und am Ende des ersten Berufsjahres (t3) erklären. Aus theoretischer Sicht werden den vier Prädiktoren (C) Unterrichtsplanungswissen, (D) allgemeine Selbstwirksamkeit, (F) Persönlichkeitsmerkmal „Neurotizismus" und (K) konstruktivistisches Lernverständnis Handlungsrelevanz zugesprochen. Von den fünf erfassten Persönlichkeitsmerkmalen wurde das Persönlichkeitsmerkmal „Neurotizismus" gewählt, da in der Theorie insbesondere diesem Persönlichkeitsmerkmal Relevanz bezüglich des Verhaltens in anspruchsvollen Situationen zugeschrieben wird (Smith et al., 1989; Marshall et al., 1992, Williams, 1992).

Auch die Ergebnisse der folgenden Berechnungen sind als explorativ zu betrachten. Sie dienen der Formulierung von Hypothesen, die in weiteren Studien mit grösseren Stichproben und zusätzlichen Variablen überprüft werden können.

Die Unterrichtsqualität zum Messzeitpunkt t1 lässt sich durch die Prädiktoren (C) Unterrichtsplanungswissen, (F) Persönlichkeitsmerkmal „Neurotizismus" und (K) konstruktivistisches Lernverständnis vorhersagen (Tabelle 67).

Tabelle 67: Ergebnisse der multiplen, linearen Regression zur Vorhersage der Unterrichtsqualität zum Messzeitpunkt t1 ($N = 39$)

Prädiktoren der Unterrichtsqualität	B	SE B	β	T	p
konstruktivistisches Lernverständnis	.790	.357	.335	2.211	.034
Neurotizismus	.600	.271	.381	2.212	.034
Unterrichtsplanungswissen	.053	.020	.375	2.576	.015
allgemeine Selbstwirksamkeit	.845	.464	.305	1.822	.077

$R^2 = .56$, korrigiertes $R^2 = .31$; Anpassungsgüte des Modells: $F(4, 34) = 3.85$, $p = .01$.

31% der Varianz der Unterrichtsqualität zum Messzeitpunkt t1 (*korrigiertes $R^2 = .31$*) kann mit den Variablen (C) Unterrichtsplanungswissen, (D) allgemeine Selbstwirksamkeit, (F) Persönlichkeitsmerkmal „Neurotizismus" und (K) konstruktivistisches Lernverständnis erklärt werden.

Der positive Effekt des Unterrichtsplanungswissen auf die Unterrichtsqualität ist signifikant ($β = .375$; $p = .015$). Signifikant sind ebenso die positiven Effekte des „Neurotizismus" ($β = .381$; $p = .034$) und des konstruktivistischen Lernverständnisses ($\beta = .335$; $p = .034$). Knapp nicht signifikant ist hingegen der positive Effekt der allgemeinen Selbstwirksamkeit auf die Unterrichtsqualität ($\beta = .305$; $p = .077$).

Die Vorhersage der Unterrichtsqualität zum Messzeitpunkt t2 ist in Tabelle 68 aufgeführt.

Tabelle 68: Ergebnisse der multiplen linearen Regressionsanalyse zur Vorhersage der Unterrichtsqualität zum Messzeitpunkt t2 ($N = 39$)

Prädiktoren der Unterrichtsqualität	B	SE B	β	T	p
konstruktivistisches Lernverständnis	.437	.418	.174	1.045	.303
Neurotizismus	.240	.317	.143	.758	.454
Unterrichtsplanungswissen	.048	.024	.323	2.017	.052
allgemeine Selbstwirksamkeit	.792	.543	.269	1.461	.153

$R^2 = .17$, korrigiertes $R^2 = .07$; Anpassungsgüte des Modells: $F_{(4, 34)} = 1.74$, $p = .165$.

7% der Varianz (*korrigiertes* $R^2 = .07$) der Unterrichtsqualität zu Beginn des Berufseinstiegs kann mit dem Unterrichtsplanungswissen, dem subjektiven Lernverständis, dem Neurotizismus und der allgemeinen Selbstwirksamkeit erfasst im letzten Semester der Ausbildung (t1) aufgeklärt werden. Knapp nicht signifikant ist der Effekt des Unterrichtsplanungswissens auf die Unterrichtsqualität ($\beta = .323$; $p = .052$).

Die Unterrichtsqualität zum Messzeitpunkt t3 lässt sich durch die allgemeine Selbstwirksamkeit vorhersagen (Tabelle 69).

Tabelle 69: Ergebnisse der multiplen linearen Regressionsanalyse zur Vorhersage der Unterrichtsqualität zum Messzeitpunkt t3 ($N = 39$)

Prädiktoren der Unterrichtsqualität	B	SE B	β	T	p
konstruktivistisches Lernverständnis	-.008	.421	-.003	-.019	.985
Neurotizismus	.636	.319	.360	1.991	.055
Unterrichtsplanungswissen	.009	.024	.060	.394	.696
allgemeine Selbstwirksamkeit	1.750	.546	.565	3.204	.003

$R^2 = .24$, korrigiertes $R^2 = .15$; Anpassungsgüte des Modells: $F_{(4, 34)} = 2.68$, $p = .048$

15% der Varianz der Unterrichtsqualität (*korrigiertes* $R^2 = .15$) kann am Ende des ersten Berufsjahres (t3) mit dem Unterrichtsplanungswissen, dem subjektiven Lernverständnis, dem Neurotizismus und der allgemeinen Selbstwirksamkeit aufgeklärt werden. Eine signifikant positive Wirkung auf die Unterrichtsqualität am Ende des ersten Berufsjahres zeigt die allgemeine Selbstwirksamkeit ($\beta = .565$; $p = .003$). Knapp nicht signifikant ist der Effekt des Persönlichkeitsmerkmals „Neurotizismus" (β = .360; p = .055). Aufgrund dieser Analysen liegt der Schluss nahe, dass die allgemeine Selbstwirksamkeit zum Messzeitpunkt t1, also am Ende der Ausbildung, ein brauchbarer Prädiktor für die Unterrichtsqualität zum Messzeitpunkt t3, d.h. am Ende des ersten Jahres im Beruf, ist.

Insgesamt scheint sich die Wirkung der Variablen Unterrichtsplanungswissen, konstruktivistisches Lernverständnis, allgemeine Selbstwirksamkeit und Persönlichkeitsmerkmal „Neurotizismus" auf die Unterrichtsqualität von Messzeitpunkt t1 bis t3 zu verändern. Während die Unterrichtsqualität zum Messzeitpunkt t1 mit dem Unterrichtsplanungswissen, dem Persönlichkeitsmerkmal „Neurotizismus" und dem konstruktivistischen Lernverständnis und zum Messzeitpunkt t2 mit dem Unterrichtsplanungswissen am besten vorhergesagt werden kann, wird sie zum Messzeitpunkt t3 mit der allgemeinen Selbstwirksamkeit am besten vorausgesagt.

8.4.2 Hohe versus niedrige Unterrichtsqualität

Die folgende Darstellung der Ergebnisse bezieht sich auf die Problemstellungen, die im Kapitel 6 unter Punkt 4 aufgeführt sind. Mit den Daten des Messzeitpunktes t3 und jenen der Praxislehrpersonen und den Variablen „Instruktionseffizienz", „Schülerorientierung", „Kognitive Aktivierung" und „Klarheit/Strukturiertheit" des Unterrichtsratings wurde eine hierarchische Clusteranalyse (WARD-Methode) durchgeführt, um Gruppen mit hohen, mittleren und niedrigen Werten bezüglich der Unterrichtsqualität zu bestimmen (siehe aufgeführtes Dendogramm in Anhang). Die drei sich ergebenden Cluster unterscheiden sich in allen vier Variablen sowie auch bezüglich der Gesamtbewertung des Unterrichts signifikant voneinander (multivariate Varianzanalyse: Wilks' Λ = .12, $F(10,84)$ = 16.12, p = .000, mulitvariates η^2 = .66).

Die drei Gruppen mit hoher, mittlerer und niedriger Unterrichtsqualität wurden anschliessend bezüglich des sichtbaren Unterrichtsgeschehens, des Unterrichtsplanungswissens, des subjektiven Lernverständnisses, der Persönlichkeitsaspekte, der persönlichen und privaten Ziele und ihrer Einschätzung des Wohlbefindens, des Supports und der Motivation im Beruf (Kontext) spezifisch auf Unterschiede hin untersucht. Wegleitend waren dabei die folgenden Problemstellungen: Verfügen Berufseinsteigende, die eine höhere Unterrichtsqualität aufweisen, über ein umfänglicheres Unterrichtsplanungswissen, umfangreichere Ziele, ausgeprägteres Wohlbefinden, besseren Support und höhere Motivation im Beruf? Unterscheiden sich die Persönlichkeitsaspekte der Berufseinsteigenden, die einen qualitativ guten Unterricht zeigen, von denen, die eine niedrigere Qualität in ihrem Unterricht aufweisen? Bleiben die Unterrichtsbewertungen der drei Gruppen von Berufseinsteigenden über die drei Messzeitpunkte hinweg stabil? Wird beispielsweise die Gruppe mit den besten Bewertungen am Ende des ersten Berufsjahres (t3) auch schon am Ende der Ausbildung (t1) und am Anfang des ersten Berufsjahres (t2) am besten bewertet? Aufgeführt werden die signifikanten und knapp nicht signifikanten Ergebnisse.

In Abbildung 7 sind die drei Cluster dargestellt. Cluster 2 umfasst die Berufseinsteigenden und die Praxislehrpersonen, welche in allen Bereichen am besten beurteilt wurden. Interessanterweise sind die Praxislehrpersonen in allen drei Cluster zu finden (drei in Cluster 1, zwei in Cluster 2 und drei in Cluster 3).

Auffallend ist die Homogenität der Beurteilungen:

1. In allen drei Cluster ist die „Kognitive Aktivierung" am schlechtesten bewertet.

2. In den einzelnen Clustern werden die Variablen „Instruktionseffizienz", „Schülerorientierung" und „Klarheit/Strukturiertheit" ungefähr gleich beurteilt.

3. Die Berufseinsteigenden des Clusters 3 haben bei allen vier Variablen die schlechtesten, Cluster 1 die mittleren und Cluster 2 die besten Beurteilungen. Berufseinsteigende, die in einem Bereich eine schlechtere Beurteilung erhalten, werden demnach auch in den anderen Bereichen schlechter bewertet und Berufseinsteigende, die in einem Bereich hoch beurteilt werden, erhalten auch in den anderen Bereichen hohe Beurteilungen.

Die einzelnen Bereiche der Unterrichtsbeurteilung scheinen nicht voneinander unabhängig zu sein. Durchgeführte Korrelationsberechnungen (Pearson) zeigten, dass die Variablen mit einem $r = .64**$ oder höher korrelieren (siehe Anhang).

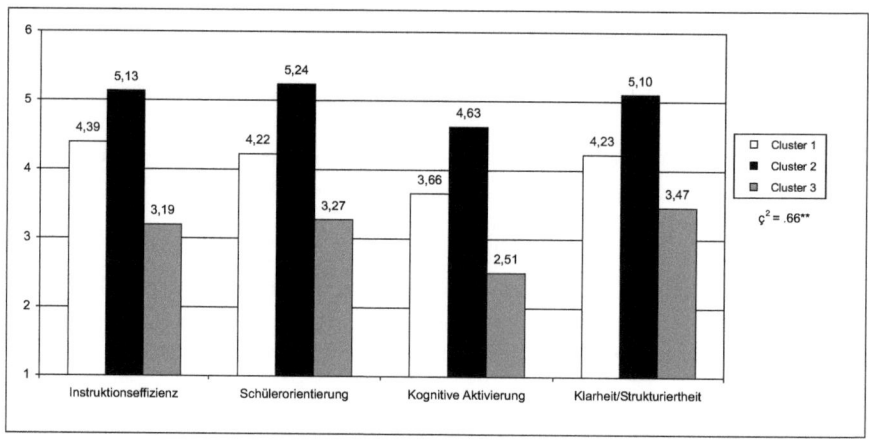

Abbildung 7: Ergebnisse der hierarchischen Clusteranalyse (WARD-Methode) mit den Daten der Berufseinsteigenden zum Messzeitpunkt t3 sowie der Praxislehrpersonen und bezogen auf die Variablen „Instruktionseffizienz", „Schülerorientierung", „Kognitive Aktivierung" und „Klarheit/Strukturiertheit" ($N = 49$)

Zuerst wurden die Unterschiede der Unterrichtsqualität zwischen den Clustern, die mit den Daten des Messzeitpunktes t3 gebildet wurden, zu den Messzeitpunkten t1 und t2 berechnet. Auf diese Weise wird festgestellt, ob die Unterschiede zwischen den drei Clustern zum Messzeitpunkt t3 auch schon am Ende der Ausbildung (t1) und am Anfang des ersten Berufsjahres (t2) bestanden. Zum Messzeitpunkt t1 im letzten Semester der Ausbildung unterscheiden sich die drei Cluster (nur Studierende bzw. Berufseinsteigende ohne Praxislehrpersonen) bei der Unterrichtsqualität (Gesamtbewertung) knapp nicht signifikant ($F(2,38) = 3.03$, $p = .06$, partielles $\eta^2 = .14$) und zum Messzeitpunkt t2 nicht signifikant ($F(2,38) = 2.19$, $p = .10$, partielles $\eta^2 = .10$). Die Mittelwerte jedoch zeigen, dass zu allen Messzeitpunkten der Cluster 2 die höchste Gesamtbewertung und Cluster 3 die niedrigste erhält (t1: Cluster 1, $M = 4.14$, $SD = .78$; Cluster 2, $M = 4.21$, $SD = .54$; Cluster 3, $M = 3.59$, $SD = .81$; t2: Cluster 1, $M = 3.80$, $SD = .74$; Cluster 2, $M = 4.20$, $SD = .86$; Cluster 3, $M = 3.55$, $SD = .82$).

Zur weiteren Berechnung wurden (ausser bei der lehrpersonenbezogenen Selbstwirksamkeit, bei der die Ergebnisse der Berufseinsteigenden und Praxislehrpersonen dargestellt werden) nur die Berufseinsteigenden berücksichtigt.

Die Variablen (B) sichtbares Unterrichtsgeschehen, (C) Unterrichtsplanungswissen, (I) Wohlbefinden, Support, Motivation, (J) Ziele und (K) subjektive Theorien unterscheiden sich zwischen den Clustern nicht signifikant.

(D) Allgemeine und (E) lehrpersonenbezogene Selbstwirksamkeit: Während die allgemeine Selbstwirksamkeit zum Messzeitpunkt t3 zwischen den Clustern nicht signifikant ausfällt (univariate Varianzanalyse t3: $F(2,36) = .13$, $p = .88$, partielles $\eta^2 = .007$), unterscheidet sie sich zum Messzeitpunkt t1 knapp nicht signifikant und zum Messzeitpunkt t2 signifikant zwischen den Clustern (univariate Varianzanalyse t1: $F(2,38) = 2.89$, $p = .068$, partielles $\eta^2 = .13$; univariate Varianzanalyse t2: $F(2,38) = 3.84$, $p < .05$, partielles $\eta^2 = .17$). Die Berufseinsteigenden, die dem Cluster 2 mit den höchsten Bewertungen der Unterrichtsqualität zugeteilt wurden, schätzen die allgemeine Selbstwirksamkeit im Durchschnitt zu den Messzeitpunkten t1 und t2 am höchsten ein.

Die lehrpersonenbezogene Selbstwirksamkeit unterscheidet sich zwischen den Clustern zum Messzeitpunkt t2 und t3 nicht signifikant und die partiellen η-Quadrate fallen klein aus (univariate Varianzanalyse t2: $F(2,18) = .26$, $p = .77$, partielles $\eta^2 = .03$; univariate Varianzanalyse t3: $F(2,36) = .74$, $p = .84$, partielles $\eta^2 = .01$).

Die Praxislehrpersonen, eingeteilt in die drei Cluster, werden ebenfalls bezüglich der lehrpersonenbezogenen Selbstwirksamkeit auf Unterschiede untersucht. Die univariate Varianzanalyse zeigt bei den Praxislehrpersonen, dass sich die Cluster nicht signifikant unterscheiden, jedoch dass das partielle η-Quadrat um einiges höher liegt als bei den Berufseinsteigenden ($F(2,5) = 2.03$, $p = .23$, partielles $\eta^2 = .45$). Die lehrpersonenbezogene Selbstwirksamkeit bei den acht untersuchten Praxislehrpersonen hat einen grösseren Effekt auf die Unterrichtsqualität, als dies bei den Berufseinsteigenden der Fall ist.

Die statistischen Kennwerte der drei Clusters sind in Tabelle 70 aufgeführt.

Tabelle 70: Statistische Kennwerte der drei Cluster (Cluster 2 erhält die höchsten Beurteilungen der Unterrichtsqualität, Cluster 1 die mittleren und Cluster 3 die niedrigsten) bezüglich der allgemeinen (Berufseinsteigende) und lehrpersonenbezogenen (Berufseinsteigende und Praxislehrpersonen PLP) Selbstwirksamkeit

	t1		t2			t3		
Cluster	M	SD	M	SD	N (t1, t2)	M	SD	N (t3)
allgemeine Selbstwirksamkeit								
1	3.19	.26	3.07	.32	14	3.18	.38	12
2	3.29	.25	3.31	.27	12	3.17	.25	12
3	3.05	.29	3.03	.22	15	3.11	.37	15
lehrpersonenbezogene Selbstwirksamkeit								
1			3.11	.27	8	3.08	.29	12
2			3.02	.12	5	3.15	.29	12
3			3.07	.18	8	3.12	.28	15
1 PLP[a]						3.32	.09	3
2 PLP[a]						3.50	.21	2
3 PLP[a]						3.47	.06	3

Anmerkungen. [a] Praxislehrpersonen.

(F) Persönlichkeitsmerkmale: Die Unterschiede zwischen den Clustern sind zum Messzeitpunkt t3 knapp nicht signifikant (multivariate Varianzanalyse: Wilks' Λ = .60, $F(10,66)$ = 1.94, p = .055, mulitvatiate η^2 = .23). Der anschliessende ANOVA-Test zeigt, dass vor allem das Persönlichkeitsmerkmal „Verträglichkeit" zu diesem Resultat beiträgt ($F(2,37)$ = 3.09, p = .058, partielles η^2 = .14). Die Berufseinsteigenden, welche dem Cluster 2 mit den höchsten Bewertungen der Unterrichtsqualität zugeteilt sind, geben im Durchschnitt die niedrigsten Werte bei dem Persönlichkeitsmerkmal „Verträglichkeit" an (Tabelle 71).

Tabelle 71: Statistische Kennwerte zu den Persönlichkeitsmerkmalen der drei Cluster (Cluster 2 mit den höchsten, Cluster 1 mit den mittleren und Cluster 3 mit den niedrigsten Beurteilungen der Unterrichtsqualität)

	Cluster	M	SD	N
t3_Neurotizismus	1	1.34	.75	13
	2	1.23	.49	12
	3	1.33	.55	15
t3_Extraversion	1	2.97	.42	13
	2	2.85	.40	12
	3	2.64	.42	15
t3_Offenheit	1	2.76	.58	13
	2	2.70	.24	12
	3	2.51	.37	15
t3_Verträglichkeit	1	3.20	.31	13
	2	2.88	.39	12
	3	2.97	.29	15
t3_Gewissenhaftigkeit	1	2.79	.54	13
	2	2.78	.63	12
	3	3.04	.39	15

(G) Stressverarbeitungsstrategien: Zum Messzeitpunkt t3 gibt es zwischen den Clustern keine signifikanten Unterschiede bezüglich der Stressverarbeitungsstrategien (Wilks' $\Lambda = .76$, $F(4,8) = 1.20$, $p = .32$, multivariates $\eta^2 = .13$). Die Unterschiede zum Messzeitpunkt t2 sind jedoch knapp nicht signifikant (Wilks' $\Lambda = .41$, $F(4,8) = 2.12$, $p = .065$, multivariates $\eta^2 = .36$). Zu diesem Zeitpunkt ist das multivariate η^2 mit .36 stark ausgeprägt. Der anschliessende ANOVA-Test zeigt, dass vor allem die Ablenkungsstrategien zu diesem Resultat beitragen ($F(2,18) = 2.82$, $p = .086$, partielles $\eta^2 = .24$). Die deskriptive Statistik zeigt (Tabelle 72), dass Cluster 2 mit den höchsten Bewertungen der Unterrichtsqualität zum Messzeitpunkt t2 die höchsten Ausprägungen bei den Ablenkungsstrategien aufweist.

Tabelle 72: Stressbewältigungsstrategien, statistische Kennwerte der drei Cluster (Cluster 2 erhält die höchsten Beurteilungen der Unterrichtsqualität, Cluster 1 die mittleren und Cluster 3 die niedrigsten)

	Cluster	t2			t3		
		M	SD	N	M	SD	N
Um-/Abwertungsstrategien	1	2.54	.60	8	2.82	.41	13
	2	2.77	.69	5	2.90	.57	11
	3	2.58	.29	8	2.54	.38	14
Ablenkungsstrategien	1	2.79	.62	8	3.10	.77	13
	2	3.52	.38	5	3.05	.65	11
	3	3.19	.54	8	3.07	.58	14
Kontrollstrategien	1	3.73	.25	8	3.96	.34	13
	2	4.00	.35	5	3.72	.44	11
	3	3.83	.42	8	3.97	.39	14
Negativstrategien	1	2.50	.40	8	2.59	.41	13
	2	2.97	.39	5	2.75	.34	11
	3	2.51	.41	8	2.79	.67	14

(H) Schülerinnen- und Schülerbewertung: Zur Bestimmung der Unterschiede zwischen den Clustern bei der Schülerinnen- und Schülerbewertung wurde eine univariate Varianzanalyse durchgeführt. Die Ergebnisse der Varianzanalyse zeigen, dass die drei Cluster von den Schülerinnen und Schülern zu den Messzeitpunkten t2 und t3 signifikant unterschiedlich bewertet wurden (Messzeitpunkt t2: $F(2,38) = 5.55$, $p < .01$, partielles $\eta^2 = .23$; Messzeitpunkt t3: $F(2,38) = 4.01$, $p < .05$, partielles $\eta^2 = .17$). Cluster 2, der auch bei der Fremdbeurteilung (Unterrichtsrating) die beste Bewertung erhielt, wurde auch von den Schülerinnen und Schülern am besten bewertet (Tabelle 73). Cluster 3 erhielt von den Schülerinnen und Schülern die schlechteste Bewertung, ebenfalls in Übereinstimmung mit der Fremdbeurteilung, welche diesen Cluster bezüglich der Qualität des Unterrichts auch am niedrigsten einstufte.

Tabelle 73: Statistische Kennwerte der Schülerinnen- und Schülerbewertung (Cluster 2 erhält die höchsten Beurteilungen der Unterrichtsqualität, Cluster 1 die mittleren und Cluster 3 die niedrigsten)

Cluster	t1		t2		t3		
	M	SD	M	SD	M	SD	N
1	3.38	.18	3.53	.19	3.43	.23	14
2	3.52	.10	3.72	.15	3.62	.20	12
3	3.48	.25	3.42	.31	3.35	.31	15

8.4.3 Zusammenfassung

Die Prädiktoren zur Vorhersage der Unterrichtsqualität scheinen sich von Messzeitpunkt t1 zu Messzeitpunkt t3 zu verändern. Während die Unterrichtsqualität zum Messzeitpunkt t1 mit dem Unterrichtsplanungswissen, dem Persönlichkeitsmerkmal „Neurotizismus" und dem konstruktivistischen Lernverständnis und zum Messzeitpunkt t2 mit dem Unterrichtsplanungswissen am besten vorhergesagt werden kann, wird sie zum Messzeitpunkt t3 mit der allgemeinen Selbstwirksamkeit am besten erklärt. Zum Messzeitpunkt t2 ist der Effekt des Unterrichtsplanungswissen auf die Unterrichtsqualität knapp nicht signifikant.

Zur Bestimmung von Gruppenunterschieden wurde eine Clusteranalyse mit den Variablen „Instruktionseffizienz", „Schülerorientierung", „Kognitive Aktivierung" und „Klarheit/Strukturiertheit" des Unterrichtsratings durchgeführt. Drei Cluster mit hohen, mittleren und niedrigeren Beurteilungen wurden gebildet. Erstaunlicherweise sind die Praxislehrpersonen in allen drei Clustern vorzufinden. Die Berufseinsteigenden, welche dem Cluster mit der höchsten Bewertung zugeteilt sind, erhalten auch im letzten Semester der Ausbildung und zu Beginn des ersten Berufsjahres im Durchschnitt die höchste Beurteilung. Ebenso wird der Cluster mit den niedrigsten Beurteilungen zu den anderen Messzeitpunkten am schlechtesten beurteilt. Die Schülerinnen- und Schülerbeurteilungen stützen die Resultate des Unterrichtsratings. Auch die Schülerinnen und Schülern beurteilten den Cluster, welche durch die Fremdbeurteilungen am höchsten bewertet wurde, mit den höchsten Werten, den mittleren Cluster mit den mittleren Werten und den durch die Fremdbeurteilung am niedrigsten beurteilten Cluster mit den geringsten Werten.

Erstaunlicherweise kann bezogen auf die Unterrichtskodierung kein typischer Unterricht für Berufseinsteigende mit hohen, mittleren oder niedrigen Unterrichtsbeurteilungen ausgemacht werden. Die Unterschiede sind in allen Bereichen nicht signifikant.

Das Unterrichtsplanungswissen unterscheidet sich zwischen den Clustern ebenfalls nicht signifikant.

Während die lehrpersonenbezogene Selbstwirksamkeit zwischen den Clustern keine Unterschiede aufweist, ist die allgemeine Selbstwirksamkeit zu Beginn des Berufseinstiegs signifikant unterschiedlich. Auch hier zeigt sich wieder, dass die allgemeine Selbstwirksamkeit der bessere Indikator für die Unterrichtsqualität bei den Berufseinsteigenden darstellt als die lehrpersonenbezogene Selbstwirksamkeit. Bei den acht untersuchten Praxislehrpersonen ist der Effekt zwischen den Clustern bezogen auf die lehrpersonenbezogene Selbstwirksamkeit um einiges grösser, fällt jedoch nicht signifikant aus. Da die Stichprobe der Praxislehrpersonen sehr klein ist, ist die Überprüfung der Unterschiede mit einer grösseren Anzahl von Praxislehrpersonen interessant, da die vorliegenden Resultate darauf hinweisen, dass bei den Praxislehrpersonen ein Zusammenhang zwischen der Unterrichtsqualität und der lehrpersonenbezogenen Selbstwirksamkeit bestehen könnte.

Der Unterschied zwischen den drei Clustern bei den Persönlichkeitsmerkmalen ist knapp nicht signifikant (multivariates $\eta^2 = .23$). Er beruht insbesondere auf dem Persönlichkeitsmerkmal „Verträglichkeit". Die geringsten Werte beim Merkmal „Verträglichkeit" weisen die Berufseinsteigende mit der höchsten Unterrichtsbeurteilung auf.

Auch bei den Stressverarbeitungsstrategien sind die Effekte zwischen den drei Clustern zum Messzeitpunkt t2 knapp nicht signifikant und ziemlich stark (multivariates $\eta^2 = .36$) ausgeprägt. Besonders werden von den Berufseinsteigenden des Clusters mit den höchsten Unterrichtsbeurteilungen vermehrt Ablenkungsstrategien eingesetzt. Für weitere Untersuchungen in diesem Bereich könnte zudem interessant sein, dass der Cluster mit den höchsten Unterrichtsbeurteilungen am Ende des ersten Berufsjahres insgesamt eine breitere Palette an Stressverarbeitungsstrategien (Positiv- als auch Negativstrategien) einsetzt. Um diese Aussage zu sichern, müsste dieses Resultat jedoch mit einer grösseren Stichprobe überprüft werden.

Zwischen den Clustern gibt es zum Messzeitpunkt t3 am Ende des ersten Berufsjahres bezüglich Support, Wohlbefinden und Motivation im Beruf keine signifikante Unterschiede.

Auch bei den Zielen und bei den subjektiven Theorien zeigen sich keine signifikanten Unterschiede zwischen den Clustern.

9. Diskussion

In der vorliegenden Arbeit wurde untersucht, ob sich die Qualität des Unterrichts vom Zeitpunkt t1 am Ende des Studiums bis zum Zeitpunkt t3 am Ende des ersten Berufsjahres aufgrund der Erfahrung, die die Berufseinsteigenden in dieser Zeitspanne mit dem Unterrichten machen können, verändert. Von Interesse ist dabei auch der Vergleich mit der Qualität des Unterrichts der erfahrenen Praxislehrpersonen. Zudem wurde untersucht, ob sich das sichtbare Unterrichtsgeschehen, das Unterrichtsplanungswissen und das subjektive Lernverständnis von t1 bis t3 verändern, ob die Berufseinsteigenden den Support, das Wohlbefinden und die Motivation am Anfang (t2) und am Ende (t3) des ersten Berufsjahres anders einschätzen, und ob sich in diesen Bereichen Unterschiede zu den erfahrenen Praxislehrpersonen zeigen. Ausserdem waren die Persönlichkeitsaspekte von Interesse: Bleiben die allgemeinen und lehrpersonenbezogenen Selbstwirksamkeitsüberzeugungen, die Persönlichkeitsmerkmale und die Stressverarbeitungsstrategien von t1 bis t3 stabil, und zeigen sich wiederum Unterschiede zu den Praxislehrpersonen? Die Ziele der Berufeinsteigenden und Praxislehrpersonen wurden am Ende des ersten Berufsjahres ermittelt: Welche Ziele (berufliche oder private) nennen die Berufseinsteigenden und Praxislehrpersonen zu t3 und gibt es zwischen den Praxislehrpersonen und Berufseinsteigenden Unterschiede? Die Diskussion geht auf die Ergebnisse, die sich auf diese Fragen beziehen, ein.

Explorativ wurde zudem untersucht, ob Zusammenhänge zwischen den Selbstwirksamkeitsüberzeugungen und der Qualität des Unterrichts, dem sichtbaren Unterrichtsgeschehen, dem Unterrichtsplanungswissen, dem subjektiven Lernverständnis, dem Support, dem Wohlbefinden, der Motivation, den persönlichen und beruflichen Zielen, den Persönlichkeitsmerkmalen und den Stressverarbeitungsstrategien besteht. Könnte es sein, dass beispielsweise hohe Selbstwirksamkeitsüberzeugungen mit hoher Qualität des Unterrichts einhergehen? Unterrichten also Lehrpersonen mit hoher Selbstwirksamkeitsüberzeugung besser als Lehrpersonen, die ihre Selbstwirksamkeit niedrig(er) einschätzen? Zudem ging es um die Frage, welche Wirkung die extensive Erfahrung des Unterrichtens während des ersten Berufsjahres auf die Selbstwirksamkeitsüberzeugung von Berufseinsteigenden, oder umgekehrt welche Wirkung die Selbstwirksamkeitsüberzeugungen auf die zukünftige Qualität des Unterrichts hat. Zentral ging es schliesslich darum, den besten Prädiktor am Ende des Studiums für guten Unterricht in der Berufseingangsphase zu finden. Gibt es, bezogen auf die in der eigenen Untersuchung erhobenen Daten, einen Faktor, der die Qualität des Unterrichts am Ende der Ausbildung (t1), am Anfang (t2) und am Ende des ersten Berufsjahres (t3) am besten voraussagt? Zu diesen Fragen werden die explorativen Ergebnisse diskutiert und Hypothesen formuliert.

In Kapitel 9.1 der Diskussion werden zentrale Ergebnisse der längsschnittlichen Analyse, der Zusammenhänge der Selbstwirksamkeit mit Bereichen, die den Unterricht betreffen, und mit Persönlichkeitsaspekten, der zeitverschobenen Zusammenhänge (von t1 zu t2 und von t2 zu t3) sowie die Analyse der Unterrichtsqualität zusammengefasst und diskutiert. In Kapitel 9.2 werden Schlussfolgerungen gezogen und die Erkenntnisse zu den wichtigsten Aussagen verdichtet. In Kapitel 9.3 wird das methodische Vorgehen diskutiert und in Kapitel 9.4 werden weiterführende Fragestellungen aufgezeigt. Abschliessend wird in Kapitel 9.5 die Bedeutung der Diskussion um Persönlichkeitsaspekte und Unterrichtsqualität für die Lehrerinnen- und Lehrerbildung thematisiert.

9.1 Diskussion der zentralen Ergebnisse

Die folgende Diskussion orientiert sich an den in Kapitel 6 dargestellten Problemstellungen. Zuerst wird auf die quer- und längsschnittlichen Analysen, danach auf die Zusammenhänge zwischen Selbstwirksamkeitsüberzeugungen und den verschiedenen untersuchten Bereichen der Professionalität von Lehrpersonen und zum Schluss auf die Aufklärung der Unterrichtsqualität eingegangen. Die konkreten Problemstellungen werden jeweils in den Unterkapiteln aufgeführt.

9.1.1 Berufsübergang: Entwicklung vom Ende der Ausbildung bis zum Ende des ersten Berufsjahres

Die Diskussion in diesem Kapitel bezieht sich auf die Problemstellungen, die in Kapitel 6 unter Punkt *(1) Deskriptive Befunde – längsschnittlicher Verlauf und Querschnitt* beschrieben sind. Die untersuchten Bereiche betreffen *(A)* die Unterrichtsqualität, *(B)* das sichtbare Unterrichtsgeschehen, *(C)* das Unterrichtsplanungswissen, *(D)* die allgemeinen und *(E)* die lehrpersonenbezogenen Selbstwirksamkeitsüberzeugungen, *(F)* die Persönlichkeitsmerkmale, *(G)* die Stressverarbeitungsstrategien, *(H)* die Schülerinnen- und Schülerbeurteilung, *(I)* das Wohlbefinden, den Support und die Motivation im Beruf, *(J)* die Ziele und *(K)* das subjektive Lernverständnis: Verändern sich diese Bereiche von Messzeitpunkt t1 bis t3 und gibt es Unterschiede zwischen den Praxislehrpersonen und den Studierenden bzw. Berufseinsteigenden?

(A) Unterrichtsqualität: keine Steigerung der Qualität von Unterricht im ersten Berufsjahr und keine Qualitätsunterschiede zu den Praxislehrpersonen. Aufgrund von Studien ist bekannt, dass Studierende der Lehrerinnen- und Lehrerausbildung im Verlaufe ihres Studiums die Qualität ihres Unterrichts verbessern (Kocher & Wyss, 2008; Baer et al., 2007; 2009; 2011). *Der längsschnittliche Vergleich von t1 zu t3 in der vorliegenden Studie zeigt dagegen, dass diese Zunahme vom Ende der Ausbildung (t1) bis zum Ende des ersten Berufsjahres (t3) stagniert* (vgl. auch Baer et al. 2011). Beim Berufsübergang von t1 zu t2 weisen die Resultate auf einen leichten Rückgang der Unterrichtsqualität hin, der sich aber bis zum Ende des ersten Berufsjahres ungefähr auf das Niveau am Ende der Ausbildung wieder ausgleicht. Die durchschnittliche Beurteilung auf einer Skala von eins bis sechs liegt ungefähr bei einer Vier.

Der querschnittliche Vergleich zwischen den Studierenden bzw. Berufseinsteigenden und den erfahrenen Praxislehrpersonen zeigt, dass die *Unterschiede zwischen den Praxislehrpersonen und den Studierenden bzw. Berufseinsteigenden zu allen drei Zeitpunkten nicht signifikant sind.*

Aufgrund dieser Ergebnisse stellt sich die Frage, warum die Studierenden bzw. Berufseinsteigenden die Qualität ihres Unterrichts im ersten Berufsjahr nicht zusätzlich verbessern. Eine mögliche Interpretation könnte sein, dass die Berufserfahrung in der Praxis alleine nicht für eine Steigerung der Qualität des Unterrichts genügt. Die Kontrolle der Ausbildung und die systematischen Rückmeldungen zum Unterricht durch Mentorinnen, Mentoren und Praxislehrpersonen in den Praktika der Ausbildung fallen im ersten Berufsjahr weg. Auch verfügen die Berufseinsteigenden nicht mehr über Vergleichsgrössen (zum Beispiel durch die Peers oder durch Praxislehrpersonen), die sie beim Unterrichten beobachten können. Während die Vergleichsgrössen der Ausbildung wegfallen, ist eine Referenzgrösse, die auf längerfristigen eigenen Erfahrungen beruht, noch nicht entwickelt (Rothland & Terhart, 2007). Zudem hängen das weitere Lernen der Lehrperson und das Vergrössern des Wissens über guten Unterricht meistens nur von der einzelnen Lehrperson ab und sind in seltenen Fällen in der Schulkultur der jeweiligen Schulen integriert. Mit dem Fehlen der Vergleichsgrösse und der Rückmeldungen zum Unterricht sowie dem Vernachlässigen des weiteren Wissensaufbaus ist möglicherweise das Erhöhen der Qualität des Unterrichts nicht möglich. Die Resultate könnten darauf hindeuten, dass die Unterrichtsqualität, welche die Studierenden am Ende der Ausbildung erreichen, über lange Zeit nicht weiterentwickelt wird, da auch die Praxislehrpersonen im Durschnitt nicht höhere Qualitätswerte erreichten. Wie eine Weiterbildungsmöglichkeit zur weiteren Qualitätssteigerung des Unterrichts nach der Ausbildung aussehen könnte, darauf wird in Kapitel 9.5 eingegangen.

(B) Sichtbares Unterrichtsgeschehen: hoher Anteil an Klassenunterricht und hoher Sprechanteil der Lehrperson sowie signifikante Steigerung der kooperativen Formen von t1 bis t3.

Bereits kürzlich abgeschlossene Studien (Seidel, 2003; Baer et al. 2007, 2009, 2011; Kocher & Wyss, 2008; Kocher, Wyss, Baer & Edelmann, 2010) zeigen, dass Studierende und Praxislehrpersonen mehrheitlich traditionell unterrichten, daher lautet die wegleitende Problemstellung: Bleibt die traditionell ausgerichtete Unterrichtsführung von t1 bis t3 bestehen oder nimmt sie ab und gibt es Unterschiede im Unterrichtsgeschehen zwischen den Praxislehrpersonen und den Berufseinsteigenden? *Die längsschnittliche Auswertung der Unterrichtsstunden deutet auf einen mehrheitlich als Klassenunterricht durchgeführten Unterricht hin. Dennoch nimmt der Anteil an kooperativen Formen von t1 zu t3 signifikant zu. Der Sprechanteil liegt von t1 bis t3 grösstenteils bei den Berufseinsteigenden.* Die Schülerinnen und Schüler sprechen zu allen Zeitpunkten ungefähr gleich wenig. Mit diesen Ergebnissen kann die Frage, ob der traditionelle Unterricht von t1 bis t3 abnimmt, dahingehend mit ja beantwortet werden, dass die traditionelle Unterrichtsführung mit viel Klassenunterricht und Einzelarbeit in diesem Zeitraum zugunsten von mehr kooperativen Formen abnimmt.

Der Vergleich zwischen den Praxislehrpersonen und den Studierenden bzw. Berufseinsteigenden zeigt, dass im Unterricht der Praxislehrpersonen *die Sprechanteile der Lehrperson als auch der Schülerinnen und Schüler signifikant höher sind als in jenem der Berufseinsteigenden* (t2 und t3).

Insgesamt sind in den Unterrichtsstunden, ob bei den Studierenden bzw. Berufseinsteigenden oder bei den Praxislehrpersonen, wenig strukturierende und differenzierende Elemente vorzufinden. Besonders die Strukturierung ist jedoch nach Helmke (2009) und Meyer (2004) für qualitativ guten Unterricht wichtig. Slavin (1994) bezeichnet die Klarheit, Strukturiertheit und Verständlichkeit gar als Leitkonzepte für die Qualität von Unterricht.

Aus verschiedenen anderen Studien geht ebenfalls hervor, dass differenzierende Elemente im Unterricht wenig eingesetzt werden (Übersicht bei Wischer, 2007). Daher ist es nicht erstaunlich, dass in den analysierten Unterrichtsstunden der vorliegenden Arbeit wenig Differenzierung vorzufinden ist. Empirische Studien, die den Zusammenhang mit Differenzierung und Leistung untersuchten, zeigen, dass die Differenzierung keine Rolle für den Leistungszuwachs der Schülerinnen und Schüler spielt (Lüders & Rauin; Gruehn, 2000; Schrader & Helmke, 2008). Der Einsatz von differenzierenden Elementen alleine ist noch kein Qualitätskriterium. Die Differenzierung sollte vielmehr immer im Zusammenhang mit dem zunehmenden selbstständigen Lernen der Schülerinnen und Schüler betrachtet werden (Helmke, 2009). Die Qualitätssteigerung durch Differenzierung des Unterrichts beinhaltet somit eine Unterrichtsentwicklung, die schrittweise, an der jeweiligen Klasse angepasst, zunehmend differenzierende Elemente einführt. Dies müsste in einer fortlaufenden Weiterentwicklung der Unterrichtsqualität der einzelnen Lehrperson aufgebaut und verstärkt werden. Sowohl für den qualitativ besseren Einsatz der Strukturierung als auch die Differenzierung im Unterricht könnten Analysen von videografierten Unterrichtsstunden in Aus- und Weiterbildung hilfreich sein (vgl. Kapitel 9.5.2).

(C) Unterrichtsplanungswissen: Rückgang von t1 zu t2 und keine Unterschiede zwischen den Studierenden bzw. Berufseinsteigenden und den Praxislehrpersonen.

Das Unterrichtsplanungswissen der Studierenden bzw. Berufseinsteigenden *nimmt im Berufsübergang von t1 zu t2 ab* und wird im Verlaufe des ersten Berufsjahres nicht mehr im gleichen Masse aufgeholt. Der querschnittliche Vergleich zeigt, dass die Praxislehrpersonen ungefähr die gleiche Punktzahl wie die Berufseinsteigenden am Ende des ersten Berufsjahres erreichen. *Die Unterschiede zwischen den Praxislehrpersonen und den Studierenden bzw. Berufseinsteigenden beim Unterrichtsplanungswissen sind nicht signifikant.*

Das explizite Unterrichtsplanungswissen geht im Berufsübergang von t1 zu t2 zurück. Aus der Expertenforschung ist bekannt, dass erfahrene Lehrpersonen gekonnt und intelligent handeln. Das benötigte Wissen dazu können sie jedoch nicht vollständig wiedergeben (Berry & Broadbent, 1984). Erfahrene Lehrpersonen verfügen über implizites Wissen. Die Frage, ob das Wissen mit zunehmender Expertise implizit wird (Messner & Reusser, 2000b) und ob die Praxislehrpersonen über ein grösseres, implizites Wissen verfügen, bleibt bei diesen Ergebnissen offen.

(D) Allgemeine Selbstwirksamkeitsüberzeugungen und (E) lehrpersonenbezogene Selbstwirksamkeitsüberzeugungen: keine Veränderung im Verlaufe der Zeit; Unterschiede zwischen den Praxislehrpersonen und Studierenden bzw. Berufseinsteigenden.

Nachfolgend werden die in der Einleitung zu diesem Kapitel dargelegten Problemstellungen zu (D) und (E) diskutiert.

Die allgemeinen Selbstwirksamkeitsüberzeugungen sind bereits im letzten Semester der Ausbildung hoch ausgeprägt und verändern sich im Durchschnitt von t1 zu t3 nur leicht (nicht signifikant), nehmen aber eher zu. Ebenso nehmen die lehrpersonenbezogenen Selbstwirksamkeitsüberzeugungen im Verlaufe des ersten Berufsjahres durchschnittlich leicht zu (nicht signifikant) und sind schon am Anfang des ersten Berufsjahres im Durchschnitt hoch ausgeprägt. Bei den allgemeinen Selbstwirksamkeitsüberzeugungen sind die Unterschiede zwischen den Praxislehrpersonen und den Studierenden am Ende der Ausbildung (t1) signifikant. Im ersten Berufsjahr (t2 und t3) bestehen diese Unterschiede zwischen den Praxislehrpersonen und den Berufseinsteigenden jedoch nicht mehr. *Die lehrpersonenbezogenen Selbstwirksamkeitsüberzeugungen hingegen sind bei den Praxislehrpersonen signifikant höher als bei den Berufseinsteigenden.*

In der Tendenz können die Resultate von Larcher Klee (2005) unterstützt werden. Sie stellte bereits hohe Werte der Selbstwirksamkeitsüberzeugungen am Anfang des ersten Berufsjahres und einen signifikanten Zuwachs im ersten Berufsjahr fest. Hohe Werte bei den Selbstwirksamkeitsüberzeugungen sind ein erfreuliches Resultat, da sie eine personale Ressource darstellen (Keller-Schneider, 2008) und eine gute Voraussetzung sind, welche die Identitätsentwicklung im Beruf und die Kompetenzentwicklung begünstigen (Larcher Klee, 2005; Lipowsky, 2003). Zudem sind nach Schmitz und Schwarzer (2002) höher ausgeprägte Selbstwirksamkeitsüberzeugungen nicht nur wichtig für die Prävention von Burnout, sondern auch für die weitere Entwicklung von Unterricht und für Schulreformen.

(F) Persönlichkeitsmerkmale: Die fünf erfassten Persönlichkeitsmerkmale unterscheiden sich im Längsschnitt nicht; signifikanter Unterschied zwischen Berufseinsteigenden und Praxislehrpersonen beim Persönlichkeitsmerkmal „Neurotizismus".

Neben den in der Einleitung dieses Kapitels dargestellten Problemstellungen wurde zusätzlich die Frage untersucht, ob sich die untersuchten Persönlichkeitsmerkmale der Studierenden bzw. Berufseinsteigenden und der Praxislehrpersonen im Vergleich zu einer grossen Stichprobe mit Personen aus verschiedenen Berufsfeldern unterscheiden.

Die fünf Persönlichkeitsmerkmale der Berufseinsteigenden verändern sich im längsschnittlichen Vergleich von t1 bis t3 nicht. Zwischen den Praxislehrpersonen und den Berufseinsteigenden (querschnittlicher Vergleich) ist beim Persönlichkeitsmerkmal „Neurotizismus" ein signifikanter Unterschied feststellbar. Die Praxislehrpersonen zeichnen sich durch grössere emotionale Stabilität bzw. Belastbarkeit im Vergleich zu den Berufseinsteigenden aus. Im Vergleich mit Personen aus anderen Berufsgruppen schätzen sich die Studierenden bzw. Berufseinsteigenden und die Praxislehrpersonen im Durchschnitt als extravertierter („Extraversion"), zuverlässiger („Gewissenhaftigkeit"), harmoniebedürftiger („Verträglichkeit") und emotional stabiler („Neurotizismus") ein. Einzig beim Persönlichkeitsmerkmal „Offenheit für Neues" zeigt sich kein signifikanter Unterschied zur Vergleichsstichprobe.

Die Resultate des längsschnittlichen Vergleichs stützen die Annahme, dass die Persönlichkeitsmerkmale üblicherweise ein über den Zeitverlauf hinweg relativ stabiles Netzwerk an Dispositionen darstellen, da sie zumindest in ihrem Kern deutlich genetisch bestimmt sind (McCrae et al., 2000; Mayr, 2006). Der Unterschied beim Faktor „Neurotizismus" zwischen den Studierenden bzw. Berufseinsteigenden und den Praxislehrpersonen könnte möglicherweise dadurch erklärt werden, dass die Praxislehrpersonen bereits erfolgreich die Anforderungen in der Schule und im Unterricht gemeistert haben. Nach Mayr (2006) verändert sich das Persönlichkeitsmerkmal „Neurotizismus" insbesondere dann, wenn Herausforderungen positiv bewältigt und Kompetenzen weiter aufgebaut werden. Ein qualitativ guter Support durch Fachpersonen unterstützt eine Veränderung in diesem Bereich zusätzlich.

(G) Stressverarbeitungsstrategien: im Längsschnitt keine Unterschiede bei den untersuchten Strategien der Bewältigung von Stress; signifikante Unterschiede zwischen den Berufseinsteigenden und Praxislehrpersonen bei den Negativstrategien der Stressbewältigung.
Personen entwickeln im Verlaufe des Heranwachsens ein bestimmtes Repertoire an Stressverarbeitungsstrategien, das über die Zeit ziemlich stabil bleibt (Janke et al., 1985). Dies zeigt sich beim längsschnittlichen Vergleich von t2 bis t3. *Die Unterschiede bei den Stressverarbeitungsstrategien zwischen t2 und t3 sind nicht signifikant. Beim querschnittlichen Vergleich zeigen sich zwischen den Praxislehrpersonen und den Berufseinsteigenden bei den Negativstrategien,* welche eine stresserhöhende Wirkung haben, *signifikante Unterschiede.* Bei allen Negativstrategien („Selbstbeschuldigung", „Resignation", „Gedankliche Weiterbeschäftigung" und „Flucht") weisen die Berufseinsteigenden höhere Werte auf. Insbesondere resignative Strategien, die das Aufgeben mit Gefühlen von Hilflosigkeit und Hoffnungslosigkeit beinhalten (Janke & Erdmann, 2002), kommen bei den Berufseinsteigenden im Vergleich zu den Praxislehrpersonen signifikant häufiger vor. Um den Aufbau von positiven Bewältigungsstrategien zu fördern, sind insbesondere die soziale Unterstützung bzw. der Support im Beruf wichtig (Märki, 2000; Maslach, Jackson & Leiter, 1996; Aronson, Pines & Kafry, 1983). Ausserdem ist der weitere Kompetenzaufbau im Beruf für die Stressreduktion und den Aufbau von positiven Stressverarbeitungsstrategien unerlässlich (Schaarschmidt & Fischer, 2001).

(H) Beurteilung durch Schülerinnen und Schüler: Schülerinnen und Schüler bewerten ihre Lehrpersonen zu Beginn des ersten Berufsjahres (t2) signifikant besser als im letzten Semester der Ausbildung (t1) und am Ende des ersten Berufsjahres (t3).
Die Qualität des videografierten Unterrichts wurde nicht nur durch Experten beurteilt, sondern auch die Schülerinnen und Schüler der jeweiligen Klassen

gaben ihren Eindruck von der Unterrichtsstunde wieder. *Der längsschnittliche Vergleich der Schülerinnen- und Schülerbeurteilungen zeigt, dass die Berufseinsteigenden im Durchschnitt zu Beginn des ersten Berufsjahres signifikant besser als am Ende der Ausbildung und am Ende des ersten Berufsjahres beurteilt wurden.*

Anscheinend ist es für die Schülerinnen und Schüler anfänglich aufregend, bei einer jungen Lehrperson in die Schule zu gehen. Bestimmte Verhaltensweisen und Merkmale der Lehrperson (bspw. junges, dynamisches Auftreten und neu an der Schule) können die Beurteilungsergebnisse massgeblich beeinflussen (Dubs, 2005). Dieser Effekt legt sich dann im Verlaufe des ersten Jahres, und die entsprechenden Beurteilungen gehen zurück.

(I) Wohlbefinden, Support und Motivation im Beruf (Kontext): durchschnittlich hohe Werte beim Wohlbefinden, beim Support und bei der Motivation im Beruf; Unterschiede zwischen den Praxislehrpersonen und Berufseinsteigenden bestehen beim Wohlbefinden und bei der Motivation im Beruf.

Im Durchschnitt *sind die Werte der Berufseinsteigenden beim Wohlbefinden im Beruf, beim erhaltenen Support von Arbeitskolleginnen und -kollegen und bei der Motivation im ersten Berufsjahr hoch ausgeprägt.* Der Rückgang der Werte in diesen drei Bereichen im ersten Berufsjahr (von t2 zu t3) ist nicht signifikant. *Die Praxislehrpersonen zeichnen sich im Vergleich zu den Berufseinsteigenden jedoch durch ein noch höheres Wohlbefinden und eine noch grössere Motivation in ihrem Beruf aus.* Der Unterschied zwischen den Berufseinsteigenden und den Praxislehrpersonen ist bei der Motivation im Beruf zum Messzeitpunkt t2 knapp nicht und zum Messzeitpunkt t3 signifikant. Beim Wohlbefinden sind die Unterschiede knapp nicht signifikant.

Neben den individuellen Voraussetzungen sind auch die institutionellen Bedingungen für die Professionalisierung von Lehrpersonen (Messner & Reusser, 2000a, 2000b) und für das Gelingen des Berufseinstiegs entscheidend. Auf das Wohlbefinden und die Motivation im Beruf nimmt das bestehende Team Einfluss, da die Berufseinsteigenden ins Team eingefügt und aufgenommen werden müssen (Sikes et al., 1991). Eine fehlende Kooperation und konservative Einstellungen im Team können den Berufseinstieg erschweren. Verlässliche und kompetente Ansprechpartnerinnen und -partner im Schulteam sind für diese Phase wichtig. Eine geregelte und geplante Aufnahme von Berufseinsteigenden in den Schulen wäre hierfür hilfreich. Oftmals ist das Einarbeiten der neuen Kolleginnen und Kollegen unstrukturiert, und Hilfestellungen sind eher zufällig. Dies wirkt sich in der Folge negativ auf die weitere Professionalisierung der Berufseinsteigenden aus (Brouwer & ten Brinke, 1995a, 1995b; Mayr et al., 1988).

(J) Berufliche und private Ziele: Mehrheitlich werden von den Berufseinsteigenden und den Praxislehrpersonen berufliche Ziele genannt.
Die beruflichen und privaten Ziele wurden bei den Berufseinsteigenden am Ende des ersten Berufsjahres und auch bei den Praxislehrpersonen untersucht.

Von den Praxislehrpersonen und den Berufseinsteigenden werden mehrheitlich berufliche Ziele genannt. Dieser Befund bestätigt die Resultate von Stief (2001). Sie untersuchte Lehrpersonen, Mediziner und Juristen. Von allen drei Berufsgruppen wurden mehrheitlich berufliche Ziele genannt.

Die Berufseinsteigenden erwähnen hauptsächlich Ziele, welche die Organisation der Aufgabe im Beruf und die Vereinbarung von Privatleben und Beruf betreffen. Insbesondere Ziele, die den Umgang mit Heterogenität, Klassenkonflikten und Störungen beinhalten, werden aufgeführt.

Neben den beruflichen Zielen werden von den Praxislehrpersonen Ziele im Bereich des Selbsts genannt. Dieser Zielbereich beinhaltet Themen wie Gesundheit, Religiosität oder persönliche Entwicklung ausserhalb des Berufes. Mit zunehmender Erfahrung im Beruf bzw. mit höherem Lebensalter werden anscheinend Bereiche ausserhalb des Berufes zur persönlichen Entwicklung wichtig.

(K) Subjektives Lernverständnis: signifikante Zunahme des behavioristischen und signifikante Abnahme des konstruktivistischen Lernverständnisses bei den Studierenden bzw. Berufseinsteigenden; keine Unterschiede zwischen Studierenden bzw. Berufseinsteigenden und Praxislehrpersonen bezüglich des Lernverständnisses.
Die Entwicklung des subjektiven Lernverständnisses vom Ende der Ausbildung bis zum Ende des ersten Berufjahres zeigt *einen signifikanten Rückgang des konstruktivistischen Lernverständnisses und einen signifikanten Zuwachs des behavioristischen Lernverständnisses* (längsschnittlicher Vergleich). Die *Unterschiede zwischen den Praxislehrpersonen und den Studierenden bzw. Berufseinsteigenden sind zu allen drei Zeitpunkten nicht signifikant* (querschnittlicher Vergleich). Insgesamt sind die Werte des konstruktivistischen Lernverständnisses höher ausgeprägt als die Werte des behavioristischen Lernverständnisses. Dies zeigt sich bei den Studierenden bzw. Berufseinsteigenden und bei den Praxislehrpersonen. Die Lerntheorien der Versuchsgruppen sind somit vermehrt konstruktivistisch ausgerichtet.

Das konstruktivistische Lernverständnis der Studierenden bzw. Berufseinsteigenden und der Praxislehrpersonen ist ein erfreuliches Resultat. Qualitative Studien weisen auf das Zusammenspiel von subjektiven Theorien, die Lehrpersonen über das Lehren und Lernen haben, und Zielvorstellungen sowie Unterrichtsführung hin (Borko et al. 1992; Carpenter & Fennema, 1992;

Wilson & Weinburg, 1988; Aguirre & Speer, 2000). Besonders progressive subjektive Theorien, wie das Anerkennen der Plastizität der Intelligenz (Stipek et al., 2001; Mangels et al., 2006) und konstruktivistische Auffassungen über das Lernen (Staub & Stern, 2002; Diedrich et al., 2002), wirken sich nach diesen Studien positiv auf die Qualität des Unterrichts aus.

Die Frage stellt sich, warum die Berufseinsteigenden ihr hoch ausgeprägtes, konstruktivistisches Lernverständnis zugunsten eher behavioristischer Lerntheorien revidieren. Sozialisationsorientierte Studien stellen einen Rückgang der progressiven Vorstellungen von Berufseinsteigenden fest (Müller-Fohrbrodt et al., 1978; Dann et al., 1978; Brouwer & ten Birke, 1995). Dieser Rückgang der progressiven Vorstellungen wird in diesen Studien dahingehend interpretiert, dass im ersten Berufsjahr illusionäre Vorstellungen zugunsten realitätsgerechter ersetzt werden (Hänsel, 1985). Die progressiven Vorstellungen der Berufseinsteigenden, die sich in sehr hohen Werten der konstruktivistischen Lerntheorien zeigen, werden somit möglicherweise der in der übernommenen Klasse angetroffenen Realität der Schülerinnen und Schüler, die sich stärker nach einem behavioristischen Lernverständnis verhalten als nach einem konstruktivistischen, angepasst.

Das vorliegende Kapitel 9.1.1 wird mit einem Fazit abgeschlossen:
Fazit zu den Ergebnissen (1) Deskriptive Befunde – längsschnittlicher Verlauf und Querschnitt: Einschränkungen in der Belastbarkeit der Ergebnisse ergeben sich bei den Resultaten der Praxislehrpersonen, da die Stichprobe nur neun Praxislehrpersonen umfasst. Aus diesem Grunde wird am Schluss des Fazits eine Hypothese zu den Ergebnissen der Praxislehrpersonen formuliert, die mit einer grösseren Stichprobe überprüft werden kann. Vom Ende der Ausbildung bis zum Ende des ersten Berufsjahres verändern sich bei den Studierenden bzw. Berufseinsteigenden das subjektive Lernverständnis und der Einsatz von kooperativen Formen im Unterricht bedeutsam. Das behavioristische Lernverständnis nimmt zu, das konstruktivistische ab. Die kooperativen Formen werden bis zum Ende des ersten Berufsjahres von den Berufseinsteigenden im Unterricht signifikant häufiger eingesetzt. Die Qualität des Unterrichts bleibt im ersten Berufsjahr stabil, und das explizite Unterrichtsplanungswissen der Berufseinsteigenden geht im Berufsübergang zurück. Aus theoretischer Sicht werden konstruktivistische Lernvorstellungen von Lehrpersonen mit besseren Schülerinnen- und Schülerleistungen und besserer Unterrichtsführung (Borko et al., 1992; Carpenter & Fennema, 1992; Aguirre & Speer, 2000; Stipek et al., 2001) und ein ausgeprägtes Wissen über die Planung des Unterrichts mit grösserer Expertise und höherer Qualität des Unterrichts in Zusammenhang gebracht (Leinhardt & Greeno, 1986). Die vorliegenden Resultate könnten dahingehend interpretiert werden,

dass das sehr hoch ausgeprägte konstruktivistische Lernverständnis der Studierenden am Ende der Ausbildung im ersten Berufsjahr der Realität angepasst wird und der Unterrichtsplanung ein zunehmend implizites Wissen zugrunde liegt, das sich vor allem in den konkreten Handlungen wiederspiegelt und nicht unmittelbar explizit abgerufen wird.

Unterschiede zwischen den Praxislehrpersonen und den Studierenden bzw. Berufseinsteigenden bestehen bei den Persönlichkeitsaspekten. Bei den Praxislehrpersonen sind die Werte der allgemeinen Selbstwirksamkeit im Vergleich zu den Studierenden am Ende der Ausbildung und die Werte der lehrpersonenbezogenen Selbstwirksamkeit im Vergleich zu den Berufseinsteigenden im ersten Berufsjahr signifikant höher, die Werte der Negativstrategien bei den Stressverarbeitungsstrategien und die Werte des Persönlichkeitsmerkmals „Neurotizismus" dagegen signifikant geringer im Vergleich zu den Studierenden bzw. Berufseinsteigenden. Zudem sind die Praxislehrpersonen in ihrem Beruf motivierter und verfügen an ihrem Arbeitsplatz über ein grösseres Wohlbefinden als die Berufseinsteigenden. Bei den gesundheitlichen Aspekten schneiden die Praxislehrpersonen besser ab. Sie verfügen mit hohen Selbstwirksamkeitsüberzeugungen, geringen Neurotizismuswerten und geringen Negativstrategien bei der Stressbewältigung über gute Werkzeuge mit stressreichen Situationen gesundheitsfördernd umzugehen (Kaluza & Vögele, 1998; Folkman, 1984; Schmitz & Schwarzer, 2002; Skaalvik & Skaalvik, 2007, 2008). Aus diesen Überlegungen wird die folgende Hypothese abgeleitet:

Hypothese: Lehrpersonen, welche zusätzliche Aufgaben wie das Betreuen von Studierenden im Praktikum und damit auch die Rolle von Experten übernehmen, verfügen neben einem höheren impliziten Expertenwissen auch über günstigere Dispositionen zur Stressbewältigung.

9.1.2 Zusammenhänge zwischen der Selbstwirksamkeit und Unterrichtsbeurteilung, Unterrichtsgeschehen, Unterrichtsplanungswissen, Persönlichkeitsmerkmalen, Stressverarbeitung, Support im Beruf, Wohlbefinden, Motivation, subjektive Theorien und Ziele

Das folgende Kapitel stützt sich auf die Problemstellungen in Kapitel 6 unter Punkt *(2) Zusammenhänge mit Selbstwirksamkeit.* Thematisiert werden die Zusammenhänge zwischen *(D)* und *(E)* den Selbstwirksamkeitsüberzeugungen und *(A)* der Unterrichtsqualität, *(B)* dem sichtbaren Unterrichtsgeschehen, *(C)* dem Unterrichtsplanungswissen, *(F)* den Persönlichkeitsmerkmalen, *(G)* den Stressverarbeitungsstrategien, *(H)* den Schülerinnen- und Schülerbeurteilungen, *(I)* dem Wohlbefinden, dem Support und der Motivation im Beruf, *(J)* den beruflichen und privaten Zielen sowie *(K)* dem subjektiven Lernverständnis. Welche Zusammenhänge bestehen zwischen den Selbstwirksamkeitsüberzeugungen und den genannten Bereichen? Fallen die Zusammenhänge hoch aus? Unterrichten beispielsweise Lehrpersonen mit hohen Selbstwirksamkeitsüberzeugungen besser als Lehrpersonen, die ihre Selbstwirksamkeit niedrig(er) einschätzen? Wie sehen die verschiedenen Zusammenhänge zwischen den Selbstwirksamkeitsüberzeugungen und den untersuchten Bereichen bei den Studierenden bzw. Berufseinsteigenden und bei den Praxislehrpersonen aus? Nachfolgend werden zuerst die Zusammenhänge zwischen *(D)* der allgemeinen und *(E)* der lehrpersonenbezogenen Selbstwirksamkeit diskutiert.

Die Ergebnisse der durchgeführten Korrelationsberechnungen sind in ihrer Belastbarkeit eingeschränkt, da sie insgesamt und insbesondere bei den Praxislehrpersonen auf kleinen Stichproben beruhen. Eine Verallgemeinerung der Resultate ist daher nicht möglich. Diese Einschränkung zeigt sich auch in den mehrheitlich nicht signifikanten Ergebnissen. Die vorliegende Arbeit erhebt daher nicht den Anspruch auf abschliessende, verallgemeinerbare Aussagen, sondern möchte vielmehr Hinweise zur Überprüfung für grösser angelegte Studien liefern. Aus diesem Grunde werden bei interessanten Punkten, die auf nicht signifikanten Ergebnissen beruhen, Hypothesen generiert.

(A) Qualität des Unterrichts: schwache nicht signifikante Zusammenhänge zwischen (E) der lehrpersonenbezogenen Selbstwirksamkeit und (A) der Unterrichtsqualität.
Untersucht wurden die Zusammenhänge zwischen (a) den Selbstwirksamkeitsüberzeugungen und der Gesamtbeurteilung der Unterrichtsstunden und (b) den vier Bereichen des Unterrichtsratings (Instruktionseffizienz, Schüler-

orientierung, Kognitive Aktivierung, Klarheit/Strukturiertheit) von Berufsein-steigenden und Praxislehrpersonen. Die Korrelationen sind insgesamt nicht signifikant. Wie zu Beginn dieses Kapitels begründet werden nachfolgend zwei Punkte diskutiert und daran anschliessend entsprechende Hypothesen formuliert.

(a) *Insgesamt fallen die Zusammenhänge zwischen den Selbstwirk-samkeitsüberzeugungen und der Unterrichtsqualität bei den Studieren-den bzw. Berufseinsteigenden und bei den Praxislehrpersonen (äusserst) schwach aus.* Die Zusammenhänge zwischen den allgemeinen Selbstwirk-samkeitsüberzeugungen und der Unterrichtsqualität im ersten Berufsjahr sind stärker als die Zusammenhänge zwischen den lehrpersonenbezogenen Selbstwirksamkeitsüberzeugungen und der Unterrichtsqualität.

Bei den Praxislehrpersonen ist der Zusammenhang zwischen den lehr-personenbezogenen Selbstwirksamkeitsüberzeugungen und der Unterrichts-qualität stärker ausgeprägt als zwischen den allgemeinen Selbstwirksam-keitsüberzeugungen und der Unterrichtsqualität.

(b) Interessanterweise zeigen die untersuchten Lehrpersonen, ob Pra-xislehrpersonen oder Berufseinsteigende, mit *hoher lehrpersonenbezogener Selbstwirksamkeit bessere Werte bei der Klarheit und Strukturiertheit* des Unterrichts.

Die Resultate könnten ein Hinweis darauf sein, dass die Einschätzung der lehrpersonenbezogenen Selbstwirksamkeitsüberzeugungen am Anfang der Berufskarriere auf den allgemeinen Selbstwirksamkeitsüberzeugungen basie-ren. Die lehrpersonenbezogenen Selbstwirksamkeitsüberzeugungen müssen erst noch ausdifferenziert und erlernt werden, wie auch unter Punkt *(D und E)* in diesem Kapitel ausgeführt wird. Dies ist konform mit Banduras Theo-rie (1997), die besagt, dass jeder Mensch über ein Selbstsystem verfügt, das im Verlaufe des Lebens in bestimmten Domänen ausdifferenziert wird. Da-nach würden Berufseinsteigende im Verlaufe des ersten Jahres im Beruf ihr Selbstsystem in der Domäne „Unterricht" erweitern.

Im Kapitel 9.1.1 wurde die Wichtigkeit der Strukturierung für einen qua-litativ guten Unterricht aufgezeigt. Slavin (1994) bezeichnet die Klarheit, Strukturiertheit und Verständlichkeit des Unterrichts als Leitkonzepte für die Unterrichtsqualität. Möglicherweise schätzen sich Lehrpersonen, die ihren Schwerpunkt auf einen gut strukturierten, klaren Unterricht legen, als wirk-samer ein. Die Resultate der Studie könnten dahingehend interpretiert wer-den. Aus diesen Überlegungen lassen sich die zwei folgenden Hypothesen ableiten:

Hypothese 1: Die allgemeinen Selbstwirksamkeitsüberzeugungen sind bei den Berufseinsteigenden der bessere Indikator für die Qualität ihres Un-terrichts als die lehrpersonenbezogenen Selbstwirksamkeitsüberzeugungen, da die lehrpersonenbezogenen Selbstwirksamkeitsüberzeugungen zu Beginn der Berufstätigkeit noch wenig ausdifferenziert sind – hingegen sind bei den Praxislehrpersonen die lehrpersonenbezogenen Selbstwirksamkeitsüberzeugungen der bessere Indikator für die Qualität ihres Unterrichts, da die Zeit der Entwicklung der lehrpersonenbezogenen Selbstwirksamkeitsüberzeugungen bei ihnen schon weiter zurückliegt.

Hypothese 2: Lehrpersonen mit hohen lehrpersonenbezogenen Selbstwirksamkeitsüberzeugungen zeichnen sich durch eine bessere Klarheit und höhere Strukturiertheit im Unterricht aus.

(B) Sichtbares Unterrichtsgeschehen: Bei den Berufseinsteigenden gibt es keine signifikanten Zusammenhänge zwischen (B) dem sichtbaren Unterrichtsgeschehen und (E) der lehrpersonenbezogenen Selbstwirksamkeit.
Insgesamt sind die Zusammenhänge zwischen dem sichtbaren Unterrichtsgeschehen und den lehrpersonenbezogenen Selbstwirksamkeitsüberzeugungen bei den Berufseinsteigenden nicht signifikant. Auch hier soll jedoch auf einen Punkt hingewiesen werden, der für weitere Untersuchungen interessant sein könnte: *Bei den Berufseinsteigenden zu Beginn des ersten Berufsjahres korrelieren die lehrpersonenbezogenen Selbstwirksamkeitsüberzeugungen mit einem eher traditionellen Unterricht, der sich durch einen hohen Anteil an Klassenunterricht und Einzelarbeit sowie einem grösseren Sprechanteil der Lehrperson im Vergleich zu jenem der Schülerinnen und Schüler auszeichnet.*

Demgegenüber zeigen die untersuchten *Praxislehrpersonen mit hohen lehrpersonenbezogenen Selbstwirksamkeitsüberzeugungen ein modernes Verständnis von Unterricht* mit kooperativen, differenzierenden und strukturierenden Elementen sowie geringerem Sprechanteil der Lehrperson, höherem Sprechanteil der Schülerinnen und Schülern sowie weniger Einzelarbeit. Zwischen den lehrpersonenbezogenen Selbstwirksamkeitsüberzeugungen und der Unterrichtszeit besteht bei ihnen ein signifikanter Zusammenhang. Praxislehrpersonen mit hohen Selbstwirksamkeitsüberzeugungen nutzen die Unterrichtszeit besser.

Auffällig ist, dass sich die in der vorliegenden Arbeit untersuchten Berufseinsteigenden am Anfang des ersten Berufsjahres, die kooperative und differenzierende Elemente im Unterricht einsetzen sowie höhere Sprechanteile der Schülerinnen und Schüler zulassen, als weniger wirksam einschätzen. Da geringe Selbstwirksamkeitsüberzeugungen mit stressbedingten Krankheiten und dem Ausscheiden aus dem Beruf in Zusammenhang gebracht werden (Schwarzer & Schmitz, 1999; Schmitz, 2000; Schmitz & Schwarzer, 2000, Schmitz 2001; Skaalvik & Skaalvik, 2007; Schaarschmidt, 2004), ist es von besonderer Bedeutung, wenn gerade diejenigen Berufseinsteigenden, deren Unterricht auf moderne Weise gestaltet ist, geringe Selbstwirksamkeitsüberzeugungen aufweisen. Gerade diese Lehrpersonen sollten über lange Zeit im Beruf verweilen. Wenn sich dieses Resultat in Nachfolgestudien bestätigt, müssten entsprechend Überlegungen zu einem geeigneten Support der Berufseinsteigenden gemacht werden. Basierend auf diesen Überlegungen lassen sich die folgenden Hypothesen formulieren:

Hypothese 3: Hohe lehrpersonenbezogene Selbstwirksamkeitsüberzeugungen gehen am Anfang der Berufstätigkeit mit einem direktiven, instruierenden, traditionellen Unterricht einher.

Hypothese 4: Berufseinsteigende, die am Anfang ihrer Berufskarriere „moderneren" Unterricht durchführen, sind wegen ihren niedrigeren lehrpersonenbezogenen Selbstwirksamkeitsüberzeugungen gefährdet, frühzeitig aus dem Beruf auszusteigen.

(C) Unterrichtsplanungswissen: Selbstwirksamkeit (D, E) und Unterrichtsplanungswissen (C) korrelieren bei den Praxislehrpersonen und Studierenden bzw. Berufseinsteigenden nicht signifikant.
Das Unterrichtsplanungswissen der Studierenden bzw. Berufseinsteigenden korreliert mit ihren Selbstwirksamkeitsüberzeugungen schwach negativ und nicht signifikant. Auch bei diesen Resultaten soll auf Zusammenhänge hingewiesen werden, aus denen sich für weitere Untersuchungen Hypothesen generieren lassen: Erstaunlicherweise sind die Selbstwirksamkeitsüberzeugungen bei den Studierenden bzw. Berufseinsteigenden, wenn auch nicht signifikant, umso niedriger, je höher das Unterrichtsplanungswissen ist. Bei den untersuchten Praxislehrpersonen besteht ein positiver, jedoch ebenfalls nicht signifikanter Zusammenhang zwischen den lehrpersonenbezogenen Selbstwirksamkeitsüberzeugungen und dem Unterrichtsplanungswissen.

Diese Resultate unterstützen die Ergebnisse von Schulte et al. (2008), die (äusserst schwache) negative Korrelationen zwischen dem Professionswissen und den allgemeinen sowie den lehrpersonenbezogenen Selbstwirksamkeitsüberzeugungen bei den Referendaren feststellten. Es scheint, dass den Berufseinsteigenden mit grossem Unterrichtsplanungswissen stärker bewusst ist, inwiefern ihr Unterricht gemessen an ihrem Wissen zum Planen von (gutem) Unterricht noch nicht genügt. Dies beeinträchtigt möglicherweise ihre lehrpersonenbezogenen Selbstwirksamkeitsüberzeugungen. Möglich ist jedoch auch, dass die wenig selbstwirksamkeitsüberzeugten Studierenden sich im Bestreben, gute Lehrpersonen zu werden, besonders ausgeprägt anstrengen, Wissen über das Planen von Unterricht zu erwerben. Die erlebte Schwierigkeit, auf sich alleine gestellt das erworbene Planungswissen in gutes Unterrichtenkönnen umzusetzen, lässt die lehrpersonenbezogenen Selbstwirksamkeitüberzeugungen nicht anwachsen. Somit lassen sich die folgenden Hypothesen formulieren:

Hypothese 5: Selbstwirksamkeit und Unterrichtsplanungswissen sind bei den erfahrenen Praxislehrpersonen miteinander gekoppelt, noch nicht jedoch bei den Studierenden bzw. Berufseinsteigenden.

Hypothese 6: Damit die Berufseinsteigenden das erworbene Planungswissen in guten Unterricht umsetzen können, benötigen sie Support. Ist dieser nicht oder ungenügend vorhanden, sinkt bei ihnen die lehrpersonenbezogene Selbstwirksamkeit.

(D und E) Zusammenhänge zwischen den (D) allgemeinen und (E) lehrpersonenbezogenen Selbstwirksamkeitsüberzeugungen: am Ende des ersten Berufsjahres stark signifikante Korrelation zwischen (D) der allgemeinen und (E) der lehrpersonenbezogenen Selbstwirksamkeit bei den Berufseinsteigenden – bei den Praxislehrpersonen diesbezüglich keine signifikanten Zusammenhänge.

Die *allgemeinen und lehrpersonenbezogenen Selbstwirksamkeitsüberzeugungen korrelieren am Ende des ersten Berufsjahres (t3) stark. Bei den Praxislehrpersonen besteht dagegen kein Zusammenhang zwischen den allgemeinen und den lehrpersonenbezogenen Selbstwirksamkeitsüberzeugungen.* Das könnte bedeuten, dass die allgemeinen und lehrpersonenbezogenen Selbstwirksamkeitsüberzeugungen bei den Praxislehrpersonen unabhängige Konstrukte darstellen. Dieses Resultat kann dahingehend interpretiert werden, dass hinter den fachspezifischen, lehrpersonenbezogenen Selbstwirksamkeitsüberzeugungen ein Lernprozess steht. Die lehrpersonenbezogenen Selbstwirksamkeitsüberzeugungen müssen von den Berufseinsteigenden zuerst aufgebaut und erlernt werden. Nach Bandura (1997) ist der Prozess der Aneignung und des Einsatzes von Selbstwirksamkeitsüberzeugungen einfach und intuitiv: Individuen führen Handlungen aus, interpretieren die „Outcomes" der Handlung, entwickeln durch die Interpretationen neue Selbstwirksamkeitsüberzeugungen der eigenen Handlungsfähigkeit in dieser Domäne und handeln darauffolgend in Übereinstimmung mit diesen Selbstwirksamkeitsüberzeugungen. Da in der Domäne „Unterricht" die Selbstwirksamkeitsüberzeugungen noch nicht ausdifferenziert sind, greifen die Berufseinsteigenden möglicherweise auf die allgemeinen Selbstwirksamkeitsüberzeugungen zurück, um ihre Wirksamkeit in schulbezogenen Situationen zu beurteilen.

Aus diesen Überlegungen lässt sich die folgende Hypothese ableiten:

Hypothese 7: Die lehrpersonenbezogenen Selbstwirksamkeitsüberzeugungen sind bei den Berufseinsteigenden nicht ausdifferenziert und müssen erst noch erlernt werden.

(F) Persönlichkeitsmerkmale: Niedrige Neurotizismuswerte wirken sich am Anfang des ersten Berufsjahres, hohe Extraversionswerte am Ende des ersten Berufsjahres signifikant positiv auf die lehrpersonenbezogene Selbstwirksamkeit (E) aus.

Beim *Berufseinstieg* wirkt sich *hohe emotionale Stabilität und Belastbarkeit (was einem niedrigen Neurotizismuswert entspricht) positiv auf die lehrpersonenbezogenen Selbstwirksamkeitsüberzeugungen* aus. Dieser Zusammenhang erscheint plausibel, da sich die Berufseinsteigenden in einer für sie neuen und emotional herausfordernden Situation befinden. Eigenschaften wie grosse emotionale Stabilität haben daher einen positiven Einfluss auf die Selbstwirksamkeitsüberzeugungen.

Am Ende des ersten Berufsjahres ist die Korrelation zwischen der Extraversion und der lehrpersonenbezogenen Selbstwirksamkeitsüberzeugung am stärksten ausgeprägt. Menschen mit ausgeprägteren Werten in diesen beiden Bereichen fällt es leichter, sich in einer neuen Gruppe einzuleben sowie den eigenen Standpunkt zu vertreten und durchzusetzen (Borkenau & Ostendorf, 1993). Die Berufseinsteigenden müssen sich ins neue Team einleben und sich auf eine neue Klasse einlassen. Extravertierteren Berufseinsteigenden, die ihren Standpunkt durchsetzen und vertreten können, fällt die Phase des Einlebens an der neuen Schule womöglich leichter. Dies wiederum wirkt sich positiv auf die lehrpersonenbezogenen Selbstwirksamkeitsüberzeugungen aus.

Bei den Praxislehrpersonen sind die Zusammenhänge zwischen den Selbstwirksamkeitsüberzeugungen und den Persönlichkeitsmerkmalen insgesamt nicht signifikant. Interessant könnte für weitere Untersuchungen in diesem Bereich sein, dass bei den untersuchten Praxislehrpersonen die Persönlichkeitsmerkmale „Verträglichkeit" und „Gewissenhaftigkeit" negativ und die „Extraversion" positiv mit den lehrpersonenbezogenen Selbstwirksamkeitsüberzeugungen korrelieren. Möglicherweise wirken sich ein sehr hohes Pflichtbewusstsein (Gewissenhaftigkeit) und eine sehr ausgeprägte Gutherzigkeit („Verträglichkeit") eher negativ auf die lehrpersonenbezogenen Selbstwirksamkeitsüberzeugungen aus. Die Gewissenhaftigkeit und die Verträglichkeit sind bei allen Praxislehrpersonen der vorliegenden Arbeit hoch ausgeprägt. Bei den Praxislehrpersonen mit niedrigeren Selbstwirksamkeitsüberzeugungen liegen die Werte der Gewissenhaftigkeit und der Verträglichkeit im Durchschnitt noch höher als bei den Praxislehrpersonen mit höheren Selbstwirksamkeitsüberzeugungen. Aus diesem Grunde haben möglicherweise sehr hohe Gewissenhaftigkeits- und Verträglichkeitswerte einen negativen Einfluss auf die Selbstwirksamkeitsüberzeugungen. Dieses Resultat könnte darauf hinweisen, dass der Zusammenhang zwischen den Persönlichkeitsmerkmalen „Gewissenhaftigkeit" und „Verträglichkeit" und den Selbstwirksamkeitsüberzeugungen nicht linear ist, wie bereits Mayr (2011) argumentierte. Wahrscheinlich wirken sich niedrige Werte als auch sehr hohe Werte der Gewissenhaftigkeit und Verträglichkeit negativ auf die Selbstwirksamkeitsüberzeugungen aus. Besonders die „Verträglichkeit" korreliert bei den neun untersuchten Praxislehrpersonen negativ mit den allgemeinen und den lehrpersonenbezogenen Selbstwirksamkeitsüberzeugungen. Wahrscheinlich ist für die Selbstwirksamkeitsüberzeugungen einer Person wenig förderlich, wenn den Mitmenschen zu sehr mit Nachsicht und Entgegenkommen (hoher Verträglichkeitswert) begegnet sowie selbstlos gehandelt wird, und dabei möglicherweise eigene Bedürfnisse immer zu kurz kommen. Demnach wirkt sich möglicherweise ein Persönlichkeitsmuster mit eher höheren Extraversionswerten und leicht überdurchschnittlichen Verträglichkeits- und Gewissenhaftigkeitswerten positiv auf die lehrpersonenbezogene Selbstwirksamkeit von erfahrenen Lehrpersonen aus. Aus diesen Überlegungen können folgende Hypothesen formuliert werden:

Hypothese 8: Der Zusammenhang zwischen den Persönlichkeitsmerkmalen „Verträglichkeit", „Gewissenhaftigkeit" und den lehrpersonenbezogenen Selbstwirksamkeitsüberzeugungen verhält sich nicht linear – sehr hohe als auch niedrige Werte bei den Persönlichkeitsmerkmalen „Verträglichkeit" und „Gewissenhaftigkeit" wirken sich negativ auf die lehrpersonenbezogenen Selbstwirksamkeitsüberzeugungen aus.

Hypothese 9: Erfahrene Lehrpersonen mit hoher lehrpersonenbezogener Selbstwirksamkeit sind eher extravertiert, eher weniger selbstlos und eher weniger gewissenhaft als Praxislehrpersonen mit niedrigerer lehrpersonenbezogener Selbstwirksamkeit.

(G) Stressbewältigungsstrategien: Bei den Berufseinsteigenden korrelieren die Negativstrategien zur Stressbewältigung signifikant negativ, bei den Praxislehrpersonen korrelieren die Kontrollstrategien signifikant positiv mit der lehrpersonenbezogenen Selbstwirksamkeit (E).

Positivstrategien, also Stressbewältigungsstrategien, welche stressvermindernd wirken, *korrespondieren mit hohen Selbstwirksamkeitsüberzeugungen, Negativstrategien*, welche Stress erhöhen, dagegen *mit niedrigen Selbstwirksamkeitsüberzeugungen.* Personen mit hohen Selbstwirksamkeitsüberzeugungen wählen vermehrt Positivstrategien und Personen mit niedrigen Selbstwirksamkeitsüberzeugungen mehr Negativstrategien zur Stressverminderung. Mit der Auswahl von Negativstrategien vermehren Personen den Stress zusätzlich, obwohl sie ihn eigentlich reduzieren möchten (Fleming et al., 1984; Kaluza & Vögele, 1998; Kunstmann, 2005). Über lange Zeit hat ein solches Verhalten negative Auswirkungen auf die Gesundheit (Kaluza & Vögele, 1998).

Beim Berufseinstieg tendieren Lehrpersonen mit niedrigeren lehrpersonenbezogenen Selbstwirksamkeitsüberzeugungen zur Wahl von Fluchtstrategien und zur Resignation (Negativstrategien). Am Ende des ersten Berufsjahres sind es die Negativstrategien „Selbstbeschuldigung" und „gedankliche Weiterbeschäftigung", welche Berufseinsteigende mit geringen lehrpersonenbezogenen Selbstwirksamkeitsüberzeugungen vermehrt zur Stressbewältigung auswählen.

Bei den Praxislehrpersonen zeigt sich dagegen ein signifikanter Zusammenhang zwischen den lehrpersonenbezogenen Selbstwirksamkeitsüberzeugungen und den Kontrollstrategien (Positivstrategien). Praxislehrpersonen reduzieren Stress damit erfolgreich. Die dargestellten Zusammenhänge sind ein Hinweis darauf, dass Berufseinsteigende Strategien, die im Unterricht und im schulischen Kontext zur Stressreduktion eingesetzt werden können, erst noch erlernen müssen. Berufseinsteigende verfügen noch gar nicht über die notwendigen Kontrollstrategien, die in schulbezogenen Situationen stressreduzierend eingesetzt werden können. Aus diesem Grunde besteht bei ihnen kein signifikanter Zusammenhang zwischen Kontrollstrategien und lehrpersonenbezogenen Selbstwirksamkeitsüberzeugungen.

Kaluza (2001) stellte fest, dass vor allem die Vielfalt und Flexibilität in der Anwendung von Strategien Stress reduziert. Hingegen hat eine einseitige Strategieanwendung oftmals negative gesundheitliche Konsequenzen.

(H) Beurteilung durch Schülerinnen und Schüler: Am Anfang des ersten Berufsjahres werden Berufseinsteigende mit niedrigen lehrpersonenbezogenen Selbstwirksamkeitsüberzeugungen (E) von ihren Schülerinnen und Schülern signifikant besser beurteilt (Schülerinnen- und Schülerbeurteilung H), als dies bei den Berufseinsteigenden mit hohen lehrpersonenbezogenen Selbstwirksamkeitsüberzeugungen der Fall ist.

Am Anfang des ersten Berufsjahres zeigen sich *signifikante Unterschiede zwischen den Gruppen mit hohen, mittleren und niedrigeren lehrpersonenbezogenen Selbstwirksamkeitsüberzeugungen bei der Bewertung der Qualität der Unterrichtsstunde durch die Schülerinnen und Schüler und bei der Bewertung des Bereichs „Kognitive Aktivierung". Die Gruppe mit den hohen lehrpersonenbezogenen Selbstwirksamkeitsüberzeugungen erhält die niedrigste Bewertung und die Gruppe mit niedrigen lehrpersonenbezogenen Selbstwirksamkeitsüberzeugungen die höchsten Bewertungen.*

Die leicht höhere Schülerorientierung in den Unterrichtsstunden, welche die in der vorliegenden Arbeit untersuchten Berufseinsteigenden und Praxislehrpersonen mit niedrigeren Selbstwirksamkeitsüberzeugungen bei der Unterrichtsbeurteilung durch das Expertenurteil zeigen, wirkt sich möglicherweise auch auf die Beurteilungen der Unterrichtsstunde durch die

Schülerinnen und Schülern aus. Diejenigen Lehrpersonen mit niedrigeren lehrpersonenbezogenen Selbstwirksamkeitsüberzeugungen werden von den Schülerinnen und Schülern besser bewertet.

(I) Wohlbefinden, Support und Motivation im Beruf (Kontext): Der Support von Arbeitskolleginnen und -kollegen am Anfang des ersten Berufsjahres ist für die lehrpersonenbezogene Selbstwirksamkeit der Berufseinsteigenden entscheidend.
Der Zusammenhang zwischen dem Support und der lehrpersonenbezogenen Selbstwirksamkeitsüberzeugungen ist am Anfang des ersten Berufsjahres stark ausgeprägt und hoch signifikant. *Berufseinsteigende, die den Support am Arbeitsort als gut und hochwertig einstufen, erleben sich selbst als hoch wirksam im Beruf.* Dieser Zusammenhang besteht am Ende des ersten Berufsjahres nicht mehr. Zu diesem Zeitpunkt gibt es bei der Motivation im Beruf einen knapp nicht signifikanten Unterschied zwischen den Gruppen mit hohen, mittleren und niedrigeren lehrpersonenbezogenen Selbstwirksamkeitsüberzeugungen. Je höher die Motivation im Beruf zu diesem Messzeitpunkt ist, desto höher sind die lehrpersonenbezogenen Selbstwirksamkeitsüberzeugungen.

Das Wohlbefinden im Beruf korreliert mit den lehrpersonenbezogenen Selbstwirksamkeitsüberzeugungen am Anfang und am Ende des ersten Berufsjahres nicht signifikant. Bei den Praxislehrpersonen bestehen schwache, nicht signifikante Korrelationen zwischen dem Wohlbefinden, dem Support und der Motivation im Beruf und den lehrpersonenbezogenen Selbstwirksamkeitsüberzeugungen.

Beim Berufsübergang scheint der Support durch Arbeitskolleginnen, -kollegen und die Schulleitung eine entscheidende Rolle für die lehrpersonenbezogenen Selbstwirksamkeitsüberzeugungen der Berufseinsteigenden zu spielen, wie auch Hoy und Spero (2005) sowie Stipek (2012) feststellen. Am Ende des ersten Berufsjahres besteht ein stärkerer Zusammenhang zwischen der Motivation im Beruf und der lehrpersonenbezogenen Selbstwirksamkeit. Dieses Resultat bestätigt Ergebnisse von Tschannen-Moran et al. (1998) und Schwarzer und Schmitz (1999), die einen Zusammenhang zwischen der Motivation und den Selbstwirksamkeitsüberzeugungen zeigen konnten. Vermutlich werden mit zunehmender Erfahrung internale Prozesse für die Selbstwirksamkeitsüberzeugungen einer Lehrperson wichtiger, während am Anfang der Berufskarriere externale Informationen durch Rückmeldungen von Arbeitskolleginnen und -kollegen für die Selbstwirksamkeitsüberzeugungen im Beruf wichtig sind.

(J) Berufliche und private Ziele: Die lehrpersonenbezogene Selbstwirksamkeit der Berufseinsteigenden hängt mit den beruflichen und privaten Zielsetzungen zusammen.

Die *lehrpersonenbezogenen Selbstwirksamkeitsüberzeugungen der Berufseinsteigenden* korrelieren *signifikant positiv mit Zielen in der Freizeit. Knapp nicht signifikant unterscheiden sich die Gruppen mit hohen, mittleren und niedrigen lehrpersonenbezogenen Selbstwirksamkeitsüberzeugungen bei den Berufszielen.* Berufseinsteigende mit hohen lehrpersonenbezogenen Selbstwirksamkeitsüberzeugungen setzen sich in höherem Mass Ziele im Beruf als Berufseinsteigende mit niedrigeren Selbstwirksamkeitsüberzeugungen. Bei den Praxislehrpersonen sind die Zusammenhänge zwischen der lehrpersonenbezogenen Selbstwirksamkeit und den Freizeitzielen signifikant und zwischen der lehrpersonenbezogenen Selbstwirksamkeit und den beruflichen Zielen knapp nicht signifikant. Im Gegensatz zum Zusammenhang zwischen den Freizeitzielen und den lehrpersonenbezogenen Selbstwirksamkeitsüberzeugungen der Berufseinsteigenden ist er bei den Praxislehrpersonen negativ. D.h. dass sich Praxislehrpersonen mit höheren lehrpersonenbezogenen Selbstwirksamkeitsüberzeugungen weniger häufig Ziele in der Freizeit setzen als Praxislehrpersonen mit niedrigeren lehrpersonenbezogenen Selbstwirksamkeitsüberzeugungen. Mit den Berufszielen korrelieren die *lehrpersonenbezogenen Selbstwirksamkeitsüberzeugungen* der in der vorliegenden Arbeit befragten Praxislehrpersonen positiv.

Verschiedene Studien konnten einen Zusammenhang zwischen den Selbstwirksamkeitsüberzeugungen und Zielen aufzeigen (Locke & Latham, 1990; Sadri & Robertson, 1993; Stajkovic & Luthans, 1998). Pajares (1997) und Bandura (1997) stellten fest, dass die Selbstwirksamkeitsüberzeugungen einen direkten Einfluss auf die Zielauswahl, die Anstrengung, mit der ein Ziel verfolgt wird, und auf die Bedeutung, die einem Ziel zugeschrieben wird, haben. Stief (2001) zeigte, dass sich Berufseinsteigende mit niedrigeren Selbstwirksamkeitsüberzeugungen Ziele im Bereich Partnerschaft und Familie setzen. Dieser Zusammenhang konnte in der vorliegenden Arbeit nicht festgestellt werden.

Bei den Berufseinsteigenden korrelieren die lehrpersonenbezogenen Selbstwirksamkeitsüberzeugungen am stärksten mit Freizeitzielen positiv. Eine mögliche Interpretation dieser Resultate könnte sein, dass die lehrpersonenbezogenen Selbstwirksamkeitsüberzeugungen bei den Berufseinsteigenden noch unspezifisch und wenig konkret auf den Beruf bezogen sind. Sie werden vielmehr mit der Freizeit in Zusammenhang gebracht, wo die Berufeinsteigenden mit höheren lehrpersonenbezogenen Selbstwirksamkeitsüberzeugungen möglicherweise schulähnliche Tätigkeiten wie bspw. Leiterin oder Leiter in einer Jugendgruppe oder in einem Turnverein ausüben.

(K) Subjektives Lernverständnis: Die Zusammenhänge zwischen den lehrpersonenbezogenen Selbstwirksamkeitsüberzeugungen und dem subjektiven Lernverständnis sind nicht signifikant.
Die Zusammenhänge zwischen den Selbstwirksamkeitsüberzeugungen der Studierenden bzw. Berufseinsteigenden *und den subjektiven Theorien* sind *nicht signifikant.* Bei den *Praxislehrpersonen* gibt es zwischen den subjektiven Theorien und den lehrpersonenbezogenen Selbstwirksamkeitsüberzeugungen *keinen* Zusammenhang.

Für weitere Untersuchungen und für eine Hypothesengenerierung ist in diesem Bereich interessant, dass am Anfang des ersten Berufsjahres Berufseinsteigende mit höheren Ausprägungen beim behavioristischen Lernverständnis eine höhere lehrpersonenbezogene Selbstwirksamkeit aufweisen. Dieses Resultat unterstützt das Ergebnis, dass zu Beginn des ersten Berufjahres ein traditioneller Unterricht mit hohen lehrpersonenbezogenen Selbstwirksamkeitsüberzeugungen korrespondiert. Wenn im Klassenunterricht von der Lehrperson beispielsweise eine genaue Vorgehensweise zum Lösen einer Aufgabe vermittelt wird und die Schülerinnen und Schüler dies im Anschluss in Einzelarbeit einüben (dieser Unterrichtsführung liegt ein behavioristisches Lernverständnis zugrunde), trägt ein solcher Unterrichtsablauf bei den Berufseinsteigenden möglicherweise zu einer grösseren Kontrolle über das Lernen der Schülerinnen und Schüler und damit zu einer grösseren Wirksamkeitswahrnehmung im Unterricht bei. Diese Überlegung führt zur folgenden Hypothese:

Hypothese 12: Ein eher behavioristisches Lernverständnis und das entsprechende Unterrichtsskript erhöhen bei Berufseinsteigenden die Kontrollwahrnehmung, was wiederum ihre lehrpersonenbezogenen Selbstwirksamkeitsüberzeugungen erhöht.

Fazit zu (2) Zusammenhänge mit Selbstwirksamkeit: Zwischen den Selbstwirksamkeitsüberzeugungen und der Unterrichtsqualität, dem sichtbaren Unterrichtsgeschehen und dem Unterrichtsplanungswissen wurden bei den Berufseinsteigenden schwache Zusammenhänge festgestellt. Bei den Praxislehrpersonen fallen diese Zusammenhänge stärker aus, sind jedoch nicht signifikant. Da Studien zum Burnout (Skaalvik & Skaalvik, 2007, 2008) zeigen, dass die Aneignung von Selbstwirksamkeitsüberzeugungen und deren Wirkung auf Handlungen ein längerer Prozess darstellt, ist die Annahme plausibel, dass sich die Selbstwirksamkeitsüberzeugungen und die Unterrichtsqualität sowie das Unterrichtsplanungswissen erst nach längerer

Zeit beeinflussen, sodass ein Effekt nicht sogleich feststellbar ist. Diese in der vorliegenden Arbeit ebenfalls untersuchte Vermutung wird im nachfolgenden Kapitel diskutiert.

Starke Zusammenhänge zeigen sich zwischen den Selbstwirksamkeitsüberzeugungen und dem Support der Arbeitskolleginnen und -kollegen, den Stressverarbeitungsstrategien und den Persönlichkeitsmerkmalen. Wie wichtig der Support für die Selbstwirksamkeitsüberzeugungen von Berufseinsteigenden ist, stellten bereits Hoy und Spero (2005) sowie Stipek (2012) fest.

Hohe Selbstwirksamkeitsüberzeugungen setzen das Erlernen und den Aufbau von Kontrollstrategien in stressreichen, schulbezogenen Situationen voraus. Ist dies nicht gewährleistet, ist die Gefahr eines Ausstiegs aus dem Beruf oder eines Burnouts gross. Der Zusammenhang zwischen Burnout und Selbstwirksamkeitsüberzeugungen ist bereits von verschiedenen Autoren aufgezeigt worden (Schmitz, 2001; Chwalisz et al., 1992; Friedman & Faber, 1992; Skaalvik & Skaalvik, 2007, 2008).

9.1.3 Selbstwirksamkeit und Unterrichtsqualität sowie Unterrichtsplanungswissen von t1 zu t2 und von t2 zu t3

Die Wirkung der Selbstwirksamkeitsüberzeugungen ist ein längerer Prozess (Schmitz, 2001; Schmitz & Schwarzer, 2002; Chwalisz et al., 1992; Friedman & Farber, 1992; Skaalvik & Skaalvik, 2007, 2008). Auch ihre Wirkung auf Burnout-Dimensionen ist nicht unmittelbar (Schmitz & Schwarzer, 2002). Aus diesem Grund ist es interessant, im Rahmen der vorliegenden Arbeit der folgenden Frage nachzugehen: Wirken sich Selbstwirksamkeitsüberzeugungen im Zeitraum vom letzten Semester der Ausbildung (t1) ins erste Berufsjahr (t2) sowie ab Beginn (t2) bis zum Ende des ersten Berufsjahres (t3) auf die Veränderung *(A)* der Qualität des Unterrichts sowie auf die Veränderung *(C)* des Unterrichtsplanungswissens aus? Oder verhält es sich umgekehrt: Beeinflusst die Unterrichtsqualität bzw. das Unterrichtsplanungswissen die Veränderung der Selbstwirksamkeitsüberzeugungen von t1 zu t2 bzw. von t2 zu t3?

Die Ergebnisse, die auf den Regressionsberechnungen beruhen, sind wiederum als explorativ zu betrachten. Sie dienen vor allem dazu, Hypothesen zu formulieren, die in weiteren Studien mit grösseren Stichproben und allenfalls mit zusätzlichen Variablen zu überprüfen sind.

Die vorliegenden Ergebnisse zeigen, dass *(A)* die Qualität des Unterrichts und *(C)* das Unterrichtsplanungswissen am Ende der Ausbildung (t1) die Selbstwirksamkeitsüberzeugungen zu Beginn des ersten Berufsjahres (t2) beeinflussen. *Studierende, welche zu t1 über ein grosses Unterrichtspla-*

nungswissen verfügen und die qualitativ gut unterrichten (hohe Unterrichts-qualität), verfügen am Anfang des ersten Berufsjahres (t2) über vergleichs-weise hohe Selbstwirksamkeitsüberzeugungen. Auf diese Wirkung weist insbesondere der signifikante Effekt zwischen der Unterrichtsqualität am Ende der Ausbildung und der lehrpersonenbezogenen Selbstwirksamkeit am Anfang des ersten Berufjahres hin.

Für die Zeit des ersten Berufsjahres besteht der umgekehrte Zusammen-hang: Die Selbstwirksamkeitsüberzeugungen am Anfang des ersten Berufs-jahres (t2) haben einen Einfluss auf die Veränderung der Unterrichtsqua-lität bzw. des Unterrichtsplanungswissens im ersten Berufsjahr. Der Effekt zeigt sich im Besonderen zwischen den allgemeinen Selbstwirksamkeitsüber-zeugungen am Anfang des ersten Berufsjahres und der Veränderung der Un-terrichtsqualität im ersten Berufsjahr. Berufseinsteigende, die am Anfang des ersten Berufsjahres hohe allgemeine Selbstwirksamkeitsüberzeugungen auf-weisen, unterrichten am Ende des ersten Berufsjahres besser. Der gleiche Ef-fekt zeigt sich bei der lehrpersonenbezogenen Selbstwirksamkeit und dem Unterrichtsplanungswissen. Berufseinsteigende mit hohen lehrpersonenbe-zogenen Selbstwirksamkeitsüberzeugungen am Anfang des ersten Be-rufsjahres verfügen am Ende des ersten Berufsjahres über ein grösseres Unterrichtsplanungswissen.

Erstaunlich ist, dass nicht die lehrpersonenbezogenen Selbstwirksamkeits-überzeugungen die Veränderung der Qualität des Unterrichts im ersten Be-rufsjahr am besten voraussagen, sondern die allgemeinen Selbstwirksam-keitsüberzeugungen. Wie Bandura (1997) argumentiert, sind fachspezifische Selbstwirksamkeitsüberzeugungen verdichtete Wissensstrukturen, die „mehr" sind als einzelne Wissensbereiche. Diese Wissensstrukturen müssen erlernt und mit Erfahrungen verknüpft werden. Wie in Kapitel 9.1.2 beschrieben, müssen die Berufseinsteigenden die fachspezifischen Selbstwirksamkeits-überzeugungen erst noch aufbauen. Wahrscheinlich werden die lehrpersonen-bezogenen Selbstwirksamkeitsüberzeugungen im Verlaufe der Berufs-biografie ein stärkerer Prädiktor zur Vorhersage von Unterrichtsqualität. Hierzu ist die Überprüfung der folgenden Hypothesen interessant:

Hypothese 13: Im Übergang von Studium in den Beruf werden aufgrund der Erfahrungen im Studium die Selbstwirksamkeitsüberzeugungen, insbe-sondere die berufsspezifischen, massgeblich festgelegt. Diese Selbstwirksam-keitsüberzeugungen beeinflussen die weitere Entwicklung im Beruf.

Hypothese 14: Der Aufbau von qualitativ hochstehendem unterricht-lichem Handeln, von Wissen über das Planen von Unterricht und von Selbstwirksamkeitsüberzeugungen erfolgt in Phasen gegenseitiger Einfluss-nahme, wobei die Selbstwirksamkeitsüberzeugungen insbesondere in kriti-schen Lebensphasen, wie der Berufseinstieg eine ist, aufgrund des bisherigen

Wissens über das Planen von Unterricht und der Wahrnehmung der bisherigen Qualität des unterrichtlichen Handelns verändert wird.

9.1.4 Unterrichtsqualität: Was sind die entscheidenden Determinanten?

Die Qualität des Unterrichts der Studierenden bzw. Berufseinsteigenden wurde hinsichtlich der stärksten Einflussfaktoren untersucht. Die Frage war, ob die Unterrichtsqualität mit (C) dem Unterrichtsplanungswissen der Lehrperson, mit (K) ihrem subjektiven Lernverständnis, mit (D) und (E) den Selbstwirksamkeitsüberzeugungen oder (F) den Persönlichkeitsmerkmalen zusammenhängen.

Auch die Ergebnisse der durchgeführten Regressionsberechnungen werden in explorativem Sinn verstanden. Aufgrund der Stichprobengrösse konnte in die Berechnungen mit vier Variablen nur eine beschränkte Anzahl von Prädiktoren einbezogen werden. Auf dieser Grundlage werden wiederum Hypothesen formuliert, die in Studien mit grösseren Stichproben und allenfalls zusätzlichen Variablen überprüft werden können.

Gemäss den vorliegenden Ergebnissen verändern sich in der Zeit ab Ende des Studiums bis zum Ende des ersten Berufsjahres *die Bestimmungsgrössen zur Vorhersage der Unterrichtsqualität*. Während *am Ende der Ausbildung (t1) das Unterrichtsplanungswissen, das Persönlichkeitsmerkmal „Neurotizismus" und das konstruktivistische Lernverständnis* die signifikanten Determinanten der Unterrichtsqualität sind, ist *am Anfang des ersten Berufsjahres (t2) das Unterrichtsplanungswissen der beste Prädiktor für die Qualität des Unterrichts (knapp nicht signifikanter Effekt). Am Ende des ersten Berufsjahres (t3) ist die allgemeine Selbstwirksamkeit der beste Prädiktor (signifikanter Effekt), gefolgt von dem Persönlichkeitsmerkmal „Neurotizismus" (knapp nicht signifikanter Effekt).* Hohe allgemeine Selbstwirksamkeitsüberzeugungen und eher hohe Neurotizismuswerte am Ende der Ausbildung wirken sich positiv auf die Unterrichtsqualität am Ende des ersten Berufjahres aus.

Eine Interpretation dieser Ergebnisse könnte sein, dass das Unterrichtsplanungswissen nur dann handlungswirksam wird, wenn es „akut" bzw. explizit vorhanden ist. Die Studierenden verfügen am Ende der Ausbildung über grosses explizites Wissen, da sie auf die Abschlussprüfung hin gelernt haben. Dieses Wissen wirkt sich zu diesem Zeitpunkt auf die Qualität des Unterrichts aus. Am Ende des ersten Berufsjahres dagegen, wenn es keinen „Lerndruck" der Ausbildung mehr gibt, sind es die allgemeinen Selbstwirksamkeitsüberzeugungen, die auf die Qualität des Unterrichts Einfluss nehmen. Wie bereits argumentiert sind nach Bandura (1997) Selbstwirksamkeitsüberzeugungen verdichtete Wissensstrukturen, die erlernt und mit Erfahrungen verknüpft werden müssen. Im Verlaufe des Jahres sind die allgemeinen Überzeugungen über den Umgang mit schwierigen Situationen möglicherweise stärker mit konkreten Schulsituationen verknüpft worden. Dies zeigt sich im signifikanten positiven Einfluss der allgemeinen Selbstwirksamkeitsüberzeugungen auf die Qualität des Unterrichts.

Das Persönlichkeitsmerkmal „Neurotizismus" scheint ebenfalls einen positiven Einfluss auf die Qualität des Unterrichts zu haben. Möglicherweise achten Lehrpersonen, die in sozialen Situationen eher ängstlich sind (höhere Neurotizismus-Werte), eher darauf, dass die Unterrichtsstunde qualitativ gut vorbereitet ist, um sicherzustellen, dass diese möglichst problemlos abläuft. Bei Lehrpersonen hingegen, denen es von vorneherein in sozialen Situationen wohl ist und die sich auch durch nicht perfekt ablaufende Unterrichtssituationen nicht erschüttern lassen, ist das vielleicht weniger der Fall. Diese Vermutung müsste jedoch in weiteren Analysen mit allenfalls zusätzlich wichtigen Persönlichkeitsmerkmalen überprüft werden. Unter Umständen haben andere Persönlichkeitsmerkmale ebenfalls einen wichtigen Einfluss auf die Qualität der Unterrichtsstunde. Auf der Basis dieser Überlegungen lassen sich die beiden folgenden Hypothesen formulieren:

Hypothese 15: Die Selbstwirksamkeitsüberzeugungen der Berufseinsteigenden sind ein Indikator für ihr wachsendes implizites Wissen, da den Selbstwirksamkeitsüberzeugungen integriertes Wissen aus verschiedenen Wissensbereichen sowie gemachte Erfahrungen zugrunde liegen. Aus diesem Grunde sind am Ende des ersten Berufsjahres die Selbstwirksamkeitsüberzeugungen der bessere Prädiktor für die Unterrichtsqualität als das explizite Unterrichtsplanungswissen.

Hypothese 16: Erhöhte Werte beim Persönlichkeitsmerkmal „Neurotizismus" haben einen positiven Einfluss auf die Qualität der Unterrichtsstunde, da Lehrpersonen, die sich in sozialen Situationen eher ängstlich fühlen, eine Unterrichtsstunde gut vorbereiten, damit diese möglichst reibungslos abläuft. Lehrpersonen mit geringen Werten beim Persönlichkeitsmerkmal „Neurotizismus" fühlen sich in der sozialen Situation der Unterrichtsstunde ohnehin wohl, unabhängig davon wie gut eine Unterrichtsstunde verläuft.

9.1.5 Unterschiede bezüglich (B) bis (K) zwischen Berufseinsteigenden mit hoher, mittlerer und niedriger Qualität des Unterrichts

Mit Daten von Ende des ersten Berufsjahres wurden Cluster mit hoher, mittlerer und niedriger Qualität des Unterrichts gebildet. Diese Cluster wurden auf Unterschiede bezüglich *(B)* des sichtbaren Unterrichtsgeschehens,

(C) des Unterrichtsplanungswissens, *(D)* der allgemeinen und *(E)* der lehr-personenbezogenen Selbstwirksamkeitsüberzeugungen, *(F)* der Persönlich-keitsmerkmalen, *(G)* der Stressverarbeitungsstrategien, *(H)* der Schülerin-nen- und Schülerbewertung, *(I)* des Wohlbefindens, des Supports und der Motivation, *(J)* der beruflichen und privaten Ziele und *(K)* des subjektiven Lernverständnisses untersucht. Es ging darum, die folgenden Fragen zu be-antworten: Wird der Cluster mit hoher Unterrichtsqualität schon am Ende der Ausbildung und am Anfang des ersten Berufsjahres am besten bewer-tet? Gibt es bei den Clustern mit hohen, mittleren und niedrigen Beurteilun-gen der Unterrichtsqualität bezüglich der Aspekte *(B)* bis *(K)* Unterschiede? Beziehen sich die Unterschiede auf Wissen oder auf Persönlichkeitsaspekte?

Mehrheitlich sind die Ergebnisse nicht signifikant. Nur bei den Selbst-wirksamkeitsüberzeugungen und den Schülerinnen- und Schülerbeurteilun-gen liegen signifikante, bei den Persönlichkeitsmerkmalen und Stressver-arbeitungsstrategien knapp nicht signifikante Unterschiede zwischen den Clustern vor. Abschliessend werden aufgrund der knapp nicht signifikanten Ergebnissen Hypothesen formuliert.

Die Qualität des Unterrichts scheint sich vom Ende der Ausbildung bis zum Ende des ersten Berufsjahres durch Stabilität auszuzeichnen. We-der Studierende bzw. Berufseinsteigende, die dem Cluster mit hoher Unter-richtsbewertung zugeteilt werden, noch Studierende bzw. Berufseinsteigende, die dem Cluster mit mittleren bzw. niedrigen Bewertungen der Qualität des Unterrichts angehören, erfahren im Durchschnitt grosse Veränderungen der Unterrichtsqualität im ersten Berufsjahr.

Die drei Cluster werden *von den Schülerinnen und Schülern* am Anfang und am Ende des ersten Berufsjahres *signifikant unterschiedlich bewertet.* Der Cluster mit der höchsten Unterrichtsqualität gemäss Beurteilung durch die Expert/inn/en erhält auch von den Schülerinnen und Schülern die höchste Beurteilung der Unterrichtsqualität, und der Cluster mit der niedrigsten Ex-pertenbeurteilung wird auch von den Schülerinnen und Schülern am nied-rigsten bewertet.

Die zu Beginn des Kapitels gestellte Frage, ob sich die Cluster eher hin-sichtlich des Wissens oder der Persönlichkeitsaspekten unterscheiden, kann somit beantwortet werden: *Die Cluster unterscheiden sich stärker hinsicht-lich der Persönlichkeitsaspekte.* Es zeigen sich bei den allgemeinen Selbst-wirksamkeitsüberzeugungen signifikante Unterschiede, bei den Stressbe-wältigungsstrategien und bei den erfassten Persönlichkeitsmerkmalen knapp nicht signifikante Unterschiede zwischen den Clustern. Währenddessen un-terscheiden sich die Cluster beim sichtbaren Unterrichtsgeschehen, beim Un-terrichtsplanungswissen und beim subjektiven Lernverständnis kaum.

Die zu Beginn des ersten Berufsjahres erfolgreichere Stressreduktion der Berufseinsteigenden, die dem Cluster mit hohen Bewertungen der Unterrichtsqualität zugeteilt sind, wirkt sich möglicherweise auf die Aufmerksamkeit, die zu Beginn auf sich selbst gerichtet ist, aus. Da der persönliche Stress mit den verschiedenen Strategien erfolgreicher reduziert wird, braucht man sich selbst nicht mehr so viel Aufmerksamkeit zu schenken und kann sich schneller auf die Aufgabe konzentrieren. Diese schnellere Verschiebung von sich selbst weg hin zu den Aufgaben des Unterrichtens wirkt sich womöglich auf die Qualität des Unterrichts aus. Die „concerns theory" beschreibt drei Phasen der professionellen Entwicklung: In der Phase 1 richten die Berufseinsteigenden die Aufmerksamkeit auf sich selbst, in der Phase 2 auf die Aufgabe des Unterrichtens und in der Phase 3 auf die individuellen Bedürfnisse der Schülerinnen und Schüler (Watzke, 2007). Diese schnellere Verschiebung der Aufmerksamkeit hin zur Aufgabe verschafft den Berufseinsteigenden mit hohen Bewertungen vielleicht einen „Qualitätsvorsprung" gegenüber Berufseinsteigenden mit niedrigen Bewertungen der Unterrichtsqualität.

Bei den Persönlichkeitsmerkmalen verfügen die Berufseinsteigenden am Ende des ersten Berufsjahres, die dem am besten bewerteten Cluster zugeteilt sind, über niedrigere Werte bei der „Verträglichkeit", während der Cluster mit den niedrigsten Unterrichtsbewertungen über niedrigere Werte bei den Persönlichkeitsmerkmalen „Extraversion", „Offenheit für neue Erfahrungen" und ein hoher Wert beim Persönlichkeitsmerkmal „Gewissenhaftigkeit" verfügt. Berufseinsteigende mit hoher Qualität von Unterricht sind somit eher weniger altruistisch (entspricht niedrigem Wert der „Verträglichkeit") im Vergleich zu den anderen beiden Clustern[27]. Hingegen zeigen Berufseinsteigende, welche eher weniger extravertiert und weniger offen für neue Erfahrungen[28], dafür sehr pflichtbewusst sind, eine niedrige Unterrichtsqualität am Ende des ersten Berufsjahres. Eine grosse Gewissenhaftigkeit verbunden mit wenig Offenheit gegenüber Neuem setzt sich vielleicht in einer rigiden Einhaltung von Formalitäten und Konventionen und wenig Flexibilität in unerwarteten Situationen fest, was sich negativ auf die Unterrichtsqualität auswirkt. Zudem gehen Berufseinsteigende mit einem geringeren Extraversionswert vermutlich weniger auf ihre Schülerinnen und Schüler zu. Dies könnte

---

[27] Hier muss erwähnt sein, dass bei allen Cluster die Werte bei den Persönlichkeitsmerkmalen „Extraversion", „Verträglichkeit" und „Gewissenhaftigkeit" höher und beim Persönlichkeitsmerkmal „Neurotizismus" niedriger liegen im Vergleich zu einer grossen Stichprobe mit Personen aus verschiedenen Berufsfeldern (Borkenau & Ostendorf, 1993).

[28] Auch im Vergleich zur grossen Stichprobe mit Personen aus verschiedenen Berufsfeldern sind die Werte des Clusters mit niedriger Unterrichtsqualität beim Persönlichkeitsmerkmal „Offenheit für Neues" niedriger.

sich insbesondere bei der individuellen Lernunterstützung negativ auswirken. Diese Ergebnisse müssten jedoch mit einer grösseren Stichprobe überprüft werden und dienen hier der Generierung einer Hypothese.

Aufgrund dieser Überlegungen lassen sich folgende zwei Hypothesen formulieren:

Hypothese 17: Am Anfang des ersten Berufsjahres ist die erfolgreiche Stressreduktion für die Qualität des Unterrichts wichtig, um eine schnelle Verschiebung der Aufmerksamkeit von sich selbst weg hin zur Aufgabe herbeizuführen.

Hypothese 18: Die Kombination von verschiedenen Persönlichkeitsmerkmalen (die hier in der vorliegenden Arbeit erfasst wurden) kann sich förderlich oder weniger förderlich auf die Qualität des Unterrichts auswirken. So wirkt sich das „Persönlichkeitsmuster" mit einer geringen Offenheit für Neues, einer geringeren Extraversion und einer sehr hohen Gewissenhaftigkeit eher weniger förderlich auf die Qualität des Unterrichts aus.

9.2 Schlussfolgerung

Im Folgenden werden die wichtigsten Aussagen zum Berufseinstieg, dem Unterschied zwischen Berufseinsteigenden und Praxislehrpersonen, der Selbstwirksamkeit und der Unterrichtsqualität zusammengefasst. Die übergreifenden Fragestellungen, die zu Beginn der vorliegenden Arbeit gestellt wurden (vgl. Kapitel 6), werden in den einzelnen Kapiteln beantwortet.

9.2.1 Wichtigste Aussagen zum Übergang von der Ausbildung in den Beruf (t1 bis t3)

Untersucht wurden (*a*) der Unterricht (sichtbares Unterrichtsgeschehen und Unterrichtsqualität), (*b*) das Unterrichtsplanungswissen, (*c*) subjektives Lernverständnis (behavioristisches versus konstruktivistisches Lernverständnis) und (*d*) Persönlichkeitsaspekte (allgemeine und lehrpersonenbezogene Selbstwirksamkeit, Persönlichkeitsmerkmale und Stressverarbeitungsstrategien) zu drei Messzeitpunkten am Ende der Ausbildung, am Anfang und am Ende des ersten Berufsjahres. Welche Entwicklung von Wissen, Unterricht und Persönlichkeitsaspekten erfahren Lehrpersonen im Übergang von der Ausbildung in den Beruf?

(*a*) Die *Entwicklung der Unterrichtsqualität in dieser Berufsphase* zeichnet sich *durch Konstanz* aus. Dies bestätigen auch weitere Analysen, welche Berufseinsteigende mit hoher, mittlerer und niedriger Unterrichtsqualität am

Ende des ersten Berufsjahres miteinander vergleichen (Appius, 2010). Personen, die über eine hohe Unterrichtsqualität am Ende des ersten Berufsjahres verfügen, zeigten auch schon im letzten Semester der Ausbildung eine hohe Qualität, und Personen mit einer niedrigen Unterrichtsqualität am Ende des ersten Berufsjahres unterrichteten bereits im letzten Semester mit einer geringeren Qualität. In der Tendenz vergrössert sich im ersten Jahr die Schere zwischen Personen mit hohen und Personen mit niedrigen Unterrichtsqualitätswerten zusätzlich.

Das sichtbare Unterrichtsgeschehen verändert sich dahingehend, dass die *kooperativen Formen vom Ende der Ausbildung bis zum Ende des ersten Berufsjahres signifikant zunehmen.*

(*b*) Die *Entwicklung des Unterrichtsplanungswissens* zeigt einen *knapp nicht signifikanten Zeiteffekt.* Dieser beruht auf der Veränderung des Unterrichtsplanungswissens im Übergang vom Studium in den Beruf. Das Unterrichtsplanungswissen nimmt vor allem im Berufsübergang ab und erreicht im Verlaufe des ersten Jahres nicht mehr das Niveau, welches die Studierenden im letzten Semester der Ausbildung zeigten. Dieses Resultat steht im Widerspruch zu den Resultaten von Schulte et al. (2008). Sie fanden eine Zunahme des Professionswissens der Referendare im ersten Berufsjahr.

(*c*) *Signifikante Zeiteffekte* sind *bei den subjektiven Theorien* feststellbar. Die moderne Auffassung von Lernen als konstruktiven Prozess nimmt zu Gunsten des behavioristischen Verständnisses von Lernen ab. Zahlreiche Studien weisen bereits auf den Zusammenhang zwischen subjektiven Theorien und Unterrichtsführung hin (Borko et al., 1992; Carpenter & Fennema, 1992; Wilson & Wineburg, 1988; Aguirre & Speer, 2000; Stipek et al., 2001). Die progressiven Lerntheorien wirkten sich in diesen Studien jeweils positiv auf die Unterrichtsführung aus. Die Gründe für den Rückgang des konstruktivistischen Lernverständnisses könnten in den Einstellungen des Schulteams am Arbeitsort der Berufseinsteigenden liegen. Die modernen Einstellungen werden von den Berufseinsteigenden zugunsten der vorherrschenden „traditionell behavioristischen" Einstellungen im Team aufgegeben, wie dies sozialisationsorientierte Studien bereits zeigen konnten (Brouwer & ten Brinke, 1995a, 1995b). Auf die Einstellungen von Berufseinsteigenden hat die Schulkultur des Arbeitsortes einen wesentlichen Einfluss.

(*d*) Im Durchschnitt gehen die Studierenden mit hohen Selbstwirksamkeitsüberzeugungen in das erste Berufsjahr. Zusätzlich nehmen die Selbstwirksamkeitsüberzeugungen im ersten Berufsjahr leicht zu. Dies unterstützt Resultate von Larcher Klee (2005) und Schulte et al. (2008) und widerspricht den Resultaten von Hoy und Spero (2005), die im ersten Berufsjahr einen Rückgang der Selbstwirksamkeitsüberzeugungen feststellten. Die hohe Ausprägung der Selbstwirksamkeitsüberzeugungen im letzten Semester der Ausbildung und deren leichte Steigerung im ersten Berufsjahr sind ein erfreuliches Ergebnis, da hohe Selbstwirksamkeitsüberzeugungen mit Berufszufriedenheit, Gesundheit und weniger Stress in Zusammenhang stehen (Bandura, 1997, Hoy & Spero, 2005, Lipowsky, 2003).

Aufgrund der Resultate scheint beim Berufseinstieg der Support durch Arbeitskolleginnen und -kollegen besonders entscheidend für die lehrpersonenbezogenen Selbstwirksamkeitsüberzeugungen zu sein. Berufseinsteigende, die einen guten Support in ihrer Schule erhalten, verfügen über hohe lehrpersonenbezogene Selbstwirksamkeitsüberzeugungen. In Bezug auf das Unterrichten müsste dieser Support das moderne konstruktivistische Lernverständnis unterstützen.

Die Persönlichkeitsmerkmale und die Stressverarbeitungsstrategien verändern sich vom Ende der Ausbildung bis zum Ende des ersten Berufsjahres dagegen kaum.

Insgesamt kann zur Entwicklung, die aufgrund der in der vorliegenden Arbeit eingesetzten Datenerhebungsinstrumente vom Ende der Ausbildung bis zum Ende des ersten Berufsjahres gemessen wurde, vorsichtig und mit dem Hinweis zur weiteren Überprüfung in Folgestudien, die *Schlussfolgerung* gezogen werden, dass in diesem Zeitraum *vor allem Veränderungen im Bereich des Wissens* stattfinden. Das explizite *Unterrichtsplanungswissen geht zurück und bei den subjektiven Theorien nehmen die konstruktivistischen Lerntheorien zugunsten behavioristischer Lerntheorien ab.* Wünschenswert wäre es, wenn im ersten Berufsjahr das bislang angeeignete Wissen mit Unterrichtserfahrungen bewusst verknüpft werden könnte. Nach Messner und Reusser (2000b) sollte das Weiterlernen den Aufbau des fachlichen und didaktischen Wissens, die Reflexion über die Unterrichtshandlungen und die subjektiven Theorien sowie die Integration des aufgebauten Wissens und der Reflexionen über den Unterricht enthalten. Die Art des Supports ist am Anfang des ersten Berufsjahres für das Weiterlernen und die weitere Entwicklung des Lernverständnisses zusätzlich wichtig. In diesem Zusammenhang werden Möglichkeiten für die Aus- und Weiterbildung von Lehrpersonen in Kapitel 9.5 diskutiert.

9.2.2 Wichtigste Aussagen zum Unterschied zwischen Praxislehrpersonen und Berufseinsteigenden

Untersucht wurden die Unterschiede zwischen den Studierenden bzw. Berufseinsteigenden und erfahrenen Praxislehrpersonen, dabei war folgende Frage wegleitend: Welche Unterschiede bezüglich (*a*) der Unterrichtsqualität, (*b*) des Unterrichtsplanungswissens, der subjektiven Theorien (konstruktivistisches und behavioristisches Lernverständnis) und (*c*) der Persönlichkeitsaspekte (allgemeine und lehrpersonenbezogene Selbstwirksamkeit, Persönlichkeitsmerkmale, Stressverarbeitungsstrategien) bestehen zwischen den Studierenden bzw. Berufseinsteigenden und den erfahrenen Praxislehrpersonen?

Zu (*a*) und (*b*): Die *Praxislehrpersonen unterscheiden sich von den Studierenden am Ende der Ausbildung und den Berufseinsteigenden* am Anfang und am Ende des ersten Berufsjahres *bezüglich der Unterrichtsqualität, des Unterrichtsplanungswissens und der subjektiven Theorien nicht.* Beim *Redeanteil der Lehrperson und der Schülerinnen und Schüler* zeigen sich hingegen *signifikante Unterschiede.* Im Unterricht der Praxislehrpersonen sprechen die Praxislehrpersonen und auch die Schülerinnen und Schüler mehr.

Zu (*c*): Bei den *Persönlichkeitsaspekten* (allgemeine und lehrpersonenbezogene Selbstwirksamkeit, fünf erfasste Persönlichkeitsmerkmale, Stressverarbeitungsstrategien) konnten *Unterschiede festgestellt werden.* Die Praxislehrpersonen unterscheiden sich hinsichtlich der *lehrpersonenbezogenen Selbstwirksamkeitsüberzeugungen, des Persönlichkeitsmerkmals „Neurotizismus" und der Stressverarbeitungsstrategien* im Vergleich zu den Studierenden bzw. Berufseinsteigenden:

- Die Praxislehrpersonen wählen in stressreichen Situationen signifikant weniger Negativstrategien aus, die sich stressvermehrend auswirken.
- Sie zeichnen sich durch starke Persönlichkeiten aus, die hoch belastbar (entspricht niedrigem Neurotizismuswert) sind.
- Ihre lehrpersonenbezogenen Selbstwirksamkeitsüberzeugungen schätzen die Praxislehrpersonen signifikant höher ein.
- Zudem sind sie für ihren Beruf stärker motiviert und fühlen sich in ihrem Beruf wohler als die Berufseinsteigenden.

Auch zu den Unterschieden zwischen den Praxislehrpersonen und den Studierenden bzw. Berufseinsteigenden kann vorsichtig und mit Verweis zur weiteren Überprüfung die *Schlussfolgerung* gezogen werden, dass *sich die Praxislehrpersonen im Besonderen bei den Persönlichkeitsaspekten von den Studierenden bzw. Berufseinsteigenden unterscheiden:* Sie reduzieren den Stress erfolgreicher als die Berufseinsteigenden, schätzen sich im Beruf als wirksamer ein und weisen eine grössere Belastbarkeit auf als die Studierenden bzw. Berufseinsteigenden. Diese Resultate werden vor allem damit begründet, dass die Praxislehrpersonen bereits erfolgreich Herausforderungen im Beruf bewältigt haben (Mayr, 2006; Bandura, 1997). Die erfolgreiche Bewältigung von beruflichen Anforderungen wirkt sich positiv auf die Persönlichkeitsaspekte aus. Für die Veränderung der Persönlichkeitsaspekte bei den Berufseinsteigenden ist ein weiterer Kompetenzaufbau im Beruf (Schaarschmidt & Fischer, 2001; Mayr, 2006) sowie ein qualitativ guter

Support von Arbeitskolleginnen, -kollegen und Fachpersonen (Märki, 2000; Maslach, Jackson & Leiter, 1996; Aronson, Pines & Kafry, 1983; Hoy & Spero, 2005) von Nöten.

9.2.3 Wichtigste Aussagen zu Zusammenhängen mit den Selbstwirksamkeitsüberzeugungen der Lehrperson

Untersucht wurden die Zusammenhänge zwischen den allgemeinen und lehrpersonenbezogenen Selbstwirksamkeitsüberzeugungen und (*a*) der Unterrichtsqualität, dem sichtbaren Unterrichtsgeschehen, (*b*) dem Unterrichtsplanungswissen, den subjektiven Theorien (konstruktivistisches und behavioristisches Lernverständnis) und (*c*) den Persönlichkeitsaspekten (Persönlichkeitsmerkmale, Stressverarbeitungsstrategien) am Ende der Ausbildung sowie am Anfang und am Ende des ersten Berufsjahres. Zusätzlich wurden zeitverschobene Zusammenhänge berechnet, zum Beispiel vom Ende der Ausbildung zum Anfang des ersten Berufsjahres. In welchem Zusammenhang stehen die Selbstwirksamkeitsüberzeugungen mit den genannten Bereichen?

Die Ergebnisse sind als explorativ zu betrachten. Wie in den Kapiteln 9.1.2 und 9.1.3 aufgeführt dienen sie vor allem dazu, Hypothesen zu formulieren, die in weiteren Studien mit grösseren Stichproben zu überprüfen sind.

Zu (*a*) und (*b*) lassen sich zusammenfassend folgende Aussagen machen: Der *Zusammenhang zwischen der Unterrichtsqualität und den Selbstwirksamkeitsüberzeugungen fällt am Ende der Ausbildung, am Anfang und am Ende des ersten Berufsjahres schwach aus.*

Wenn die Wirkung der Selbstwirksamkeit auf die Veränderung der Unterrichtsqualität und des Unterrichtsplanungswissen vom Ende der Ausbildung bis zum Anfang des ersten Berufsjahres und vom Anfang bis zum Ende des ersten Berufsjahres, oder die Wirkung der Unterrichtsqualität bzw. des Unterrichtsplanungswissen auf die Veränderung der Selbstwirksamkeit betrachtet wird, zeigen sich stärkere Zusammenhänge als zum gleichen Zeitpunkt (z.B. zwischen der Unterrichtsqualität und der Selbstwirksamkeit am Anfang des ersten Berufsjahres). So beeinflussen die Unterrichtsqualität und das Unterrichtsplanungswissen im letzten Semester der Ausbildung die Selbstwirksamkeitsüberzeugungen zu Beginn des ersten Berufsjahres positiv. Dieser Zusammenhang besteht insbesondere zwischen der Unterrichtsqualität am Ende der Ausbildung und den lehrpersonenbezogenen Selbstwirksamkeitsüberzeugungen am Anfang des ersten Berufsjahres. Studierende, die über ein grosses Unterrichtsplanungswissen und eine gute Unterrichtsqualität am Ende der Ausbildung verfügen, starten mit hohen Selbstwirksamkeitsüberzeugungen in den Beruf. Berufseinsteigende, die mit hohen Selbstwirksamkeitsüberzeugungen in den Beruf starten, verfügen über eine höhere Unterrichtsqualität und ein grösseres Unterrichtsplanungswissen am Ende des ersten Jahres. Dieser Zusammenhang besteht insbesondere zwischen der allgemeinen Selbstwirksamkeit und der Unterrichtsqualität, sowie zwischen der lehrpersonenbezogenen Selbstwirksamkeit und dem Unterrichtsplanungswissen. Dieses Resultat könnte dahingehend interpretiert werden, dass am Schluss der Ausbildung aufgrund der Rückmeldungen im Praktikum und den Abschlussnoten von den Studierenden Bilanz gezogen wird, und dadurch die Selbstwirksamkeitsüberzeugungen wesentlich beeinflusst und festgelegt werden. Hohe Selbstwirksamkeitsüberzeugungen begünstigen die Bereitschaft zur weiteren beruflichen Entwicklung (Edelstein, 2002). Aus diesem Grunde verfügen Berufseinsteigende mit hohen Selbstwirksamkeitsüberzeugungen am Anfang des ersten Berufsjahres über eine höhere Unterrichtsqualität und ein höheres Unterrichtsplanungswissen am Ende des ersten Berufsjahres, da die Berufseinsteigenden mit hoher Selbstwirksamkeit vermutlich eher zur weiteren beruflichen Entwicklung bereit sind.

Selbstwirksamkeitsüberzeugungen sind verdichtete Wissensstrukturen über die eigenen Fähigkeiten, das eigene Wissen und die Relation der Fähigkeits- und Wissensstrukturen zur momentanen Situation. Dieser Zusammenhang wird mit dem triadischen reziproken Determinismus beschrieben (Bandura, 1997). Dabei geht es um das Verdichten von Informationen. Selbstwirksamkeitsüberzeugungen werden somit durch Lernprozesse aufgebaut. Fachspezifische Selbstwirksamkeitsüberzeugungen müssen daher durch Verdichten des fachspezifischen Wissens, der eigenen Fähigkeiten und der Erfahrungen in bestimmten fachspezifischen Situationen erlernt werden. *Das Verdichten des expliziten, fachspezifischen Wissens, in der vorliegenden Arbeit das Unterrichtsplanungswissen, mit den eigenen Fähigkeiten und Erfahrungen stellt ein längerer Prozess dar, der sich im zeitverschobenen Zusammenhang zwischen den lehrpersonenbezogenen Selbstwirksamkeitsüberzeugungen und dem Unterrichtsplanungswissen zeigt.* Dies könnte auch der Grund sein, warum die lehrpersonenbezogenen Selbstwirksamkeitsüberzeugungen keinen Zusammenhang mit der Unterrichtsqualität aufweisen. *Die lehrpersonenbezogenen Selbstwirksamkeitsüberzeugungen beruhen noch nicht auf einer Verknüpfung von fachspezifischem Wissen, berufsspezifischen Erfahrungen und den eigenen Fähigkeiten.* Aus diesem Grunde sind sie schlechte Prädiktoren für die unterrichtliche Handlungsqualität. Dies könnte sich im Verlaufe der Berufsbiographie ändern. Hinweise dafür sind die Zusammenhänge zwischen den lehrpersonenbezogenen Selbstwirksamkeitsüberzeugungen und der Unterrichtsqualität als auch dem Unterrichtsplanungswissen der untersuchten Praxislehrpersonen. Diese fallen stärker als bei den Berufseinsteigenden aus. Diese stärkeren Zusammenhänge bei den Praxislehrpersonen müssen jedoch in Nachfolgestudien überprüft werden, da sie auf einer sehr kleinen Stichprobe beruhen.

Zu Beginn des Berufsjahres ist *der Support von den Arbeitskolleginnen und -kollegen für hohe lehrpersonenbezogene Selbstwirksamkeitsüberzeugungen der Berufseinsteigenden aufgrund der vorliegenden Resultate wichtig.* Das Alleingelassenwerden ist in dieser Phase möglicherweise für viele Berufseinsteigende eine hohe Belastung, geht mit niedrigen lehrpersonenbezogenen Selbstwirksamkeitsüberzeugungen einher und löst Gefühle der Resignation aus.

Zu (*c*):

Die Zusammenhänge zwischen den Selbstwirksamkeitsüberzeugungen und den Persönlichkeitsmerkmalen bzw. Stressverarbeitungsstrategien stellen sich zu den verschiedenen Messzeitpunkten unterschiedlich dar. Insgesamt weisen die Resultate darauf hin, dass im ersten Berufsjahr das Persönlichkeitsmerkmal „Extraversion" positiv und das Persönlichkeitsmerkmal „Neurotizismus" negativ mit den Selbstwirksamkeitsüberzeugungen korrelieren.

Für das Aufbauen von hohen Selbstwirksamkeitsüberzeugungen sind möglicherweise Kontrollstrategien, die zu den positiven Stressverarbeitungsstrategien zählen, wichtig. Die Resultate deuten darauf hin, dass es *für die Selbstwirksamkeitsüberzeugungen der Berufseinsteigenden förderlich ist, wenn auf ihren Unterricht bezogene, positive Stressverarbeitungsstrategien, insbesondere Kontrollstrategien, aufgebaut werden.* Möglicherweise wird der Stress ungenügend reduziert, wenn dieser Aufbau nicht gewährleistet werden kann.

Aus den Resultaten der Zusammenhänge mit den Selbstwirksamkeitsüberzeugungen kann ebenfalls vorsichtig und mit dem Verweis zur Überprüfung durch Folgestudien insgesamt die *Schlussfolgerung* gezogen werden, dass besonders *der Support durch die Arbeitskolleginnen, -kollegen und der Schulleitung am Anfang des ersten Berufsjahres wichtig für die Selbstwirksamkeitsüberzeugungen der Berufseinsteigenden ist.* Berufseinsteigende, die einen qualitativ guten Support erhalten, schätzen ihre lehrpersonenbezogenen Selbstwirksamkeitsüberzeugungen höher ein. Eine Hypothese, die aus den vorliegenden Resultaten generiert werden kann, ist, dass besonders die Berufseinsteigende, die am Anfang ihrer Berufskarriere modern unterrichten (Einsatz von kooperativen und differenzierenden Formen, sowie höherer Sprechanteil der Schülerinnen und Schüler), auf qualitativ hochstehenden Support in Richtung auf diesen nach konstruktivistischem Lernverständnis geführten Unterricht angewiesen sind, damit sie sich gleichzeitig im Beruf als wirksam erleben können.

Im ersten Berufsjahr ist des Weiteren *der Aufbau von Kontrollstrategien zur Stressreduktion* für hohe Selbstwirksamkeitsüberzeugungen wichtig. Für den Aufbau von Kontrollstrategien ist ein weiterer Kompetenzaufbau im Beruf unerlässlich (Schaarschmidt & Fischer, 2001).

9.2.4 Wichtigste Aussagen zu Unterrichtsqualität und Aspekten der Professionalität von Lehrpersonen

Die Unterrichtsqualität wurde dahingehend untersucht, dass (*a*) der beste Prädiktor für die Unterrichtsqualität am Ende der Ausbildung, am Anfang und am Ende des ersten Berufsjahres gesucht wurde und dass (*b*) Unterschiede zwischen Berufseinsteigenden mit hoher, mittlerer und niedriger Unterrichtsqualität aufgezeigt wurden. Die Frage lautete, mit welchen Aspekten der Professionalität von Lehrpersonen (Wissen, subjektive Theorien, Persönlichkeitsaspekte) die Unterrichtsqualität am besten erklärt werden kann und wie sich Berufseinsteigende mit hoher, mittlerer und niedriger Qualität des Unterrichts in Bezug auf das Unterrichtsplanungswissen, die subjektiven Theorien (konstruktivistisch versus behavioristisch) und die Persönlichkeitsaspekte (allgemeine und lehrpersonenbezogene Selbstwirksamkeit, Persönlichkeitsmerkmale und Stressverarbeitungsstrategien) unterscheiden. Die nachfolgend beschriebenen Resultate und Interpretationen sind explorativer Art, da sie auf kleinen Stichproben beruhen. Wie in Kapitel 9.1.4 und 9.1.5 aufgeführt, dienen auch sie der Bildung von Hypothesen.

(*a*) Die Resultate der Regressionsanalysen zeigen zweierlei: (1) *Im letzten Semester und am Anfang des ersten Berufsjahres stellt das Unterrichtsplanungswissen den besten Prädiktor für die Unterrichtsqualität dar,* und (2) *am Ende des ersten Berufsjahr* ist der wichtigste Prädiktor für Unterrichtsqualität *die allgemeinen Selbstwirksamkeitsüberzeugungen.*

Aufgrund dieser Resultate wurden folgende Hypothese und Interpretation gebildet: *Das Unterrichtsplanungswissen nimmt vor allem dann Einfluss auf die Unterrichtsqualität, wenn es explizit vorhanden ist.* Wenn das kontinuierliche Lernen von neuen Wissensinhalten, wie dies im Studium der Fall ist, wegfällt, werden Persönlichkeitsaspekte für die Unterrichtsqualität entscheidender.

(*b*) Die in der vorliegenden Arbeit untersuchten Berufseinsteigenden mit hoher, mittlerer und niedriger Unterrichtsqualität unterscheiden sich hinsichtlich (1) *der allgemeinen Selbstwirksamkeitsüberzeugungen,* (2) *der Stressverarbeitungsstrategien* und (3) *der Persönlichkeitsmerkmale.*

(1) Berufseinsteigende mit hoher Unterrichtsqualität haben zu Beginn des ersten Berufsjahres eine signifikant höhere allgemeine Selbstwirksamkeit als Berufseinsteigende mit mittlerer und niedriger Unterrichtsqualität.

(2) Berufseinsteigende mit hoher Unterrichtsqualität setzen eine breite Palette an Stressverarbeitungsstrategien ein. Bei allen Stressverarbeitungsstrategien haben sie im ersten Berufsjahr höhere Werte als Berufseinsteigende mit mittlerer und niedriger Unterrichtsqualität.

(3) Neben variantenreichen Stressverarbeitungsstrategien sind die untersuchten Berufseinsteigenden mit einer hohen Unterrichtsqualität eher weniger altruistisch (Persönlichkeitsmerkmal „Verträglichkeit") im Vergleich zu den anderen Berufseinsteigenden. Dass sich Berufseinsteigende mit einer hohen Unterrichtsqualität als weniger altruistisch einschätzen, ist ein überraschendes Resultat. Es muss aber dahingehend relativiert werden, dass im Vergleich zu einer grossen Stichprobe mit Personen aus verschiedenen Berufsfeldern die Gruppe von Berufseinsteigenden mit hoher Unterrichtsqualität höhere Werte bei dem Persönlichkeitsmerkmal „Verträglichkeit" als der Durchschnitt der Personen aus verschiedenen Berufsfeldern haben. Also schätzen sich die Berufseinsteigenden mit hoher Unterrichtsqualität altruistischer ein als der Durchschnitt von Personen aus verschiedenen Berufsfeldern. Möglicherweise würde sich ein zu niedriger Wert beim Persönlichkeitsmerkmal „Verträglichkeit" negativ auf die Unterrichtsqualität auswirken.

Die in der vorliegenden Arbeit untersuchten Berufseinsteigenden mit niedriger Unterrichtsqualität haben sehr hohe Werte beim Persönlichkeitsmerkmal „Gewissenhaftigkeit" und geringe Werte beim Persönlichkeitsmerkmal „Offenheit für neue Erfahrungen" und „Extraversion" im Vergleich zu den anderen Berufseinsteigenden. Die Kombination von hoher Gewissenhaftigkeit mit geringer Offenheit für neue Erfahrungen und Extraversion scheint sich möglicherweise negativ auf die Unterrichtsqualität auszuwirken. Das Persönlichkeitsmerkmal „Offenheit für neue Erfahrungen" liegt bei den Berufseinsteigenden mit niedriger Unterrichtsqualität unter dem Durchschnittswert der grossen Vergleichsstichprobe mit Personen aus verschiedenen Berufsfeldern.

Wahrscheinlich ist der Zusammenhang zwischen den Persönlichkeitsmerkmalen und der Unterrichtsqualität nicht linear, wie dies beispielsweise anhand des Persönlichkeitsmerkmals „Gewissenhaftigkeit" diskutiert werden kann: Ein sehr hoher Gewissenhaftigkeitswert wirkt sich, in aller Vorsicht aus den vorliegenden Ergebnissen interpretiert, möglicherweise ungünstig auf die Unterrichtsqualität aus. Ebenso könnte auch ein sehr niedriger Wert bei der Gewissenhaftigkeit einen negativen Einfluss auf die Unterrichtsqualität haben. Wie bereits Mayr (2011) argumentierte, wirken sich möglicherweise zu niedrige und zu hohe Werte bei den Persönlichkeitsmerkmalen negativ auf die Unterrichtsqualität aus. Ein mittlerer Wert bei der Gewissenhaftigkeit wäre dann nach dieser Interpretation optimal für die Unterrichtsqualität, wie dies die Berufseinsteigenden mit einer hohen Unterrichtsqualität zeigen.

Wiederum wird aus den Resultaten zur Unterrichtsqualität vorsichtig und mit dem Verweis auf die Überprüfung durch Nachfolgestudien die *Schlussfolgerung* gezogen, dass *das Unterrichtsplanungswissen nur Einfluss auf die Qualität des Unterrichts nimmt, wenn es explizit und abrufbar ist.* Fällt der explizite Wissensaufbau, wie es im Studium der Fall war, im ersten Berufsjahr weg, werden *die allgemeinen Selbstwirksamkeitsüberzeugungen zur Vorhersage der Unterrichtsqualität wichtiger.* Folgende Hypothese könnte aus den Resultaten gezogen werden: Die Bereiche Wissen, subjektive Theorien und Persönlichkeitsaspekte des Modells von Baumert und Kunter (2006) sind zur Vorhersage der Unterrichtsqualität nicht zu jedem Zeitpunkt im gleichen Masse wichtig. Im Verlaufe der Berufsbiographie verändern sich die Einflussfaktoren für guten Unterricht.

Unterschiede zwischen den in der vorliegenden Arbeit untersuchten Berufseinsteigenden mit hoher, mittlerer und niedriger Qualität von Unterricht am Ende des ersten Berufsjahres zeigen sich *im Bereich der allgemeinen Selbstwirksamkeitsüberzeugungen, der Stressverarbeitungsstrategien und der Persönlichkeitsmerkmalen.* Besonders die allgemeinen Selbstwirksamkeitsüberzeugungen unterscheiden sich zwischen den drei Gruppen am Anfang des ersten Berufsjahres signifikant. Eine mögliche Hypothese könnte daraus gefolgert werden, dass die untersuchten Berufseinsteigenden mit hoher Unterrichtsqualität am Ende des ersten Berufsjahres ihre allgemeinen hoch ausgeprägten Überzeugungen zum Umgang mit schwierigen Situationen verstärkt mit schulbezogenen Situationen angereichert haben. Diese Anreicherung mit schulbezogenen Situationen wirkt sich positiv auf die Qualität des Unterrichts aus. Wiederum stellt sich hier die Frage, wie sich das weitere Lernen nach Abschluss der Ausbildung gestalten könnte, Praxiserfahrung allein reicht zur Qualitätssteigerung des Unterrichts aufgrund der Resultate der vorliegenden Arbeit und der Resultate von Baer et al. (2011) nicht aus. Die Kombination von weiterem Wissensaufbau, Reflexion über subjektiven Theorien und Unterrichtshandlungen sowie die Integration des Wissens und der Reflexionen, wie es Messner und Reusser (2000b) vorschlagen, ist für den weiteren Kompetenzaufbau wichtig, neben dem oben erwähnten Support, der besonders am Anfang des ersten Berufsjahres wichtig zu sein scheint. Die Resultate der vorliegenden Arbeit weisen ebenfalls darauf hin, dass möglicherweise auch die Reflexion über die Selbstwirksamkeitsüberzeugungen und die Stressverarbeitungsstrategien, insbesondere im ersten Berufsjahr, sinnvoll wäre. In Kapitel 9.5 werden die Möglichkeiten für Aus- und Weiterbildung diskutiert.

9.3 Diskussion des methodischen Vorgehens

Nachfolgend wird zuerst auf die Messinstrumente des Videoratings und Videokodierung, des Vignettentests und der lehrpersonenbezogenen Selbstwirksamkeit eingegangen. Anschliessend werden die Grenzen der vorliegenden Studie bezüglich der Messinstrumente und der Stichprobengrösse thematisiert.

9.3.1 Videoanalyse: Kodierung und Rating

Bereits die Aufzeichnung einer Unterrichtsstunde auf Video stellt eine eingeschränkte Sicht auf die Unterrichtsstunde dar. Der Fokus bei den verwendeten Videos lag auf der Lehrperson. Die Schülerinnen und Schüler wurden nur teilweise aufgezeichnet. Zur Analyse der Schülerinnen- und Schülerseite müsste im Schulzimmer eine zweite Kamera zum Einsatz kommen.

Mit der Einschränkung der Analyse auf die Lehrperson liegen nur teilweise Daten zum Interaktionsverhalten der Lehrperson in beispielsweise individuellen Lernberatungen vor. Die Kodierung der Daten beschränkt sich daher auf die Sichtstrukturen des Unterrichts und auf die Lernorganisation. Die Analyse des Interaktionsverhaltens der Lehrperson wäre für eine Nachfolgeuntersuchung interessant. Insbesondere weil sich im Sprechanteil der Schülerinnen und Schüler als auch der Lehrperson Unterschiede zwischen den Berufseinsteigenden und den Praxislehrpersonen zeigen, wäre hierzu eine genauere Analyse sinnvoll.

Die Kodierung beruht auf kurzen Analyseeinheiten der gesamten Unterrichtsstunde, die mit Hilfe des theorie- und datengeleitet entwickelten Kategoriensystem kodiert wurde. Dieses Analyseverfahren lässt sich aufgrund der kurzen Analyseeinheiten und der ausführlichen Operationalisierung dem niedrig inferenten Kodieren zuordnen. Zusätzlich wird mittels Ratingverfahren ein Urteil über die gesamte Unterrichtsstunde bezüglich der Instruktionseffizienz, Schülerorientierung, kognitive Aktivierung und Klarheit, Strukturiertheit abgegeben. Die Intention der Lehrperson wurde dabei bewertet, da die Wirkung der Lehrpersonenhandlungen bei den Schülerinnen und Schüler, also was sich in den Köpfen der Schülerinnen und Schüler in den entsprechenden Situationen abspielt, nicht nachgewiesen werden kann. Dieses Verfahren lässt sich somit als Kombination zwischen einer niedrig und hoch inferenten Kodierung einordnen (Seidel et al., 2003, 2005; Hugener et al., 2006; Kocher & Wyss, 2008; Krammer, 2009; Kocher et al., 2010; Baer et al., 2007; 2009). Diese Kombination der zwei Analyseverfahren hat sich bewährt, da sie neben der eher grob aufgezeigten Ablaufstruktur der Unterrichtsstunde eine zusätzliche Aussage über die Qualität der Handlungen im Unterricht erlaubt.

Dem Einbezug der Schülerinnen- und Schülerseite konnte wie schon erwähnt nicht genügend Rechnung getragen werden, da die Kameraführung lehrerzentriert ausgerichtet war. Eine Möglichkeit zum besseren Einbezug der Lernenden ist die Kodierung der Lehrer-Schüler-Interaktion in Lerngesprächen. Dazu gibt es bereits quantitative Erhebungsverfahren mit entsprechenden Kodiersystemen (Klieme, Pauli & Reusser, 2006, Krammer, 2009). In einer Nachfolgeuntersuchung werden die Lerngespräche zwischen den Lehrpersonen und Schüler/inne/n genauer analysiert. Besonders in diesem Bereich der Lehrer-Schüler-Interaktion sind wie bereits erwähnt Unterschiede zwischen den Praxislehrpersonen und Berufseinsteigenden zu erwarten.

Des Weiteren ist das qualitative Rating-Inventar auf allgemeine didaktische und pädagogische Bereiche limitiert. Fachspezifisch ausgerichtete Items sind nicht berücksichtigt. Dies hängt damit zusammen, dass Unterrichtsstunden aus verschiedenen Fächern (Mathematik, Deutsch sowie Mensch und Umwelt) videografiert und analysiert wurden. Das Einschränken auf ein Fach würde die Vergleichbarkeit der Daten erhöhen und eine vermehrt fachspezifische Analyse ermöglichen. Die Entwicklung der Kompetenzen der Studierenden bzw. Berufseinsteigenden in solchen fachspezifisch-didaktischen Bereichen wurde bislang nicht aufgezeigt.

Die vier Bereiche „Instruktionseffizienz", „Schülerorientierung", „Kognitive Aktivierung" und „Klarheit/Strukturiertheit" des Unterrichtsratings korrelieren stark miteinander. Eine weitere Entwicklung des Ratings-Inventars in Richtung trennscharfe Dimensionen wäre wünschenswert.

9.3.2 Vignettentest

Beim Ausfüllen des Vignettentests sollten sich die Lehrpersonen möglichst intensiv in eine Situation hineinversetzen (Larcher & Müller, 2007). Dabei sind die schnelle Erfassbarkeit der Situation, die alltagsnahen und realistischen Situationen und die konkrete Beschreibung der Situation wichtige Merkmale einer Vignette (Attria, Strohmeier & Spiel, 2006). Die Antworten der Lehrpersonen auf die Vignetten wurden inhaltsanalytisch mittels Kategoriensystem ausgewertet. Dieses wurde theoriegeleitet entwickelt und aufgrund der empirischen Daten der Versuchspersonen ergänzt. Die Kategorien sind in die Bereiche „Didaktik", „Diagnostik", „Klassenführung" und „Sachkompetenz" nach Helmke und Weinert (1997) eingeteilt (vgl. auch Beck et al., 2008). Unter Sachkompetenz ist die Aneignung des Fachwissens der Lehrperson zu verstehen. Auch bei diesem Instrument, wie bereits beim Rating-Inventar erwähnt, wird das fachspezifisch-didaktische Wissen im Kategoriensystem nicht berücksichtigt.

Die gleichen Vignetten wurden zu drei Messzeitpunkten von den Berufseinsteigenden beantwortet. Diese Vorgehensweise hat den Nachteil, dass sie bei den Versuchspersonen ein oberflächliches Ausfüllen provozieren könnte. Das Ausfüllen des Vignettentests ist durch das offene Antwortformat besonders anstrengend. Die repetitive Durchführung des Tests geht möglicherweise mit einer Ermüdung und einem Motivationsverlust der Versuchspersonen und mit einem weniger sorgfältigen Beantworten einher.

Der Vignettentest enthält bereits eine Gewichtung, da für die verschiedenen Bereiche „Didaktik", „Diagnostik", „Klassenführung" und „Sachkompetenz" unterschiedliche Punktzahlen erreicht werden können. Die maximale Punktzahl ist im Bereich der „Didaktik" 38, im Bereich „Diagnostik" 13, im Bereich „Klassenführung" 4 und im Bereich „Sachkompetenz" 4. Der Schwerpunkt liegt beim didaktischen Wissen. Zudem ist eine der zwei Vignetten auf das diagnostische Wissen ausgerichtet, was einen zusätzlichen Bias provoziert. Beide könnten für eine weitere Entwicklung des Tests und des Kategoriensystems berücksichtigt werden.

9.3.3 Messen der lehrpersonenbezogenen Selbstwirksamkeit

Die lehrpersonenbezogene Skala von Schmitz und Schwarzer (2002) ist aus der Sicht der Unterrichtsqualität nicht vollständig, weshalb sie für die vorliegende Untersuchung mit weiteren Items ergänzt wurde. In gleicher Weise gingen auch andere Autoren vor. Schulte et al. (2008) ergänzten die lehrpersonenbezogene Selbstwirksamkeitsskala von Schmitz und Schwarzer (2002) mit Subskalen zu den Themen „Unterrichten", „Leistungsbeurteilung", „Diagnostische Kompetenz", „Kommunikation und Konfliktlösung" und „Anforderung des Lehrberufs". Sie folgern aus ihrer Studie, dass die Differenzierung der Selbstwirksamkeit nach verschiedenen Aspekte sinnvoll ist, um Veränderungen in einzelnen Bereichen zu identifizieren. In einzelnen Bereichen, die sie hinzugefügt hatten, konnten sie Veränderungen feststellen, während mit der lehrpersonenbezogenen Selbstwirksamkeitsskala von Schmitz und Schwarzer (2002) keine Veränderungen festgestellt wurden.

Die Entwicklung eines validen Instrumentes zur Messung der lehrpersonenbezogenen Selbstwirksamkeit mit genügender innerer Konsistenz ist somit eine wichtige Forschungsaufgabe. Die ergänzenden Items der vorliegenden Arbeit und die Items von Schulte et al. (2008) leisten dazu einen
Beitrag.

9.3.4 Grenzen der Studie

Die vorliegende Studie weist mehrere Limitationen auf: Die Stichprobengrösse ist nicht repräsentativ, was den explorativen Zugang zum Forschungsfeld unterstreicht. Die kleinen Fallzahlen der Berufseinsteigenden und der
Praxislehrpersonen müssen in Folgeuntersuchungen ergänzt werden, um generalisierbare Ergebnisse zu erhalten. Insbesondere die Gruppe der Praxislehrpersonen sollte ausgeweitet werden, um verlässlichere Hinweise in Bezug auf die Persönlichkeitsaspekte und den Unterricht zu erhalten.

Der Einbezug verschiedener Datenquellen ermöglicht das Aufzeigen verschiedener Aspekte der Professionalität von Lehrpersonen. Die Instrumente
der Datenerfassung stehen aber weitgehend nebeneinander und beleuchten so
verschiedene Bereiche. Eine idealere Vorgehensweise wäre, wenn die Datenquellen das Gleiche aus verschiedenen Perspektiven beleuchten würden. Dafür sind die einzelnen Instrumente nicht genügend aufeinander abgestimmt.
Sie unterscheiden sich einerseits teilweise in den inhaltlichen Bereichen und
in ihrem Abstraktionsniveau. So werden beispielsweise diagnostische Kompetenzen beim Vignettentest erfasst, aber bei der lehrpersonenbezogenen
Selbstwirksamkeit und beim Unterrichtsrating nicht berücksichtigt. Zudem
ist die Erfassung der Persönlichkeitsmerkmale mittels NEO-FFI auf einem
anderen Abstraktionsniveau (John, Naumann & Soto, 2008), als dies beispielsweise die lehrpersonenbezogene Selbstwirksamkeit ist. Idealerweise
sollte nach Mayr (2010) bei der Erforschung von Persönlichkeitsmerkmalen das Abstraktionsniveau ihrer Messung auf das Abstraktionsniveau der anderen Variablen abgestimmt werden, zu denen sie in Beziehung gesetzt werden.

Wie bereits in Kapitel 9.3.1 erwähnt, stellt die Skala der lehrpersonenbezogenen Selbstwirksamkeit eine Schwäche dar. Aus diesem Grunde ist die
Entwicklung eines validen Instrumentes zur Messung der lehrpersonenbezogenen Selbstwirksamkeit mit einer genügenden inneren Konsistenz eine
wichtige Aufgabe zur weiteren Forschung in diesem Bereich.

Für die Darstellung der Resultate der Unterrichtskodierung wurde mit
den auf Lektionsebene aggregierten, prozentualen Anteilen beispielsweise
des Klassenunterrichts gearbeitet. Die Aggregation auf Lektionsebene lässt

nur sehr globale Aussagen zu. Eine präzisere Analyse, die sich beispielsweise auch auf einzelne Sequenzen der Unterrichtsstunde beziehen würde, wäre ein weiterer Schritt.

Eine weitere Ergänzung bildet die qualitative Analyse von Einzelfällen. Zum Beispiel könnten Berufseinsteigende mit einer hohen Selbstwirksamkeit und einer starken Persönlichkeit bestimmt und hinsichtlich ihres Unterrichts untersucht werden. Möglicherweise wird der zusätzliche Erkenntnisgewinn mittels Fallanalyse jedoch nicht wesentlich erhöht.

Mit einer grösseren Stichprobe könnten die Einflussrichtungen zwischen den einzelnen Messzeitpunkten mittels Strukturgleichungsmodellen genauer analysiert werden. Die Regressionsanalysen sind nur als explorativ zu betrachten. Aber sie weisen darauf hin, dass sich möglicherweise die Selbstwirksamkeit und die Unterrichtsqualität zeitverschoben beeinflussen. Eine genauere Analyse dieser zeitverschobenen Zusammenhänge wäre äusserst spannend.

Modelle zur Professionalität von Lehrpersonen sind bis zum heutigen Zeitpunkt noch nicht abschliessend ausgearbeitet. Mit Bezug auf das Modell von Baumert und Kunter (2006) ist bei der vorliegenden Arbeit zu bemerken, dass die theoretische Zuordnung zu den einzelnen Kompetenzbereichen nicht systematisch genug erfolgte: Die eingesetzten Instrumente wurden nicht aus dem Modell von Baumert und Kunter (2006) abgeleitet, sondern es wurden bestehende Instrumente den einzelnen Kompetenzbereichen zugeordnet. So nehmen sie also kaum Bezug aufeinander. Beispielsweise bezieht sich das Instrument zum subjektiven Lernverständnis auf den Mathematikunterricht, während das Unterrichtsrating allgemeindidaktisch ausgerichtet ist. Zudem spiegelt sich in der Wahl der eingesetzten Dateninstrumente auch das von Mayr (2011) aufgeworfene Problem wider, dass das Verhältnis von erwerbbaren Unterrichtskompetenzen und Persönlichkeitsaspekten mit ihren Auswirkungen auf die Unterrichtstätigkeit theoretisch und empirisch noch nicht geklärt ist.

9.4 Weitere Fragestellungen

Die Professionalität von Lehrpersonen beinhaltet viele Forschungsfelder, die bereits im theoretischen Teil dieser Arbeit angesprochen wurden. Das Modell von Baumert und Kunter (2006) bietet eine Möglichkeit, die Professionalität von Lehrpersonen in einen metatheoretischen Rahmen einzubetten. Zudem erweist sich ein solches Modell als bedeutungsvoll, um das Lehrerhandeln und die Unterrichtsqualität zu analysieren. Zu einzelnen Aspekten der Professionalität der Lehrpersonen liegen bereits zahlreiche Studien vor. Trotzdem besteht noch Forschungsbedarf in verschiedenen Feldern, welche die Professionalität betreffen. Aus diesem Grunde werden im Folgenden Perspektiven für die Forschung diskutiert, welche sich als fruchtbar für den Erkenntnisgewinn in Bezug auf die Professionalität von Lehrpersonen erweisen könnten.

Unterricht: Mit der Unterrichtskodierung wurden durch die Aggregation auf Lektionsebene globale Aussagen, wie beispielsweise zum prozentualen Sprechanteil der Schülerinnen und Schüler, gemacht. Fragestellungen, die sich auf detailliertere Analysen von Unterrichtssequenzen beziehen, wie die Unterrichtsbeteiligung und die Art der Unterrichtsbeteiligung von Schülerinnen und Schüler, wären interessant, da sie wesentliche Aspekte der Schülerorientierung sind (Helmke, 2009). Helmke (2009) zählt zur Unterrichtsbeteiligung die Mitentscheidung über Fragen des Unterrichts, dessen Mitgestaltung und die aktive Beteiligung daran. Die Beteiligung am Unterricht und die unterrichtsrelevanten Mitentscheidungen wirken sich positiv auf die Lernmotivation der Schülerinnen und Schüler aus (Fend, 1976). Die Analyse des Sprechanteils der vorliegenden Arbeit lässt keine Schlussfolgerung über die Art der Aussagen der Lehrpersonen und der Schülerinnen und Schüler zu. Hierzu wären weitere Analysen der Aussagen der Lehrpersonen und der Schülerinnen und Schüler sinnvoll, da Unterschiede zwischen den Berufseinsteigenden und den erfahrenen Praxislehrpersonen zu erwarten sind (vgl. hierzu Baer, Guldimann, Fraefel & Müller, 2005).

Das Unterrichtsrating enthält bislang allgemeindidaktische Bereiche, fachdidaktische Bereiche sind nicht berücksichtigt worden. Diese Berücksichtigung von beispielsweise auf Mathematik ausgerichteten Beurteilungsitems wäre ein nächster Schritt. Insbesondere zur besseren Abstimmung mit anderen Instrumenten, wie dem Fragebogen zum subjektiven Lernverständnis, wäre dies wichtig, um Aussagen zu Zusammenhängen zu generieren.

Persönlichkeitsaspekte: In Bezug auf Persönlichkeitsaspekte sind Längsschnittstudien bedeutsam (Mayr, 2010a). So kann überprüft werden, ob Persönlichkeitsaspekte berufsrelevante Bereiche beeinflussen. Längsschnittstudien ermöglichen zusätzlich Aussagen über die Veränderungen dieser Merkmale. Insbesondere wäre es interessant, die lehrpersonenbezogenen Selbstwirksamkeitsüberzeugungen berufsbiografisch zu untersuchen, da die Ergebnisse der vorliegenden Arbeit auf Veränderungen der lehrpersonenbezogenen Selbstwirksamkeit hindeuten. Aufschlussreich wäre zudem, wenn die Persönlichkeitsaspekte nicht nur als Prädiktoren für Unterrichtshandlungen und die Aneignung von Professionswissen untersucht würden, sondern auch hinsichtlich ihrer Veränderung im Studium und in der Weiterbildung. Dazu wären spezifische Interventionsstudien erforderlich. Wie lässt sich beispielsweise die allgemeine Selbstwirksamkeit oder die emotionale Stabilität in der Aus- und Weiterbildung von Lehrpersonen verändern? Über die weitere Entwicklung solcher personenspezifischer Aspekte in der Aus- oder Weiterbildung ist noch wenig bekannt.

Bezüglich der Selbstwirksamkeit scheinen Kontextvariablen, wie in dieser Untersuchung der Support durch Arbeitskolleginnen und -kollegen, wichtige Einflussgrössen zu sein. Die Erforschung des Kontextes wie beispielsweise der Schule, der Eltern oder der Schülerzusammensetzung und ihr jeweiliger Einfluss auf die Selbstwirksamkeit von Lehrpersonen wäre eine interessante Fragestellung. Zudem wurden in dieser Arbeit die kollektiven Selbstwirksamkeitsüberzeugungen nicht berücksichtigt. Über die Entwicklung der kollektiven Selbstwirksamkeit, besonders im ersten Berufsjahr, ist noch wenig bekannt. Der Einfluss der kollektiven Selbstwirksamkeit auf die Unterrichtsebene wäre ebenfalls eine interessante Fragestellung.

Der Zusammenhang zwischen den Selbstwirksamkeitsüberzeugungen und dem Unterrichtsplanungswissen scheint sich im Verlaufe der Berufsbiografie zu verändern, da bei den Studierenden bzw. Berufseinsteigenden die Zusammenhänge negativ, bei den Praxislehrpersonen dagegen positiv ausfallen. Interessant wäre es, dieser Vermutung mit einer Langzeitstudie empirisch nachzugehen.

Für weitere Analysen sind auch die beruflichen Ziele interessant. Welche Berufsziele werden innerhalb einer längeren Zeitspanne genannt, und wie stark werden diese von Berufseinsteigenden mit hohen bzw. tiefen lehrpersonenbezogenen Selbstwirksamkeitsüberzeugungen verfolgt?

Die weitere Entwicklung des Instrumentes zur lehrpersonenbezogenen Selbstwirksamkeit wäre eine weitere Aufgabe. Dies könnte in Bezug auf das Unterrichtsrating erfolgen, wenn sich die Fragestellung auf Zusammenhänge zwischen der lehrpersonenbezogenen Selbstwirksamkeit und der Unterrichtsqualität bezieht. Dies erfolgte in der vorliegenden Arbeit nicht systematisch.

Subjektives Lernverständnis: Über die Veränderung des subjektiven Lernverständnisses ist noch wenig bekannt. Auch hierzu fehlt es an Längsschnittstudien in der Lehrerinnen- und Lehrerausbildung und in der beruflichen Karriere. Die Sichtweisen der Lehrpersonen stehen in Abhängigkeit von Lerninhalt, der Adressatengruppe und der institutionellen Einbindung (Sembill & Seifried, 2009). In diesem Zusammenhang wäre es auch (wie bei der Selbstwirksamkeit) interessant zu untersuchen, wie institutionelle Einflüsse und der Kontext „Schule" auf die Entstehung und Veränderung von Überzeugungssystemen wirken (Handal, 2003).

Die in der vorliegenden Arbeit verwendete Skala zum subjektiven Lernverständnis bezieht sich konkret auf den Mathematikunterricht. Sie könnte für weitere Untersuchungen als Ausgangslage zur Entwicklung von auf Mathematik bezogenen Instrumenten dienen.

Wissen von Lehrpersonen: Es besteht Einigkeit darüber, dass Fachwissen alleine für guten Unterricht nicht ausreicht (z.b. Künsting, Billich & Lipowsky, 2009; Baumert et al., 2010). Forschungsbedarf gibt es bezüglich des allgemein-pädagogischen Wissens und des fachbezogenen Wissens (Baumert & Kunter, 2006; König, 2010). Darüber hinaus ist empirisch abgestützt über das Verhältnis von Fachwissen, fachdidaktischem und pädagogischem Wissen noch wenig bekannt. Die Prüfung der Verhältnisse der Wissensstrukturen und damit verbunden die Untersuchung der Frage, ob noch weitere Wissensstrukturen wie beispielsweise das diagnostische Wissen eigene Wissensdimensionen darstellen, sind zentrale Aufgaben der Professionsforschung. Hierzu könnte an bestehende Arbeiten angeknüpft werden, in welchen bereits eine Operationalisierung der Wissensdimensionen vorgenommen wurde (Brunner et al. 2006, Krauss et al., 2008).

Da mit der offenen Herangehensweise des Vignettentests an das Unterrichtsplanungswissen allenfalls eine Ermüdung und ein Motivationsverlust der Versuchspersonen einhergehen könnte, wäre zur Erfassung des allgemein-pädagogischen Wissens eine Befragung mit geschlossenen Fragen möglicherweise ertragreicher.

Entstehung von Expertise: Nach Baumert und Kunter (2006) hat sich die Orientierung an der Expertiseforschung für die theoretische Konzeptualisierung der Entwicklung von Wissen und Können für den Lehrberuf bewährt. Besonders für Aussagen über die Entstehung von Handlungsqualität erweist sich die Expertiseforschung als fruchtbar. Das Erlangen von Expertise wird häufig in Stufenmodellen dargestellt. Das Durchlaufen solcher Stufen konnte bislang nicht empirisch belegt werden. Eine Ausdifferenzierung der Stufenmodelle in Teilprozesse wäre sinnvoll. Diese könnten auf Qualitätsaspekten der Unterrichtsforschung beruhen.

Begriffsklärung und Modellierung: Ein weiteres Ziel stellt die Begriffsklärung aller Konstrukte und die Zusammenführung der verschiedenen Forschungslinien dar. Die Forschungen zur Unterrichtsqualität und zur Professionalität sind bislang mehrheitlich unverbundene Forschungstraditionen. Begriffe zu klären und gemeinsame Konzepte zu erarbeiten, wäre sehr sinnvoll.

Nach Lehmann-Grube und Nickolaus (2009) stellen die bisherigen Modelle zur Professionalität lediglich erste Schritte dar. Dazu müssten Instrumente zur systematischen Erfassung der verschiedenen Facetten der Professionalität von Lehrpersonen entwickelt werden. Diese müssten fachspezifisch ausgerichtet sein. Diesen Anforderungen genügen die Instrumente, die in der vorliegenden Arbeit eingesetzt wurden, nicht. Es wurden bereits bestehende Instrumente verwendet, die wenig Bezug aufeinander nehmen und die, bis auf den Fragebogen zum subjektiven Lernverständnis, nicht fachdidaktisch ausgerichtet sind. Um aussagekräftige Ergebnisse zu erhalten, muss diese Bezugnahme systematisch erfolgen.

9.5 Unterrichtsqualität und Persönlichkeitsaspekte: Was lässt sich für die Aus- und Weiterbildung von Lehrpersonen ableiten?

Aufgrund der Ergebnisse dieser Arbeit scheinen für die Unterrichtsqualität und für die Professionalisierung von Lehrpersonen sowohl Wissens- wie Persönlichkeitsaspekte wichtig zu sein. Im Folgenden werden die Bedeutung der Persönlichkeitsaspekte und die Entwicklung von gutem Unterricht in der Aus- und Weiterbildung von Lehrpersonen diskutiert.

9.5.1 Berücksichtigung der Persönlichkeitsaspekte in Aus- und Weiterbildung

Persönlichkeitsaspekte sind über längere Zeit relativ stabil und für bestimmte berufliche Aspekte relevant, da sie diese erklären oder prognostizieren können (Mayr, 2010). Die Resultate der vorliegenden Arbeit unterstützen diese Annahme. Diese Erkenntnis ist für die Lehrerinnen- und Lehrerbildung wichtig, da sich daraus bestimmte Handlungsmöglichkeiten schliessen lassen. Mayr und Neuweg (2006) unterscheiden diese Möglichkeiten danach, ob die Persönlichkeitsaspekte als eher stabil oder eher veränderbar definiert werden.

Wenn die Persönlichkeitsaspekte als eher stabil angesehen werden, müsste daraus eine eingehende Abklärung und Selektion der am Lehramtsstudium Interessierten gefolgert werden. Personen, die über ungünstige Dispositionen verfügen, müsste das Lehrerstudium abgeraten werden.

Werden die Persönlichkeitsaspekte als eher veränderbar betrachtet, müsste die Lehrerinnen- und Lehrerbildung persönlichkeitsfördernde Programme anbieten, damit sich die Persönlichkeit dementsprechend entfalten kann. Besonders in Bezug auf die Stressverarbeitungsstrategien im ersten Berufsjahr wären solche Programme zum Aufbau von positiven Verarbeitungsstrategien für Stress in der Schule und im Unterricht eine Option.

Eine weitere Möglichkeit ist die Akzeptanz der individuellen Eigenheiten und die bewusste Förderung der eigenen Stärken sowie die Kompensierung der Schwächen. Dafür müssten Programme angeboten werden, die individuelle Lernwege für entsprechende Personen ermöglichen. Die bisherige Ausbildung richtet sich undifferenziert mit dem gleichen Angebot an alle.

Nach Mayr (2010) bedeutet die Betrachtung der Persönlichkeitsaspekte nicht, dass in der Lehrerinnen- und Lehrerbildung ausschliesslich bei der Persönlichkeit anzusetzen ist. Die Annahme, dass es im Lehrberuf letztendlich nur um die Persönlichkeit geht, weist er zurück. Die Qualifikation der Lehrpersonen und die Qualität der Lernangebote in der Aus- und Weiterbildung sind entscheidend. Wenn dabei die individuellen personalen Voraussetzungen mitberücksichtigt werden, wird die Pädagogik und Didaktik der Lehrerinnen- und Lehrerbildung anspruchsvoller, da sie auf unterschiedliche Voraussetzungen differenzierend eingehen muss. Nach Mayr (2011) ist für gute Lehrpersonen beides notwendig: die Selektion von geeigneten Personen und ihre Qualifizierung durch Aus- und Weiterbildung.

Eine Möglichkeit, die Steigerung der Unterrichtsqualität in der Lehrerbildung individuell zu gestalten und Persönlichkeitsaspekte miteinzubeziehen, ist die Arbeit mit videografierten Unterrichtsstunden, einschliesslich individuell aufgenommenen Unterrichtsstunden.

9.5.2 Steigerung der Unterrichtsqualität

Wenn die Unterrichtsqualität betrachtet wird, reicht nach Mayr (2010, 2011) der Blick auf Persönlichkeitsaspekte nicht aus. Die Resultate dieser Arbeit weisen auf die Wichtigkeit des weiteren Wissensaufbaus und der Auseinandersetzung mit den individuellen subjektiven Theorien und Selbstwirksamkeitsüberzeugungen hin. Auch die nur auf theoretischer Ebene erfolgende Vermittlung von Wissen ist (notwendig, aber) nicht ausreichend für eine qualitativ hochstehende Unterrichtsgestaltung. Eine reine Wissensvermittlung führt zu einer Kluft zwischen Wissen und Handeln (Schön, 1983). Es ist ungenügend, nur theoretische Kenntnisse beispielsweise über konstruktivistische Lerntheorien zu haben, ohne diese mit entsprechenden Implikationen für das Handeln im Unterricht zu verknüpfen. Erst diese Verknüpfung, das Erproben im Unterricht und die nachträgliche klare begriffs- und konzeptgeleitete Reflexion (Wyss, 2013) führen zu günstigen Veränderungen auf der Unterrichtsebene (Messner & Reusser, 2000b; Leuchter et al., 2006; Leuchter et al. 2008; Halbheer & Reusser, 2009). Aber auch die reine Routinebildung in der Berufspraxis, bei der subjektive Theorien oft unreflektiert zum Einsatz kommen und nicht mit lehr-lern-theoretischen Kenntnissen in Verbindung gebracht werden, ist unzureichend für den Aufbau von gutem Unterricht und fördert zudem das Einspielen von ungünstigen Handlungsmustern (Hascher, 2005; Schüpbach, 2007). Daher braucht es für die Entwicklung einer hochstehenden Unterrichtsqualität nach wie vor das Zusammenspiel theoretischer Kenntnisse und berufspraktischer Erfahrungen, die durch Lern- und Reflexionsprozesse zu handlungswirksamem Wissen integriert werden (Messner & Reusser, 2000a, 2000b).

Das forschende und fallbasierte Lernen ermöglicht das Integrieren von theoretischem Wissen und praxisbezogenen Beispielen bzw. Erfahrungen (Messner & Reusser, 2000a, 2000b; Reusser, 2005a). Zusätzlich bietet forschendes und fallbasiertes Lernen die Möglichkeit die Reflexionsfähigkeiten zu verbessern (Sherin, 2002; van Es & Sherin, 2006). Mit dem fallbasierten Lernen kann an den individuellen Lernvoraussetzungen der Lehrpersonen angesetzt und weiteres handlungsrelevantes, nachhaltiges Wissen aufgebaut werden (Schön, 1983, 1987; Seidel, Stürmer, Blomberg, Kobarg & Schwindt, 2011).

Die Analyse von videografierten Unterrichtsstunden ist eine Möglichkeit, die sich für das fallbasierte Lernen eignet und in den letzten Jahren vermehrt an Popularität in der Lehrerinnen- und Lehrerbildung gewann (Krammer & Reusser, 2004; Reusser, 2005b; Halbheer & Reusser, 2009). Der Vorteil von videografierten Unterrichtsstunden ist, dass sie ein Stück Realität abbilden und so für die Lehrerinnen- und Lehrerbildung Beispiele liefern, welche den Diskurs über Unterrichtsqualität anregen können. Die Unterrichtsvideos lassen sich auch mehrmals abspielen, was eine Analyse aus verschiedenen theoretischen und praktischen Perspektiven ermöglicht. Im Sinne des problembasierten Lernens kann so gemeinsam über Lehr-Lern-Prozesse reflektiert und diskutiert werden. So können anhand authentischer Probleme handlungsleitende Kognitionen bewusst gemacht und es kann ko-konstruktiv berufsrelevantes Wissen aufgebaut werden (Reusser, 2005b).

In solchen Lernsettings können auch persönlichkeitsrelevante Aspekte zum Thema werden. Unterrichtssituationen, in denen sich die Lehrpersonen beispielsweise als nicht wirksam einschätzen, können so in den Diskurs über Unterricht eingebaut werden und es kann individuell und kooperativ nach Lösungen gesucht werden. Authentische Probleme als Ausgangssituation ermöglichen auch die Auseinandersetzung und die Weiterentwicklung von persönlichkeitsrelevanten Aspekten.

Zudem liesse sich die Strukturierung des Unterrichts gut anhand videografierter Unterrichtsstunden analysieren. Nach Helmke (2009) ist die Strukturierung des Unterrichts ein wesentliches Merkmal der Unter-

richtsqualität, dem in der Aus- und Weiterbildung genügend Raum eingeräumt werden sollte. Ebenfalls den Ergebnissen der vorliegenden Arbeit
zufolge scheint eine gute Strukturierung des Unterrichts für positive Selbstwirksamkeitsüberzeugungen der Lehrpersonen wichtig zu sein.

Beim Einsatz von Unterrichtsvideos gilt es verschiedene Punkte zu beachten (Krammer et al., 2008; Krammer, 2009), die für eine kompetente
Lernbegleitung entscheidend sind:

- Die Reflexionen und Diskussionen über Unterrichtsvideos brauchen eine
  gute Einführung und Begleitung, da die Neigung zu abwertenden und ge-
  neralisierenden Kommentaren über die gefilmte Lehrperson gross ist. Um
  eine professionelle Reflexions- und Kommunikationsform mit den Lehrpersonen zu etablieren, braucht es eine gemeinsame Erarbeitung von
  Rückmeldungskriterien und eine Auseinandersetzung mit Prozessen der
  Wahrnehmung von Unterricht. Zum Aufbau solch konstruktiver Kommunikation über Unterricht eignen sich fremde Unterrichtsvideos. Eigene Unterrichtsvideos ermöglichen dann die Auseinandersetzung mit den
  Lehr- und Lernprozessen im eigenen Unterricht (Seidel et al., 2011).
- Um eine vertiefte Auseinandersetzung mit den videografierten Unterrichtsstunden zu fördern, sind ein thematischer Schwerpunkt und der
  zusätzliche Fokus auf die Lernprozesse der Schülerinnen und Schüler entscheidend. Nach Krammer et al. (2008) ist ein flexibles Thema
  der Unterrichtsqualität wie beispielsweise die kognitive Aktivierung der
  Lernenden besonders geeignet. Der Fokus auf die kognitive Aktivierung
  eröffnet vielfältige Diskussionsfelder wie beispielsweise kognitive Aktivierung durch kooperatives Lernen, herausfordernde Arbeitsaufträge oder
  individuelle Lernunterstützung. Mit der Auseinandersetzung über Lernprozesse der Schülerinnen und Schüler verbleibt die Reflexion (vgl. hierzu Wyss, 2013) nicht nur auf der Beschreibung der Oberflächenstruktur
  des Unterrichts.
- Die Diskussion über videografierte Unterrichtsstunden in Kleingruppen
  setzt eine gute Strukturierung und Begleitung der Kooperation voraus.
  Eine organisatorische und inhaltliche Begleitung ist von Nöten, welche
  adaptiv die Bedürfnisse der einzelnen Gruppen und Mitglieder berücksichtigt.
- Die Erkenntnisse, welche durch die Auseinandersetzung mit den Unterrichtsvideos erfolgen, werden in der Unterrichtspraxis umgesetzt. Das
  Umgesetzte kann wiederum gefilmt werden, was zu weiterer Reflexion
  über Lehr-Lern-Prozesse führt und die Auseinandersetzung vertieft und
  differenziert. Dies gilt auch für die unterrichtsbezogene Weiterbildung
  von Lehrpersonen.

Der Erfolg des Einsatzes von videografierten Unterrichtsstunden hängt weitgehend von der sorgfältigen Vorbereitung der Lernsettings und der Möglichkeit zum Austausch mit einer kompetenten, adaptiven Begleitung ab, wie dies oben beschriebene Ausführungen zeigen (Krammer & Reusser, 2004; Krammer et al., 2008, Krammer et al. 2009; Reusser, 2005b; Beck et al., 2008; Halbheer & Reusser, 2009).

Halbheer und Reusser (2009, S. 473) verglichen verschiedene Lernsettings für die weitere Professionalisierung von Lehrpersonen (Unterrichtsreflexion mit videografierten Unterrichtsstunden, fachdidaktisches und pädagogisches Coaching und kooperative Lerngemeinschaften) und nennen für innovative Lernsettings folgende Kriterien:

- unterrichtsnahe, nachhaltige Lernsettings und aktive, lernbereite Teilnahme der Lehrpersonen
- individualisierende, problemorientierte und fallorientierte Lernsettings, welche die Schülerinnen und Schüler fokussieren
- nicht blosse akademische Wissensvermittlung, sondern könnens- und kompetenzbasierte, individuelle und kooperative, eigenständige und geleitete Auseinandersetzungen
- nicht blosse Prozess- und Persönlichkeitsorientierung, sondern Inhaltorientierung, indem sich die Lernsettings nach Qualitätskriterien von gutem Unterricht ausrichten
- innerhalb der teilautonomen Schulen werden Entwicklungsschwerpunkte gesetzt
- den Mehrwert entweder durch eine weitere Qualifikation oder durch sichtbaren praktischen Nutzen für die Lehrpersonen erkennbar machen

Mit diesen Kriterien wird gewährleistet, dass ausgehend von einer Reflexion eigenen oder fremden Unterrichts, das (fach-)didaktische Handlungsrepertoire der Lehrpersonen im Hinblick auf adaptiven (Beck et al., 2008), verstehensorientierten Unterricht weiterentwickelt wird (Halbheer & Reusser, 2009). Dies setzt auch Bedingungen im Schulfeld voraus, da Anreize für die Lehrpersonen geschaffen werden müssen, damit diese voneinander zu lernen, gemeinsam Unterricht zu planen, sich gegenseitig zu besuchen und kooperative Netze zu bilden bereit sind (ebds., 2009). Insbesondere der Aufbau von kooperativen Netzen ist für die schnelle Eingliederung von neuen Kolleginnen und Kollegen, insbesondere Berufseinsteigende, wünschenswert. Eine Einbettung in kooperative Netzwerke am Anfang des ersten Berufsjahres könnte den Support, der in dieser Phase so wichtig ist, sicherstellen helfen.

Literatur

Adams, R.D., Hutchinson, S. & Martray, C. (1980). *A developmental study of teacher concerns across time.* Paper presented at the Annual conference of the American Educational Research Association, Boston (ERIC Document No. ED 189 181).

Adams, R.D. & Martray, C. (1981). *Teacher development: A study of factors related to teacher concerns for pre, beginning, and experienced teachers.* Paper presented at the Annual conference of the American Educational Research Association, Los Angeles (ERIC Document No. ED 200 591).

Aebli, H. (1998). *Zwölf Grundformen des Lehrens* (10. Aufl.). Stuttgart: Klett-Cotta.

Aguirre, J. & Speer, N. (2000). Examining the relationship between beliefs and goals in teacher practice. *Journal of Mathematical Behavior, 18,* 327-356.

Albisser, S. & Kirchhoff, E. (2007). Salute! Zur berufsgesundheitlichen Kompetenzentwicklung Studierender. *Journal für LehrerInnenbildung, 7* (4), 32-39.

Allinder, R.M. (1994). The relationship between efficacy and the instructional practices of special education teachers and consultants. *Teacher Education and Special Education, 17,* 86-95.

Allport, G. & Odbert, H. (1936): Trait-names: A psycho-lexical study. *Psychological Monographs, 47* (1), 1-171.

Ammon, P. & Lidstone, M. (2002). A key to successful teaching is understanding and focusing on student learning: Implications for teacher development. *ERS Spectrum, 20*(4), 27-37.

Anderson, J.R., Ryan, D.W. & Shapiro, B.J. (Eds). (1989). *The IEA Classroom Environment Study.* Oxford: Pergamon Press.

Antonovsky, A. (1990). Personality and health: Testing the sense of coherence model. In H.S. Friedman (Ed.), *Personality and disease* (pp. 155-177). New York: John Wiley & Sons.

Appius, S. (2010). *Kompetenzentwicklung in der Lehrer/innenausbildung und in den ersten Lehrberufsjahren – Junglehrkräfte auf dem Weg zur Lehrexpertise unter besonderer Berücksichtigung des zweiten Berufsjahres nach dem Einstieg in den Lehrberuf.* Unveröffentlichte Lizentiatsarbeit. Zürich: Institut für Erziehungswissenschaft der Universität Zürich.

Arnold, K.-H. (1999). Diagnostische Kompetenz erwerben. Wie das Beurteilen zu lernen und zu lehren ist. *Pädagogik, 51* (7-8), 73-77.

Arnold, K.-H. & Schreiner, S. (2006). Üben. In K.-H. Arnold, U. Sandfuchs & J. Wiechmann (Hrsg.), *Handbuch Unterricht* (S. 326-330). Bad Heilbrunn: Klinkhardt.

Aronson, E., Pines A. M. & Kafry D. (1983). *Ausgebrannt. Vom Überdruss zur Selbstentfaltung.* Stuttgart: Klett-Cotta.

Artelt, C. (2000). *Strategisches Lernen.* Münster: Waxmann.

Artelt, C., Demmrich, A. & Baumert, J. (2001). Selbstreguliertes Lernen. In J. Baumert, E. Klieme, M. Neubrand, M. Prenzel, U. Schiefele, W. Schneider, P. Stanat, K.J. Tillmann & M. Weiss (Hrsg.), *PISA 2000. Basiskompetenzen von Schülerinnen und Schülern im internationalen Vergleich* (S. 271-298). Opladen: Leske + Budrich.

Astor-Dubin, L. & Hammon, C. (1984). Cognitive versus behavioral coping responses of men and women: a brief report. *Cognitive Therapy and Research, 8* (1), 85-90.

Attria, M., Strohmeier, D. & Spiel, C. (2006). Der Einsatz von Vignetten in der Programmevaluation – Beispiel aus dem Anwendungsfeld „Gewalt in der Schule". In U. Flick (Hrsg.), *Qualitative Evaluationsforschung. Konzepte – Mehtoden – Umsetzung* (S. 233-249). Reinbek b. Hamburg: Rowohlt Taschenbuch Verlag.

Averill, J.R. (1973). Personal control over aversive stimuli and its relationship to stress. *Psychological Bulletin, 80* (4), 286-303.

Backhaus, K., Erichson, B, Plinke, W. & Weiber, R. (2003). *Multivariate Analysemtehoden – Eine anwendungsorientierte Einführung.* Berlin: Springer.

Baer, M. (1998). *Textverfassen als beobachtbarer und als förderungsfähiger Prozess.* Habilitationsschrift Universität Zürich (Polykopie).

Baer, M., Dörr, G., Fraefel, U., Kocher, M., Küster, O., Larcher, S., Müller, P., Sempert, W. & Wyss, C. (2007). Werden angehende Lehrpersonen kompetenter? Kompetenzaufbau und Standarderreichung in der berufswissenschaftlichen Ausbildung an drei Pädagogischen Hochschulen in der Schweiz und in Deutschland. *Unterrichtswissenschaft, 35* (1), 15-47.

Baer, M., Guldimann, T., Fraefel, U. & Müller, P. (2005). *Standarderreichung beim Erwerb von Unterrichtskompetenz im Lehrerstudium und im Übergang zur Berufstätigkeit.* Forschungsgesuch zuhanden des Schweizerischen Nationalfonds zur Förderung der wissenschaftlichen Forschung (Forschungsprojekt Nr. 100013-112467/1). Zürich: Pädagogische Hochschule, Departement Forschung und Entwicklung und St. Gallen: Pädagogische Hochschule St. Gallen, Kompetenzzentrum Forschung und Entwicklung.

Baer, M., Guldimann, T., Kocher, M., Larcher, S., Wyss, C., Dörr, G., Müller, P. & Smit, R. (2009). Auf dem Weg zu Expertise beim Unterrichten – Erwerb von Lehrkompetenz im Lehrerinnen- und Lehrerstudium. *Unterrichtswissenschaft, 37* (2), 118-144.

Baer, M., Kocher, M., Wyss, C., Guldimann, T., Larcher, S., & Dörr, G. (2011). Lehrerbildung und Praxiserfahrung im ersten Berufsjahr und ihre Wirkung auf die Unterrichtskompetenzen von Studierenden und jungen Lehrpersonen im Berufseinstieg, *Zeitschrift für Erziehungswissenschaft, 14* (1), 85-117. Verfügbar unter: http://www.springerlink.com/content/v8v381p0334242n5/ [Stand: 11.5.2011].

Ball, D.L. (1990). The mathematical understandings that prospective teachers bring to teacher education. *Elemantary School Journal, 90*, 449-466.

Ball, D.L. (1991). Research on teaching mathematics: Making subject matter part of the equation. In J. Brophy (Ed.), *Advances in Research on Teaching* (Vol. 2, pp. 1-48). Greenwich CT: JAI Press.

Ball, D.L. (2003). *Mathematical proficiency for all students. Toward a strategic research and development Program in mathematic education.* Santa Monica, CA: RAND Corporation. (ERIC Document No. ED 476 809).

Baltes, M.M. & Lang, F.R. (1997). Everyday functioning and successful aging: The impact of ressources. *Psychology and Aging, 12*, 433-443.

Bandura, A. (1977). Self-Efficacy: Toward a unifying theory of behavioural change, *Psychological Review, 84*, 191-215.

Bandura, A. (1986). *Social foundations of thought and action: A social cognitive theory*. Englewood Cliffs, NJ: Prentice Hall.

Bandura, A. (1988). Self-regulation of motivation and action through goal systems. In V. Hamilton, G.H. Bower & N.H. Frijda (Eds.), *Cognitive perspectives on emotion and motivation* (pp. 37-61). Dordrecht, the Netherlands: Kluwer Academic Publishers.

Bandura, A. (1989a). Human agency in social cognitive theory. *American Psychologist, 44*, 1175-1184.

Bandura, A. (1989b). Self-regulation of motivation and action through internal standards and goal systems. In L.A. Pervin (Ed.). *Goal Concepts in personality and Social Psychology,* (pp.19-85). Hillsdale, NJ: Erlbaum.

Bandura, A. (1993). Percieved self-efficacy in cognitive development and functioning, *Educational Psychologist, 28*, 117-148.

Bandura, A. (1997). *Self-efficacy. The exercise of control*. New York.

Bandura, A. (2008). Toward an agentic theory of the self. In H.W. Marsh, R.G. Craven & D.M. McInerney (Eds.), *Self-processes, learning, and enabling human potential: dynamic new approaches* (pp.15-49). Charlotte, NC: Information Age Publishing, Inc.

Bandura, A. & Jourden, F.J. (1991). Self-regulatory mechanisms governing the impact of social coparison on complex decision making. *Journal of Personality and Social Psychology, 60*, 941-951.

Barth, A.-R. (2006). Burnout bei Lehrern. In D.H. Rost (Hrsg.), *Handwörterbuch Pädagogische Psychologie* (3. überarb. und erw. Aufl.) (S. 71-76). Weinheim: Beltz Psychologie Verlags Union.

Bauer, K-O. (2000). Konzepte Pädagogischer Professionalität und ihre Bedeutung in der Lehrerarbeit. In J. Bastian, W. Helsper, S. Reh & C. Schelle (Hrsg.), *Professionalisierung im Lehrerberuf* (S. 55-72). Opladen: Leske & Budrich.

Baumert, J. (1993). Lernstrategien, motivationale Orientierungen und Selbstwirksamkeitsüberzeugungen im Kontext schulischen Lernens. *Unterrichtswissenschaft, 21*, 327-354.

Baumert, J., Klieme, E., Neubrand, M., Prenzel, M., Schiefele, U., Schneider, W., Stanat, P., Tillmann, K.J. & Weiss, M. (2001). *PISA 2000: Basiskompetenzen von Schülerinnen und Schülern im internationalen Vergleich*. Opladen: Leske + Budrich.

Baumert, J. & Kunter, M. (2006). Stichwort: Professionelle Kompetenz von Lehrkräften, *Zeitschrift für Erziehungswissenschaft, 4*, 469-520.

Baumert, J. & Kunter, M. (2011a). Das Kompetenzmodell von COACTIV. In M. Kunter, J. Baumert, W. Blum, U. Klusmann, S. Krauss & M. Neubrand (Hrsg.), *Professionelle Kompetenz von Lehrkräften. Ergebnisse des Forschungsprogramms COACTIV* (S. 29-53). Münster: Waxmann.

Baumert, J. & Kunter, M. (2011b). Das mathematikspezifische Wissen von Lehrkräften, kognitive Aktivierung im Unterricht und Lernfortschritte von Schülerinnen und Schüler. In M. Kunter, J. Baumert, W. Blum, U. Klusmann, S. Krauss & M. Neubrand (Hrsg.), *Professionelle Kompetenz von Lehrkräften. Ergebnisse des Forschungsprogramms COACTIV* (S. 259-276). Münster: Waxmann.

Baumert, J., Kunter, M., Blum, W., Brunner, M., Voss, T., Jordan, A. et al. (2010). Teachers' mathematical knowledge, cognitive activation in the classroom, and student progress. *American Educational Research Journal,* *47*(1), 133-180.

Baumert, J., Kunter, M., Brunner, M., Krauss, S., Blum, W. & Neubrand, M (2004). Mathematikunterricht aus Sicht der PISA-Schülerinnen und -Schüler und ihrer Lehrkräfte. In M. Prenzel, J. Baumert, W. Blum, R. Lehmann, D. Leutner, M. Neubrand, R. Pekrun, H. Rolff, J. Rost & U. Schiefele (Hrsg.), *PISA 2003. Der Bildungsstand der Jugendlichen in Deutschland – Ergebnisse des zweiten internationalen Vergleichs* (S. 314-354). Münster: Waxmann.

Baumert, J., Kunter, M., Brunner, M., Krauss, S., Blum, W. & Neubrand, M. (2006). Mathematikunterricht aus Sicht der PISA-Schülerinnen und -Schüler und ihrer Lehrkräfte. In Prenzel, M., Baumert, J., Blum, W., Lehmann, R., Leutner, D., Neubrand, M., Pekrun, R., Rolff, H., Rost, J. & Schiefele, U. (Hrsg.), *PISA 2003. Der Bildungsstand der Jugendlichen in Deutschland – Ergebnisse des zweiten internationalen Vergleichs* (S. 314-354). Münster: Waxmann.

Baumert, J., Lehmann, R., Lehrke, M., Schmitz, B., Clausen, M., Hosenfeld, I., Köller, O. & Neubrand, M. (1997). *TIMSS – Mathematisch-naturwissenschaftlicher Unterricht im internationalen Vergleich. Deskriptive Befunde.* Opladen: Leske + Budrich.

Beck, E., Baer, M., Guldimann, T., Bischoff, S., Brühwiler, Ch., Müller, P., Niedermann, R., Rogalla, M. & Vogt, F. (2006). *Wissenschaftlicher Schlussbericht zuhanden des Schweizerischen Nationalfonds zum Forschungsprojekt „Adaptive Lehrkompetenz. Analyse von Struktur, Veränderbarkeit und Wirkung handlungssteuernden Lehrerwissens"* (Projekt Nr.. 1114-066726.01). St. Gallen: Pädagogische Hochschule, Kompetenzzentrum Forschung und Entwicklung in Zusammenarbeit mit dem Departement Forschung und Entwicklung der Pädagogischen Hochschule Zürich.

Beck, E., Baer, M., Guldimann, T., Bischoff, S., Brühwiler, Ch., Müller, P., Niedermann, R., Rogalla, M. & Vogt, F. (2008). *Adaptive Lehrkompetenz. Analyse und Struktur, Veränderbarkeit und Wirkung handlungssteuernden Lehrerwissens.* Münster: Waxmann.

Beck, E., Guldimann, T. & Zutavern, M. (Hrsg.). (1995). *Eigenständig Lernen.* St.Gallen: UVK Fachverlag.

Belle, D. (1991). Gender differences in social moderators of stress. In A. Monat, R.S. Lazarus (Eds.), *Stress and coping: An anthology* (258-274). New York: Columbia Univ. Press.

Berliner, D.C. (1987). Der Experte im Lehrerberuf: Forschungsstrategien und Ergebnisse. *Unterrichtswissenschaft, 15*, 295-305.

Berliner, D.C. (1988). Implications of studies in pedagogy for teacher education and evaluation. In J. Pfleiderer (Ed.). *New directions for teacher assessment* (pp. 39-68). Princeton, NJ: Educational Testing Service.

Berliner, D., C. (1992). The Nature of Expertise in Teaching. In F. Oser, A. Dick & J.-L. Patry (Hrsg.), *Effective and Responsible Teaching. The New Synthesis* (S. 227-248). San Francisco: Jossey-Bass Publishers.

Berliner, D.C. (1994). Expertise: The wonder of exemplary performances. In C. C. Block, H. Barnes & J.N. Mangieri (Eds.), *Creating Powerful Thinking in Teachers and Students* (pp. 161-186). Wadsworth Pub Co.

Berliner, D.C. (2001). Learning about and learning from expert teachers. *International Journal of Educational Research, 35*, 463-482.

Berry, D. C. & Broadbent, D. E. (1984). On the relationship between task performance and associated verbalizable knowledge. *Quarterly Journal of Experimental Psychology, 36,* 209-231.

Betz, N. E. & Hackett, G. (1981). The relationship of career-related self-efficacy expectations to perceived career options in college women and men. *Journal of Counseling Psychology, 28,* 399-410.

Betz, N. E. & Hackett, G. (1983). The relationship of mathematics self-efficacy expectations to the selection of sciencebased college majors. *Journal of Vocational Behavior, 23,* 329-345.

Betz, N. E. & Hackett, G. (1986). Applications of self-efficacy theory to understanding career choice behaviour. *Journal of Social and Clinical Psychology, 4,* 279-289.

Betz, N. E. & Hackett, G. (1987). Concept of agency in educational and career development. *Journal of Counseling Psychology, 34,* 299-308.

Betz, N. E. & Hackett, G. (1997). Applications of Self-Efficacy Theory to the Career Assessment of Women. *Journal of career assessment, 4,* 383-402.

Blömeke, S. (2003). *Lehrerausbildung – Lehrerhandeln – Schülerleistungen. Perspektiven nationaler und internationaler empirischer Bildungsforschung.* Antrittsvorlesung, Humboldt-Universität zu Berlin. Verfügbar unter: http://www.erziehungswissenschaften.huberlin.de/institut/abteilungen/didaktik/data/aufsaetze/2005/Lehrerausbildung_Lehrerhandeln_Schuelerleistungen.pdf [Stand: 28.12.2013].

Blömeke, S., Bremerich-Vos, A., Haudeck, H., Kaiser, G., Lehmann, R., Nold, G., Schwippert, K. & Willenberg, H. (Hrsg.). (2011). *Kompetenzen von Lehramtsstudierenden in gering strukturierten Domänen: Erste Ergebnisse aus TEDS-LT.* Münster: Waxmann.

Blömeke, S., Bremerich-Vos, A., Kaiser, G., Nold, G., Haudeck, H., Kessler, J.-U. & Schwippert, K. (Hrsg.). (2013). *Professionelle Kompetenzen im Studienverlauf.* Münster: Waxmann.

Blömeke, S., Eichler, D. & Müller, C. (2003). Rekonstruktion kognitiver Strukturen von Lehrpersonen als Herausforderung für die empirische Unterrichtsforschung. *Unterrichtswissenschaft, 31* (2), 103 – 121.

Blömeke, S., Kaiser, G. & Lehmann, R. (Hrsg.). (2008). *Professionelle Kompetenz angehender Lehrerinnen und Lehrer. Wissen, Überzeugungen und Lerngelegenheiten deutscher Mathematikstudierender und -referendare. Erste Ergebnisse zur Wirksamkeit der Lehrerausbildung.* Münster: Waxmann.

Blömeke, S., Kaiser, G. & Lehmann, R. (Hrsg.). (2010a). TEDS-M 2008: *Professionelle Kompetenz und Lerngelegenheiten angehender Primarstufenlehrkräfte im internationalern Vergleich.* Münster: Waxmann.

Blömeke, S., Kaiser, G. & Lehmann, R. (Hrsg.). (2010b). TEDS-M 2008: *Professionelle Kompetenz und Lerngelegenheiten angehender Mathematiklehrkräfte im internationalern Vergleich.* Münster: Waxmann.

Bloom, B. S. (1971). Mastery learning. In J. H. Block (Ed.), *Mastery learning: Theory and practice.* New York: Holt, Rinehart & Winston.

Boekaerts, M., Pintrich, P.R. & Zeidner, M. (Eds.). (2000). *Handbook of Self-Regulation.* Sand Diego: Academic Press.

Bohnsack, F. (2004). Persönlichkeitsbildung von Lehrerinnen und Lehrern. In S. Blömeke, P. Reinhold, G. Tulodziecki & J. Wildt (Hrsg.), *Handbuch Lehrerbildung* (S. 152-164). Braunschweig: Klinkhardt.

Borich, G.D. (2007a). *Effective teaching methods. Research-based practice* (6. Aufl.). Upper Saddle River, NJ: Pearson Education.

Borich, G.D. (2007b). *Observation Skills for Effective Teaching* (5. Aufl.). Upper Saddle River, NJ: Merrill Prentice Hall.

Borkenau, P. & Ostendorf, F. (1993). *NEO-Fünf-Faktoren-Inventar (NEO-FFI) nach Costa und McCrae* (S. 5-10, 27-28). Göttingen: Hogrefe.

Borko, H. (2004). Professional Development and Teacher Learning: Mapping the Terrain. *Educational Researcher, 33*(8). 3-15. Verfügbar unter: http://www. aera.net/uploadedFiles/Journals_and_Publications/ Journals/Educational_Re searcher/Volume_33_No_8/02_ERv33n8_Borko.pdf [Stand: 20.3.2010].

Borko, H., Eisenhart, M., Brown, C. Underhill, R., Jones, D. & Agard, P. (1992). Learning to teach hard mathematics: Do novice teachers and their instructors give up too easily? *Journal for Research in Mathematics Education, 23*, 194-222.

Borko, H. & Putman, R.T. (1996). Learning to teach. In D.C. Berliner & R.C. Calfee (Eds.), *Handbook of Educational Psychology* (pp. 673-708). New York: Macmillan.

Bortz, J. (1999). *Statistik für Sozialwissenschaftler* (5. Vollst. Überarb. Aufl.) Berlin u.a.: Springer-Verlag.

Bransford, J. (1990). Anchored instruction: Why we need it and how technology can help. In D. Nix & R. Spiro (Hrsg.), *Cognition, education and multimedia*. Hillsdale/NJ: Erlbaum.

Brigham, F.J., Scruggs, T.E. & Mastropieri, M.A. (1992). Teacher enthusiasm in learning disabilities classrooms: Effects on learning and behaviour. *Learning Disabilities Research and Practice, 7*, 68-73.

Bromme, R. (1992). *Der Lehrer als Experte. Zur Psychologie des professionellen Wissens.* Bern: Huber.

Bromme, R. (1995). Was ist „pedagogical content knowledge"? Kritische Anmerkungen zu einem fruchtbaren Forschungsprogramm. In S. Hopmann & K. Riquarts (Hrsg.), *Didaktik und/oder Curriculum* (Zeitschrift für Pädagogik, Beiheft 33, S. 105-115). Weinheim: Beltz.

Bromme, R. (1997). Kompetenzen, Funktionen und unterrichtliches Handeln des Lehrers. In F.E. Weinert (Hrsg.), *Psychologie des Unterrichts und der Schule. Enzyklopedie der Psychologie, Serie I, Pädagogische Psychologie, Bd. 3* (S. 177-212). Göttingen u.a.O.: Hogrefe.

Bromme, R. (2001). Teacher Expertise. In J.J. Smelser & P.B. Baltes (Eds.), *International Encyclopedia of the Social and Behavioral Sciences* (pp. 15459-15465). Oxford: Elsevier Science.

Bromme, R. (2004). Das implizite Wissen des Experten. In B. Koch-Priewe, F.-U. Kolbe & J. Wildt (Hrsg.), *Grundlagenforschung und mikrodidaktische Reformansätze zur Lehrerbildung* (S. 22-48). Bad Heilbrunn: Klinkhardt.

Bromme, R. & Haag, L. (2004). Forschung zur Lehrerpersönlichkeit. In W. Helsper & J. Böhme (Hrsg.), *Handbuch Schulforschung* (S. 777-793). Wiesbaden: VS.

Brophy, J. E. (1999). *Teaching. Educational practices series (Vol. 1).* Brussels: International Academy of Education & International Bureau of Education. Verfügbar unter: www.ibe.unesco.org [20.03.10].

Brophy, J. E. (2006). History of Research on Classroom Management. In C.M. Evertson & C.S. Weinstein (Eds.), *Handbook of Classroom Management. Re-*

search, Practice, and Contemporary Issues (pp. 17-43). Mahwah, NJ: Lawrence Erlbaum.

Brophy, J. E. & Good, T. (1986). Teacher Behavior and Student Achievement. In M.C. Wittrock (Ed.), *Handbook of Research on Teaching* (pp. 328-375). New York: McMillan.

Brouwer, N. & ten Brinke, S. (1995a). Der Einfluss integrativer Lehrerausbildung auf die Unterrichtskompetenz (I). *Empirische Pädagogik 9* (1), 3-31.

Brouwer, N. & ten Brinke, S. (1995b). Der Einfluss integrativer Lehrerausbildung auf die Unterrichtskompetenz (II). *Empirische Pädagogik 9* (3), 289-330.

Brunner, M., Anders, Y. Hachfeld, A. & Krauss, S. (2011). Diagnostische Fähigkeiten von Mathematiklehrkräften. In M. Kunter, J. Baumert, W. Blum, U. Klusmann, S. Krauss & M. Neubrand (Hrsg.), *Professionelle Kompetenz von Lehrkräften. Ergebnisse des Forschungsprogramms COACTIV* (S. 215-234). Münster: Waxmann.

Brunner, M., Kunter, M., Krauss, S., Klusmann, U., Baumert, J., Blum, W. Neubrand, M., Dubberke, T., Jordan, A., Löwen, K. & Tsai, Y.-M. (2006). Die frpfessionelle Kompetenz von Mathematiklehrkräften: Konzeptualisierung, Erfassung und Bedeutung für den Unterricht. Eine Zwischenbilanz des COACTIV-Projekts. In M. Prenzel & L. Allolio-Näcke (Hrsg.), *Untersuchungen zur Bildungsqualität von Schule* (S. 54-82). Münster: Waxmann.

Buhren, G.C. & Rolff, H.-G. (2002). *Personalentwicklung in Schulen. Konzepte, Praxisbausteine, Methoden.* Weinheim, Basel: Beltz.

Burden, P.R. (1981). *Teachers' perceptions of their personal and professional development.* Paper presented at the Annual meeting of the Midwe (ERIC Document No. ED 210 258).

Calderhead, J. (1996). Teachers: Beliefs and knowledge. In D.C. Berliner & R.C. Calfee (Eds.), *Handbook of Educational Psychology* (pp. 709-725). New York: Macmillan.

Cameron, J. & Pierce, W.D. (1994). Reinforcement, reward, and intrinsic motivation: A meta-analysis. *Review of Education Research, 64*, 363-423.

Campbell, J., Kyriakides, L. Muijs, D. & Robinson, W. (2004). *Assessing teacher effectiveness. Developing a differentiated model.* London: Routledge Falmer.

Carpenter, T.P. & Fennema, E. (1992). Cognitively guided instruction: Building on the knowledge of students and teachers. *International Journal of Educational Research, 17*, 457-470.

Carpenter, T.P., Fennema, E., Peterson, P.L. & Carey, D. (1988). Teachers' pedagogical content knowledge of students' problem solving. *Journal of Research in Mathematics Education, 19*, 385-401.

Carpenter, T.P., Fennema, E., Peterson, P.L., Chiang, C.P. & Loef, M. (1989). Using knowledge of children's mathematics thinking in classroom teaching: An Experimental study. *American Educational Research Journal, 26*, 499-532.

Carroll, J. B. (*1963*). A model of school learning. *Teachers College Record, 64*, 723-733.

Carter, K. (1990). Teachers' knowledge and learning to teach. In W.R. Houston (Ed.), Handbook of research on teacher education (pp. 291-310). New York: Macmillan.

Carver, C.S. & Scheier, M.F. (1981). *Attention and self-regulation: A control-theory approach to human behavior.* New York: Springer-Verlag.

Carver, C.S. & Scheier, M.F. (1998). *On the self-regulation of behavior*. New York: Cambridge University Press.

Cattell, R.B. (1943). The description of personality: basic traits resolved into clusters. *Journal of Abnormal and Social Psychology, 38* (4), 476-506.

Chall, J.S. (2002). *The academic achievement challenge. What really works in the classroom*. New York: Guilford.

Chwalisz, K., Altmaier, E.M., & Russell, D.W. (1992). Causal attributions, self-efficacy cognitions, and coping with stress. *Journal of Social and Clinical Psychology, 11*, 377-400.

Clandinn, D.J. & Connelly, F.M. (1987). *Narrative, experience and the study of curriculum*. Paper presented at the Annual Meeting of the Midwe (ERIC Document No. ED 306 208).

Clandinn, D.J. & Connelly, F.M. (1995). Teachers' professional knowledge landscapes: Teacher Stories – Stories of Teachers – School Stories – Stories of Schools. *Educational Researcher, 25* (3), 24-30.

Clausen, M., Reusser, K. & Klieme, E. (2003). Unterrichtsqualität auf der Basis hochinferenter Unterrichtsbeurteilung: Ein Vergleich zwischen Deutschland und der deutschsprachigen Schweiz. *Unterrichtswissenschaft, 31*(2), 122-141.

Cochran-Smith, M. & Lytle, S. (1993). *Inside/outside: Teacher research and knowledge*. New York: Plenum.

Cochran-Smith, M. & Zeichner, K.M. (Eds.). (2005). *Studying teacher education*. Mahwah, NJ: Lawrence Erlbaum.

Coladarci, T. (1986). Accuracy of teacher judgements of student responses to standardized test items. *Journal of Educational Psychology, 78*, 141-146.

Collins, A., Brown, J.S. & Newman, S.E. (1989). Cognitive apprenticeship: Teaching the craft of reading, writing and mathematics. In L.B. Resnick (Ed.), *Knowing, learning and instruction: Essays in honor of Robert Glaser* (pp. 453-494). Hillsdale, NJ: Erlbaum.

Conway, P.F. & Clark, C.M. (2003). The journey inward and outward: A re-examination of Fuller's concerns-based model of teacher development. *Teaching and Teacher Education, 19* (5), 465-482.

Costa, P.T. & McCrae, R.R. (1985). *The NEO Personality Inventory. Manual Form S and Form R*. Odessa, Florida: Psychological Assessment Resources.

Dann, H.D. (2000). Lehrerkognitionen und Handlungsentscheidungen. In M.K.W. Schweer (Hrsg.), *Lehrer-Schüler-Interaktion* (S. 79-108). Opladen: Leske + Budrich.

Dann, H.D., Müller-Fohrbrodt, G. & Cloetta, B (1978). *Umweltbedingungen innovativer Kompetenz. Eine Längsschnittuntersuchung zur Sozialisation von Lehrern in Ausbildung und Beruf*. Stuttgart: Klett-Cotta.

Darling, A.L. & Civikly, J.M. (1987). The effect of teacher humor on student perceptions of classroom communicative climate. *Journal of Classroom Interaction, 22*, 24-30.

Darling-Hammond, L. (2000). Teacher quality and student achievement: A review of state policy evidence. *Education Policy Analysis Archives, 8*, 1-46.

Darling-Hammond, L. & Bransford, J. (Eds.). (2005). *Preparing Teachers for a Changing World. What Teachers should learn and be able to do*. San Francisco: Jossey-Bass.

Datler, W. (2004). Pädagogische Professionalität und die Bedeutung des Erlebens. In B. Hackl (Hrsg.), *Zur Professionalisierung pädagogischen Handelns* (S. 113-130). Münster: LIT.

De Jager, B. (2002). *Teaching reading comprehension: the effects of direct instruction and cognitive apprenticeship on comprehension skills and metacognition.* Verfügbar unter: http://dissertations.ub.rug.nl/ faculties/ppsw/2002/b. de.jager/ [Stand: 21.3.2010]

Deci, E.L. & Ryan, R.M. (1985). *Intrinsic motivation and self-determination in human behavior.* New York: Plenum.

Deci, E.L. & Ryan, R.M. (1993). Die Selbstbestimmungstheorie der Motivation und ihre Bedeutung für die Pädagogik. *Zeitschrift für Pädagogik, 39* (2), 223-238.

Deci, E.L. & Ryan, R.M. (2000). The "what" and "why" of goal pursuits: Human needs and the self-determination of behavior. *Psychological Inquiry, 11*, 227-268.

Dick, A. (1996). *Vom unterrichtlichen Wissen zur Praxisreflexion: Das praktische Wissen von Expertenlehrern im Dienste zukünftiger Junglehrer.* Bad Heilbrunn: Klinkhardt, 2. Auflage.

Diedrich, M., Thussbas, C. & Klieme, E. (2002). Professionelles Lehrerwissen und selbstberichtete Unterrichtspraxis im Fach Mathematik. In M. Prenzel & J. Doll (Hrsg.), *Bildungsqualität von Schule: Schulische und ausserschulische Bedingungen mathematischer, naturwissenschaftlicher und überfachlicher Kompetenzen* (Zeitschrift für Pädagogik, 45. Beiheft, S. 107-123). Weinheim: Beltz. Verfügbar unter: http://www.pedocs.de/volltexte/2011/3942/ pdf/ZfPaed_45_Beiheft_Diedrich_Thussbas_Klieme_Professionelles_ Lehrerwissen_D_A.pdf [Stand: 28.12.2013].

Ditton, H. (2000). Qualitätskontrolle und -sicherung in Schule und Unterricht. Ein Überblick über den Stand der empirischen Forschung. In A. Helmke, W. Hornstein & E. Terhart (Hrsg.), *Qualität und Qualitätssicherung im Bildungsbereich: Schule, Sozialpädagogik, Hochschule* (Zeitschrift für Pädagogik, 41. Beiheft, S. 73-92). Weinheim: Beltz.

Ditton, H. (2006). Unterrichtsqualität. In K.-H. Arnold, U. Sandfuchs & J. Wiechmann (Hrsg.), *Handbuch Unterricht* (S. 235-243). Bad Heilbrunn: Klinkhardt.

Ditton, H. (2007). Erwartungen verdeutlichen und Ergebnisse sichern. Was wissen wir über Kompetenzorientierung? *Pädagogik, 9*, 40-51.

Ditton, H. & Merz, D. (2000). *Materialien – QualitätsSicherung in Schule.* Fragebogen für Schüler/innen. Verfügbar unter: http://www.quassu.net/seite4.htm [Stand: 20.3.2010].

Dreyfus, H. L., & Dreyfus, S. E. (1986). *Mind over machine: The power of human intuition and expertise in the era of the computer.* New York: The Free Press.

Dubberke, T. & Kunter, M. (2006). *Lerntheoretische Überzeugungen von Mathematiklehrkräften als Aspekt der Lehrerkompetenz.* Vortrag auf dem 45. Kongress der Gesellschaft für Psychologie, Nürnberg.

Dubs, R. (2005). *Die Führung einer Schule. Leadership und Management.* Zürich: Verlag SKV.

Duell, O.K. & Schommer-Aikins, M. (2001). Measures of people's beliefs about knowledge and learning. *Educational Psychology Review, 13*, 419-449.

Edelstein, W. (1999). Bedingungen erfolgreicher Schultransformation. In E. Risse & H.-J. Schmidt (Hrsg.), *Von der Bildungsplanung zur Schulentwicklung.* Neuwied: Luchterhand.

Edelstein, W. (2002). Selbstwirksamkeit, Innovation und Schulreform. Zur Diagnose der Situation. In M. Jerusalem & D. Hopf (Eds.), *Selbstwirksamkeit und Motivationsprozesse in Bildungsinstitutionen* (Zeitschrift für Pädagogik, 44. Beiheft, S. 13-27). Weinheim: Beltz. Verfügbar unter: http://www.pedocs.de/volltexte/ 2013/7863/pdf/ZfPaed_44.Beiheft.pdf [Stand: 27.12.13].

Einsiedler, W. (1997). Unterrichtsqualität und Leistungsentwicklung. Literaturüberblick. In F.E. Weinert & A. Helmke (Hrsg.), *Entwicklung im Grundschulalter* (S. 225-240). Weinheim: Psychologie Verlags Union.

Eisenhart, M., Borko, H., Underhill, R., Brown, C., Jones, D. & Agard, P. (1993). Conceptual knowledge fall through the cracks: Complexities of learning to teach mathematics for understanding. *Journal of Research in Mathematics Education, 24*, 8-40.

Emmer, E.T. & Stough, L.M. (2001).Classroom Management: A Critical Part of Educational Psychology, With Implications for Teacher Education. *Educational Psychologist, 36*(2), 103-112.

Epel, E.S., Bandura, A. & Zimbardo, P.G. (1999). Escaping homelessness: The influences of self-efficacy and time perspective on coping with homelessness. *Journal of Applied Social Psychology, 29*, 575-596.

Even, R. (1993). Subject-matter knowledge and pedagogical content knowledge: Prospective secondary teachers and the function concept. *Journal for Research in Mathematics Education, 24*, 94-116.

Everitt B.S. & Dunn G. (1991). *Applied Multivariate Data Analysis.* London: Edward Arnold.

Evertson, C.M. & Weinstein, C.S. (Hrsg.). (2006). *Handbook of Classroom Management. Research, Practice, and Contemporary Issues.* Mahwah, NJ: Lawrence Erlbaum.

Fend, H. (1976). Schüler-Lehrer-Verhältnis und Sozialisationseffekte. In Landeszentrale für politische Bildung des Landes Nordrhein-Westfalen (Hrsg.), *Erziehungsnotstand? Sozialisation und Erziehung in Konsens und Dissens* (S. 117-139). Köln: Wissenschaft und Politik, Berend von Nottbeck.

Fennema, E., Carpenter, T.P., Franke, M.L., Levi, L., Jacobs, V.R. & Empson, S.B. (1996). A longitudinal study of learning to use children's thinking in mathematics instruction. *Journal for Research in Mathematics Education, 27*, 403-434.

Fenstermacher, G. (1994). The knower and the known. The nature of knowledge in research on teaching. In L. Darling-Hammond (Ed.), *Review of Research in Education* (Vol. 20, pp. 3-56). Washington, DC: American Educational Research Association.

Festinger, L. (1954). A theory of social comparison processes. *Human Relations, 7*, 117-140.

Fleming, R., Baum, A. & Singer J.E. (1984). Toward an integrative approach to the study of stress. *Journal of Personality and Social Psychology, 46* (4), S. 939-949.

Folkman, S. (1984). Personal control and stress and the coping process: a theoretical analysis. *Journal of Personality and Social Psychology 46* (4): 839-852.

Folkman S. & Lazarus R.S. (1985). If it changes it must be a process: Study of emotion and coping during three stages of a college examination. *Journal of Personality and Social Psychology, 48*, 150-170.

Franke, M.L., Carpenter, T.P. Levi, L. & Fennema, E. (2001). Capturing teachers' generative change: A follow-up study of professional development in mathematics. *American Educational Research Journal, 38*, 635-689.

Fraser, B.J., Walberg, H.J., Welch, W. & Hattie, J.A. (1987). Syntheses of educational productivity research. *International Journal of Educational Research, 11*, 145-252.

Frese, M. (1989). Gütekriterien zur Operationalisierung von sozialer Unterstützung am Arbeitsplatz. *Zeitschrift für Arbeitswissenschaft, 43* (2), 112-121.

Friedman, I.A. (2000). Burnout in teachers: shattered dreams of impeccable professional performance. *Journal of Clinical Psychology, 56* (5), 595-606.

Friedman, I.A. & Farber, B.A. (1992). Professional self-concept as a predictor of teacher burnout. *Journal of Educational Research, 86*, 70-84.

Friedrich, H. F. (2006). Kognitive Meisterlehre. In K.-H. Arnold, J. Wiechmann, & U. Sandfuchs (Eds.), *Handbuch Unterricht* (S. 340-343). Bad Heilbrunn: Klinkhardt.

Fuchs, L.S., Fuchs, D., & Bishop, N. (1992). Instructional adaptation for students at risk. *Journal of Educational Research, 86*, 70-84.

Fuller, F. (1969). Concerns of teachers: A developmental conceptualization. *American Educational Research Journal, 6*(2), 207-226.

Gage, N.L. & Berliner, D.C. (1996). *Pädagogische Psychologie* (5.Aufl.). Weinheim: Beltz.

Gage, N.L. & Berliner, D.C. (1998). *Educational Psychology* (6. Aufl.). Boston: Houghton Mifflin.

Goddard, R.D., Hoy, W.K., & Woolfolk Hoy, A. (2004). Collective efficacy beliefs: Theoretical developments, empirical evidence, and future directions. *Educational Researcher, 33*, 3-13.

Goethals, G.R. & Darley, J.M. (1977). Social comparison theory: Attributional approach. In J.M. Suls & R.L. Miller (Eds.), *Social comparison processes: Theoretical and empirical perspectives* (pp. 259-278). Washington, D.C.: Hemisphere.

Goldhaber, D.D. & Brewer, D.J. (1997). Evaluating the effect of teacher degree level on educational performance. In J.W. Fowler (Ed.), *Developments in School Finance 1996* (pp.197-210). Washington, DC: National Center for Education Statistics (ED).

Goldhaber, D.D. & Brewer, D.J. (2000). Does teacher certification matter? High school teacher certification status and student achievement. *Educational Evaluation and Policy Analysis, 22*, 129-145.

Gollwitzer, P.M. (1991). *Abwägen und Planen: Bewusstseinslagen in verschiedenen Handlungsphasen.* Göttingen: Hogrefe.

Goodson, I.F., Hopmann, S. & Riquarts, K. (Hrsg.). (1999). *Das Schulfach als Handlungsrahmen. Vergleichende Untersuchung zur Geschichte und Funktion der Schulfächer.* Köln u.a.O.: Böhlau Verlag.

Green, S.B. & Salkind, N.J. (2008). *Using SPSS for Windows and Macintosh: analyzing and understanding data* (5th ed.). New Jersey: Pearson Prentice Hall.

Grob, A. & Jaschinski, U. (2003). *Erwachsen werden: Entwicklungspsychologie des Jugendalters.* Weinheim: Beltz.

Groeben, N. & Scheele, B. (Hrsg.). (1988). *Dialog-Konsens-Methoden zur Rekonstruktion subjektiver Theorien.* Tübingen: Francke Verlag.

Grossman, P. (1990). *The making of a teacher.* New York: Teachers College Press.

Grossman, P. (1995). Teachers' knowledge. In L.W. Anderson (Ed.), *The International Encyclopedia of Teaching and Teacher Education* (2nd ed.) (pp. 20-24). Oxford: Pergamon Pr.

Grossman, P. (2008). Responding to our critics: From crisis to opportunity in research in teacher education. *Journal of Teacher Education, 59* (1), 10-23.

Grossman, P. & McDonald, M. (2008). Back to the Future: Directions for Research in Teaching and Teacher Education, *American Educational Research Journal, 45*(1), 184-205.

Grossman, P. & Stodolsky, S.S. (1995). Content as content: The role of school subjects in secondary school teaching. *Educational Researcher, 24*, 5-11.

Grossman, P., Wilson, S.M. & Shulman, L. (1989). Teachers of substance: Subject matter knowledge for teaching. In M.C. Reynolds (Ed.), *Knowledge Base for the Beginning Teacher* (pp. 23-36). Oxford: Pergamon.

Gruber, H. (2001). Acquisition of expertise. In J.J. Smelser & P.B. Baltes (Eds.), *International Encyclopedia of the Social and Behavioral Sciences* (pp. 5145-5150). Oxford: Elsevier Science.

Gruehn, S. (2000). *Unterricht und schulisches Lernen. Schüler als Quellen der Unterrichtsbeschreibung.* Münster: Waxmann.

Gudmundsdottir, S. (1991). Pedagogical models of subject matter. In J. Brophy (Ed.), *Advances in Research on Teaching* (Vol. 2, pp. 265-304). Greenwich, CT: JAI Press.

Gruschka, A. (2007). „Was ist guter Unterricht?" – Über neue Allgemein-Modellierungen aus dem Geiste der empirischen Unterrichtsforschung. *Pädagogische Korrespondenz, 36*, 10-43.

Gudjons, H. (2005). Methoden und Strategien intelligenten Übens. *Pädagogik, 57* (11), 12-15.

Guskey, T.R. (1984). The influence of change in instructional effectiveness upon the affective characteristics of teachers. *American Educational Research Journal, 21*, 245-259.

Guskey, T.R. (1988). Teacher efficacy, self-concept, and attitudes toward the implementation of instructional innovation. *Teaching and Teacher Education, 4*, 63-69.

Hackett, G. & Betz, N. (1981). A Self-Efficacy Approach to the Career Development of Women. *Journal of vocational behaviour, 3*, 326-39.

Hackl, B. (2004). Explizites und implizites Wissen. Menschliches Handeln im Spannungsfeld von Intentionalität, Rationalität und praktischem Können. In B. Hackl & G.H. Neuweg (Hrsg.), *Zur Professionalisierung pädagogischen Handelns* (S. 69-112). Münster: Lit.

Haertel, G. D., Walberg, H. J., & Weinstein, T. (1983). Psychological models of educational performance: A theoretical synthesis. *Review of Educational Research, 53*, 75–92.

Halbheer, U. & Reusser, K. (2009). Innovative Settings und Werkzeuge der Weiterbildung als Bedingung für die Professionalisierung von Lehrpersonen. In O. Zlatkin-Troitschanskaia, K. Beck, D. Sembill, R. Nickolaus & R. Mulder (Hrsg.), *Lehrprofessionalität. Bedingungen, Genese, Wirkungen und ihre Messung* (S. 465-476). Weinheim: Beltz.

Hallsten, L. (1993). Burning out: A framework. In W. Schaufeli, C. Malsach & T. Marek (Eds.), *Professional Burnout: Recent developments in theory and research* (pp. 95-113). Washington, D.C.: Taylor & Francis.

Hammerness, K., Darling-Hammond, L. & Bransford, J. (2005). How teachers learn and develop. In L. Darling-Hammond & J. Bransford (Eds.), *Preparing Teachers for a Changing World* (S.358-389). San Francisco: Jossey-Bass.

Handal, B. (2003). Teachers' mathematical beliefs: A review. *The Mathematics Educator, 13* (2), 47-57.

Hänsel, D. (1985). Der Mythos vom konservativen Wandel der Lehrer. Eine Reinterpretation der Konstanzer Studie. *Zeitschrift für Pädagogik, 31* (5), 631-645.

Hany, E.A. (1992). Identifikation von Hachbegabten im Schulalter. In K.A. Heller (Hrsg.), *Hochbegabung im Kindes- und Jugendalter* (S. 38-163). Göttingen: Hogrefe.

Hascher, T. (2005). Die Erfahrungsfalle. *Journal für Lehrerinnen- und Lehrerbildung, 5*(1), 40-46.

Hascher, T. & Hagenauer, G. (2010). Lernen aus Fehlern. In C. Spiel, B. Schober, P. Wagner & R. Reimann, *Bildungspsychologie* (377-381). Göttingen u.a.: Hogrefe.

Hasselhorn, M. & Gold, A. (2006). *Pädagogische Psychologie. Erfolgreiches Lernen und Lehren.* Stuttgart: Kohlhammer.

Hawkins, E.F., Stancavage, F.B. & Dossey, J.A. (1998). *School Policies and Practices Affecting Instruction in Mathematics: Findings from the National Assessment of Educational Progress.* Washington, DC: National Center for Education Statistics.

Helmke, A. (1983). *Schulische Leistungsangst – Erscheinungsformen und Entstehungsbedingungen. Integration theoretischer Ansätze und empirische Analysen zu Risikofaktoren schulischer Leistungsangst in Schule und Familie.* Frankfurt: Lang.

Helmke, A. (2003). *Unterrichtsqualität erfassen, bewerten, verbessern.* Seelze: Kallmeyer.

Helmke, A. (2009). *Unterrichtsqualität und Lehrprofessionalität. Diagnose, Evaluation und Verbesserung des Unterrichts.* Seelze-Velber: Kallmeyer in Verbindung mit Klett.

Helmke, A., Helmke, T., Heyne, N., Hosenfeld, A., Schrader, F.-W. & Wagner, W (2008a). *Die Instrumente der Studie „VERA – Gute Unterrichtspraxis". Teil 1: Tests, Fragebögen, Interviewleitfaden.* Landau: Universität Koblenz-Landau, Campus Landau.

Helmke, A., Helmke, T., Schrader, F.-W., Wagner, W., Klieme, E., Nold, G. & Schröder, K. (2008b). Wirksamkeit des Englischunterrichts. In DESI-Konsortium (Hrsg.), *Unterricht und Kompetenzerwerb in Deutsch und Englisch. Ergebnisse der DESI-Studie* (S. 382-397). Weinheim: Beltz.

Helmke, A., Helmke, T., Schrader, F.-W., Wagner, E., Nold, G. & Schröder, K. (2008c). Alltagspraxis des Englischunterrichts. In DESI-Konsortium (Hrsg.), *Unterricht und Kompetenzerwerb in Deutsch und Englisch. Ergebnisse der DESI-Studie* (S. 371-381). Weinheim: Beltz.

Helmke, A., Hosenfeld, I., Schrader, F.W. & Wagner, W. (2002a). Unterricht aus der Sicht der Beteiligten. In A. Helmke & R.S. Jäger (Hrsg.), *Die Studie MARKUS – Mathematik-Gesamterhebung Rheinland-Pfalz: Kompetenzen, Unterrichtsmerkmale, Schulkontext. Grundlagen und Perspektiven* (S. 325-411). Landau: Verlag Empirische Pädagogik.

Helmke, A., Hosenfeld, I. & Schrader, F.W. (2003). Diagnosekompetenz in Ausbildung und Beruf entwickeln. *Karlsruher Pädagogische Beiträge, 55*, 15-34.

Helmke, A., Hosenfeld, I. & Schrader, F.W. (2004). Vergleichsarbeiten als Instrument zur Verbesserung der Diagnosekompetenz von Lehrkräften In R. Arnold & C. Griese (Hrsg.), *Schulleitung und Schulentwicklung* (S. 119-144). Hohengehren: Schneider-Verlag.

Helmke, A. & Jäger, R.S. (Hrsg.). (2002). *Die Studie MARKUS – Mathematik-Gesamterhebung Rheinland-Pfalz: Kompetenzen, Unterrichtsmerkmale, Schulkontext.* Landau: Verlag Empirische Pädagogik.

Helmke, A., Jäger, R.S., Balzer, L., Hosenfeld, I., Ridder, A. & Schrader, F.-W. (Hrsg.). (2002b). *MARKUS – Mathematik-Gesamterhebung Rheinland-Pfalz: Kompetenzen, Unterrichtsmerkmale, Schulkontext. Kurzbericht.* Mainz: Ministerium für Bildung und Kultur des Landes Rheinland-Pfalz. Verfügbar unter: http: //www.lars-balzer.info/publications/pub-balzer_2002-01_MARKUS2002-Kurzbericht.pdf [Stand: 27.6.2010]

Helmke, A. & Schrader, F.-W. (1998). Entwicklung im Grundschulalter. Die Münchner Studie „SCHOLASTIK". *Pädagogik, 6*, 25-30.

Helmke, A. & Schrader, F.-W. (2008). Merkmale der Unterrichtsqualität: Potenzial, Reichweite und Grenzen. *Seminar – Lehrerbildung und Schule, 14*(3), 17-47.

Helmke, A., Schrader, F.-W. & Weinert, F.E. (1987). Zur Rolle der Übung für den Lernerfolg. *Blätter für Lehrerfortbildung, 39*, 247-252.

Helmke, A. & Weinert, F.E. (1997). Bedingungsfaktoren schulischer Leistungen. In F.E. Weinert (Hrsg.), *Psychologie des Unterrichts und der Schule. Enzyklopädie der Psychologie.* Themenbereich D, Serie I, Bd. 3. Göttingen: Hogrefe.

Helsper, W. (1996). Antinomien des Lehrerhandelns in modernisierten pädagogischen Kulturen. Paradoxe Verwendungsweisen von Autonomie und Selbstverantwortlichkeit. In A. Combe & W. Helsper (Hrsg.), *Pädagogische Professionalität. Untersuchungen zum Typus pädagogischen Handelns* (S. 70-182). Frankfurt am Main: Suhrkamp.

Helsper, W. (2002). Wissen, Können, Nicht-Wissen-Können. Wissensformen des Lehrens und Konsequenzen für die Lehrerbildung. In Zentrum für Schulforschung und Fragen der Lehrerbildung (Hrsg.), *Die Lehrerbildung der Zukunft. Eine Streitschrift* (S.67-86). Opladen: Leske + Budrich.

Helsper, W. (2004). Antinomien, Widersprüche, Paradoxien: Lehrerarbeit – ein unmögliches Geschäft? Eine strukturtheoretisch-rekonstruktive Perspektive auf das Lehrerhandeln. In B. Koch-Priewe, F.-U. Kolbe & J. Wildt (Hrsg.), *Grundlageforschung und mikrodidaktische Reformansätze zur Lehrerbildung* (S. 49-98). Bad Heilbrunn: Klinkhardt.

Helsper, W. (2007). Eine Antwort auf Jürgen Baumerts und Mareike Kunters Kritik am strukturtheoretischen Professionsansatz, *Zeitschrift für Erziehungswissenschaft, 10*(4), 567-579.

Helsper, W. & Tippelt, R. (2011). Ende der Profession und Professionalisierung ohne Ende? Zwischenbilanz einer unabgeschlossenen Diskussion. In W. Helsper und R. Tippelt (Hrsg.), *Pädagogische Professionalität* (Zeitschrift für Pädagogik, 57. Beiheft, S.268-288).Weinheim: Beltz.

Hericks, U. (2006). *Professionalisierung als Entwicklungsaufgabe*. Wiesbaden: VS Verlag für Sozialwissenschaften.

Hericks, U. & Kunze, I. (2002). Entwicklungsaufgaben von Lehramtsstudierenden, Referendaren und Berufseinsteigern. *Zeitschrift für Erziehungswissenschaft*, 5(3), 401-416.

Herrmann, U. & Hertramph, H. (1997). Reflektierte Berufserfahrung und subjektiver Qualifikationsbedarf. In S. Buchen, U. Carle & P. Doberich (Hrsg.), *Jahrbuch für Lehrerforschung* (Bd. 1, S. 139-163). Weinheim: Juventa.

Herrmann, U. & Hertramph, H. (2000). Der Berufsanfang des Lehrers – der Anfang von welchem Ende? *Die Deutsche Schule, 92* (1), 54-65.

Hertramph, H. & Herrmann, U. (1999). „Lehrer" – eine Selbstdefinition. Ein Ansatz zur Analyse von „Lehrerpersönlichkeit" und Kompetenzgenese durch das sozial-kognitive Modell der Selbstwirksamkeitsuberzeugung. In S. Buchen, U. Carle & P. Doberich (Hrsg.), *Jahrbuch für Lehrerforschung* (Bd. 2). München: Juventa.

Herzog, W. (2005). Müssen wir Standards wollen? Skepsis gegenüber einem theoretisch (zu) schwachen Konzept. *Zeitschrift für Pädagogik, 51*, 252-258.

Heyemann, H.W. (1998). Üben und Wiederholen – neu betrachtet. *Pädagogik, 50*(10), 6-11.

Heyemann, H.W. (2007). Sinnvoll üben. Schülern Übemethoden für die Arbeit zu Hause vermitteln. In G. Becker, A. Feindt, H. Meyer, M. Rothland, L. Stäudel & E. Terhart (Hrsg.), *Guter Unterricht. Massstäbe & Merkmale – Wege & Werkzeuge, Friedrich Jahresheft*, Vol. XXV (S. 36-38). Seelze: Erhard Friedrich Verlag.

Hiebert, J., Gallimore, R. & Stigler, J.W. (2002). A knowledge base fort the teaching profession: What would it look like and how can we get one? *Educational Researcher, 31*(5), 3-15.

Hirsch, G., Ganguillet, G. & Trier, U. P. (1990). *Wege und Erfahrungen im Lehrerberuf. Eine lebensgeschichtliche Untersuchung über Einstellungen, Engagement und Belastung bei Zürcher Oberstufenlehrern*. Bern: Haupt.

Hodges, W.F. (1968). Effects of ego threat and threat of pain on state anxiety. *Journal of Personality and Social Psychology, 8*, 364-372.

Hodges, L. & Carron, A.V. (1992). Collective efficacy and group performance. *International Journal of Sport Psychology, 23*, 48-59.

Hofer, B.K. & Pintrich, P. (1997). The development of epistemological theories: Beliefs about knowledge and knowing and their relation to learning. *Review of Educational Research, 67*, 343-356.

Hoge, R.D. (1983). Psychometric proberties of teacher-judgement measures of pupil aptitudes, classroom behaviors, and achievement levels. *Journal of Special Education, 17*, 401-429.

Hoge, R.D. & Cudmore, L. (1986). The use of teacher-judgement measures in the identification of gifted pupils. *Teaching and Teacher Education, 2*, 181-196.

Hosenfeld, I., Helmke, A. & Schrader, F.-W. (2002). Diagnostische Kompetenz: Unterrichts- und lernrelevante Schülermerkmale und deren Einschätzung durch Lehrkräfte in der Unterrichtsstudie SALVE. In M. Prenzel & J. Doll

(Hrsg.), *Bildungsqualität von Schule: Schulische und ausserschulische Bedingungen mathematischer, naturwissenschaftlicher und überfachlicher Kompetenzen* (Zeitschrift für Pädagogik, 45. Beiheft, S. 65-82). Weinheim: Beltz. Verfügbar unter: http://www.pedocs.de/volltexte/2011/3939/pdf/Zf Paed _45_ Beiheft_Hosenfeld_Helmke_Schrader_Diagnostische_Kompetenz_D_A.pdf [Stand: 26.12.13].

Hossiep, R. (2007). Messung von Personlichkeitsmerkmalen. In H. Schuler & K. Sonntag (Hrsg.), *Handbuch der Arbeits- und Organisationspsychologie* (S. 450-458). Gottingen: Hogrefe.

Hoy, A.W. & Spero, R.B. (2005). Changes in teacher efficacy during the early years of teaching: A comparison of four measures, *Teaching and Teacher Education, 21*, 343-356.

Hugener, I., Rakoczy, K., Pauli, C. & Reusser, K. (2006). Videobasierte Unterrichtsforschung: Integration verschiedener Methoden der Videoanalyse für eine differenzierte Sicht auf Lehr-Lernprozesse. In S. Rahm, I. Mammes & M. Schratz (Hrsg.), *Schulpädagogische Forschung (Band I). Unterrichtsforschung. Perspektiven innovativer Ansätze* (S. 41-53). Wien: Studienverlag.

Hurrelmann, K. (1990). Sozialisation und Gesundheit. In R. Schwarzer (Hrsg.). *Gesundheitspsychologie*. Göttingen: Hogrefe.

Hurrelmann, K. & Ulich, D. (2001). *Neues Handbuch der Sozialisationsforschung* (7. Aufl.). Weinheim: Beltz.

Ingenkamp, K. (1988). *Lehrbuch der Pädagogischen Diagnostik*. Weinheim: Beltz.

Ising, M., Weyers, P., Janke, W. & Erdmann, G. (2001). Untersuchung zu den Gütekriterien des SVF 78 von Janke und Erdmann, einer Kurzform des Stressverarbeitungsfragebogens SVF 120. *Zeitschrift für Differentielle und Diagnostische Psychologie, 22*, 279-289.

Janke, W. & Erdmann, G. (1997). *Stressverarbeitungsfragebogen (SVF120) nach W. Janke, G. Erdmann, W. Kallus & W. Boucsein*. Göttingen: Hogrefe.

Janke, W. & Erdmann, G. (2002). *SVF 78. Eine Kurzform des Stressverarbeitungsfragebogens SVF 120*. Hogrefe Verlag: Göttingen.

Janke, W., Erdmann, G. & Kallus, K.W. (1985). *Der Stressverarbeitungsfragebogen (SVF) nach W. Janke, G. Erdmann und W. Boucsein*. Göttingen: Hogrefe.

Janke, W.. Erdmann, G. & Kallus, K.W. (1985). *Stressverarbeitungsfragebogen (SVF)*. Göttingen: Hogrefe.

Jennett, H.K., Harris, S.L. & Mesibov, G.B. (2003). Commitment to philosophy, teacher efficacy, and burnout among teachers of children with autism. *Journal ot Autism and Developmental Disorders, 33*, 583-593.

Jerusalem, M. (1990). *Persönliche Ressourcen, Vulnerabilität und Streßerleben*. Göttingen: Hogrefe.

Jerusalem, M. (2002). Einleitung. In M. Jerusalem & D. Hopf (Eds.), *Selbstwirksamkeit und Motivationsprozesse in Bildungsinstitutionen* (Zeitschrift für Pädagogik, 44. Beiheft, S. 8-12). Weinheim: Beltz. Verfügbar unter: http://www.pedocs.de/volltexte/2013/7863/pdf/ZfPaed_44.Beiheft.pdf [Stand: 27.12.13].

Jerusalem, M. & Schwarzer, R. (1989). Anxiety and self-concept as antecedents of stress and coping: A longitudinal study with German and Turkish adolescents. *Personality and Individual Differences, 10*, 785-792.

John, O.P., Naumann, L.P. & Soto, C.J. (2008). Paradigm shift to the integrative big five trait taxonomy. History, measurement, and conceptual issues. In O.P.

John, R.W. Robins & L.A. Pervin (Hrsg.), *Handbook of personlity* (S. 114-158). New York: Guilford Press.

Johnson, D.W. & Johnson, R.T. (1994). *Learning together and alone: Cooperative, competitive and individualistic learning.* Boston: Ally and Bacon.

Kagan, D. (1990). Professional growth among preservice and beginning teachers. *Review of Educational Research, 62*(2), 129-169.

Kanfer, F.H. & Hagerman, S. (1987). A model of self-regulation. In F. Halisch & J. Kuhl (Eds.), *Motivation, intention and volition* (pp. 293-308). Berlin: Springer.

Kanfer, R. & Kanfer, F.H. (1991). Goals and Self-regulation. Applications of theory to work settings. In M.L. Maehr & P.R. Pintrich (Eds.), *Goals and self-regulatory processes. Advances in motivation and achievement* (Vol. 7, pp. 287-326). Greenwich, CT: JAI Press.

Kaluza G. (2001). Differentielle Profile der Belastungsbewältigung und Wohlbefinden. Eine clusteranalytische Untersuchung. *Zeitschrift für Differentielle und Diagnostische Psychologie, 22* (1), 25-41.

Kaluza, G. & Vögele, C. (1998) Stress und Stressbewältigung. In: Flor H., Halkweg K., Birbaumer N. (Hrsg.): *Enyklopädie der Psychologie: Themenbereich D Praxisgebiete,* Serie 2 Klinische Psychologie, Band 3 Grundlagen der Verhaltensmedizin, S. 331-388. Göttingen: Hogrefe.

Katz, L.G. (1972). Developmental stages of preschool teachers. *Elementary School Journal, 73,* 50-55.

Kauffeld, S. & Grote, S. (2001). Persönlichkeit und Kompetenz. In A. Qualifikations-Entwicklungs Management (Hrsg.), *Flexibilität und Kompetenz: Schaffen flexible Unternehmen kompetente und flexible Mitarbeiter?* (S. 187-196). Münster: Waxmann.

Kavanagh, D.J. & Bower, G.H. (1985). Mood and self-efficacy: Impact of joy and sadness on perceived capabilities. *Cognitive Therapy and Research, 9* (5), pp. 507-525.

Kazelskis, R., & Reeves, C.K. (1987). Concern dimensions of preservice teachers. *Educational Research Quaterly, 11*(4), 45-52.

Keller-Schneider, M. (2006). Herausforderungen im Berufseinstieg – ein Balanceakt zwischen Anforderungen und Ressourcen. Vortrag an der *Fachtagung Balancieren im Lehrberuf Lehrerinnen und Lehrer Schweiz* in Bern. Verfügbar unter: www.gesunde-schulen.ch/data/data_279.pdf [Stand: 19.3.10].

Keller-Schneider, M. (2008). *Herausforderungen im Berufseinstieg von Lehrpersonen. Beanspruchungswahrnehmung und Zusammenhänge mit Merkmalen der Persönlichkeit.* Verfügbar unter: http://www.dissertationen.unizh.ch [Stand: 19.3.2010].

Khashabi, M. (1996). *Geschlechtsspezifische Stresswahrnehmung und Stressbewältigung am Arbeitsplatz.* München: Univ. Diss.

Klages, L. (1926). *Die Grundlage der Charakterkunde.* Leipzig: Barth.

Klauer, K.J. & Leutner, D. (2007). *Lehren und Lernen. Einführung in die Instruktionspsychologie.* Weinheim: Beltz.

Klieme, E., Pauli, C. & Reusser, K. (Hrsg.). (2006). *Dokumentation der Erhebungs- und Auswertungsinstrumente der schweizerisch-deutschen Videostudie „Unterrichtsqualität, Lernverhalten und mathematisches Verständnis".* Frankfurt a. M.: Deutsches Institut für Internationale Pädagogische Forschung (DIPF).

Klusmann, U. (2011). Allgemeine berufliche Motivation und Selbstregulation. In M. Kunter, J. Baumert, W. Blum, U. Klusmann, S. Krauss & M. Neubrand (Hrsg.), *Professionelle Kompetenz von Lehrkräften. Ergebnisse des Forschungsprogramms COACTIV* (S. 277-294). Münster: Waxmann.

Klusmann, U., Kunter, M., Trautwein, U. & Baumert, J. (2006). Lehrerbelastung und Unterrichtsqualität aus der Perspektive von Lehrenden und Lernenden. *Zeitschrift für Pädagogische Psychologie, 20*, 161-173.

Kobasa, S.C. (1979). Stressful life events, personality, and health: An inquiry into hardiness. *Journal of Personality and Social Psychology, 37* (1), 1-12.

Kocher, M. & Wyss, C. (2008). *Unterrichtsbezogene Kompetenzen in der Lehrerinnen- und Lehrerausbildung. Eine Videoanalyse.* Neuried: ars et unitas.

Kocher, M., Wyss, C., Baer, M. & Edelmann, D. (2010). Unterrichten lernen: den Erwerb von Unterrichtskompetenzen angehender Lehrpersonen videobasiert nachzeichnen. Eine explorative Längsschnittuntersuchung an der Pädagogischen Hochschule Zürich, *Lehrerbildung auf dem Prüfstand, 3* (1), 23-55.

Kolbe, F.-U. (2004). Verhältnis von Wissen und Handeln. In S. Blömeke, P. Reinhold, G. Tulodziecki & J. Wildt (Hrsg.). *Handbuch Lehrerbildung* (S. 206-232). Bad Heilbrunn: Klinkhardt.

Köller, O., Baumert, J. & Neubrand, J. (2000). Epistemologische Überzeugungen und Fachverständnis im Mathematik- und Physikunterricht. In J. Baumert, W. Bos & R. Lehmann (Hrsg.), *Dritte Internationale Mathematik- und Naturwissenschaftsstudie – Mathematische und naturwissenschaftliche Bildung am Ende der Schullaufbahn. Kapitel VI in Band II: TIMSS – Mathematische und physikalische Kompetenzen am Ende der gymnasialen Oberstufe* (S. 229-269). Opladen: Leske + Budrich.

König, J. (2010). Längsschnittliche Erhebung pädagogischer Kompetenzen von Lehramtsstudierenden (LEK): Theoretischer Rahmen, Fragestellungen, Untersuchungsanlage und erste Ergebnisse zu Lernvoraussetzungen von angehenden Lehrkräften. *Lehrerbildung auf dem Prüfstand, 3* (1), 56-83.

König, J. & Blömeke, S. (2010). *Pädagogisches Unterrichtswissen (PUW). Dokumentation der Kurzfassung des TEDS-M-Testinstruments zur Kompetenzmessung in der ersten Phase der Lehrerausbildung.* Berlin: Humboldt-Universität.

König, J. & Seifert, A. (Hrsg.) (2012). *Lehramtsstudierende erwerben pädagogisches Professionswissen: Ergebnisse der Längsschnittwtudie LEK zur Wirksamkeit der erziehungswissenschaftlichen Lehrerausbildung.* Münster: Waxmann.

König, J. & Rothland, M. (2013). Pädagogisches Wissen und berufsspezifische Motivation am Anfang der Lehrerausbildung: Zum Verhältnis von kognitiven und nicht-kognitiven Eingangsmerkmalen von Lehramtsstudierenden. *Zeitschrift für Pädagogik, 59* (1), 43-65.

Koring, B. (1989). *Eine Theorie pädaogischen Handelns.* Weinheim: Beltz.

Körner, A., Geyer, M. & Brähler, E. (2002). Das Neo-Fünf-Faktoren Inventar (NEO-FFI). Validierung anhand einer deutschen Bevölkerungsstichprobe. *Diagnostica, 48* (1), 19-27.

Krammer, K. (2009). *Individuelle Lernunterstützung in Schülerarbeitsphasen. Eine videobasierte Analyse des Unterstützungsverhaltens von Lehrpersonen im Mathematikunterricht.* Münster: Waxmann.

Krammer, K. & Reusser, K. (2004). Unterrichtsvideos als Medium der Lehrerinnen- und Lehrerbildung. *SEMINAR – Lehrerbildung und Schule, 10* (4), 81-101.

Krammer, K., Schnetzler, C.L., Pauli, C., Ratzka, N. & Lipowsky, F. (2009). Kooperatives netzgestütztes Lernen mit Unterrichtsvideos. Wie Mathematiklehrpersonen aus Deutschland und der Schweiz gemeinsam ihren Unterricht analysieren und entwickeln. In K. Maag Merki (Hrsg.), *Kooperation und Netzwerkbildung. Strategien zur Qualitätsentwicklung in Einzelschulen* (S. 40-52). Seelze: Klett-Kallmeyer.

Krammer, K., Schnetzler, C.L., Ratzka, N., Pauli, C., Reusser, K., Lipowsky, F. & Klieme, E. (2008). Videobasierte Unterrichtsanalyse in der Weiterbildung von Lehrpersonen: Konzeption und Ergebnisse eines netzgestützten Weiterbildungsprojekts mit Mathematiklehrpersonen aus Deutschland und der Schweiz. *Beiträge zur Lehrerbildung, 26* (2), 178-197.

Krapp, A. (2000). Interest and human development during adolescence: An educational-psychological approach. In J. Heckhausen (Ed.), *Motivational Psychology of Human development* (pp. 109-128). London: Elsevier.

Krauss, S., Blum, W., Brunner, M., Neubrand, M., Baumert, J. Kunter, M. Besser, M. & Elsner, J. (2011). Konzeptualisierung und Testkonstruktion zum fachbezogenen Professionswissen von Mathematiklehrkräften. In M. Kunter, J. Baumert, W. Blum, U. Klusmann, S. Krauss & M. Neubrand (Hrsg.), *Professionelle Kompetenz von Lehrkräften. Ergebnisse des Forschungsprogramms COACTIV* (S. 135-162). Münster: Waxmann.

Krauss, S., Brunner, J., Kunter, M., Baumert, J., Blum, W. & Neubrand, M. (2008). Pedagogical Content Knowledge and Content Knowledge of Secondary Mathematics Teachers. *Journal of Educational Psychology, 100*, 716-725.

Kunstmann, A. (2005). *Differentielle Wirkung von Stress auf das Hypophysen-Gonaden-System unter geschlechteranthropologischen und kognitiven Aspekten.* Dissertation der Universität Hamburg. Verfügbar unter: http://ediss.sub.uni-hamburg.de/volltexte/2005/2304/pdf/diss-antje1.pdf [Stand: 27.12.13].

Künsting, J., Billich, M. & Lipowsky, F. (2009). Der Einfluss von Lehrerkompetenzen und Lehrerhandeln auf den Schulerfolg von Lernenden. In O. Zlatkin-Troitschanskaia, K. Beck, D. Sembill, R. Nickolaus & R. Mulder (Hrsg.), *Lehrprofessionalität. Bedingungen, Genese, Wirkungen und ihre Messung* (S. 655-667). Weinheim: Beltz.

Kunter, M. (2011). Motivation als Teil der professionellen Kompetenz – Forschungsbefunde zum Enthusiasmus von Lehrkräften. In M. Kunter, J. Baumert, W. Blum, U. Klusmann, S. Krauss & M. Neubrand (Hrsg.), *Professionelle Kompetenz von Lehrkräften. Ergebnisse des Forschungsprogramms COACTIV* (S. 259-276). Münster: Waxmann.

Kunter, M., Dubberke, T., Baumert, J., Blum, W., Brunner, M., Jordan,A., Klusmann, U., Krauss, S., Löwen, K., Neubrand, M. & Tsai, Y.-M. (2006). Mathematikunterricht in den PISA-Klassen 2004: Rahmenbedingungen, Formen und Lehr-Lern-Prozesse. In PISA-Kosortium Deutschland (Hrsg.), *PISA 2003. Untersuchungen zur Kompetenzentwicklung im Verlauf eines Schuljahres* (161-194). Münster: Waxmann.

Kunter, M., Tsai, Y.-M., Klusmann, U., Brunner, M., Krauss, S & Baumert, J. (2008). Students' and mathematics teachers' perceptions of teacher enthusiasm and instcruction. *Learning and Instruction, 18*, 468-482.

Lampert, M. (1986). Knowing, doing, and teaching multiplication. *Cognition and Instruction, 3*, 305-342.

Langer, K., Schulz von Thun, F. & Tausch, R. (1974). *Verständlichkeit in Schule, Verwaltung, Politik und Wissenschaft* (2. Aufl.). München: Reinhardt.

Larcher Klee, S. (2005). *Einstieg in den Lehrberuf. Untersuchungen zur Identitätsentwicklung von Lehrerinnen und Lehrern im ersten Berufsjahr.* Bern: Haupt Verlag.

Larcher, S. & Müller, P. (2007). Vignetten als Methode zur Bestimmung des Lernstandes von StudentInnen in der LehrerInnenbildung. *Journal für LehrerInnenbildung, 1*, 60-65.

Laux L., Glanzmann P., Schaffner P. & Spielberger C.D. (1981). *Das State-Trait-Angstinventar. Theoretische Grundlagen und Handanweisung.* Weinheim: Beltz.

Laux, L. & Weber, H. (1990). Bewältigung von Emotionen. In K.R. Scherer (Hrsg.), *Psychologie der Emotion. Enzyklopädie der Psychologie* (S. 560-629). Göttingen: Hogrefe.

Lazarus, R.S. (1975). The self-regulation of emotion. In L. Levi (Hrsg.), *Emotions – Their parameters and measurement* (pp. 47-67). New York: Raven Press.

Lazarus, R.S. (1991). *Emotion and adaptation.* New York: Oxford University Press.

Lazarus, R.S. (1998). Coping from the perspective of personality. *Differentielle und Diagnostische Psychologie 19* (4), 213-231.

Lazarus, R.S. & Folkman, S. (1984). *Stress, appraisal, and coping.* New York: Springer Publishing Company.

Lazarus, R.S. & Folkman, S. (1987) Transactional theory and research on emotions and coping. *European Journal of Personality, 1*, 141-170.

Lazarus, R.S. & Launier, R. (1981). Stressbezogene Transaktion zwischen Person und Umwelt. In J.R. Nitsch (Hrsg.), *Stress. Theorien, Untersuchungen, Maßnahmen* (S. 213-259). Bern: Huber.

Leder, G.C. & Forgasz, H.J. (2002). Measuring mathematical beliefs and their impact on the learning of mathematics: A new approach. In G. Leder, E. Pehkonen & G. Toerner (Eds.), *Beliefs: a hidden variable in mathematics education?* (pp. 95-113). Dordrecht: Kluwer Publications.

Leinhardt, G. (2002). Instructional explanations: A commonplace for teaching and location for contrast. In V. Richardson (Ed.), *Handbook of Research on Teaching* (pp. 333-357). Washington, DC: American Educational Research Association.

Leinhardt, G. & Greeno, J. (1986). The cognitive skill of teaching. *Journal of Educational Psychology, 78*, 75-95.

Leinhardt, G., Putman, R.T., Stein, M.K. & Baxter, J. (1991). Where subject knowledge matters. In J. Brophy (Ed.), *Advances in Research on Teaching* (Vol. 2, pp. 87-113). Greenwich, CT: JAI Press.

Leinhardt, G. & Smith, D.A. (1985). Expertise in mathematics instruction: Subject matter knowledge. *Journal of Educational Psychology, 77*, 247-271.

Lent, R. W., & Hackett, G. (1987). Career self-efficacy: Empirical status and future directions. *Journal of Vocational Behavior, 30*, 347-382.

Lent, R. W., Hackett, G. & Brown, S. D. (1996). A Social Cognitive Framework for Studying Career Choice and Transition to Work. *Journal of Vocational Education Research, 4*, 3-31.

Leopold, P. (2008). *Kompetent ist derjenige, der kompetenter ist als ich. Der advokatorische Ansatz zur Erfassung von Kompetenzprofilen und der Einfluss des Selbstvergleichs am Beispiel des Standards „Gruppenunterricht".* Unveröffentlichte Masterarbeit der Universität Freiburg.

Lersch, R. (2007). Kompetenzfördernd unterrichten. 22 Schritte von der Theorie zur Praxis. *Pädagogik, 12*, 36-43.

Leuchter, M., Pauli, C., Reusser, K. & Lipowsky, F. (2006). Unterrichtsbezogene Überzeugungen und Kognitionen von Lehrpersonen. *Zeitschrift für Erziehungswissenschaft, 9* (4), 562-579.

Leuchter, M., Pauli, C., Reusser, K. & Klieme, E. (2008). Zusammenhänge zwischen unterrichtsbezogenen Kognitionen und Handlungen von Lehrpersonen. In M. Gläser-Zikuda & J. Seifried (Hrsg.), *Lehrerexpertise – Analyse und Bedeutung unterrichtlichen Handelns* (S. 167-187). Münster: Waxmann.

Leutner, D. (2006). Instruktionspsychologie. In D.H. Rost (Hersg.), *Handwörterbuch Pädagogische Psychologie* (3. überarb. und erw. Aufl., S. 261-270). Weinheim: Beltz.

Leutwyler, B. & Maag Merki, K. (2004). *Mittelschulerhebung 2004. Indikatoren zu Kontextmerkmalen gymnasialer Bildung. Perspektive der Schülerinnen und Schüler: Schul- und Unterrichtserfahrungen. Skalen- und Itemdokumentation.* Zürich: Forschungsbereich Schulqualität & Schulentwicklung, Pädagogisches Institut, Universität Zürich.

Levin, A. & Arnold, K.-H. (2006). Selbstgesteuertes und selbstreguliertes Lernen. In K.-H. Arnold, U. Sandfuchs & J. Wiechmann (Hrsg.), *Handbuch Unterricht* (S. 206-214). Bad Heilbrunn: Klinkhardt.

Lipowsky, F. (2003). *Wege in den Beruf. Beruflicher Erfolg von Lehramtsabsolventen in der Berufseinstiegsphase.* Bad Heilbrunn: Klinkhardt.

Lipowsky, F. (2006). Auf den Lehrer kommt es an. Empirische Evidenzen für Zusammenhänge zwischen Lehrerkompetenzen, Lehrerhandeln und dem Lernen der Schüler. In C. Allemann-Ghionda & E. Terhart (Hrsg.), *Kompetenzen, und Kompetenzentwicklung von Lehrerinnen und Lehrern: Ausbildung und Beruf* (Zeitschrift für Pädagogik, 51. Beiheft, S. 47-70). Weinheim: Beltz. Verfügbar unter: http://www.pedocs.de/ volltexte/2013/7367/pdf/ZfPaed_Bei heft_51_Komplett.pdf [Stand: 28.12.13].

Locke, E.A. & Latham, G.P. (1990). *A theory of goal setting and task performance.* Englewood Cliffs: Prentice Hall.

Lüders, M. & Rauin, U. (2004). Unterrichts- und Lehr-Lern-Forschung. In W. Helsper & J. Böhme (Hrsg.), *Handbuch der Schulforschung* (S. 691-719). Wiesbaden: VS Verlag für Sozialwissenschaften.

Luhmann, N. & Schorr, K.E. (1979). *Reflexionsprobleme im Erziehungssystem.* Stuttgart: Klett.

Luhmann, N. & Schorr, K.E. (1982). *Zwischen Technologie und Selbstreferenz.* Frankfurt am Main: Suhrkamp.

Lukesch, H. (1998). Einführung in die pädagogisch-psychologische Diagnostik (2. Aufl.). Regensburg: Roderer.

Ma, L. (1999). Knowing and Teaching Elemtary Mathematics. Teachers' understanding of fundamental mathematics in China and the United States. Mawah, NJ: Lawrence Erlbaum Associates.

Malmberg, L.-E., Wanner, B. & Little, T. (2006). Changes in student Teachers' action control beliefs across teacher education. (unpublished manuscript).

Mangels, J. A., Butterfield, B., Lamb, J., Good, C.D., & Dweck, C.S. (2006). Why do beliefs about intelligence influence learning success? A social-cognitive-neuroscience model. *Social, Cognitive, and Affective Neuroscience, 1*, 75-86.

Märki, A. (2000). *Soziale Unterstützung im Lehrberuf. Eine empirische Studie mit Lehrkräften der Primarschule.* Pädagogisches Institut der Universität Zürich, Fachbereich PP I: Stiftung Zentralstelle der Studentenschaft.

Marsh, H.W.; Craven, R.G. & McInerney, D.M. (Eds.) (2008). *Self-Processes, Learning, and Enabling Human Potential: Dynamic New Approaches.* Charlotte, NC: Information Age Publishing, Inc.

Marshall, G.N., Wortman, C.B., Kusulas, J.W., Hervig, L.K. & Vickers, R.R.(1992). Distinguishing optimism from pessimism: Relations to fundamental dimensions of mood and personality. *Journal of Personality and Social Psychology, 62*, 1067-1074.

Marzano, R.J., Pickering, D.J. & Pollock, J.E. (2005). *Classroom Instruction that works.* Upper Saddle River, New Jersey: Merrill Prentice Hall.

Maslach, C., Jackson, S. & Leiter, M. (1996). *Maslach Burnout Inventory Manual. Third Edition.* Palo Alto: Consulting Psychologists Press.

Maslach, C. & Leiter, M.P. (1999). Teacher burnout: A research agenda. In R. Vandenberghe & M.A. Huberman (Eds.), *Understanding and Preventing Teacher Burnout: A sourcebook of international research and practice* (pp. 295-303). Cambridge, UK: *Cambridge* University Press.

Maslach, C., Schaufeli, W.B. & Leiter, M.P. (2001). Job burnout. *Annual Review of Psychology, 52*, 384-422.

Mayr, J. (2006). Persönlichkeitsentwicklung im Studium. Eine Pilotstudie zum Wirkungspotenzial von Lehrerbildung. In A.H. Hilligus & H.D. Rinkens (Hrsg.), *Standards und Kompetenzen – neue Qualität in der Lehrerausbildung? Neue Ansätze und Erfahrungen in nationaler und internationaler Perspektive* (S. 249-260). Berlin: Lit.

Mayr, J. (2010). Selektieren und/oder qualifizieren. Empirische Befunde zur Frage, wie man gute Lehrpersonen bekommt. In J. Abel & G. Faust (Hrsg.), *Wirkt Lehrerbildung? Antworten aus der empirischen Forschung* (S. 73-89). Münster: Waxmann. Verfügbar unter: http://cct.rlp.de/uploads/media/Mayr_Selek tierenQualifi zieren_2009_02.pdf [Stand: 27.12.13].

Mayr, J. (2011). Der Persönlichkeitsansatz in der Lehrerforschung. Konzepte, Befunde und Folgerungen. In E. Terhart, H. Bennewitz & M. Rothland (Hrsg.), *Handbuch der Forschung zum Lehrerberuf* (S. 125-148). Münster: Waxmann.

Mayr, J., Eder, F. & Fartacek, W. (1988). Praxisschock auf Raten. Einphasige Lehrerausbildung und Einstellungswandel. *Unterrichtswissenschaft, 16* (1), 68-82.

Mayr, J. & Neuweg, H.G. (2006). Der Persönlichkeitsansatz in der Lehrer/innen/forschung. Grundsätzliche Überlegungen, exemplarische Befunde und Implikationen für die Lehrer/innen/forschung. In M. Heinrich & U. Greiner (Hrsg.), *Schauen, was 'rauskommt. Kompetenzförderung, Evaluation und Systemsteuerung im Bildungswesen.* (S. 183-206). Münster: Lit.

McCaslin, M., Rabidue Bozack, A., Napoleon, L., Thomas, A. Vasquez, V., Wayman, V. & Zhang, J. (2006). Self-regulated Learning and Classroom Management: Theory, Research, and Considerations for Classroom Practice. In C.M. Evertson & C.S. Weinstein (Eds.), *Handbook of Classroom Manage-*

ment. Research, Practice, and Contemporary Issues (S. 223-252). Mahwah, NJ: Lawrence Erlbaum.

McCrae, R.R., Costa, P.T., Ostendorf, F. Angleitner, A., Hrebickova, M. Avia, M.D., Sanz, J. & Sanchez-Bernardos, M.L. (2000). Nature over nurture: Temperament, personality, and life span development. *Journal of Personality and Social Psychology, 78*, 173-186. Verfügbar unter: http://www.psych. illinois.edu/ ~broberts/McCrae%20et%20al%202000.pdf [Stand: 1.5.2010].

McKinney, C.W., Larkins, A.G., Kazelskis, R., Ford, M.J., Allen, J.A. & Davis, J.C. (1983). Some effects of teacher enthusiasm on student achievement in fourth-grade social studies. *Journal of Educational Research, 76*, 249-253.

Messner, H. & Reusser, K. (2000a). Berufliche Entwicklung von Lehrpersonen als lebenslanger Prozess. *Beiträge zur Lehrerbildung, 18* (2), 157-171.

Messner, H. & Reusser, K. (2000b). Berufliches Lernen als lebenslanger Prozess. *Beiträge zur Lehrerbildung, 18* (3), 277-294.

Meyer, H. (2004). Was ist guter Unterricht? Berlin: Cornelsen.

Meyer, H. (2007). Zehn Merkmale guten Unterrichts. Anleitung zur Überarbeitung und zum Einsatz eines Beobachtungsbogens. In W. Endres (Hrsg.), *Lernen lernen – Wie stricken ohne Wolle? 13 Experten streiten über Konzepte und Modelle zur Lernmethodik* (S. 166-187). Weinheim: Beltz.

Meyer, W.U. (1987). Perceived ability and achievement-related behavior. In F. Halisch & J. Kuhl (Eds.), *Motivation, intention and volition* (S. 73-86). Berlin: Springer Verlag.

Miller, S.M. (1981). Predictability and human stress: Towards a clarification of evidence and theory. In L. Berkowitz (Eds.), *Advances in experimental social psychology* (Vol. 14, pp. 204-256). New York: Academic.

Miller, S.M. & Kirsch, N. (1987). Sex differences in cognitive coping with stress. In R.C. Barnett, L. Biener & G.K. Baruch (Eds.), *Gender and stress* (pp. 278-307). New York: Free Press.

Mindt, D. (2002). *Unterrichtsplanung Englisch für Sekundarstufe I.* Stuttgart: Klett.

Mittag, W., Kleine, D. & Jerusalem, M. (2002). Evaluation der schulbezogenen Selbstwirksamkeit von Sekundarschülern. In M. Jerusalem & D. Hopf (Hrsg.), *Selbstwirksamkeit und Motivationsprozesse in Bildungsinstitutionen* (Zeitschrift für Pädagogik, 44. Beiheft, S. 145-173). Weinheim: Beltz. Verfügbar unter: http://www.pedocs.de/volltexte/2013/7863/pdf/ZfPaed_44.Beiheft.pdf [Stand: 27.12.13].

Mone, M.A. (1994). Comparative validity of two measures of self-efficacy in predicting academic goals and performance. *Educational and Psychological Measurement, 54* (2), 516-529.

Monk, D. H. (1994). Subject area preparation of secondary mathematics and science teachers and student achievement. *Economics of Education Review, 13*, 125-145.

Monk, D. H. & King, J.A. (1994). Multilevel teacher resource effects in pupil performance in secondary mathematics and science: The case of teacher subject matter preparation. In R.G. Ehrenberg (Ed.), *Choices and Consequences: Contemporary policy issues in education* (pp. 29-58). Ithaca, NY: ILR Press. Moss.

Mühlhausen, U. (2007). *Abenteuer Unterricht. Wie Lehrer/innen mit überraschenden Unterrichtssituationen umgehen*. Baltmannsweiler: Schneider Verlag Hohengehren.

Müller-Fohrbrodt, G., Cloetta, B. & Dann, H.D. (1978). *Der Praxisschock bei jungen Lehrern. Formen, Ursachen, Folgerungen*. Stuttgart: Klett.

Multon, K. D., Brown, S. D., & Lent, R. W. (1991). Relation of self-efficacy beliefs to academic outcomes: A meta-analytic investigation. *Journal of Counseling Psychology, 38*, 30-38.

Munby, H., Russell, T. & Martin, A.K. (2001). Teachers' knowledge and how it develops. In V. Rechardson (Ed.), *Handbook of Research on Teaching* (pp. 877-904). Washington: American Educational Research.

Nemser, S. (1983). Learning to teach. In L. Shulman & G. Sykes (Eds.), *Handbook of teaching and policy* (pp. 150-170). White Plains, NY: Longman.

Neuweg, G.H. (2001). *Könnerschaft und implizites Wissen. Zur lehr-lern-theoretischen Bedeutung der Erkenntnis- und Wissenstheorie Michael Polanyis*. Münster: Waxmann.

Neuweg, G.H. (2002). Wenn die einen nicht können, was sie wissen, und die anderen nicht wissen, was sie können. Über den problematischen Versuch, Können auf Umwegen zu prüfen. In P. Baumgartner & H. Welte (Hrsg.), *Reflektierendes Lernen. Beiträge zur Wirtschaftspädagogik* (S. 86-103). Innsbruck u.a.: Studien-Verlag.

Niggli, A. (2000). *Lernarrangements erfolgreich planen. Didaktische Anregungen zur Gestaltung offener Unterrichtsformen*. Aarau: Sauerländer.

Nitsch, J.R. (1981). Stresstheoretische Modellvorstellungen. In J.R. Nitsch (Hrsg.), *Stress. Theorien, Untersuchungen, Maßnahmen* (S. 52-141). Bern: Verlag Hans Huber.

Nöth, W. (1995). Strategien beim Gebrauch des Englischen als Fremdsprache: Humor und Ironie. In R. Ahrens, W.-D. Bald & W. Hüllen (Hrsg.), *Handbuch Englisch als Fremdsprache* (S. 205-208). Berlin: Erich Schmidt Verlag.

Odell, S.J. (1986). Induction support of new teachers: A functional approach. *Journal of Teacher Education, 37* (1), 26-29.

Oevermann, U. (1996). Theoretische Skizze einer revidierten Theorie professionalisierten Handelns. In A. Combe & W. Helsper (Hrsg.), *Pädagogische Professionalität. Untersuchungen zum Typus pädagogischen Handelns* (S. 70-182). Frankfurt am Main: Suhrkamp.

Op't Eynde, P., de Corte, E. & Verschaffel, L. (2002). Framing students' mathematics-related beliefs: A quest for conceptual clarity and a comprehensive categorization. In G. Leder, E. Pehkonen & G. Toerner (Eds.), *Beliefs – a hidden variable in mathematics education?* (S. 13-38). Dordrecht: Kluwer Academic Publishers.

Oser, F. (1997a). Standards in der Lehrerbildung. Teil I: Berufliche Kompetenzen, die hohen Qualitätsmerkmalen entsprechen. *Beiträge zur Lehrerbildung, 15* (1), 26-37.

Oser, F. (1997b). Standards in der Lehrerbildung. Teil II: Wie werden Standards in der schweizerischen Lehrerbildung erworben? Erste empirische Ergebnisse. *Beiträge zur Lehrerbildung, 15* (2), 210-228.

Oser, F. (1998). *Ethos – Die Vermenschlichung des Erfolgs. Zur Psychologie der Berufsmoral von Lehrpersonen*. Opladen: Leske + Budrich.

Oser, F. (2001a). Modelle der Wirksamkeit in der Lehrer- und Lehrerinnenausbildung. In F. Oser & J. Oelkers (Hrsg.), *Die Wirksamkeit der Lehrerbildungssysteme. Von der Allrounderbildung zur Ausbildung professioneller Standards* (S. 67-96). Zürich: Ruegger.

Oser, F. (2001b). Standards: Kompetenzen von Lehrpersonen. In F. Oser & J. Oelkers (Hrsg.), *Die Wirksamkeit der Lehrerbildungssysteme. Von der Allrounderbildung zur Ausbildung professioneller Standards* (S. 215-342). Zürich: Ruegger.

Oser, F., Achtenhagen, F. & Renold, U. (2006). Competence Oriented Teacher Training: Old Research Demands and New Pathways. In F.K. Oser, F. Achtenhagen & U. Renold (Hrsg.), *Competence Oriented Teacher Training. Old Research Demands and New Pathways* (S. 1-7). Rotterdam: Sense Publishers.

Oser, F. & Oelkers, J. (Hrsg.) (2001). *Die Wirksamkeit der Lehrerbildungssysteme. Von der Allrounderbildung zur Ausbildung professioneller Standards.* Zürich: Ruegger.

Pajares, M.F. (1992). Teachers' beliefs and educational research: Cleaning up a messy construct, *Review of Educational Research, 62*, 307-332.

Pajares, F. (1997). Current directions in self-efficacy research. In M.L. Maehr & P.R. Pintrich (Eds.), *Advances in motivation and achievement* (Vol. 10, pp. 1-51). Greenwich, CT: JAI Press.

Pajares, F. (2002). *Self-efficacy beliefs in academic contexts: An outline.* Verfügbar unter: http://des.emory. edu/mfp/efftalk.html [Stand: 19.3.2010]

Pajares, F. (2008). Motivational role of self-efficacy beliefs in self-regulated learning. In D. H. Schunk & B. J. Zimmerman (Eds.), *Motivation and self-regulated learning: Theory, research, and applications* (pp. 111-139). New York: Lawrence Erlbaum Associates.

Pajares, F. & Johnson, M.J. (1996). Self-efficacy beliefs and the writing performance of entering high school students. *Psychology in the Schools, 33*, 163-175.

Pajares, F., & Kranzler, J. (1995). Self-efficacy beliefs and general mental ability in mathematical problem-solving. *Contemporary Educational Psychology, 20*, 426-443.

Pajares, F. & Miller, M.D. (1994a). Role of self-efficacy and self-concept beliefs in mathematical problem solving: A path analysis. *Jorunal of Educational Psychology, 86*, 193-203.

Pajares, F. & Miller, M.D. (1994b). Mathematics self-efficacy and mathematical problem-solving : Implications for using varying forms of assessment. *Florida Educational Research Council, 26*, 33-56.

Pajares, F., Miller, M. D., & Johnson, M. J. (1999). Gender differences in writing self-beliefs of elementary school students. *Educational Psychology, 91*, 50–61.

Pajares, F. & Schunk, D.H. (2001). Self-Beliefs and School Success: Self-Efficacy, Self-Concept, and School Achievement. In R. Riding & S. Rayner (Eds.), *Perception.* (pp. 239-266). London: Ablex Publishing.

Pajares, F. & Valiante, G. (1997). The predictive and meditational roles of the writing self-efficacy beliefs of elementary students. *Journal of Educational Research, 90*, 353-360.

Pajares, F., & Valiante, G. (1999). Grade level and gender differences in the writing self-beliefs of middle school students. *Contemporary Educational Psychology, 24,* 390-405.

Pajares, F., & Valiante, G. (2001). Gender differences in writing motivation and achievement of middle school students: A function of gender orientation? *Contemporary Educational Psychology, 26* (3), 366-381.

Palincsar, A.S. & Brown, A.L. (1984). Reciprocal teaching of comprehension-fostering and comprehension-monitoring activities. *Cognition and Instruction, 1* (2), 117-175.

Palmer, D.J., Stough, L.M., Burdenski, T.K. & Gonzales, M. (2005). Identifying teacher expertise: An examination of researchers' decision making. *Educational Psychologist, 40,* 13-25.

Pallasch, W. (1993). *Supervision. Neue Formen beruflicher Praxisbegleitung in pädagogischen Arbeitsfeldern.* Weinheim: Juventa.

Parker, L.E. (1994). Working together: Perceived self- and collective-efficacy at the workplace. *Journal of Applied Social Psychology, 24,* 43-59.

Patrick, B., Hisley, J. & Kempler, T. (2000). "What's everybody so excited about?" The effects of teacher enthusiasm on student intrinsic motivation and vitality. *Journal of Experimental Education, 68,* 217-236.

Patrick, B., Turner, J.C., Meyer, D.K. & Midgley, C. (2003). How teachers establish psychological environments during the first days of school: Associations with avoidance in mathematics. *Teacher College Record, 105,* 1521-1558.

Pauli, C. & Reusser, K. (2002). *Transkriptionsmanual für das Videoprojekt „Mathematiklernen und Mathematikleistungen in unterschiedlichen Unterrichtsstrukturen".* Zürich: Universität Zürich.

Pauli, C. & Reusser, K. (2003). Unterrichtsskripts im schweizerischen und deutschen Mathematikunterricht. *Unterrichtswissenschaft, 31,* 238-272.

Peterson, P., Fennema, E., Carpenter, T.P. & Loef, M.F. (1989). Teachers' pedagogical content beliefs in mathematics. *Cognition and Instruction, 6,* 1-40.

Pintrich, P.R. & De Groot, E.V. (1990). Motivational and self-regulated learning components of classroom academic performance, *Journal of Educational Psychology, 82,* 33-40.

Pressley, M. & Harris, K.R. (2006). Cognitive Strategies Instruction: From Basic Research to Classroom Instruction. In P.A. Alexander & P.H. Winne (Hrsg.), *Handbook of Educational Psychology* (2. Aufl., S. 265-286). Mahwah, NJ: Lawrence Erlbaum.

Prussia, G.E. & Kinicki, A.J. (1996). A motivational investigation of group effectiveness using social-cognitive theory. *Journal of Applied Psychology, 81,* 187-198.

Ptacek, J.T., Smith, R.E. & Zanas, J. (1992). Gender, appraisal, and coping: a longitudinal analysis. *Journal of Personality, 60* (4), 747-770.

Putman, R.T. & Borko, H. (2000). What do new views of knowledge and thinking have to say about research on teacher learning? *Educational Researcher, 29,* 4-15.

Raaf, B. (2005). *Humor im Englischunterricht. Münchner Arbeiten zur Fremdsprachen-Forschung.* München: Langenscheidt.

Radtke, F.-O. (2004). Der Eigensinn pädagogischer Professionalität jenseits von Innovationshoffnungen und Effizienzerwartungen. Übergangene Einsichten aus der Wissensverwendungsforschung für die Organisation der universitären

Lehrerbildung. In B. Koch-Priewe, F.-U. Kolbe & J. Wildt (Hrsg.), *Grundlagenforschung und mikrodidaktische Reformansätze zur Lehrerbildung* (S. 49-98). Bad Heilbrunn: Klinkhardt.

Reeves, C.K. & Kazelskis, R. (1988). Concerns of preservice and inservice teachers. *Journal of Educational Research, 78* (5), 267-271.

Reichenbach, R. (1994*). Moral, Diskurs und Einigung. Zur Bedeutung von Diskurs und Konsens für das Ethos des Lehrberufs.* Frankfurt u.a.: Lang.

Reinmann, G. & Mandl, H. (2006). Unterrichten und Lernumgebungen gestalten. In A. Krapp & B. Weidenmann (Hrsg.), *Pädagogische Psychologie. Ein Lehrbuch* (5. vollständig überarb. Aufl., S. 613-658). Weinheim: Beltz.

Reinisch, H. (2009). „Lehrprofessionalität" als theoretischer Term. Eine begriffssystematische Analyse In O. Zlatkin-Troitschanskaia, K. Beck, D. Sembill, R. Nickolaus & R. Mulder (Hrsg.), *Lehrprofessionalität. Bedingungen, Genese, Wirkungen und ihre Messung* (S. 33-43). Weinheim: Beltz Verlag.

Renkl, A. (2005). Üben. In W. Einsiedler, M. Götz, H. Hacker, J. Kahlert, R.W. Keck & U. Sandfuchs (Hrsg.), *Handbuch Grundschulpädagogik und Grundschuldidaktik* (2. Aufl.). (S. 424-429). Bad Heilbrunn: Klinkhardt.

Reusser, K. (1999). Schülerfehler. Die Rückseite des Spiegels. In W. Althof (Hrsg.), *Fehlerwelten. Vom Fehlermachen und Lernen aus Fehlern* (S. 203-231). Opladen: Leske + Budrich.

Reusser, K. (2005a). Problemorientiertes Lernen – Tiefenstruktur, Gestaltungsformen, Wirkung. *Beiträge zur Lehrerbildung, 23* (2), 159-182.

Reusser, K. (2005b). Situiertes Lernen mit Unterrichtsvideos. Unterrichtsvideografie als Medium des situierten beruflichen Lernens. *Journal für Lehrerinnen- und Lehrerbildung, 5* (2), 8-18.

Reusser, K. (2009). Unterricht. In S. Andresen, R. Casale, T. Gabriel, R. Horlacher, S. Larcher Klee & J. Oelkers (Hrsg.), *Handwörterbuch Erziehungswissenschaft* (S. 881-896). Weinheim: Beltz.

Rheinberg, F. & Krug, S. (1993). *Motivationsförderung im Schulalltag.* Göttingen: Hogrefe.

Rheinberg, F. & Bromme, R. (2001). Lehrende in Schulen. In A. Krapp & B. Weidenmann (Hrsg.), *Padagogische Psychologe* (4. Auflage, S. 295-332). Weinheim: Beltz PVU.

Rheinberg, F. & Vollenmeyer, R. (2008). Motivationsförderung. In W. Schneider & M. Hasselhorn (Hrsg.), *Handbuch der Pädagogischen Psychologie* (Handbuch der Psychologie, Band 10, S.391-403). Göttingen: Hogrefe.

Richardson, V. (1996). The role of attitudes and beliefs in learning to teach. In J. Sikula, T. J. Buttery & E. Guyton (Eds.), *Handbook of Research on Teacher Education* (pp. 102-119). New York: Macmillan.

Rimmele, R. (2004). *Videograph®. Multimedia-Software zur Analyse von Unterrichtsvideos.* Kiel: Leibniz Institut für die Pädagogik der Naturwissenschaften (IPN).

Rissland, B. (2002). *Humor und seine Bedeutung für den Lehrberuf.* Bad Heilbrunn: Klinkhardt.

Roberts, B.W., Caspi, A.& Moffitt, T.E. (2003). Work experiences and personality development in young adulthood. *Journal of Personality and Social Psychology, 84*, 582 – 593.

Rogoff, B. (1990). *Apprenticeship in thinking: cognitive development in social context.* New York, NY: Oxford University Press.

Rohrbeck, C.A., Ginsburg-Block, M.D., Fantuzzo, J.W. & Miller, T.R. (2003). Peer-assisted learning interventions with elementary school students: a meta-analytic review. *Journal of Educational Psychology, 95* (2), 240-257.

Romano, J.L. (1996). School personnel prevention training: A measure of self-efficacy. *The Journal of Educational Research, 90*, 57-63.

Rosenshine, B. & Meister, C. (1994). Reciprocal teaching: A review of the research. *Review of Educational Research, 64*, 479-530.

Rossbach, H.-G. & Wellenreuther, M. (2002). Empirische Forschungen zur Wirksamkeit von Methoden der Leistungsdifferenzierung in der Grundschule. In F. Heinzel & A. Prengel (Hrsg.), *Heterogenität, Integration und Differenzierung in der Primarstufe* (S. 44-57). Opladen: Leske + Budrich.

Rost, D.H. & Schermer, F.J. (2006). Leistungsängstlichkeit. In D.H. Rost (Hrsg.), *Handwörterbuch Pädagogische Psychologie* (3., üb. u. erw. Aufl., S. 404-416). Weinheim: Beltz PVU.

Rothland, M. & Terhart, E. (2007). Beruf: Lehrer – Arbeitsplatz Schule. Charakteristika der Arbeittätigkeit und Bedingungen der Berufssituation. In: M. Rothland (Hrsg.). *Belastung und Beanspruchung im Lehrerberuf. Modelle, Befunde, Interventionen* (S. 11-31). Wiesbaden, VS Verlag für Sozialwissenschaften.

Rowan, B., Chang, F. & Miller, R.J. (1997). Using research on employees' performance to study the effects of teachers on students' achievement. *Sociology of Education, 70*, 256-283.

Rudow, B. (1999). Stress and burnout in the teaching profession: European studies, issues, and research perspectives. In R. Vandenberghe & M.A. Huberman (Eds.), *Understanding and Preventing Teacher Burnout: A sourcebook of international research and practice* (pp. 38-58). Cambridge, UK: Cambridge University Press.

Sadri, G. & Robertson, I.T. (1993). Self-efficacy and work-related behavior: A review and meta-analysis. *Applied Psychology: An international Review, 42*, 139-152.

Schaarschmidt, U. (Hrsg.) (2004). *Halbtagsjobber? Psychische Gesundheit im Lehrerberuf. Analyse eines veränderungsbedürftigen Zustandes*. Weinheim u.a.: Beltz.

Schaarschmidt, U. (2006a). Belastung im Lehrerberuf. In K.-H. Arnold, U. Sandfuchs & J. Wiechmann (Hrsg.), *Handbuch Unterricht* (S. 626-629). Bad Heilbrunn: Klinkhardt.

Schaarschmidt, U. (2006b). Lehrerbelastung. In D.H. Rost (Hrsg.), *Handwörterbuch Pädagogische Psychologie*. Weinheim: Beltz, 371-378.

Schaarschmidt, U. & Fischer, A.W. (1997). AVEM – ein diagnostisches Instrument zur Differenzierung von Typen gesundheitsrelevanten Verhaltens und Erlebens gegnüber der Arbeit. *Zeitschrift für Differentielle und Diagnostische Psychologie, 18*(3), 151-163.

Schaarschmnidt, U. & Fischer, A.W. (2001). *Bewältigungsmuster im Beruf*. Persönlichkeitsunterschiede in der Auseinandersetzung mit Arbeitsbelastung. Göttingen: Vanderböck & Ruprecht.

Schaarschmidt, U. & Kieschke, U. (2007). Beanspruchungsmuster im Lehrerberuf. Ergebnisse und Schlussfolgerungen aus der Potsdamer Lehrerstudie. In M. Rothland (Hrsg.), *Belastung und Beanspruchung im Lehrerberuf. Modelle –*

Befunde – Interventionen (S. 81–98). Wiesbaden: VS Verlag für Sozialwissenschaften.

Schaper, N. (2007). Persönliche Verhaltens- und Leistungsdispositionen. In H. Schuler & K. Sonntag (Hrsg.), *Handbuch der Arbeits- und Organisationspsychologie* (S. 220-229). Göttingen: Hogrefe.

Scheerens, J. & Bosker, R.J. (1997). *The foundations of educational effectiveness.* Oxford: Pergamon.

Scheier, M.F. & Carver, C.S. (1985). Optimism, coping, and health: Assessment and implications of generalized outcome expectancies. *Health Psychology, 4,* 219-247.

Scheier, M.F. & Carver, C.S. (1987). Dispositional optimism and physical well-being: The influence of generalized outcome expectancies on health. *Journal of Personality, 55,* 169-210.

Scheier, M.F. & Carver, C.S. (1992). Effects of optimism on psychological and physical well-being: Theoretical overview and empirical update. *Cognitive Therapy and Research, 16,* 201-228.

Schiefele, U. (2008). Lernmotivation und Interesse. In W. Schneider & M. Hasselhorn (Hrsg.), *Handbuch der Pädagogischen Psychologie* (Handbuch der Psychologie, Band 10, S. 38-49). Göttingen: Hogrefe.

Schilmöller, R. (2006). Guter Unterricht – eine Technik? *Vierteljahresschrift für wissenschaftliche Pädagogik, 1,* 70-88.

Schmitz, G.S. (2000). *Zur Struktur und Dynamik der Selbstwirksamkeitserwartung von Lehrern. Ein protektiver Faktor gegen Belastung und Burnout?* Dissertation der FU Berlin. Verfügbar unter: http://www.diss.fu-berlin.de/diss/receive/FUDISS_thesis_000000000315 [Stand: 27.12.13].

Schmitz, G.S. (2001). Kann Selbstwirksamkeitserwartung vor Burnout schützen? Eine Längsschnittstudie in zehn Bundesländern, *Psychologie in Erziehung und Unterricht, 48,* 49-67.

Schmitz, G.S. & Schwarzer, R. (2000). Selbstwirksamkeitserwartung von Lehrern: Längsschnittbefunde mit einem neuen Instrument, *Pädagogische Psychologie, 14* (14), 12-25.

Schmitz, G.S. & Schwarzer, R. (2002). Individuelle und kollektive Selbstwirksamkeitserwartung von Lehrern. In M. Jerusalem & D. Hopf (Hrsg.), *Selbstwirksamkeit und Motivationsprozesse in Bildungsinstitutionen* (Zeitschrift für Pädagogik, 44. Beiheft, S. 192-214). Weinheim: Beltz. Verfügbar unter: http://www.pedocs.de/volltexte/2013/7863/pdf/ZfPaed_44.Beiheft.pdf [27.12.13].

Schnotz, W. (2006). *Pädagogische Psychologie.* Weinheim: Beltz PVU.

Schön, D.A. (1983). *The reflective practitioner. How professionals think in action.* New York: Basic Books.

Schön, D.A. (1987). *Educating the Reflective Practitioner.* San Francisco: Jossey-Bass.

Schoenfeld, A.H. (1992). Learning to think mathematically: Problem solving, metacognition, and sense making in mathematics. In D.A. Grouws (Ed.), *Handbook of Research on Methematics, Teaching and Learning* (pp. 334-370). New York: Macmillan.

Schoenfeld, A.H. (1998). Toward a theory of teaching-in-context. *Issues in Education, 4* (1), 1-94.

Schoenfeld, A.H. (2000). Models of the teaching process. *Journal of Mathematical Behavior, 18,* 243-261.

Schoenfeld, A.H., Minstrell, J. & van Zee, E. (2000). The detailed analysis of an established teacher's non-traditional lesson. *Journal of Mathematical Behavior, 18*, 281-325.

Schrader, F.-W. (1989). *Diagnostische Kompetenz von Lehrern und ihre Bedeutung für die Gestaltung und Effektivität des Unterrichts.* Frankfurt a. M.: Lang.

Schrader, F.-W. & Helmke, A. (1987). Diagnostische Kompetenz von Lehrern: Komponenten und Wirkungen. *Empirische Pädagogik, 1*, 27-52.

Schrader, F.-W. & Helmke, A. (2006). *Lernstrategien. Brockhaus Enzyklopädie* (S. 638-639). Leipzig u.a.O.: Brockhaus.

Schrader, F.-W. & Helmke, A. (2008). Unter der Lupe: Wie in deutschen Klassenzimmern differenziert wird. *Klexer. Magazin für die Grundschule, 20*, 3-5.

Schrader, F.-W., Helmke, A., Hosenfeld, I., Halt, A.C. & Hochweber, J. (2006). Komponenten der Diagnosegenauigkeit von Lehrkräften: Ergebnisse aus Vergleichsarbeiten in der Grundschule. In F. Eder, A. Gastager & F. Hofmann (Hrsg.), *Qualität durch Standards?* (Beiträge zum Schwerpunktthema der 67. Tagung der AEPF, S. 265-278). Münster: Waxmann.

Schuler, H. & Höft, S. (2006). Konstruktorientierte Verfahren der Personalauswahl. In H. Schuler (Hrsg.), *Lehrbuch der Personalpsychologie* (S. 43-62). Göttingen: Hogrefe.

Schulte, K., Bögeholz, S. & Watermann, R. (2008). Selbstwirksamkeitserwartungen und Pädagogisches Professionswissen im Verlauf des Lehramtsstudiums. *Zeitschrift für Erziehungswissenschaft, 11*(2), 268-287.

Schulz, R. & Heckhausen, J. (1996). A life span model of successful aging. *American Psychologist, 54*, 702-714.

Schulze, R. (1995). Strategien beim Gebrauch des Englischen als Fremdsprache: Humor und Ironie. In R. Ahrens, W.-D. Bald & W. Hüllen (Hrsg.), *Handbuch Englisch als Fremdsprache*(204-205). Berlin: Erich Schmidt Verlag.

Schunk, D. H. (1983). Ability versus effort attributional feedback: Differential effects on self-efficacy and achievement. *Journal of Educational Psychology, 75*, 848-856.

Schunk, D. H. (1984). Sequential attributional feedback and children's achievement behaviors. *Journal of Educational Psychology, 76*, 1159-1169.

Schunk, D. H. (1989). Self-efficacy and cognitive skill learning. In C. Ames & R. Ames (Eds.), *Research on motivation in education* (Vol. 3, pp. 13-44). San Diego: Academic Press.

Schunk, D. H. (1995). Self-efficacy, motivation, and performance. *Journal of Applied Sport Psychology, 7*, 109-134.

Schunk, D. H. (2003). Self-efficacy for reading and writing: Influence of modeling, goal setting, and self-evaluation. *Reading and Writing Quarterly, 19*, 159-172.

Schunk, D. H. & Hanson, A.R. (1989). Self-modeling and children's cognitive skill learning. *Journal of Educational Psychology, 81*, 155-163.

Schunk, D.H., Pintrich, P.R. & Meece, J.L. (2010). *Motivation in education. Theory, research, and applications.* Upper Saddle River, NJ: Pearson – Merrill Prentice Hall.

Schunk, D. H. & Rice, J.M. (1987). Enhancing comprehension skill and self-efficacy with strategy value information. *Journal of Reading Behavior, 19*, 285-
302.

Schunk, D.H. & Zimmerman, B.J. (Eds.). (1998). *Self-Regulated Learning. From
Teaching to Self-Reflective Practice.* New York: Guilford Press.

Schüpbach, J. (2007). *Über das Unterrichten reden. Die Unterrichtsnachbespre-
chung in den Lehrpraktika – eine „Nahtstelle von Theorie und Praxis"?*
Bern: Haupt.

Schwartz, R.M. & Gottman, J.M. (1976). Toward a task analysis of assertive behavior. *Journal of Consulting and Clinical Psychology, 44*, 910-920.

Schwarzer R. (1993). *Stress, Angst und Handlungsregulation.* Stuttgart: Kohlhammer.

Schwarzer, R. (1994). Optimistische Kompetenzerwartung: Zur Erfassung einer
personalen Bewältigungsressource. *Diagnostica, 40* (2), 105-123.

Schwarzer, R. & Jerusalem, M. (Hrsg.) (1994). *Gesellschaftlicher Umbruch als
kritisches Lebensereignis: Psycholsoziale Krisenbewältigung von Übersied-
lern und Ostdeutschen.* Weihnheim: Juventa.

Schwarzer, R. & Jerusalem, M. (Hrsg.) (1999). *Skalen zur Erfassung von Lehrer-
und Schülermerkmalen. Dokumentation der psychometrischen Verfahren im
Rahmen der Wissenschaftlichen Begleitung des Modellversuchs Selbstwirksame Schulen.* Berlin: Freie Universität Berlin. Verfügbar unter: http://www.
psyc.de/skalendoku.pdf [Stand: 27.12.13].

Schwarzer, R. & Jerusalem, M. (2002). Das Konzept der Selbstwirksamkeit. In
M. Jerusalem & D. Hopf (Eds.), *Selbstwirksamkeit und Motivationsprozesse in Bildungsinstitutionen* (Zeitschrift für Pädagogik, 44. Beiheft, S. 28-53).
Weinheim: Beltz. Verfügbar unter: http://www.pedocs.de/volltexte/2013/7863/
pdf/ZfPaed_44. Beiheft.pdf [27.12.13].

Schwarzer, R. & Schmitz, G.S. (1999). Kollektive Selbstwirksamkeitserwartung
von Lehrern: Eine Längsschnittstudie in zehn Bundesländern, *Zeitschrift für
Sozialpsychologie, 30*, 262-274.

Seligman, M.E.P. (1991). *Pessimisten küsst man nicht.* München: Droemer Knaur.

Seidel, T. (2003). *Lehr-Lernskripts im Unterricht.* Münster: Waxmann Verlag.

Seidel, T., Dahlehefte, I.M. & Meyer, L. (2001). Videoanalysen – Beobachtungs-
schemata zur Erfassung von „Sicht-Strukturen" im Physikunterricht. In Prenzel, M., Duit, R., Euler, M., Lehrke, M. & Seidel, T. (Hrsg.), *Erhebungs- und
Auswertungsverfahren des DFG-Projektes „Lehr-Lern-Prozesse im Physikunterricht – eine Videostudie".* Kiel: Leibniz-Institut für die Pädagogik der
Naturwissenschaften (IPN).

Seidel, T., Prenzel, M. & Kobarg, M. (Eds.) (2005). *How to run a video study.*
Münster Waxmann.

Seidel, T. & Shavelson, R. J. (2007). Teaching Effectiveness Research in the Past
Decade: The Role of Theory and Research Design in Disentangling Meta-
Analysis Results, *Review of Educational Research, 77*(4), 454-499.

Seidel, T., Stürmer, K., Blomberg, G., Kobarg, M. & Schwindt, K. (2011). Teacher
learning from analysis of videotaped classroom situations: Does it make
a difference wheter teachers observe their own teaching or that of others?
Teaching and Teacher Education, 27, 259-267.

Selye H. (1984). *Stress – mein Leben. Erinnerungen eines Forschers.* Frankfurt a.
Main: Fischer.

Sembill, D. & Seifried, J. (2009). Konzeptionen, Funktionen und intentionale Veränderungen von Sichtweisen. In O. Zlatkin-Troitschanskaia, K. Beck, D. Sembill, R. Nickolaus & R. Mulder (Hrsg.). *Lehrprofessionalität. Bedingungen, Genese, Wirkungen und ihre Messung* (S. 345-354). Weinheim: Beltz.

Semmer, N. (1997). Stress. In H. Luczak & W. Volper (Hrsg.), *Handbuch Arbeitswissenschaft* (S. 332-340). Stuttgart: Schaeffer-Poeschel.

Shamir, B. (1990). Calculations, values and identities: The sources of collectivistic work motivation. *Human Relations, 43*, 313-332.

Sherin, M.G. (1996). *The nature and dynamics of teachers' content knowledge.* Dissertation. University of California at Berkley.

Sherin, M.G. (2002).When teaching becomes learning. *Cognition and Instruction, 20*(2), 119-150.

Sherin, M.G., Sherin, B.L. & Madanes, R. (2000). Exploring diverse accounts of teacher knowledge. *Journal of Mathematical Behavior, 18*, 357-375.

Shulman, L.S. (1986). Those who understand: Knowledge growth in teaching. *Educational Researcher, 15* (2), 4-14.

Shulman, L.S. (1987). Knowledge and teaching: Foundations of the new reform. *Harvard Educational Review, 57* (1), 1-22.

Shulman, L.S. & Sherin, M.G. (2004). Fostering communities of teachers as learners: Disciplinary perspectives. *Journal of Curriculum Studies, 36*, 135-140.

Sikes, P.J., Measor, L. & Woods, P. (1991). Berufslaufbahn und Identität im Lehrerberuf. In E. Terhart (Hrsg.). *Unterrichten als Beruf: Neuere amerikanische und englische Arbeiten zur Berufskultur und Berufsbiographie von Lehrern und Lehrerinnen* (S.231-248). Köln: Böhlau.

Skaalvik, E.M. & Skaalvik, S. (2007). Dimensions of teacher self-efficacy and relations with strain factors, perceived collective teacher efficacy, and teacher burnout. *Journal of Educational Psychology, 99*, 611-625.

Skaalvik, E.M. & Skaalvik, S. (2008). Teacher self-efficacy. Conceptual Analysis and Relations with Teacher Burnout and Perceived School Context. In H.W. Marsh, R.G. Craven & D.M. McInerey (Eds.), *Self-Processes, Learning, and Enabling Human Potential* (pp. 223-247). Charlotte, NC: Information Age Publishing.

Slavin, R.E. (1994). Quality, appropriateness, incentive, and time: A model of instructional effectiveness. *International Journal of Educational Research, 21*, 141-157.

Slavin, R.E. (1995). *Cooperative learning: Theory, research and practice* (2. Aufl.). Boston: Allyn and Bacon.

Slavin, R.E. (1997). *Educational Psychology* (5. Aufl.). Boston: Allyn and Bacon.

Smith, D.J. & Sanche, R.P. (1992). Saskathewan interns' concerns at three stages of a four-month practicum. *The Alberta Journal of Educational Research, 38* (2), 121-132.

Smith, T.W., Pope, K., Rhodewalt, F. & Poulton, J.L. (1989). Optimism, neuroticism, coping, and symptom reports: An alternative interpretation of the Life Orientation Test. *Journal of Personality and Social Psychology, 56*, 640-648.

Spinath, B. (2005). Akkuratheit der Einschätzung von Schülermerkmalen durch Lehrer und das Konstrukt der diagnostischen Kometenz. *Zeitschrift für pädagogische Psychologie, 19* (1-2), 85-95.

Spink, K.S. (1990a). Collective efficacy in the sport setting. Special Issue: The group in sport and physical activity. *International Journal of Sport Psychology, 21*, 380-395.

Spink, K.S. (1990b). Group cohesion and collective efficacy of volleyball teams. *Journal of Sport and Exercise Psychology, 12*, 301-311.

Städeli, C. (2003). *Die Festlegung von Standards für die Ausbildung von allgemein bildenden Lehrpersonen an Berufsschulen. Eine Expertenbefragung.* Schweizerisches Institut für Berufspädagogik, Schriftenreihe Nr. 18, Zollikofen. Verfügbar unter: http://www.ehb-schweiz.ch/de/ehb/publikationen/Documents/Schriften reihe/SIBP%20SR%2019.pdf [Stand: 27.12.2013].

Stajkovic, A.D. & Luthans, F. (1998). Self-Efficacy and work-related performance: A meta-analysis, *Psychological Bulletin, 124*, 240-261.

Staub, F. & Stern, E. (2002). The nature of teacher's pedagogical content beliefs matters for student's achievement gains: Quasi experimental evidence from elementary mathematics. *Journal of Educational Psychology, 94* (2), 344-355.

Staudt, E. & Kriegesmann, B. (1999). Weiterbildung: ein Mythos zerbricht. In Arbeitsgemeinschaft Qualifikations-Entwicklungs-Management (Hrsg.), *Kompetenzentwicklung '99. Aspekte einer neuen Lernkultur* (S. 17-59). Münster: Waxmann.

Stegmaier, R. (2007). Kompetenzentwicklung in der Arbeit. In H. Schuler & K. Sonntag (Hrsg.), *Handbuch der Arbeits- und Organisationspsychologie* (S. 126-133). Gottingen: Hogrefe.

Steptoe A. (1991). Psychological coping, individual differences and physiological stress responses. In C.L. Cooper & R. Payne (Eds.), *Personality and stress: individual differences in the stress process* (pp. 205-233). Chichester: Wiley & Sons.

Stevenson, H.W. & Stigler, J.W. (1992). *The learning gap. Why our schools are failing and what we can learn from Japanese and Chinese education.* New York: Summit Books.

Stief, M. (2001). *Selbstwirksamkeitserwartungen, Ziele und Berufserfolg: Eine Längsschnittstudie.* Aachen: Shaker Verlag.

Stigler, J.W., Gonzales, P., Kawanaka, T., Knoll, S. & Serrano, A. (1999). *The TIMSS videotape classroom study. Methods and findings from an exploratory research project on eighth-grade mathematics instruction in Germany, Japan, and the United States.* Washington, D.C: U.S. Government Printing Office.

Stipek, D. (2012). Context Matters: Effects of Student Characteristics and Perceived Administrative and Parental Support on Teacher Self-Efficacy, *Elementary School Journal, 112* (4), 590-606.

Stipek, D., Givvin, K., Salmon, J. & McGyvers, V. (2001). Teachers' beliefs and practices related to mathematics instruction. *Teaching and Teacher Education, 17*, 213-226.

Strittmatter, P. (1997). *Schulangstreduktion. Abbau von Angst in schulischen Leistungssituationen* (2. überarb. Aufl.). Berlin u.a.O.: Luchterhand.

Stodolsky, S.S. (1988). *The subject matters: Classroom activity in math and social studies.* Chicago: University of *Chicago* Press.

Stodolsky, S.S. & Grossman, P. (1995). The impact of subject matter on curricular activity: An analysis of five academic subjects. *American Educational Research Journal, 32*, 227-249.

Suls, J.M. & Miller, R.L. (1977). *Social comparison processes: Theoretical and empirical perspectives*. Washington, D.C.: Hemisphere.

Tenorth, H.-E. (2006). Professionalität im Lehrerberuf. Ratlosigkeit der Theorie, gelingende Praxis. *Zeitschrift für Erziehungswissenschaft, 9* (4), 580-597.

Terhart, E. (1996). Berufskultur und professionelles Handeln bei Lehrern. In A. Combe & W. Helsper (Hrsg.), *Pädagogische Professionalität. Untersuchungen zum Typus pädagogischen Handelns* (S. 448-471). Frankfurt a.M.: Suhrkamp.

Terhart, E. (Hrsg.). (2000). *Perspektiven der Lehrerbildung in Deutschland. Abschlussbericht der von der Kultusministerkonferenz eingesetzten Kommission*. Weinheim: Beltz.

Terhart, E. (2001). *Lehrerberuf und Lehrerbildung. Forschungsbefunde, Problemanalysen, Reformkonzepte*. Weinheim: Beltz.

Terhart, E. (2002). *Standards für die Lehrerbildung. Eine Expertise für die Kultusministerkonferenz*. Münster: Waxmann.

Terhart, E. (2011). Lehrerberuf und Professionalität: Gewandeltes Begriffsverständnis – neue Herausforderungen. In W. Helsper und R. Tippelt (Hrsg.), *Pädagogische Professionalität* (Zeitschrift für Pädagogik, 57. Beiheft, S. 202-224). Weinheim: Beltz. Verfügbar unter: http://www.pedocs.de/voll texte/2013/7084/pdf/Helsper_Tippelt_Paedagogische_Professinalitaet.pdf [Stand: 27.12.13].

Terhart, E., Czerwenka, K., Ehrich, K., Jordan, F. & Schmidt, H.J. (1994). *Berufsbiographien von Lehrern und Lehrerinnen*. Frankfurt u.a.: Lang.

The Cognition & Technology Group at Vanderbilt (1997). *The Jasper Project. Lessons in Curriculum, Instruction, Assessment, and Professional Development*. Mahwah, NJ: Erlbaum.

Thoits, P.A. (1991). Gender differences in coping with emotional distress. In J. Eckenrode (Ed.), *The social context of coping* (107-138). New York: Plenum Press.

Thompson, A.G. (1992). Teachers' beliefs and conceptions: A synthesis of the research. In D.A. Grouws (Ed.), *Handbook of Research on Mathematics, Teaching and Learning*. New York: Macmillan.

Thompson, P.W. & Thompson, A.G. (1994). Talking about rates conceptually, Part I: A teacher's struggle. *Journal for Research in Mathematics Education, 25*, 279-303.

Torff, B. & Warburton, E.C. (2005). Assessment of teachers' beliefs about classroom use of critical thinking activities. *Educational and Psychological Measurement, 65*, 155-179.

Törner, G. & Grigutsch, S. (1994). „Mathematische Weltbilder" bei Studienanfängern. Eine Erhebung. *Journal für Mathematik-Didaktik, 15*, 211-251.

Tschannen-Moran, M. & Wooflolk Hoy, A. (2001). Teacher efficacy: Capturing an elusive construct, *Teaching and Teacher Education, 17*, 783-805.

Tschannen-Moran, M., Wooflolk Hoy, A. & Hoy, A.W. (1998). Teacher efficacy: Its meaning and measure. *Review of Educational Research, 68*, 202-248.

Urhahne, D. (2008). Sieben Arten der Lernmotivation. Ein Überblick über zentrale Forschungskonzepte. *Psychologische Rundschau, 59*, 150-166.

Van Es, E. & Sherin, M.G. (2006). How different video club designs support teachers in „learning to notice". *Journal of Computing in Teacher Education, 22* (4), 125-135.

Veenman, S. (1984). Perceived problems of beginning teachers. *Review of Educational Research, 54*, 143-178.

Voss, T., Kleickmann, T., Kunter, M. & Hachfeld, A. (2011). Überzeugungen von Mathematiklehrkräften. In M. Kunter, J. Baumert, W. Blum, U. Klusmann, S. Krauss & M. Neubrand (Hrsg.), *Professionelle Kompetenz von Lehrkräften. Ergebnisse des Forschungsprogramms COACTIV* (S. 235-258). Münster: Waxmann.

Voss, T. & Kunter, M. (2011). Pädagogisch-Psychologisches Wissen von Lehrkräften. In M. Kunter, J. Baumert, W. Blum, U. Klusmann, S. Krauss & M. Neubrand (Hrsg.), *Professionelle Kompetenz von Lehrkräften. Ergebnisse des Forschungsprogramms COACTIV* (S. 193-214). Münster: Waxmann.

Wagner, R.W. (1998). ‚Unstimmigkeiten' in der Lehrer(innen)ausbildung. In H. Gundermann (Hrsg.), *Die Ausdruckswelt der Stimme* (S. 257-260). Heidelberg: Hüthig Verlag.

Wahl, D. (1991). *Handeln unter Druck: Der weite Weg vom Wissen zum Handeln bei Lehrern, Hochschullehrern und Erwachsenenbildnern.* Weinheim: Deutscher Studien-Verlag.

Walberg, H.J. (1986). Syntheses of research in teaching. In M.C. Wittrock (Ed.), *Handbook of research on teaching* (3. Aufl., pp. 214-229). London: Macmillan.

Walberg, H.J. & Paik, S.J. (2000). *Effective educational practices.* Brussels: International Academy of Education & International Bureau of Education. Verfügbar unter: www.ibe.unesco.org [Stand: 20.3.2010].

Wang, M.C., Haertel, G.D. & Walberg, H.J. (1993). Toward a knowledge base for school learning. *Review of Educational Research, 63*, 249-294.

Watzke, J.L. (2003). Longitudinal study of stages of beginning teacher development in a field-based teacher education program. *The Teacher Educator, 38* (3), 209-229.

Watzke, J.L. (2007). Longitudinal research on beginning teacher development: Complexity as a challenge to concerns-based stage theory. *Teaching and Teacher Education, 23*, 106-122.

Wayne, A.J. & Youngs, P. (2003). Teacher characteristics and student achievement gains: A review. *Review of Educational Research, 73*, 89-122.

Weinert, F.E. (1982). Selbstgesteuertes Lernen als Voraussetzung, Methode und Ziel des Unterrichts. *Unterrichtswissenschaft, 2*, 99-110.

Weinert, F.E. (1997). Lernkultur im Wandel. In E. Beck, T. Guldimann & M. Zutavern (Hrsg.), *Lernkultur im Wandel. Tagungsband der Schweizerischen Gesellschaft für Lehreinnen- und Lehrerbildung und der Schweizerischen Gesellschaft für Bildungsforschung* (S. 11-29). St.Gallen: UKV, Fachverlag für Wissenschaft und Studium.

Weinert, F.E. (1999). Aus Fehlern lernen und Fehler vermeiden lernen. In W. Althof (Hrsg.), *Fehlerwelten. Vom Fehlermachen und Lernen aus Fehlern* (S. 101-109). Opladen: Leske + Budrich.

Weinert, F.E. & Lingelbach, H.C. (1995). Teaching expertise: Theoretical conceptualizations, empirical findigns, and some consequences for teacher training. In R. Hoz & M. Silberstein (Eds.), *Partnerships of schools and institutions of higher education in teacher development* (S. 292-302). Beer-Sheva, Israel: Ben Gurion University of the Negev Press.

Weinert, F.E. & Schrader, F.-W. (1986). Diagnose des Lehrers als Diagnostiker. In H.Petillon, J.W.L. Wagner & B. Wolf (Hrsg.), *Schülergerechte Diagnose* (S. 11-29). Weinheim: Beltz.

Weinstein, C.S. (1988). Preservice teachers expectations about the first year of teaching, *Teaching and Teacher Education, 4*, 31-40.

Weinstein, C.S. & Mayer, R.F. (1986). The teaching of learning strategies. In M.C. Wittrock (Ed.), *Handbook of research on teaching* (3. Aufl., S. 315-327). London: Macmillan.

Wellenreuther, M. (2005). *Lehren und Lernen – aber wie? Empirische-experimentelle Forschungen zum Lehren und Lernen im Unterricht* (2., korr. und überarb. Aufl.). Baltmannsweiler: Schneider Verlag Hohengehren.

Wenglinsky, H. (2002). How schools matter: The link between teacher classroom practices and student academic performance. *Education Policy Analysis Archives, 10* (12). Verfügbar unter: http://epaa.asu.edu/ojs/ article/view/291 [Stand: 24.3.2010].

Wiechmann, J. (2000a). Unterrichtsmethoden. Vom Nutzen der Vielfalt. In J. Wiechmann (Hrsg.), *Zwölf Unterrichtsmethoden. Vielfalt für die Praxis* (2. Aufl., S. 9-19). Weinheim: Beltz.

Wiechmann, J. (2000b). *Zwölf Unterrichtsmethoden. Vielfalt für die Praxis*. Weinheim: Beltz.

Wieland-Eckelmann, R. & Carver, C.S. (1990). Dispositionelle Bewältigungsstile, Optimismus und Bewältigung: Ein interkultureller Vergleich. *Zeitschrift für Differentielle und Diagnostische Psychologie, 2*, 163-184.

Wigfield, A. & Eccles, J.S. (2000). Expectancy-value theory of achievement motivation. *Contemporary Educational Psychology, 25*, 68-81.

Wild, K.-P. (1992). Hochbegabtendiagnostik durch Lehrer. In D.H. Rost (Hrsg.), *Lebensumweltanalyse hochbegabter Kinder* (S. 236-261). Göttingen: Hogrefe.

Wilkinson, W.K. & Schwartz, N.H. (1987). The epistemological orientation of gifted adolescents: An empirical test of Perry's model. *Psychological Reports, 61*, 976-978.

Williams, D.G. (1992). Dispositional optimism, neuroticism, and extraversion. *Personality and Individual Differences, 13*, 475-477.

Wilson, S.M. & Weinburg, S.S. (1988). Peering at history through different lenses: The role of disciplinary perspectives in teaching history. *Teachers College Record, 89*, 525-539.

Wilson, S.M. & Youngs, P. (2005). Research on accountability processes in teacher education. In M. Cochran-Smith & K.M. Zeichner (Eds.), *Studying Teacher Education: the report of the AERA Panel on Research and Teacher Education* (pp. 591-643). Mahwah, NJ: Lawrence Erlbaum Associates.

Wimmer, M. (1996). Zerfall des Allgemeinen – Wiederkehr des Singulären. Pädagogische Professionalität und der Wert des Wissens. In A. Combe & W. Helsper (Hrsg.), *Pädagogische Professionalität. Untersuchungen zum Typus pädagogischen Handelns* (S. 70-182). Frankfurt am Main: Suhrkamp.

Wischer, B. (2007). Wie sollen LehrerInnen mit Heterogenität umgehen? Über „programmatische Fallen" im aktuellen Reformdiskurs. *Die Deutsche Schule, 99* (4), 422-433.

Wood, J.V. (1989). Theory and research concerning social comparisons of personal attributes. *Psychological Bulletin, 106*, 231-248.

Wright, J. & Mischel, W. (1982). Influence of affect on cognitive social learning person variables. *Journal of Personality and Social Psychology, 43*, 901-914.

Wyrsch, A. (2000). Berufseinführung – Diskussionspunkte und Erfahrungen. *Beiträge zur Lehrerbildung, 18* (3), 361-371.

Wyss, C. (2013). *Unterricht und Reflexion. Eine mehrperspektivische Untersuchung der Unterrichts- und Reflexionskompetenz von Lehrkräften.* Münster: Waxmann.

Zaccaro, S.J., Blair, V., Peterson, C. & Zazanis, M. (1995). Collective efficacy. In J.E. Maddux (Hrsg.), *Self-efficacy, adaption, and adjustment: Theory, research, and application* (pp. 305-328). New York: Plenum.

Zimmermann, B.J. & Bandura, A. (1994). Impact of self-regulatory influences on writing course attainment. *American Educational Research Journal, 31*, 845-862.

Zimmermann, B.J., Bandura, A. & Martinez-Pons, M. (1992). Self-motivation for academic attainment: The role of self-efficacy beliefs and personal goal-setting. *American Educational Research Journal, 29*, 663-676.

Zimmermann, B.J. & Ringle, J. (1981). Effects of model persistence and statements of confidence on children's self-efficacy and problem solving. *Journal of Educational Psychology, 73*, 485-493.

Zlatkin-Troitschanskaia, O., Beck, K., Sembill, D., Nickolaus, R. & Mulder, R. (Hrsg.). (2009). *Lehrprofessionalität. Bedingungen, Genese, Wirkungen und ihre Messung.* Weinheim: Beltz.

Abbildungsverzeichnis

Tabellenverzeichnis

Anhang

Dendogramm zur Festlegung der Unterrichtsqualitäts-Gruppen. Genauer untersucht wurde die 3-Cluster-Lösung (Kapitel 8.4.2):

Dendrogramm

```
*******************HIERARCHICALCLUSTER ANALYSIS************
Dendrogram using Ward Method

                    Rescaled Distance Cluster Combine

   C A S E       0        5       10       15       20       25
   Label   Num   +---------+---------+---------+---------+---------+
```

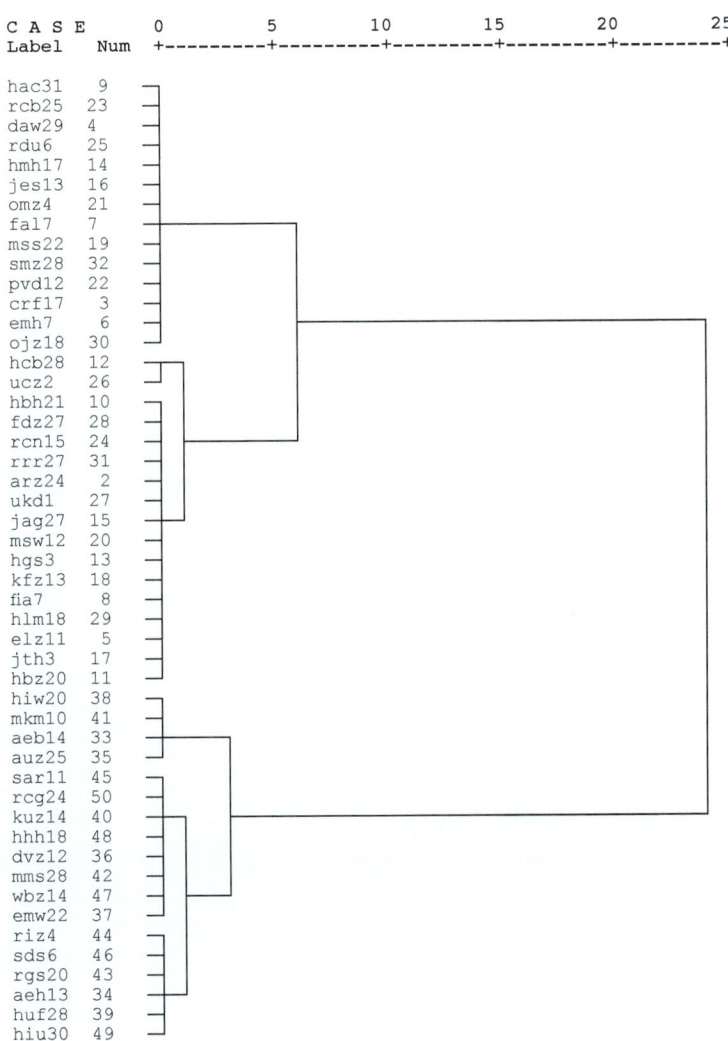

Korrelation zwischen den vier Bereichen der Unterrichtsqualität (Zeitpunkt t1, $N = 41$):

	Instruktions-effizienz	Schüler-orientierung	Kognitive Aktivierung	Klarheit und Strukturiertheit
Instruktionseffizienz	1	.773**	.857**	.738**
Schülerorientierung	.773**	1	.838**	.631**
Kognitive Aktivierung	.857**	.838**	1	.719**
Klarheit und Strukturiertheit	.738**	.631**	.719**	1

**$p < .01$, *$p < .05$

Korrelation zwischen den vier Bereichen der Unterrichtsqualität (Zeitpunkt t2, $N = 41$):

	Instruktions-effizienz	Schüler-orientierung	Kognitive Aktivierung	Klarheit und Strukturiertheit
Instruktionseffizienz	1	.815**	.824**	.722**
Schülerorientierung	.815**	1	.896**	.643**
Kognitive Aktivierung	.824**	.896**	1	.788**
Klarheit und Strukturiertheit	.722**	.643**	.788**	1

**$p < .01$, *$p < .05$

Korrelation zwischen den vier Bereichen der Unterrichtsqualität (Zeitpunkt t3, $N = 49$):

	Instruktions-effizienz	Schüler-orientierung	Kognitive Aktivierung	Klarheit und Strukturiertheit
Instruktionseffizienz	1	.836**	.842**	.658**
Schülerorientierung	.836**	1	.874**	.693**
Kognitive Aktivierung	.842**	.874**	1	.725**
Klarheit und Strukturiertheit	.658**	.693**	.725**	1

**$p < .01$, *$p < .05$